정보화시대를 위한

디지털경제

최 동 수

傳 英 社

머 리 말

21세기 들어 가장 두드러진 현상들은 컴퓨터 및 통신 분야의 급속한 기술혁신, 그리고 인터넷과 전자상거래 등의 신기술·신사업의 출현 및 확산, 세계화의 진전, 대규모 위험투자자본의 첨단기술 분야에 대한 투자 등으로 급격한 기술적·경제적 변화가 진행되고 있다는 것이다. 특히 디지털 기술에 기반을 둔 정보통신기술의 발전으로 보다 더 많은 사람들이 인터넷에 연결되면서 인터넷의 상업적 활용이 증대되고 있으며, 이에 따라 제반 경제활동에 대한 정보통신기술과 인터넷의 의존도가 크게 높아지고 있다. 다시 말하면, 오늘날 정보통신기술의 발전으로 인한 인프라의 확충과 인터넷 사용의 급증으로 인해 세계는 지금 지식정보사회, 국경이 없는 무한경쟁시대로 빠르게 재편되고 있다. 디지털혁명으로도 불리는 이러한 변화는 정치, 경제, 사회, 문화 등 전 분야에 걸쳐 각 경제주체의 가치관이나 행동양식, 의사결정에 이르기까지 모든 생활패턴을 총체적으로 변화시키고 있으며 이로 인한 파급효과 또한 엄청나다고 할 수 있다.

기존의 산업경제체제하에서는 경제가 성장하면 물가가 오르고 물가인상은 인플레를 초래함으로써 경제성장이 둔화될 수밖에 없는 상관관계를 갖고 있었다. 그러나 최근 미국의 경우에 장기호황을 누리면서도 물가는 오히려 안정되는 경제구조가 지속되자 사람들은 경제패러다임의 변화에 관심이 쏠리게 되었다. 이러한 상황에서 많은 경제학자들은 전통경제(traditional economy), 현대경제(modern economy), 산업경제(industrial economy), 또는 자본주의경제(capitalistic economy) 등으로 불려 왔던 기존의 경제적 구조에 심상치 않은 구조적 대전환(structural transformation)이 진행되고 있음을 알아차리게 되었다. 그러나 새로이 등장하는 경제의 성격을 정확하게 파악할 수 없었던 경제학자들은 디지털기술에 바탕을 둔 정보통신기술과 인터넷의 확산에 따라 나타나기 시작한 새로운 경제패러다임을 대체로 디지털경제(digital economy)라고 부르고 있다. 디지털경제에서는 디지털기술을 직접 활용하는 전자, 정보, 통신산업 등의 일부 제조업과 서비스산업과 관련하여서만 의미를 갖는 것이 아니라, 정보네트워크의 형성으로 경제활동의 합리성을 결정하는 원리 자체가 근본적으로 달라지는 경제시스템 전반의 변화로 이해되고 있으며, 이러한 경제질서의 변화는 정치, 사회, 문화 등의 삶의 모든 면에서 새로운 질서와 변화가 구축되는 것으로까지 연결되고 있다. 그리고 디지털경제체제하에서는 정보통신기술과 인터넷의 혁신적 발전과 더불어 생산된 디지털재화와 서비스가 전체 생산물(GDP)에서 차지하는 비중이 커지는 경제체제이며 한편으로는 기존의 모든 경제활동이 디지털화된 가상공간의 환경에서 이루어지는 것을 의미한다.

한편 지금까지 우리가 생각해 왔던 기존의 경제학 분야로서 통화금융론, 국제무역론, 농업경제학, 국제금융론, 경제발전론, 경제성장론 등을 논의할 때는 일반적으로 경제학의 한 분야로 인식되어 왔다. 그러나 디지털경제는 경제학의 한 분야로 인식하기보다는 경제학의 모든 분야에 정보통신기술과 인터넷의 도입 및 활용을 통해 경제의 각 분야에 대한 효율성 및 생산성의 향상을 야기시키는 경제학의 분야로 파악하는 것이 바람직하다고 할 수 있다.

이 책은 제 2 부 제12장으로 구성되는데, 제 1 부는 디지털경제의 총론적인 내용을, 제 2 부에서는 디지털경제의 분야별 내용을 담고 있다.

끝으로 이 책의 출판을 가능하게 해 준 박영사 안종만 회장님과 황인욱 전무님, 그리고 최선을 다해 꼼꼼히 편집작업에 노력을 아끼지 않으신 홍석태 차장님과 항상 웃음을 아끼지 않고 업무에 최선을 다하는 김중용 과장님의 노고에 이 자리를 빌어 진심으로 감사의 뜻을 전한다.

2007년 6월

월하 연구실에서

최 동 수

차 례

제 1 장 디지털시대의 지식과 정보

제 1 절 지식이란 무엇인가 ··· 5

1. 지식의 성립요건 및 의미변화 ··· 5
   1.1 지식의 성립요건 5
   1.2 지식의 의미변화 5
2. 지식의 개념 및 유형 ··· 8
3. 지식의 변환 ··· 10
   3.1 암묵지에서 암묵지를 얻는다 → 사회화 11
   3.2 암묵지에서 형식지를 얻는다 → 외부화 11
   3.3 형식지에서 형식지를 얻는다 → 종합화 12
   3.4 형식지에서 암묵지를 얻는다 → 내면화 12
4. 신지식인 ··· 12

제 2 절 정보란 무엇인가 ··· 14

1. 정보의 개념 및 정의 ··· 14
2. 정보의 특성 ··· 16
3. 정보의 가치 ··· 18
   3.1 정보의 상업적 가치 18
   3.2 정보의 개인적 가치 19

3.3 정보의 공공적 가치 21
4. 정보의 분류 …… 23
4.1 정보 자체의 특성에 따른 분류 23
4.2 정보와 정보이용주체와의 관계에 따른 분류 24
4.3 정보이용주체와 외부객체와의 관계에 따른 분류 27
5. 정보의 활동과 순환 …… 28
5.1 정보의 근원적 활동 30
5.2 정보의 보조적 활동 32

제 3 절 지식과 정보의 관계 …… 34

제 2 장 디지털혁명과 정보화

제 1 절 디지털과 디지털혁명의 개념 및 요인 …… 41
1. 디지털과 디지털기술이란 무엇인가? …… 41
2. 디지털혁명의 개념 및 의미 …… 42
3. 디지털혁명의 요인 …… 45
3.1 정보의 디지털화 46
3.2 디지털의 네트워크화: 인터넷 48

제 2 절 디지털혁명의 전개 …… 52
1. 개인용 컴퓨터(PC)기능의 급격한 향상 …… 52
2. 인터넷의 개발과 확산 …… 53
3. 통신혁명 …… 56
4. 다양한 정보들의 멀티미디어정보로의 통합 …… 58

제 3 절 정 보 화 …… 59
1. 정보화의 의미 …… 59
2. 정보화의 필요성 …… 61
3. 정보화의 특성 …… 62

4. 정보화의 단계 …… 65
4.1 단순컴퓨터 정보화단계 65
4.2 컴퓨터통신 정보화단계 66
4.3 지능 정보화단계 68

부 록 I 정보의 전달방식 …… 70
1. 정보, 신호, 전송 …… 70
2. 아날로그와 디지털의 어원 …… 71
3. 아날로그정보와 디지털정보 …… 71
4. 아날로그신호와 디지털신호 …… 72

부 록 II 정보의 디지털화 …… 75

제 3 장 디지털경제란 어떤 경제를 말하는가

제 1 절 디지털경제의 개념과 출현배경 …… 81
1. 디지털경제의 용어 …… 81
2. 디지털경제의 기반기술 …… 85
3. 디지털경제의 개념 및 의미 …… 87
4. 디지털경제의 출현배경 …… 89
4.1 지식·정보에 대한 욕구 증대 90
4.2 정보통신기술의 발전과 활용 91

제 2 절 디지털경제의 선행조건 및 특징 …… 99
1. 디지털경제의 선행조건 …… 99
1.1 거래의 디지털화와 가상시장의 형성 99
1.2 개별경제주체의 정보화 100
1.3 경제 내의 정보공유환경 완비 101
1.4 개별정보통신망의 통합화 102
2. 디지털경제의 특징 …… 103

2.1 경제부문별 변화 104
2.2 경제구조의 변화 112
2.3 공급부문의 변화 115

제 3 절 디지털경제의 경제주체 …… 117

1. 소 비 자 …… 117
1.1 소비의 디지털화 117
1.2 거래의 디지털화 118
1.3 소비자주권의 강화 119
2. 기 업 …… 120
2.1 생산의 디지털화 120
2.2 기업조직의 변화 121
2.3 산업구조의 변화 123
3. 정 부 …… 124
3.1 행정업무의 디지털화 124
3.2 정부역할의 변화 125

제 4 절 디지털경제의 성과 …… 127

1. 사회간접자본의 혁신과 사회적 비용의 절감 …… 127
2. 산업조직과 기업경영전략의 변화 …… 129
3. 글로벌 경영체제 …… 130
4. 소비와 생산구조의 변화 …… 130
5. 경제성장의 촉진 …… 131
6. 완전경쟁의 가능성 …… 134
7. 경제활동의 개선효과 …… 134

제 4 장 디지털재화와 디지털시장

제 1 절 디지털재화란 무엇인가 …… 141

1. 디지털재화의 개념 및 정의 …… 141

2. 디지털재화의 특징 …… 141
2.1 경 험 재 142
2.2 규모의 경제 143
2.3 범위의 경제 144
2.4 공 공 재 145
2.5 잠금효과 147
2.6 네트워크 외부성 150

제 2 절 디지털시장은 어떤 시장을 말하는가 …… 152
1. 디지털시장의 개념 및 정의 …… 152
2. 디지털시장의 특징 …… 153
2.1 시장구성요소의 변화 155
2.2 시스템 경쟁과 표준화의 중요성 155
2.3 급속한 기술진보와 시장진화 156
2.4 유통비용과 탐색비용의 감소 156
2.5 거래비용과 재고비용의 감소 157
3. 디지털시장의 시장구조 …… 158
3.1 완전경쟁적인 시장구조 …… 158
3.2 독점적인 시장구조 …… 159
3.3 기존의 실증분석결과 …… 162

제 3 절 디지털시장의 제품판매방식 …… 165
1. 가격차별화판매방식 …… 165
1.1 가격차별화의 성립조건 165
1.2 가격차별화의 유형 166
2. 제품차별화판매방식 …… 170
2.1 버 전 닝 171
2.3 묶음판매 174
3. 기타 제품판매방식 …… 174
3.1 지적재산권제도 174
3.2 광 고 175
3.3 부수수입 177
3.4 기술적 수단 177

3.5 맛 보 기 178

부 록 멜칼프의 법칙 180

제 5 장 디지털경제의 거시경제변수

제 1 절 생산성 및 경제성장·고용 187

1. 기존의 연구결과 187
   1.1 매클럽의 지식산업 187
   1.2 포랫의 정보경제 192
   1.3 존셔의 정보경제 195
   1.4 캐츠의 정보노동 199
   1.5 村上·高島의 정보산업 201
   1.6 廣松·大平의 정보경제 203
2. 최근의 연구결과 206
   2.1 생산성과 경제성장 206
   2.2 고용과 실업 210

제 2 절 물가·임금 및 소득격차·산업구조 214

1. 물 가 214
2. 임금과 소득격차 217
3. 산업구조 218

제 6 장 디지털경제의 기업과 산업정보화

제 1 절 기업과 산업정보화의 개요 227

1. 기업과 산업정보화의 개념 및 차이점 227

1.1 기업과 산업정보화의 개념 및 효과 227
1.2 기업과 산업정보화의 차이점 229
2. 전통산업의 IT화 ······ 230
2.1 IT활용과 산업구조의 변화 230
2.2 IT활용에 따른 경제적 효과 231

제 2 절 기업의 정보화 ······ 235
1. 기업정보화의 개념 및 필요성 ······ 235
2. 기업정보화의 영향 ······ 236
2.1 업무수행의 변화 236
2.2 조직구조의 변화 237
3. 우리나라의 기업정보화 현황 ······ 239

제 3 절 산업별 정보화 ······ 242
1. 농·수·축산업의 정보화 ······ 242
1.1 농·수·축산업 정보화의 의의 및 필요성 242
1.2 농·수·축산업 정보화의 구축 및 효과 243
2. 제조업의 정보화 ······ 246
2.1 전통 제조업의 위상변화와 과제 246
2.2 전통 제조업의 IT화 249
3. 유통업의 정보화 ······ 251
3.1 유통업의 환경변화 251
3.2 유통업의 IT화 253
4. 무역업의 정보화 ······ 257
5. 관광업의 정보화 ······ 258
5.1 관광업의 환경변화 258
5.2 관광정보화의 필요성 260
5.3 관광업의 IT화 261
6. 금융업의 정보화 ······ 264
6.1 금융업의 환경변화 264
6.2 금융업의 IT화 265

제 7 장 디지털경제의 정보산업화: 정보통신산업

제 1 절 정보통신산업의 개요 ······ 273
1. 정보통신산업의 개념과 분류 ······ 274
1.1 OECD의 정보통신산업 개념 및 분류 276
1.2 우리나라의 정보통신산업 개념 및 분류 277
2. 정보통신산업의 일반적 특징 ······ 279
3. 정보통신산업의 현황 ······ 280

제 2 절 정보통신산업의 규제와 경쟁 ······ 283
1. 정보통신산업의 규제근거 ······ 283
2. 정보통신산업의 환경변화와 경쟁도입의 근거 ······ 284
2.1 정보통신산업의 환경변화 284
2.2 정보통신산업정책의 변화 285

제 3 절 정보통신관련 정보정책 ······ 287
1. 국내정보정책 ······ 287
1.1 국내정보정책의 개념 및 정의 287
1.2 국내정보정책의 범위와 내용 289
2. 국제정보정책 ······ 292
2.1 국제정보정책의 개념 및 의의 292
2.2 국제정보정책의 결정메커니즘 293

제 8 장 디지털경제의 노동과 고용

제 1 절 노동의 공급 ······ 303
1. 노동시장의 확대와 노동력의 다양화 ······ 303
2. 고용량의 변화 ······ 304

3. 구직비용의 감소와 노동공급의 증가 305
4. 인적자본의 중요성 306
5. 인적자본의 투자 증대 307

제 2 절 노동에 대한 수요 310
1. 일자리의 창출과 소멸 310
2. 동질적인 노동력의 변화 312
3. 노동력 구성의 변화 314
4. 채용비용의 감소 315

제 3 절 노동시장의 구조 316
1. 노동시장의 경쟁성 316
2. 노동시장의 유연성 319

제 4 절 노동과 관련된 쟁점사항 321
1. 고용관계의 변화 321
2. 임금문제 323
3. 노조 및 노사관계 325
4. 실업문제 326
5. 노동통제 327
6. 고용의 불안 328
7. 노동정책 329

보 론 Ⅰ 전자상거래시대의 유망직종 331

보 론 Ⅱ 불확실성과 정보 332
1. 불확실성 332
2. 비대칭적 정보 335
2.1 감추어진 특성과 감추어진 행동 335
2.2 역 선 택 337
2.3 도덕적 해이 340

제 9 장 디지털경제의 전자상거래와 e-비즈니스

제 1 절 e-비즈니스의 정의와 출현 347

1. 인터넷과 e-비즈니스 347
2. e-비즈니스의 개념 및 정의 349
3. e-비즈니스로의 발전 352
   3.1 전자자금이체(EFT) 352
   3.2 전자문서교환(EDI) 352
   3.3 광속상거래(CALS) 355
   3.4 전자상거래(EC) 356

제 2 절 e-비즈니스의 거래상품과 유형 362

1. e-비즈니스의 거래상품 362
   1.1 물리적 상품 362
   1.2 디지털 상품 363
2. e-비즈니스의 유형 및 규모 364
   2.1 전자상거래의 유형 364
   2.2 우리나라 전자상거래의 현황 368

제 3 절 e-비즈니스의 전자결제시스템 370

1. 전자결제시스템의 요건 370
2. 전자결제시스템의 유형 371
   2.1 신용카드 결제시스템 371
   2.2 전자화폐 결제시스템 371
   2.3 전자수표 결제시스템 372
   2.4 전자자금이체 결제시스템 373

제 4 절 e-비즈니스의 파급효과 375

제 5 절 e-비즈니스모델 378

1. e-비즈니스모델의 개념 및 정의 378

2. e-비즈니스모델의 분류 ··· 381
2.1 Bambury의 분류 381
2.2 Timmerse의 분류 382

제 6 절 M-commerce와 T-commerce ··· 387
1. M-commerce ··· 387
2. T-commerce ··· 388

부 록 전자상거래의 시스템보안 ··· 390
1. 방화벽(Firewall) ··· 390
2. SSL(Secure Socket Layer) ··· 390
3. SET(Secure Electronic Transaction) ··· 391
4. PEM과 PGP ··· 392
5. 전자서명 ··· 392
6. 전자인증 ··· 393

제10장 디지털경제의 전자무역

제 1 절 전자무역의 개요 ··· 399
1. 전자무역의 개념 ··· 399
2. 전자상거래와 전자무역 ··· 401
3. 전통적인 무역과 전자무역 ··· 403
4. 소호(SOHO)와 전자무역 ··· 405

제 2 절 전자무역의 특징과 효과 ··· 406
1. 전자무역의 특징 ··· 406
2. 전자무역의 경제적 효과 ··· 411

제 3 절 전자무역의 기본요건 및 성공전략 ··· 413

1. 전자무역의 기본요건 …… 413
2. 전자무역의 성공전략 …… 415

제 4 절 전자무역의 실무절차와 결제시스템 …… 418

1. 전자무역의 실무절차 …… 418
1.1 해외시장조사 및 거래처의 발굴 418
1.2 거래제의 및 신용조사 419
1.3 매도계약서의 발송 419
1.4 신용장의 개설 420
1.5 수출물품의 확보 420
1.6 통 관 421
1.7 선적과 보험 421
1.8 수출대금의 회수 422
2. 전자무역의 결제시스템 …… 422
2.1 인터넷 네고 423
2.2 무역카드(TradeCard) 시스템 425
2.3 볼레로(Bolero) 프로젝트 427

제11장 디지털금융과 전자화폐

제 1 절 디지털금융 …… 437

1. 디지털금융시대의 도래 …… 437
2. 디지털금융의 발전과정 …… 439
2.1 금융업무의 온라인화 및 업무자동화단계 439
2.2 금융네트워크 구축 및 서비스의 확대단계 441
2.3 전자화폐, 인터넷뱅킹 및 모바일뱅킹단계 444

제 2 절 전자화폐 …… 450

1. 전자화폐의 등장배경 …… 450
1.1 지불수단의 편리성을 위한 기능적 측면 450

1.2 지불수단의 보안성을 위한 기술적 측면 452
2. 전자화폐의 개념 및 특성 ······ 454
2.1 전자화폐의 개념 및 정의 454
2.2 전자화폐의 특성 456
3. 전자화폐의 유형 ······ 459
3.1 IC카드형과 네트워크형 459
3.2 개방형과 폐쇄형 468
3.3 온라인형 및 오프라인형 469
4. 전자화폐와 통화정책 ······ 469

제12장 디지털경제의 쟁점사항 및 문제점

제 1 절 정보과잉 ······ 479
1. 정보과잉의 개념 및 정의 ······ 479
2. 정보과잉에 따른 경제적인 문제 ······ 481

제 2 절 정보격차 ······ 483
1. 정보격차의 개념 및 정의 ······ 483
2. 정보격차의 발생원인 ······ 487
2.1 개인별 사회경제적인 차이 487
2.2 성별·연령별 차이 489
2.3 커뮤니케이션의 능력과 컴퓨터 해득력의 차이 489
3. 우리나라의 정보격차 현황 ······ 490

제 3 절 국제적 정보격차 ······ 493
1. 문화적 제국주의 문제 ······ 494
2. 원격탐사의 문제 ······ 495
3. 전파월경의 문제 ······ 496

제 4 절 정보화에 따른 빈부격차 ······ 498

제 5 절 사생활침해와 사이버범죄 ······ 500

참고문헌 ······ 507

찾아보기 ······ 511

PART 1 총론적 디지털경제

제 1 장 디지털시대의 지식과 정보
제 2 장 디지털혁명과 정보화
제 3 장 디지털경제란 어떤 경제를 말하는가
제 4 장 디지털재화와 디지털시장
제 5 장 디지털경제의 거시경제변수

제1부에서는 먼저 디지털경제시대에서 부의 원천이며 디지털경제를 이해하는 데 필요한 기초개념으로 지식과 정보란 무엇인가를 살펴보고, 총론적인 측면에서의 디지털경제를 살펴본다.

제1장에서는 먼저 정보를 창출케 하는 지식의 개념 및 정의, 지식의 분류, 신지식인의 개념, 개인의 지식활동, 그리고 정보의 개념 및 정의, 정보의 특성 및 가치, 정보의 종류, 정보의 활동과 순환을 살펴본다.

제2장에서는 디지털혁명이란 무엇을 의미하는가? 디지털혁명을 야기시키는 요인들이 무엇이며, 어떻게 전개되는가? 디지털기술은 어떠한 방향성을 갖고 어떻게 발전할 것인가? 디지털혁명의 효과는 어떻게 나타나며, 경제적으로 어떻게 연결되는가? 그리고 디지털경제에서의 정보화란 어떠한 의미 및 특성을 갖는가?

제3장에서는 디지털기술에 기반을 둔 정보통신기술의 발전에 따라 형성된 디지털경제란 어떠한 경제를 말하며, 기존의 전통경제와는 어떻게 다른가? 디지털경제가 출현하게 된 배경 및 선행조건은 무엇인가? 디지털경제의 특징은 어떻게 나타나는가? 디지털경제에서의 경제주체와 그 경제행위는 어떻게 변화하는가? 그리고 디지털경제의 성과 및 효과는 어떻게 나타나는가?

제4장에서는 먼저 디지털재화의 개념과 특성을 살펴보고, 디지털시장의 개념 및 정의, 특성, 그리고 디지털시장은 어떠한 시장구조를 갖고 있는가를 알아본다. 아울러 디지털시장에서의 디지털재화를 판매하기 위한 구체적인 전략에는 어떤 것들이 있는가를 살펴본다.

제5장에서는 먼저 디지털경제의 거시경제변수로서 생산성, 경제성장, 고용, 물가, 임금, 소득격차, 그리고 산업구조에 대해 살펴보자.

제 1 장

디지털시대의 지식과 정보

21세기 디지털시대에서는 지식과 정보가 가장 강력하고 유일한 가치이자 부의 원천이 되기 때문에 먼저 디지털경제를 이해하는데 필요한 기초개념으로 지식과 정보에 대해 살펴보자. 먼저 정보를 창출케 하는 지식의 개념 및 정의, 지식의 분류, 신지식인의 개념, 개인의 지식활동, 그리고 정보의 개념 및 정의, 정보의 특성 및 가치, 정보의 종류, 정보의 활동과 순환을 살펴본다.

제 1 절 지식이란 무엇인가

1. 지식의 성립요건 및 의미변화

1.1 지식의 성립요건

인식론적인 측면에서의 지식은 '정당하고 참된 신념'(justified true belief)이라고 정의하고 있다. 이러한 정의는 자신이 확실히 알고 있으면서, 객관적으로 보아도 '올바른' 것이 지식이라는 것이다. 이러한 관점에서 보면, 인식론적인 측면에서의 지식은 지식의 객관적인 측면만을 강조하고 있다고 할 수 있다. 그리하여 경험론의 중요한 요건인 주관성, 즉 가치적 요소를 포함한 생각(신념)이나 그 정당성의 문제 등에 대한 논의를 배제해 왔다고 할 수 있다.

그러나 오늘날의 지식에 대한 개념은 이러한 이분법적인 시각과는 달리 지식을 더 포괄적으로 생각하고 있다. 지식의 기초는 현실에 대한 개인의 주관적인 경험, 신념이나 가치판단이기 때문에 지식은 이 기초 위에서 객관적인 논리체계가 형성된다. 따라서 주관성과 객관성 어느 하나를 빠뜨리더라도 지식은 성립될 수 없다는 것이다.

1.2 지식의 의미변화

지식은 시대에 따라 적용되는 대상과 그 의미가 변해왔다.[1] 지식의 의미가 변화하게 되는 첫번째 단계는 1750년부터 1880년 이전까지인데, 이

1) Peter F. Drucker, "*From Capitalism to Knowledge Society*," Post-Capitalist Society(Harper Collins Publishers, Inc., 1993).

때의 지식은 도구·공정·제품에 적용되었으며, 기술(technology)과 같은 의미로 사용되었다. 그 당시 발명가들은 그들의 발명품을 세상에 공포하는 경우에 그들은 포상을 받게 되었다. 이것은 한 세기 동안 영국에서 열광적으로 기계를 발명하게 만드는 계기가 되었으며, 그 대표적인 것은 제임스 와트(J. Watt)가 증기기관을 발명하여 특허를 얻게 된 것이다. 이러한 결과로 인해 산업혁명(industrial revolution)이 야기된 것이다.

지식의 의미가 변화하게 되는 두 번째 단계는 1880년경부터 제2차 세계대전까지인데, 이때의 지식은 인간의 육체노동에 적용되었으며, 그 결과 생산성혁명(productivity revolution)을 야기시켰다. 그 당시에 테일러(F. W. Taylor, 1856~1915)는 처음으로 노동(work)을 연구·분석하여 공학화하는데 지식을 적용하였다.[2)] 테일러가 지식을 인간의 육체노동(작업)에 적용함으로써 생산성은 폭발적으로 증가하게 되었는데, 생산성은 복리로 매년 3.5~4% 정도씩 증가하기 시작하였다. 이는 약 18년마다 생산성이 2배로 증가함을 의미한 것이다. 그 당시 모든 선진국에서의 생산성은 거의 50배 이상 증가하여 국민들에 대한 삶의 질과 생활수준이 크게 향상되었다. 다시 말하면, GNP에서 차지하는 비중이 거의 0%에 가깝던 선진국의 건강관련 지출이 8~12%로 증가하였고, 교육도 GNP의 2%에서 10% 내지 그 이상으로 증가하였다. 이와 같이 지난 100년간에 걸친 폭발적인 생산성의 향상을 통해 선진국의 경제를 발전시킨 주 원동력은 바로 지식을 노동에 적용함으로써 기능한 일이었다.

지식의 의미가 변화하게 되는 세 번째 단계는 제2차 세계대전부터 현재까지인데, 이 시기에서의 생산성혁명은 이미 끝났다. 지금으로부터 50년 전인 1950년대에 모든 선진국의 대다수 노동자들은 물건을 만들고 운반하는 육체노동을 주로 하는 일에 종사하는 사람들이었다. 1990년에 그들은 전체노동력의 1/5로 감소하였다. 그리고 2010년이 되면 그들이 겨우

2) 테일러의 주된 목적은 지식을 노동에 적용함으로써, 소유주와 노동자, 자본가와 프롤레타리아가 생산성 향상에 공동의 관심을 갖고 조화로운 관계를 맺는 사회를 만드는 것이었다. 그러나 숙련작업이든 단순작업이든 모든 작업은 지식을 적용하여 분석되고 체계화 될 수 있다는 테일러의 공리는 동시대의 사람들에게는 상식을 벗어난 것으로 인식되어 테일러에 대한 평가는 좋지 않았다.

1/10 정도가 될 것이며, 제조업·농업·광업·운송업에서 육체노동자의 생산성을 높이는 것은 결코 그 자체로는 더 이상 어려울 것이다. 지금부터 중요한 것은 정신노동자의 생산성을 향상시키는 것인데, 이는 지식을 지식에 적용함으로써 가능하게 되며, 그 결과 경영혁명(management revolution)을 야기시키고 있다.

디지털경제시대에서의 전통적인 생산요소인 토지(천연자원), 노동과 자본은 사라지지는 않았지만 그것들의 중요성은 점차 부차적인 요소가 되어 가고 있다. 전통적인 생산요소들은 얻을 수 있는 것이며, 지식만 있다면 더욱 쉽게 얻을 수 있는 것이다. 새로운 의미의 지식은 실용성으로서의 지식이고, 사회적 지위와 경제적 성과를 얻을 수 있는 수단으로서의 지식이다. 이러한 지식의 의미변화는 바람직한 것이든 아니든 간에 역행할 수 없는 현실이다. 현재 디지털경제시대에서의 지식은 지식에 적용되고 있는데, 이는 어떤 결과를 낳기 위해 기존의 지식을 가장 잘 적용하는 방법을 찾아 내기 위해 지식을 사용하는 것을 의미한다. 이제 지식은 어떤 새로운 지식이 필요한가, 그 지식은 실행가능한가, 그리고 지식을 효과적인 것으로 만들기 위해 무엇을 해야 하는가를 발견하기 위해 체계적이고 계획적으로 적용되고 있다. 다시 말하면, 지식은 체계적인 혁신(systemic innovation)에 적용되고 있는 중이다.

지금까지 살펴본 바와 같이 지식은 시대에 따라 적용되는 대상과 그 의미가 변해 왔는데, 지식을 도구·공정·제품에 적용함으로써 야기된 산업혁명이 지배적인 현상이 되고 범세계적으로 확산되는 데는 18세기 중반부터 19세기 중반까지 약 100년이 걸렸다. 지식을 인간의 노동에 적용함으로써 야기된 생산성혁명이 지배적인 현상이 되고 범세계적으로 확산되는 데는 1880년부터 제 2 차 세계대전이 끝날 때까지 70년이 걸렸다. 그리고 지식을 지식에 적용함으로써 야기된 경영혁명이 지배적인 현상이 되고 범세계적으로 확산되는 데는 1945년부터 1990년까지 50년이 채 걸리지 않았다.

2. 지식의 개념 및 유형

영국의 알프레드 마샬(A. Marshall)은 이미 오래 전 그의 경제학 원리에서 "지식은 우리의 가장 강력한 생산의 엔진이다"라고 말한 바 있다. 그러나 최근에 지식이 경제발전에 있어 새로운 수단으로 또 생산성 향상과 비교우위 확보에 있어 결정적인 요소로 주목을 받게 된 것은 디지털기술에 기반을 둔 정보통신기술의 급속한 발전과 세계화의 확산으로 지식과 정보의 개념과 역할이 크게 달라졌기 때문이다. 그 동안 주로 기계와 조직, 사람에게 체화되어 제한된 범위 내에서 작동하던 지식(기능, 노하우, 기술 등 무형자산)과 정보가 이제 더 이상 시간과 공간의 제약을 받지 않는 전략적 자원이 되어 기존 제품의 고부가가치화와 공정혁신을 촉진할 뿐만 아니라 전혀 새로운 제품과 서비스를 창출하는데 있어 주도적인 역할을 하고 있는 것이다. 따라서 디지털경제에 있어 핵심은 이러한 지식과 정보를 어떻게 효과적으로 창출하고, 이를 확산시켜 생산적으로 활용하느냐 하는 문제로 귀결된다.

노나카 이쿠지로 교수는 조직의「지식창조이론」에서 지식을 암묵지(tacit knowledge)와 형식지(codified knowledge)로 분류하고, 이들의 상호작용에 의해 창출된다고 간주하고 있다. 여기에서 암묵적 지식인 암묵지란 말로 표현하기 힘든 주관적·신체적인 아날로그의 지식으로 개인·집단·조직의 각 차원에서 개인적인 경험, 이미지, 숙련된 훈련, 조직문화, 풍토 등의 형태로 존재한다. 그리고 형식적 지식인 형식지란 서술하기 쉽고 객관적·논리적인 디지털 지식으로 제품사양, 문서, 데이터 베이스, 매뉴얼, 화학식, 컴퓨터 프로그램 등의 형태로 표현될 수 있다. 이와 같이 지식은 언어화·형태화하기 어려운 주관적인 암묵지와 언어 또는 다른 형태로 나타낼 수 있는 객관적인 형식지 양자간의 상호작용에 의해 창조된다고 간주한다. 다시 말하면, 암묵지와 형식지는 상호 분리된 존재가 아니라 지식이라는 한 막대의 양끝과 같은 개념이고 양자의 역동적인 관계가 중요하다는 것이다. 지식의 문제와 관련된 인지과학 및 인지공학적 연구결과를 종합하면 암묵

[표 1-1] 암묵지와 형식지의 특성비교

	암묵지(tacit Knowledge)	형식지(ex plicit knowledge)
철 학	연결주의(connectionism)	상징주의(symbolism)
과학적 모델	신경회로망(neural networks)	전문가시스템(expert systems)
지식표상	암묵적(implicit)	명시적(explicit)
관련기억	비서술적(non-declarative)	서술적(declarative)
학습(시간)	동적 학습(dynamic)	정적 학습(static)
학습(공간)	내재 학습(intemal)	외래 학습(external)
추론방법	귀납적 추론(induction)	연역적 추론(deduction)
기반요소	사례기반형(example-based)	법칙기반형(rule-based)
사용논리	퍼지논리(fuzzy Logic)	표준논리(rigid Logic)
결과예측	확률적(stochastic)	결정적(deterministic)
적용영역	자유영역(domain free)	특정영역(domain specific)
관찰의 정도	관찰 불가능	관찰 가능
표현의 정도	표현되지 않음	표현될 수 있음
교육 가능성	교육 가능하지 않음	교육가능함
복잡성의 정도	복잡함	단순함

지와 형식지는 [표 1-1]과 같이 비교할 수 있다.[3)]

한편 룬드밸과 존슨(Lundvall & Johnson)은 지식을 인식대상에 따라 다음과 같이 4가지로 분류하고 정의하고 있다.

■ 사물지(know-what)는 "어떤 특정한 사실(fact)에 관련된 것을 아는 것"을 말하는데, 전문가들이 강도 높은 훈련과 증명을 통해 습득하는 지식으로 가장 기본적인 지식에 해당된다. 법률전문가, 약사, 컨설턴트 등과 같은 전문직종의 종사자들은 업무수행에 있어서는 이러한 지식의 보유와 축적이 필수적이다. 또는 사물지는 정보와 유사한 지식, 즉 정보로서의 지식이므로 주로 독서, 교육 등을 통해 습득된다.

3) M. W. Firebaugh(1988), *Artificial Intelligence:* A Knowledge-Based Approach, Boston, PWS-KENT: F. Zahedi(1993), *Intelligent Systems for Business: Expert Systems with Netural Networks*, Belmont, Wadsworth Publishing Company: S. Russell & P. Norvig(1995), *Artificial Intelligence: A Modern Approach,* EngleWood Cliffs, Prentice Hall.

■ 사실지(know-why)는 "자연과 사회의 운동원리와 법칙에 관한 과학적 지식" 으로 화학, 전기전자와 같은 특정 산업분야의 기술개발에 있어 매우 중요한 지식도 포함된다. 이러한 지식의 창출과 재생산은 대학과 같은 특수기관에 의해 이루어지며 기업의 경우는 대학과의 공동연구 또는 잘 훈련된 고급인력의 채용이나 대학연구소와의 교류 또는 용역발주 등을 통해 지식을 습득한 것이 일반적이다.

■ 방법지(know-how)는 "무엇인가를 할 수 있는 능력을 의미하는 지식" 으로 도제관계, 현장실습 및 실험, 사례연구, 학습, 동료와의 상호교류를 통한 학습 등을 통해 습득되는 지식을 말한다.

■ 인물지(know-who)는 "누가 무엇을 알고 있으며 누가 어떤 기술과 능력을 갖고 무엇을 어떻게 하고 있는가를 알고 있는 지식" 이다. 이러한 지식은 일반적으로 사교, 특수교육환경, 비공식모임, 동문, 전문가모임, 고객, 하청업자, 독립적인 조직기구와의 일반적 접촉·교류 등을 통해 습득되는 것이 일반적이다.

그리고 사물지와 사실지는 형식적 지식(codified knowledge)을, 방법지와 인물지는 암묵적 지식(tacit knowledge)을 의미하는데, 이처럼 디지털경제에 관한 논의에 있어 지식을 크게 암묵지와 형식지로 나누어 살펴보는 것은 최근 디지털기술의 발달로 암묵적 지식의 디지털화를 통한 형식적 지식화가 보다 용이해 지고 있을 뿐 아니라 암묵적 지식의 형식화를 통한 지식과 정보의 생성과 이용 및 축적, 확산, 유통 등이 가속화되고 있기 때문이다.

3. 지식의 변환

지금까지 지식의 구분법 가운데 가장 널리 알려진 방식은 일본의 지식이론의 대가로 꼽히는 노나카 이쿠지로 교수에 의한 분류인데, 그는 지식을 존재 형태에 따라 암묵지(tacit knowledge)와 형식지(explicit knowledge)로 구분한다. 인간의 기억 속에 저장돼 있는 지식을 암묵지라 하고, 책이나 문서, 비디오테이프, 녹음 등 눈에 보이게 저장돼 있는 지식을 형식지라고 부른다. 그리고 그는 다음과 같은 4가지 기본적인 지식변환의 유형을 도출하고 있다.

3.1 암묵지에서 암묵지를 얻는다 → 사회화(socialization)

암묵지에서 암묵지로 변환하는 과정을 '사회화' 라고 하는 데, 이 단계에서는 개인이나 집단이 언어나 문자에 의존하지 않고 체험, 관찰, 모방 등의 신체적이고 감각적인 경험을 통해서 지식이 공유된다. 이 단계에서는 언어에 의존하지 않고 체험·관찰·모방 등의 신체적이고 감각적인 경험을 통해 지식이 공유되고 변환된다. 여기서는 맨투맨 혹은 집단의 공유체험이 큰 역할을 담당한다. 행동을 함께 공유함으로써 신체적인 감각을 총동원하여 말로 표현할 수 없는 지식을 공유하는 것이다. 예를 들면, 숙련공과 함께 하면서 숙련공의 기술전수, 전문가의 노하우를 보고 흉내내는 가운데 저절로 터득하는 일, 자녀가 부모의 습관을 답습하는 일, 경영자가 부서의 분위기나 구성원의 의식을 파악하고 직업내 훈련(OJT: on-the-job training)을 하는 일 등이다.

3.2 암묵지에서 형식지를 얻는다 → 외부화(extemalization)

개인이나 집단이 체험, 관찰, 모방 등을 통해서 얻게 된 암묵지를 형식지로 변환하는 과정을 '외부화' 라고 한다. 이 단계에서는 암묵지가 언어, 문자, 그림 등으로 표현되어 개인이나 조직이 공유하고 전달이 용이한 형식지가 만들어진다. 예를 들면, 최고경영자의 아이디어를 언어화하는 일, 제품의 개발과정을 문자나 그림으로 나타내는 일, 숙련공의 노하우를 문자화하는 일, 고객의 욕구를 그림으로 나타내는 일 등이다.

3.3 형식지에서 형식지를 얻는다 → 종합화(combination)

개인이나 집단이 어떤 형식지를 조합하여 새로운 형식지를 창출하는 과정을 '종합화' 라고 한다. 이 단계에서는 개인이나 집단이 갖고 있는 형식지를 조합시켜 새로운 또는 보다 가치 있는 지식을 만들어 내는 과정이다. 예를 들면 언어, 문자, 그림, 데이터베이스, 전자메일, 컴퓨터 등의 매개체를 이용한 또 다른 형식지의 분류·가공·편집에 의한 지식을 만들어 내는 과정이다.

3.4 형식지에서 암묵지를 얻는다 → 내면화(internalization)

형식지가 암묵지로 변환되는 과정을 '내면화' 라고 한다. 이 단계에서는 형식지가 개개인의 내부에 체화되는 단계인데, 예를 들면, 책을 통해 건강비법을 습득하는 일, 기업내의 성공사례가 전파되는 일, 새로운 제품 사양이나 문서가 조직 내에서 공유되는 일 등이다. 이러한 형식지가 개개인의 내부에 체화되는 정도는 다를 수 있다.

4. 신지식인

전통적 개념의 지식인은 정규교육을 남보다 오래 받아서 높은 학위를 갖고 있는 사람들을 지칭한다. 그러나 한국교육이 가르쳐온 지식은 사실지에만 집중돼 있고 정작 부가가치 창출에 필요한 방법지는 천시하거나 소홀히 해왔다. 따라서 신지식인은 우선 다양한 방법지를 체득해 가치를 창조할 수 있는 사람으로 정의할 수 있다.

그러나 방법지의 체득은 필요조건이긴 하지만 충분조건까지는 아니다. 왜냐하면 끊임없는 환경의 변화 속에서 습득해야 할 지식은 점점 더 다양해지고 있기 때문이다. 자기의 영역에서 새로운 지식을 계속 습득하고 향상시켜 나가려면 지식을 획득·저장·활용·공유해 나갈 수 있는 능력이 필요하다. 이 같은 능력을 배양하기 위해 정신자세(mind set), 습관(habit set), 기본능력(skill set)을 아울러 갖춰야 한다.

이를 종합하면 신지식인이란 '사물지·사실지·방법지를 균형 있게 터득하고 새로운 지식을 획득·저장·활용·공유하는 데 필요한 정신·습관·기본능력을 갖춰 지속적인 행동을 통해 가치를 창출해가는 사람'이라고 정의할 수 있다.

제 2 절 정보란 무엇인가

1. 정보의 개념 및 정의

정보(information)와 자료(data)는 흔히 혼동되어 사용되고 있다. 그러나 정보는 수신자에게 의미가 있는 형태로 전달된 유용한 자료라고 볼 수 있는 반면, 자료는 단순히 사실에 대한 묘사(factual description)를 의미하며 정보를 산출하기 위한 원재료이다. 따라서 자료는 정보의 모집단이며, 자료의 일부분이 정보가 되는 것이다.

특정한 사실에 대한 묘사가 단순히 자료인가 혹은 정보인가 하는 구분은 수신자에 의해 결정된다. 구체적으로 자료가 정보가 되기 위해서는 수신자의 의사결정에 유용하여야 하고 수신자에게 의미 있는 형태로 전달되어야 한다. 예를 들면, 오늘 한국통신 주식의 종가가 50,000원이라는 사실은 한국통신에 투자하려고 하는 투자자에게는 투자결정에 필요한 정보이나, 주식투자에 전혀 관심이 없는 사람에게는 단순한 자료에 불과한 것이다. 이와 같이 특정한 사실에 대한 묘사는 의사결정의 유용성 여부에 따라 어떤 사람에게는 자료가 되는 반면, 어떤 사람에게는 정보가 될 수도 있는 것이다. 다시 말하면 일반적으로 정보는 “보고 싶다 듣고 싶다 알고 싶다”고 하는 욕구를 만족시키기 위해 그 정보를 획득하려고 한다. 어떤 개인이 획득한 정보는 그 개인에게 직접적으로 효용(만족)을 주기도 하고 그 개인이 어떤 의사결정을 내릴 때 도움을 주기도 한다.

한편 수신자에게 의미 있는 정보는 일반적으로 언어나 약속된 부호 등의 수단을 통해 전달되는데, 정보의 전달과정은 암호화(encoding), 통신채널(communication channel)을 통한 전달, 해독(decoding)으로 구분할 수 있다.

그런데 이 과정에서 정보전달상의 기술적 문제나 잡음(noise) 등에 의해 원래 의도된 내용이 정확히 전달되지 않을 수 있다. 따라서 정보전달과정에서 발생할 수 있는 오류를 극소화하여, 수신자에게 의미 있는 형태로 전달하는 것이 매우 중요하다. 만약 정보가 전혀 전달되지 않거나, 그릇된 정보가 전달된다면 이는 의사결정에 무익할 뿐만 아니라 심지어는 심각한 부작용을 초래할 가능성도 있는 것이다.

결국 사람들이 시간과 자원을 투입하여 정보를 수집하는 이유는 의사결정과정에서 정보를 이용하여 미래의 불확실성을 감소시킬 수 있기 때문이다. 우리의 의사결정은 주로 미래에 대비하기 위하여 이루어지는데, 미래에 발생할 사건은 확실한 것이 하나도 없고 오직 확률적인 예측만 가능한 것이다. 따라서 정보의 가치는 미래의 불확실성을 얼마나 감소시킬 수 있느냐에 달려 있다. 만일 미래의 불확실성을 현격히 감소시킬 수 있는 정보가 있다면 의사결정자는 상당한 비용과 희생을 치르더라도 의사결정에 관련된 정보를 수집하려 할 것이다. 그러나 새로운 정보에서 얻을 수 있는 효용보다 희생(비용)이 더 크다면 의사결정자는 새로운 정보의 취득을 포기할 것이다.

이상의 논의에서 보는 바와 같이 정보란 '어떤 사물, 상태 등 관련된 모든 것들에 대해 수신자에게 의미 있는 형태로 전달되어 불확실성을 감소시켜 주는 것과 같이 수신자의 의사결정에 유용하게 사용될 수 있는 데이터의 집합'을 의미한다.[4] 따라서 정보는 사람(의사결정자)과 관련이 있으며, 미래의 사건에 대한 불확실성을 감소시켜 의사결정의 질을 높일 수 있다는 것이다.

4) 지금까지 정보는 연구분야와 사람에 따라 다르게 정의되었는데, ① 공학적인 측면에서 Sharon(1969)은 「어떤 체계가 일정량의 불확실성을 갖고 있을 때 그 불확실성의 양을 감소시키는 역할을 하는 것이 정보이다」. ② 사회학 및 커뮤니케이션 측면에서 古田民人(1972)는 「정보란 물질·에너지의 시간적·공간적·정성적·정량적인 유형이다」, 梅棹忠夫(1963)는 「정보란 인간과 인간과의 사이에서 전달되는 일체의 기호 및 계열을 의미한다」. ③ 경제·경영학적인 측면에서 Machlup는 「알려진 내용, 알고 있는 상태가 지식이고, 모든 지식이 정보이다」, Porat는 「정보란 조직화되어 전달되는 자료를 의미한다」.

2. 정보의 특성

이제 정보가 갖는 특성에 대해 살펴보자. 자본, 노동, 토지 등의 물리적 자원과 비교할 때 정보의 본질적인 특성은 다음과 같다.

① 무형성: 정보 자체는 일정한 형태를 갖추고 있지 않으며 물과 마찬가지로 유동적이다. 즉 정보 자체는 물리적인 형태를 갖고 있지 않고 다만 표현된 내용으로만 존재하기 때문에 정보 그 자체는 형태가 없다.

② 적시성: 정보는 수요자가 원하는 시간에 전달되어야 하며 원하는 시간에 전달되지 않는 경우는 정보로서의 가치가 없다. 즉 모든 정보는 전달속도(speed)와 획득시점(timing)이 중요한 요소가 된다. 따라서 정보는 너무 빨라도 또는 너무 늦어도 의사결정자에게 도움이 되지 않는 경우가 있기 때문에 정보는 획득시점에 따라 그 가치가 결정된다.

③ 독점성: 정보는 아무리 중요한 내용을 담고 있다하더라도 공개가 되고나면 정보의 가치는 급격히 떨어진다. 따라서 정보의 최대효용도를 높이기 위해서는 수요자에 의해 비밀리에 수집, 생산되어야 하는 독점성의 속성을 갖고 있다. 따라서 공개정보보다는 반공개정보가 반공개정보보다는 비공개정보가 더 큰 가치를 갖게 되는 경우가 있다.

④ 비소모성: 자동차, 냉장고 등의 일반상품은 사용되는 그 순간부터 소모되는 반면 정보는 아무리 이용하더라도 정보 자체는 소모되지 않는다.

⑤ 비이전성: 물리적으로 이전이 가능한 일반상품과는 달리 한 개인이 소유하던 정보가 다른 사람에게 양도되어도 소유주에게는 원래의 정보가 그대로 남아 있다. 즉 일반상품은 그것을 소유한 개인의 것이며 소유권을 가진 사람은 그 일반상품을 사용해 이익을 얻고 처분할 권리를 갖게 되지

만 정보는 남에게 빌려주어도 원래의 소유자에게 그대로 남아 있게 된다. 다시 말하면 정보는 타인에게 이전된다고 하더라도 완전히 이전되어 버리는 것이 아니고 자신에게 남아 있으므로 하나의 정보를 동시에 여러 사람이 이용할 수 있다. 따라서 일반상품은 소유권을 중심으로 한 개념이라면 정보는 사용권을 중심으로 한 개념이다.

⑥ 가치의 다양성: 정보가 어떤 사용자에게 효용을 줄 수 있으나 제3자에게는 효용을 주지 못하는 경우가 있다. 즉 A에게는 극히 중요한 정보일지라도 B나 C에게는 불필요한 경우가 있다. 따라서 자본주의 시장경제 원리에 따라 하나의 상품에는 하나의 가격이 형성된다는 일물일가의 법칙이 적용되지만 정보는 정보이용자의 필요성에 따라 여러 가지의 가격(가치)이 존재할 수 있다.

⑦ 결합성: 정보는 결합되고 가공되어 보다 높은 차원의 정보가 되는 특성이 있다. 정보 A와 정보 B가 합쳐져서 C라는 새로운 정보(미래의 불확실성을 감소시켜 주는 정보)를 창출하고 정보 C는 또 다른 정보와 결합하여 보다 더 높은 가치 있는 정보(미래의 불확실성을 더욱 감소시켜 주는 정보)를 만들어 낸다.

⑧ 누적가치성: 정보는 생산·축적되면 될수록 가치가 커진다. 예를 들면 Data Base의 경우에 정보가 풍부하게 생산·축적되면 될수록 그 가치가 높아지게 된다.

⑨ 비분할성: 일반상품은 여러 개의 부품들로 분할될 수 있지만 하나의 정보가 수신자들에게 분할되어 전달되는 경우는 전혀 의미가 없는 정보가 되기 때문에 정보는 항상 데이터의 집합체로서 전달·사용됨으로써 의미를 갖게된다.

⑩ 매체의존성: 정보는 그 자체가 어떤 형태를 갖지 못하는 것이므로

정보가 전달되기 위해서는 어떤 전달매체(신문, 방송, 컴퓨터)를 통해서만 이 가능하다.

⑪ 결과지향성: 정보는 노력의 세계가 아니고 결과의 세계이다. 따라서 아무리 노력과 시간을 투입하더라도 좋은 결과를 얻지 못하면 그 정보는 아무런 소용이 없게 된다.

이러한 정보의 본질적인 특성으로부터 정보활동을 함에 있어 다음과 같은 유의사항을 찾아낼 수 있다.

첫째, 정보활동은 연속적으로 수행될수록 유리하다.

둘째, 정보의 축적이 많을수록 유리하다.

셋째, 정보의 채널이 다양할수록 유리하다.

넷째, 정보는 빨리 전달될수록 유리하다.

다섯째, 다양한 정보를 취급하는 사람이 의사결정에 유리하다.

3. 정보의 가치

정보는 일반상품과는 달리 무게·길이·크기라는 요인들을 갖고 있지 않을 뿐만 아니라 경제학에서 빼놓을 수 없는 상품의 공급량이나 수요량이라는 개념도 필요하지 않다. 따라서 정보는 사용용도에 따라 정보의 가치는 상업적 가치, 개인적 가치, 공공적 가치 등으로 나누어 살펴볼 수 있다.

3.1 정보의 상업적 가치

원래 경제학에서는 정보를 일반적인 상품(goods)과 같이 경제재로 간주하여 경제적 가치를 부여하는 대상으로 인정하지 않았다. 왜냐하면 전통적인 경제학에서는 정보를 무상으로 생산·소비·분배·교환되는 물이나 공기와 같은 자유재로 국한시켜 정보의 효용성을 인정하지 않았기 때문이다. 뿐만 아니라 정보는 일반적으로 생산자에 의해서 자체 소비되기 때문에 경제적 가치(교환가치)를 부여하는 데 애매한 경우가 있다.

그러나 정보통신기술의 발전에 따라 정보는 경제재(economic goods)와 정보재(information goods)의 생산과정에서 필수적인 하나의 독립된 요소로서 또는 기존의 생산요소(노동, 자본, 토지)들에 대한 보완적인 요소로서 투입될 수 있으며 정보자체가 하나의 독립된 상품으로 취급될 수 있기 때문에 정보에 경제적 가치를 부여하는 것이 현실적으로 받아들여지고 있다. 이와 같이 정보를 상품에 대입시켜 경제적 가치(교환가치)를 부여하는 것은 자본주의 경제체제에서는 당연한 것이며 이는 곧 자본주의 경제에 근간이 되는 사유재적 개념에서 비롯된다.

한편, 경제재는 사유재와 공공재로 분류될 수 있는데, 사유재는 자동차, 냉장고 등과 같이 존재량이 유한하여 소비를 증가시키면 존재량이 감소하기 때문에 경합이나 경쟁이 일어나며, 가격(요금, 사용료)을 지불하지 않고는 소비할 수 없는 상품을 말한다. 반면, 공공재는 공원, 놀이터와 같은 공공시설 등을 사용할 때 가격(요금, 사용료)을 지불하지 않고도 누구나 소비할 수 있고, 사람들의 소비량이 증가하더라도 고갈되지 않기 때문에 소비량을 증가시키기 위해 경쟁을 하지 않아도 되는 상품을 말한다.

정보는 아무리 많은 사람들이 이용하여도 정보 자체가 소모되지 않고, 다른 사람들이 정보를 획득하더라도 하지 못하도록 배제시키기 어렵기 때문에 경쟁이 일어나지 않는 특징을 갖고 있으므로 공공재적 속성을 갖고 있다. 그럼에도 불구하고 정보를 공공재보다는 사유재로서 취급하려는 것은 정보의 사유재적 상품화가 시장성을 이루는 근간이 되고 있기 때문이다.

3.2 정보의 개인적 가치

정보사회에서는 정보통신기술이라는 사회적 기술을 바탕으로 정보가 물질자원이나 에너지자원보다는 더 큰 비중을 가지고 경제·사회발전에 중추적인 역할을 담당하게 될 것이다.

일반적으로 정보의 가치라고 하는 경우, 어떤 사람이 어떤 사실에 대해 「보고 싶다, 듣고 싶다, 알고 싶다」 라는 욕구를 제공해 주며, 욕구자(수요자)의 만족에 따라 결정된다. 즉 정보는 정보이용자의 필요성의 정도에 따라 여러 가지의 가격(가치)이 성립될 수 있다는 점이다. 이와 같이 누구든지 알 수 있는 정보가 아닌 욕구자에게만 가치를 갖게 되는 정보를 정보의 개인적 가치라고 한다. 정보의 가치는 특별히 개인적으로 국한시켜 이용할 목적으로 정보의 기밀성을 포함한다. 이를테면 기업 간의 경쟁에서 각자의 고유한 특정 기업정보를 외부로 배출되지 않도록 통제를 가한다. 이런 경우에 정보는 개인적 가치(private value)로서 '자산'(property)의 성격을 갖게 되는데, 특허나 저작권과 같은 법적 보호의 형식을 취하기도 한다. 정보의 개인적 가치는 기업조직 외에도 개인 사생활에서도 적용한다. 각 개인에게는 자산과 관련된 사적 정보가 외부의 남용에 의해 초래될 수 있는 불이익으로부터 보호받을 권리가 부여된다. 이러한 정보의 개인적 가치는 더욱 부각되어지는 현상도 정보사회의 특성이다. 따라서 정보사회의 개념이 암시하는 가장 중요한 요인은 정보의 가치부여이다. 사회의 정보화는 물질과 에너지라는 유형자원의 가치부여가 정보라는 무형자원으로 전가되는 과정을 말한다.

정보의 개인적 가치와 정보의 보급량과의 관계는 [그림 1-1]과 같은데 정보가 시간의 경과와 함께 사회에 널리 보급됨에 따라 정보의 가치가 하락하고 있음을 나타내고 있다. 정보의 보급량(소비량)을 A영역, B영역, 그리고 C영역으로 구분할 때 정보의 보급량이 매우 적은 경우를 나타내는 A영역의 정보는 기밀적 정보로서 그 가치가 매우 높다. 이러한 기밀적 정보는 시장에 제공되지 않는 경우가 일반적이다. 왜냐하면 그 내용을 아는 개인은 다른 개인보다 큰 효용을 얻게 되며, 기업은 독점적 이윤은 획득하는 것이 가능하기 때문이다.

정보의 보급량의 증가로 인한 정보의 소비량이 증가한 B영역은 일반적인 정보의 가치를 나타내고 있다. B영역에서 기업이나 개인이 보유한 정보의 가치는 처음에 높지만 정보의 보급량이 증가함에 따라 정보의 가치가 감소하고 있다. 다시 말하면 정보는 소비의 비배제성이라고 하는 특

[그림 1-1] 정보의 가치변화

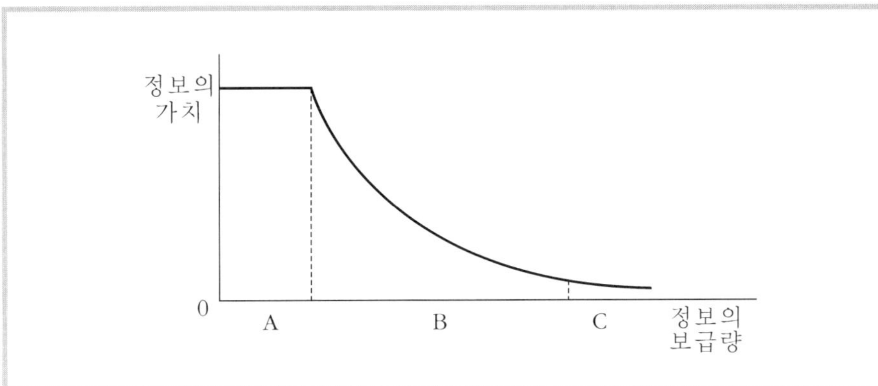

성을 갖고 있기 때문에 시간이 경과함에 따라 이용자가 증가하게 되고, 그 정보의 가치는 하락하게 된다. 예를 들면 어떤 소비자가 영화(소비재적인 정보)를 볼 때 개봉관에서 보는 영화와 두 번째 영화관, 세 번째 영화관에서 보는 영화는 그 내용은 같지만 그 개인의 만족(소비재적 정보의 가치)은 떨어지게 된다. 또한 소수의 기업만이 어떤 연구개발성과(투자재적인 정보)를 이용할 때는 그 기업은 이윤을 획득할 수 있기 때문에 투자재적 정보의 가치는 높지만, 경쟁기업 모두가 그 정보를 이용할 수 있게 되면 그 정보의 가치는 거의 사라지게 된다.

마지막으로 정보의 보급량이 대단히 많은 경우를 나타내는 C영역에서 정보의 가치는 0에 가깝기 때문에 그 정보는 파기되거나 역사적인 자료로 축적될 뿐이다.

3.3 정보의 공공적 가치

특정 다수인에게 알려지고, 알고 있는 정보의 접근을 쉽게 함에 따라 보다 더 높은 가치를 갖게 되는 정보를 정보의 공공적 가치라고 한다. 이와 같이 정보는 본질적으로 공공적 가치(public value)를 내재하고 있다. 예컨대 도서관, 학교, 박물관 등 누구나 정보를 접할 수 있는 공공시설이며, 자유로운 정보유통체제가 확립된 정보창고의 역할을 하게 된다. 이는 곧

[그림 1-2] 정보가치의 대립관계

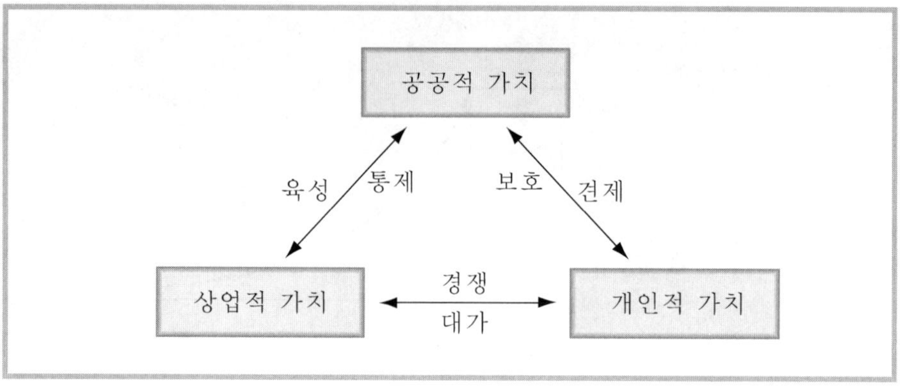

정보의 공공적 가치를 실현하는 일환이다. 언론의 자유나 의사표현의 자유, 정보접촉과 정보이용의 자유 등은 정보의 공공적 가치와 밀접한 관련을 갖는다.

위와 같이 분류되는 정보의 상업적 가치, 개인적 가치, 공공적 가치는 각기 고유의 속성을 갖고 있지만 현실적으로 각 가치관의 이해관계 사이에는 상호대립도 불가피하다. 세 가치관의 대립관계는 [그림 1-2]와 같이 정리할 수 있다.[5] 이와 같이 대립관계는 각 정보가치가 추구하는 이해의 범위가 서로 상충되기 때문이다. 이를테면 정보의 자유로운 접근과 유통을 주장하는 정보의 개인적 가치와 국가보안을 명분으로 비밀리에 실시되는 정보수집이나 정보통제를 엄격히 유지하려는 정보의 공공적 가치는 서로 상치된다. 또한 상업적 가치로서 기업이 이루어 놓은 연구개발에 관한 정보는 비밀정보로서 다루어질 수 있는 반면에 학술적인 목적이나 일반개인의 지식습득을 위해 학교나 도서관을 통해 공개되어야만 하는 공공적 가치와 대치된다. 그리고 기업의 목적상 소비자 정보를 수집하기 위해서 개인의 사적 정보를 수집할 수 있다. 이 경우 개인의 사적 정보는 상업적 가치를 띠게 된다. 이에 대해 개인적 가치로서의 사생활 정보는 프라이버시 침해를 보호하기 위해 제도적으로 보호받을 권리를 갖는다. 이 경우에도 정보의 상업적 가치와 개인적 가치 사이에 대립관계가 성립된다. 이러한

5) Andriole, S. J. *Computer-Based National Information Systems*(New York: Petrocelli, 1984).

정보가치의 갈등관계는 사회의 정보화가 진척되어 갈수록 더욱 심화될 것이다.

4. 정보의 분류

정보는 일반적으로 정보자체의 특성, 정보와 정보를 이용하는 이용주체(개인, 조직), 정보의 이용주체와 외부객체 사이를 전달하는 형태에 따라 분류할 수 있다.

4.1 정보 자체의 특성에 따른 분류

정보는 정보자체의 특성에 기초를 두고 분류할 수 있다. 이와 같은 분류의 기준으로는 정보의 발생원인기준, 정보의 양적·질적기준, 정보의 시계열기준, 정보의 발생빈도기준, 정보의 완전성기준 등에 따라 분류된다.

■ 외부정보와 내부정보

정보는 발생기준에 따라 외부정보와 내부정보로 분류된다. 외부정보는 정보의 이용주체(개인, 조직)의 외부에서 발생(생산)되고 존재하여 축적되는 정보를 말한다. 내부정보는 정보의 이용주체(개인, 조직)의 내부에서 발생(생산)되고 존재하며 축적되는 정보를 말한다.

■ 정량정보와 정성정보

정보는 양적·질적 기준에 따라 정량정보와 정성정보로 분류된다. 정량정보는 수량으로 기술되는 정보를 의미하며, 정성정보는 수량이 아닌 정성적으로 기술되는 정보를 말한다.

■ 과거정보, 현재정보, 미래정보

정보는 시계열기준에 따라 과거정보, 현재정보, 미래정보로 분류된다. 과거정보는 과거에 관한 정보를, 현재정보는 현재에 관한 정보를, 그리고 미래정보는 미래에 관한 정보를 말한다.

■ 항상정보와 임시정보

정보는 발생빈도에 따라 항상정보와 임시정보로 분류된다. 항상정보는 정상적이며 지속적으로 발생하고 있는 정보를 의미하며, 임시정보는 임시적이며 불연속적으로 발생하고 있는 정보를 말한다.

4.2 정보와 정보이용주체와의 관계에 따른 분류

정보와 정보를 이용하는 이용주체(개인, 조직)와의 관계에 따라 정보는 다음과 같이 분류될 수 있다.

■ 형식정보와 의미정보

형식정보란 특정목적에 대해 평가되지 않고 정보이용주체로서는 의미를 갖지 않는 단순한 사실을 의미하며, 의미정보란 특정목적을 달성하는 데 도움이 되며 정보이용주체로서 어떤 의미를 갖는 여러 사실을 의미한다.

정보는 컴퓨터의 프로그램이나 단순한 수치의 나열과 같이 그 자신만으로는 아무런 의미를 갖지 않는 형식정보와 책과 같이 단순한 글자의 나열이 아니고 받아들이는 쪽에 어떤 의미를 가져다 주는 의미정보로 나눌 수 있다.

컴퓨터 프로그램은 물론 일반사람들에게는 판독하기 어려운 형식정보이지만 프로그래머에게는 어떤 의미를 갖는 의미정보이므로 이와 같은 분류는 받아들이는 쪽이 누구냐에 따라 달라진다. 또 정보는 문자나 기호로 표시되는 것만은 아니다. 색이나 모양 등은 패션의 세계에서는 분명히 의미정보이다. 바꾸어 말하면 형식정보는 부호화된 정보의 양이라고 한다면 의미정보는 정보의 질이라고 생각할 수 있다.

■ 가치 있는 정보와 가치 없는 정보

가치가 있는 정보란 직접 또는 간접적으로 정보이용주체의 의사결정에 필요한 정보인데, 가치가 있는 정보는 수단적 정보, 목적적 정보, 서비스재적 정보 등이 포함된다. 수단적 정보란 운전할 때의 도로정보와 같이 정보이용주체에 대해 불확실성을 감소시켜 효용을 증대시켜 주는 정보를, 목적적 정보란 회화, 소문 등과 같은 정보자체가 정보이용주체에게 효용을 가져다 주는 정보인데 그 자체가 목적이 되는 비교적 개인적인 정보를, 그리고 서비스재적 정보란 음악애호가의 음악 등과 같이 정보자체가 정보이용주체에게 효용을 가져다 주는 것으로 비교적 공적인 정보가 이에 해당한다.

가치가 없는 정보는 직접 또는 간접적으로 정보이용주체의 의사결정에 아무런 영향을 주지 않는 정보(예를 들면, 국내에 있는 사람의 외국의 기상정보)를 말한다.

■ 비용이 소요되는 정보와 비용이 소요되지 않는 정보

다양한 종류의 정보가 다양한 방법으로 정보이용주체들에게 전달되는 경우 어떤 정보를 획득하는 데는 비용이 소요되는 경우가 있는 반면 아무런 비용 없이 정보를 획득하는 경우도 있다. 오늘날과 같이 경제활동이 전문화되고 다양한 세계에서 사실 경제적으로 중요한 의미가 있는 정보를 아무런 비용을 들이지 않고 획득하는 경우는 거의 찾아보기 힘들다. 실제로 정보통신산업은 바로 정보를 획득하는 데 비용이 들기 때문에 성립하고 발달해 왔다고 해도 과언이 아니다. 따라서 정보통신산업은 정보획득에 소요되는 비용을 끊임없이 절감시켜 주는 방향으로 발전해 나아갈 것이다.

반면에 일상적인 경제활동을 하는 가운데 아무런 비용을 들이지 않고 획득할 수 있는 정보도 다양하게 존재한다. 아울러 상대적으로 거의 무시할 만큼 적은 비용을 들여서 획득할 수 있는 정보를 획득하는 경우가 비현실적이라고만 볼 수는 없다. 그리고 아무리 많은 비용을 지불할 의사가 있다고 하더라도 결코 획득하기 어려운 정보도 있을 수 있다. 거래의 상대방이 어떤 의도를 가지고 있는가 하는 데 대한 정보가 이러한 종류에 속할 것이다.

한편 정보의 구입비용 또는 정보의 가격이라는 개념이 다른 상품의 경우와는 달리 일반적으로 성립하기 어려운 이유는 정보서비스라는 상품의 본질적인 특성 그 자체에서 찾을 수밖에 없을 것이다. 정보서비스란 그 거래단위를 명확하게 구분하기 어려울 뿐만 아니라 동일한 내용 또는 동일한 질의 정보라 하더라도 사람에 따라서는 전혀 다르게 평가될 수 있다는 주관성 그리고 정보란 일단 그것이 사용되면 다른 사람들이 쉽게 획득하여 사용할 수 있다는 공공재적인 측면 등이 복합되어 있기 때문에 정보의 구입비용(가격결정)에 관한 일반적인 이론을 확립하는 데는 어려움이 있을 수밖에 없다.

■ 사전적 정보와 사후적 정보

정보란 미래의 불확실한 상태에 직면해서 위험을 제거 내지 축소하는 데 이용되는 것이므로 기본적으로 사전적인 성격을 가지고 있다. 그러나 정보가 전달되는 시점상 의사결정을 내리기 이전에 이용되느냐 아니면 의사결정을 내린 이후에 이용되느냐에 따라 사전적 정보(exante information)와 사후적 정보(expost information)로 분류될 수 있다.

미래의 불확실성이 존재할 때 어떤 종류의 시장구조하에 있더라도 합리적인 경제주체들은 미래의 불확실한 상태에 대비해서 최적의 조건부 계획(optimal contingent plan)을 수립하고자 할 것이다. 이러한 계획을 수립하는 과정에서 정보체계가 주어지고 정보이용주체들이 이러한 정보신호에 조건부로 자신의 최적계획을 수립한 후 실현되는 정보신호 및 미래의 상태에 따라서 자신의 경제적 상황이 결정되도록 한다면 이 경우 정보는 사전적 정보로 간주된다.

반면 사후적 정보란 미래의 불확실한 상태에 대비해서 의사결정을 내린 이후에 주어지는 정보를 말한다. 예를 들어 주식에 대한 포트폴리오를 통해 미래의 위험에 대한 헷징(hedging)을 하는 경우를 생각해 보자. 정보가 없는 상태에서 각 투자가들은 자신의 최적의 포트폴리오계획을 세울 것이다. 다른 여건의 변화가 없는 한 이 계획은 구속력이 있기 때문에 그대로 집행되어야 할 것이다. 그러나 미래의 전정한 상태가 드러나기 전에 새로운 정보가 주어지고 정보이용주체들 간에 이를 반영하여 이미 수립된 구속력 있는 계약에 만족하지 않고 새로운 계약을 체결하고자 한다면 이 경우 정보는 사후적 정보로서 역할을 하게 된다.

■ 완전정보와 불완전정보

정보의 완전성 여부에 따라 완전정보와 불완전정보로 분류된다. 경제학에서 완전경쟁시장이 성립하기 위한 조건 중 하나로 완전정보(perfect information)를 가정하고 있다. 여기서 말하는 완전정보란 개별경제주체는 자신의 행동 — 소비나 생산 또는 투자 중 어떤 경우든 — 과 관련 있는 경제적 피라미터들, 예를 들면 자신이 구입하고자 하는 상품의 가격이나 품질 등에 관해서 확실하게 알고 있음을 의미한다. 그러나 현실적으로는 이러한 가정이 성립하는 경우는 거의 찾아 볼 수 없다. 즉, 소비자는 자신이 구입하려는 상품의 가격이나 품질에 대해 확실히 알지 못하고 구입하는 경우가 보편적이라고 할 수 있다. 따라서 자신이 어떤 상품을 특정상점에서 구입하려는 경우 과연 동일한 상품을 다른 상점에서 보다 싸게 구입할 수 있는지 알고자 할 것이다. 이러한 경우 그는 탐색과정을 통해서 자신이 구입하려는 상품을 가장 싸게 판매하는 상점을 찾고자 할 것이다.

이러한 탐색과정을 통해서 상품의 가격에 대한 정보를 얻으려 할 것이지만 이 경우 얻는 정보는 불완전정보라고 부를 수밖에 없다. 만약 소비자가 자신이 구입하고자 하는 상품을 취급하는 모든 상점을 다돌아다녀 본다면 완전정보를 얻을 수 있겠지만 이것은 현실적으로 불가능할 뿐만 아니라 탐색비용을 고려할 때 비효율적일 수밖에 없다.

4.3 정보이용주체와 외부객체와의 관계에 따른 분류

■ 공적정보와 사적정보

정보는 정보를 전달하는 조직의 특성과 정보의 가치기준에 따라 공적정보와 사적정보로 분류된다. 공적정보는 정보의 이용주체들이 공통적으로 보유하고 있는 동질적인 정보를 의미한다. 우리가 일상적으로 접하게 되는 정보 가운데는 공적정보(public information)의 성격을 가진 것도 많이 있다. 흔히 누구나 접할 수 있는 TV나 신문 등을 통해 얻는 뉴스는 모두 공적 정보라고 할 수 있다. 반면 사적정보는 정보의 이용주체에 따라 서로 다른 정보를 보유함으로써 정보의 가치가 달라지는 정보를 말한다.

■ 공식정보와 비공식정보

공식정보란 정보를 전달하는 조직이 공식적인 조직에 의해 제공되는 정보를 의미하며, 비공식정보란 정보를 전달하는 조직이 공식적인 조직이 아닌 사적인 조직에 의해 제공되는 정보를 말한다.

■ 매스컴 정보와 비매스컴 정보

매스컴 정보란 신문·잡지·라디오·텔레비전 등의 매스미디어를 통해 넓은 지역의 많은 사람들에게 전달되는 정보를 말하며, 비매스컴 정보란 개인 또는 특정한 사람들에게 전달되는 정보인데, 전자는 개인정보라 하고 후자를 클럽정보라고 한다.

5. 정보의 활동과 순환

각 경제주체(가계, 기업, 정부)는 각각 고유의 경제활동을 하고 있다. 기업(생산자)은 상품과 서비스의 생산·판매를 주된 활동으로 하고 있고 가계(소비자)는 상품과 서비스를 구입·소비하여 기업에게 생산요소(자본, 노동, 토지) 등을 제공하고 있다. 정부도 가계와 기업 간의 조정이나 인허가 업무를 중심으로 하는 활동을 하고 있다.

이와 같이 경제주체가 하는 경제활동에서 정보활동은 매우 중요한 역할을 하게 된다. 왜냐하면 기업은 상품과 서비스의 생산·판매를 할 때 어떤 상품과 서비스가 소비자에게 호감을 주며 어떻게 생산해야 만이 이윤극대화를 달성할 수 있는가 등의 정보를 갖고 있지 않으면 안 되기 때문이다. 그러기 위해서는 기업은 시장조사를 하기도 하고 생산기술을 개발할 뿐만 아니라 생산한 상품을 소비자에게 알리기 위해 선전·광고를 한다.

[그림 1-3] 정보활동과 정보의 순환

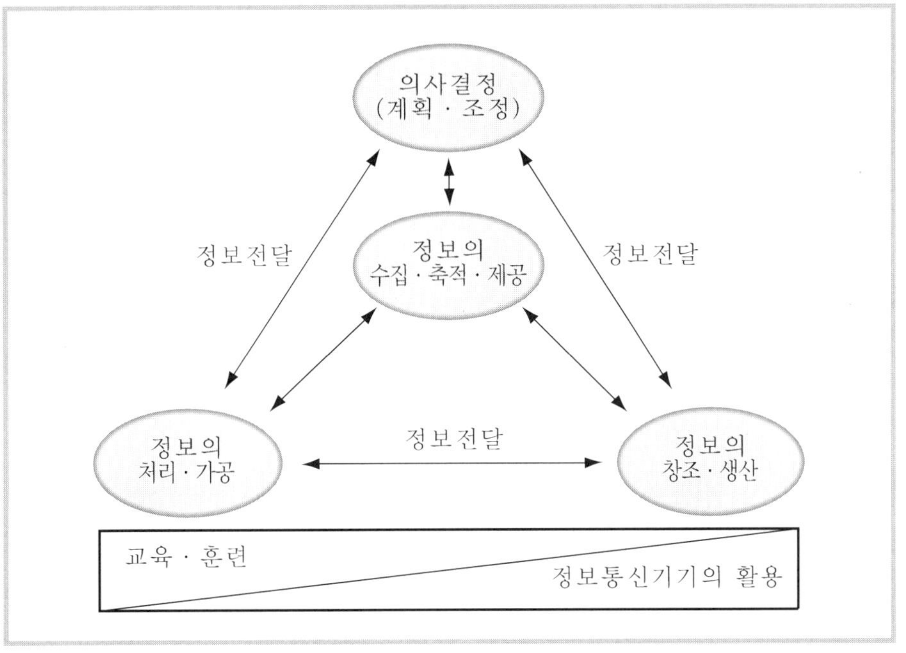

소비자 역시 자기가 원하는 상품과 서비스가 어느 곳에서 얼마에 팔리고 있으며 그 상품과 서비스의 품질은 어떠한가 등의 정보를 필요로 한다. 그리고 정부는 정보축적기관이라고 해도 좋을 정도로 많은 정보를 수집·축적하고 있다. 그러한 정보가 없다면 정부는 거의 활동을 할 수 없을 것이라는 것을 쉽게 생각할 수 있다. 이와 같이 각 경제주체는 각각의 경제활동을 할 때 사전에 또는 동시에 여러 가지 정보활동을 하고 있다.

그러면 정보활동이란 무엇을 의미하는가? 정보활동이란 개인이나 조직이 정보를 수집·처리하여 결국 의사결정을 행하는 활동을 의미한다. 그 때문에 개인이나 조직은 많은 정보를 수집하며 그 수집된 정보를 처리·가공·축적하여 새로운 정보를 창조하기도 하고 다른 사람들에게 전달하기도 한다. 이 때 정보활동을 행하는 주체는 사람이고 그 사람은 보다 효율적인 정보활동을 하기 위해 교육이나 훈련을 받기도 하고 정보통신기기의 조작을 습득하기도 한다.

여기에서는 조직내 정보활동을 중심으로 살펴보자. 조직내 정보활동이란 조직에 참가하는 각 개인이 행하는 의사결정·계획·조정, 정보의 창조·생산, 정보의 수집·공급, 정보의 처리·가공, 정보의 전달, 교육·훈련 등의 활동이라고 할 수 있다. 다시 말하면 조직내 정보활동은 [그림 1-3]에서와 같이 정보의 수집·축적→정보의 창조·생산→정보의 처리·가공이라는 근원적인 활동과 이를 지원하는 보조적인 활동(교육·훈련, 정보통신기기의 활용)으로 이루어진다.

5.1 정보의 근원적 활동

5.1.1 정보의 수집 · 축적 · 제공

어떤 조직(기업)이 정보활동을 행할 때 가장 먼저 행하는 활동은 정보의 수집이다. 정보수집의 대상은 자연현상과 사회현상이 되는데, 한 개인의 정보활동은 시간적·공간적인 제약을 받기 때문에 개인이 자연현상과 사회현상을 관찰할 수 있는 범위는 상당히 한정되어 있다고 할 수 있다. 이러한 제약을 극복하기 위해 우리는 과거부터 지금까지 여러 가지 기술 및 제도를 발명해 왔다.

기술적인 측면에서 개인이 자연현상과 사회현상을 관찰할 수 있는 범위는 상당히 한정되어 있다는 제약을 극복시켜 줄 수 있는 가장 전형적인 기술이 정보통신기술일 것이다. 정보통신기술은 정보전달이라고 하는 정보활동에서 시간과 공간의 제약을 극복시켜 준다. 한편 제도적인 측면에서 개인이 자연현상과 사회현상을 관찰할 수 있는 범위는 상당히 한정되어 있다는 제약을 극복시켜 주는 것은 조직이라고 할 수 있다. 조직은 개인의 집합체인데, 조직 내의 동일한 목적(조직의 유지와 발전)을 가진 구성원이 수집한 정보를 공유하면 조직은 정보의 수집·축적기관으로서의 역할을 하게 된다. 따라서 조직은 개인의 정보활동에 대한 시간적·공간적인 제약은 극복시켜 준다. 조직은 복수의 구성원으로 구성되어 있기 때문에 개개의 구성원이 수집한 정보가 다른 구성원에게도 이용가능해야 된다. 그래서 정보의 수집·축적과 제공(전달)활동이 조직 내에서 행해지게 된다. 이것이 더욱 발전하면 사회적으로 정보의 수집을 전문화하는 조직이 생겨나게 된다. 예를 들면 신문, 잡지, 방송 등의 매스컴뿐만 아니라 데이터베이스사업은 정보의 수집·축적·제공을 위한 사회적 대행기관이라고 할 수 있다. 이와 같이 수집·축적된 정보는 정리·분류된 이후에 필요로 하는 부문에 제공하는 것을 정보의 수집·축적·제공이라고 한다.

5.1.2 정보의 창조 · 생산

정보의 창조·생산은 수집·축적된 정보에 새로운 정보가 부가됨에 따라 정보의 가치가 증가되는 것이라고 정의할 수 있다. 예를 들면 어떤 영업인이 최근의 소비동향에 관련된 정보를 수집하고, 수집한 정보를 제품개발부문에 제공했다고 하자, 이때 제품개발부문에 제공된 수집된 정보는 어떠한 가치도 갖지 못한다. 그러나 그 정보를 이용하여 새로운 제품이 개발되어 그 제품이 시장에서 히트했다고 한다면 먼저 수집된 정보와 새롭게 첨가된 정보가 기능을 잘 발휘하여 하나의 조직목적을 달성한 것이 된다. 반대로 시장정보가 없이 신제품의 개발을 했을 경우 그 신제품이 시장에서 히트할 것인지 아니면 실패할 것인지는 불확실하기 때문에 그 신제품의 개발은 상당히 위험이 뒤따르게 된다. 또한 신제품을 개발했다고 해도 그 신제품을 소비자에게 알리지 않으면 안 된다. 그 때문에 선전·광고가 필요한데, 이러한 선전·광고도 조직 내에서는 새로운 정보의 창조에 해당한다. 그 신제품의 질이 아무리 좋다해도 선전·광고가 서투른 것은 소비자가 그 신제품을 구입할 마음이 생기지 않게 될 것이다. 그러나 선전·광고가 잘되면, 제품 또는 기업의 브랜드 이미지가 높아지고, 그것과 제품의 질이 일치하는 경우에는 장기간에 걸쳐 사회적인 신용을 얻을 수 있다. 이것은 기업이 경제활동을 하는 데 있어서 상당히 중요한 자산이 된다. 이러한 의미에서 정보의 창조·생산은 기업경영에서 무형자산의 형성, 즉 무형자산의 투자와 같다고 할 수 있다.

5.1.3 정보의 처리 · 가공

정보의 처리·가공과 정보의 창조·생산은 엄밀히 구별하는 것은 어렵다. 왜냐하면 수집된 정보에 새로운 정보를 추가하는 것이 정보의 창조·생산이라고 정의하였지만, 정보의 창조·생산과정에는 상당한 부분에서 정보의 처리·가공이 행해지고 있기 때문이다. 단지 여기서 정보의 처리·가공은 원칙적으로 창조성이 없고 일정한 규정에 따라 정보를 처리·가공하는 것을 의미한다.

5.1.4 정보의 전달

사회체제 내에서 정보의 전달은 매우 중요한 역할을 하고 있다. 우리의 역사는 정보전달매체의 발달과 함께 해왔다고 할 수 있다. 또한 조직의 정보활동에서 정보전달이 이루어지지 않는다면 그 조직은 목적(조직의 유지와 발전)을 달성하는 것은 불가능할 것이다.

조직 내의 정보경제성이 존재하기 위해서는 조직 내에서의 정보교환이 자연스럽게 이루어지지 않으면 안 된다. 왜냐하면 조직 내의 정보교환이 자연스럽게 이루어지지 않으면 조직을 운영하는 것도 불가능하게 되기 때문이다. 조직의 규모가 커지면 커질수록 정보전달의 중요성은 그만큼 커지게 된다. 사무부문에서는 상당히 많은 시간을 정보교환에 할당하고 있는데, 정보통신기기(전화기, 복사기, 팩시밀리)가 개발되어온 것도 정보의 전달을 위한 것이라고 할 수 있다.

5.2 정보의 보조적 활동

5.2.1 교육 · 훈련

정보활동으로서의 교육·훈련은 과거부터 현재까지 축적되어 온 각종 지식, 기술, 사회적 상식 등을 차세대에게 전달하는 것과 동시에 개개인의 정보처리능력을 높이고 개인의 정보창조능력을 육성하여 보다 효율적인 정보활동을 하기 위한 기초작업이라고 할 수 있다. 학교, 교회, 군대, 가정은 사회적으로 효율적인 정보활동을 하기 위한 장소이며 정보활동을 위해 교육·훈련 등이 행해지고 있다. 그것은 조직에 속해 있는 구성원에게 그 조직 내에서 필요로 하는 지식이나 조직환경에 관한 정보를 전달하는 동시에 정보처리(두뇌면, 기술면)를 배운다고 하는 기능을 갖고 있다. 어떤 조직 내의 교육·훈련은 그 조직 내의 문화를 형성·발전시키고 그것을 구성원 전원에게 공유하게 하는 수단이 되며, 그 조직의 발전을 위해 반드시 필요한 조건이다. 예를 들면 고용에 관해서는 외부에는 노동시장이 있고, 기업이라고 하는 조직은 노동시장에서 노동력을 조달하지만, 일단 고용해 버리면 조직내 노동시장을 통해서 내부적으로 인원조정을 하고 있다. 이러한 상황하에서 기업은 적극적으로 교육·훈련을 종업원에게 시키는 것이 내부노동시장을 유연하게 기능화하기 위해서 필요하게 된다.

5.2.2 정보통신기기의 활용

정보통신기기는 원래 정보활동에는 포함될 수 없다. 그러나 조직내 정보활동을 위한 보조활동으로 정보통신기기를 포함시키는 이유는 정보활동은 여러 가지 정보통신기기를 이용해서 행해지고 있기 때문이다. 다시 말하면 정보의 수집·축적·제공, 정보의 창조·생산, 정보의 처리·가공, 의사결정이라는 정보활동에서 정보통신기기는 이제는 반드시 필요한 요소가 되고 있다. 바꾸어 말하면 정보통신기기를 활용할 수 있는 능력이 없다면 고도의 정보활동은 불가능하게 된다. 그 때문에 전문가만이 사용할 수 있는 정보통신기기에서 누구나 보통으로 사용가능한 정보통신기기가 개발되어야 만이 정보활동이 원활하게 이루어질 수 있다.

제 3 절 지식과 정보의 관계

이제 지식과 정보는 어떤 관계를 갖고 있는가를 살펴보자. 자료(date)는 단순한 사실에 대한 나열에 불과하며, 많은 자료들 중에서 수신자에게 의미가 있는 형태로 전달된 유용한 자료만을 정보(information)라고 할 수 있다. 그리고 정보가 사용자의 의도에 의해 소비·활용되었을 때 (행위자의 신체적, 정신적 행위)그것은 지식이 된다.

따라서 정보는 의미 있는 형태로 전달된 자료를 가리키고, 지식은 정보를 이용하여 부가가치를 높이는 것이라고 할 수 있다. 노나카 이쿠지

[그림 1-4] 정보와 지식의 차이

정보(information)		지식(knowledge)
단편적 사고: 원인 또는 결과(cause or result)	⇔	종합적 사고: 원인과 결과(cause and result)
수동적: 외부에서 수용	⇔	능동적: 주체적으로 생각, 가공, 판단
플로우(flow): 지식창조의 매개, 자료	⇔	스톡(stock): 사고와 경험을 통해 정보의 체계화
정태적(static): 가치판단 및 정보체계	⇔	동태적(dynamic): 의사결정 및 행동을 통한 가치창출

자료: 노나카 이쿠지로, 「지식창출기업」.

로 교수는 "정보(information)는 인간의 '지'의 흐름(flow)을 말하고, 이에 반해 지식(knowledge)은 '지'의 축적된 형태를 가리킨다." 고 말하고 정보와 지식의 차이점을 [그림 1-4]와 같이 설명하고 있다.[6] 지식은 개인적이며 정보는 전체적이다. 지식은 동태적이며 정보는 정태적이다. 지식은 능동적이며 정보는 수동적이다. 지식은 정보의 축적된 형태(stock개념)을 가리키며 정보는 인간지식의 흐름(flow개념)을 말한다.

정보는 사람들이 무엇인가를 전달할 때의 내용을 의미하기 때문에 정보는 필요로 하는 시기를 놓치면 그 정보의 가치를 상실하게 된다. 이러한 정보의 토대는 자료(date)이다. 다시 말하면, 정보는 어떠한 의도와 요구에 맞춘 의미와 가치를 갖는 자료들이라고 말할 수 있다.

지식의 수명은 정보보다 훨씬 길고 지식은 인간이 환경 속에서 생존하고 환경을 혁신하기 위한 종합적이고 체계적인 개념의 집합체를 의미한다. 생존하기 위해서는 환경에 대한 지식이 필요하였고, 지식을 얻기 위해 우리들의 뇌는 발달해 왔다. 예컨대, 천문기상에 관한 지식은 예로부터 농경과 정치에 불가결한 지식이었다.

정보는 지식으로 승화되면서 비로소 그 정보의 가치를 갖게 된다. 예를 들면, 경영자가 알고 싶어 하는 것은 정보 그 자체가 아니라, 의사결정을 할 수 있도록 지식으로 뒷받침된 살아있는 정보 혹은 지식 그 자체이다. 지식이 없으면 정보는 혼란스럽게 되고 마치 조각그림 맞추기의 퍼즐 조각처럼 된다. 유기체와 마찬가지로 현재와 같이 복잡하고 변화가 많은 환경 속에서 생존해야 하는 기업에게는 충분한 지식이 필수적이다. 이와 같이 지식과 정보는 상호 관련되어 있다. 정보로부터 지식을 창조할 수도 있고, 지식은 다시 정보로 세분화되거나 체계화될 수도 있다.

따라서 정보를 창출케 하는 근원이 지식에 있다고 할 때 정보사회에서 지식의 중요성은 한층 더 중요시 될 것이다. 예를 들면 어떤 개인이 개발한 상품에 대해 알고 있는 내용을 많은 기업들에 의해 선호되어지고 있다고 하자. 이때 그 개인이 상품을 개발하는데 필요한 여러 가지의 사실에 대한 '알고 있는 내용' 자체가 지식이 될 수 있다. 그리고 그 개인이 상품

6) 노나카 이쿠지로(1998), 「지식경영」, 나상억(역), 21세기북스.

의 생산에 필요한 알고 있는 내용을 구두, 책, 통신(전화, 팩스, 컴퓨터) 등을 통해 어떤 기업에게 전달하였다면 그 때 '알고 있는 내용의 전달' 이라는 것은 정보라는 형태로 전달되어진다. 그런데 만약 그 개인이 상품생산에 필요한 알고 있는 내용을 다른 사람 또는 어떤 기업에게 전달하지 않았다면 그 때의 알고 있는 내용은 그 개인의 비밀로서 존재하게 된다. 이와 같이 지식은 정보라는 형태로 전달되며, 그 정보는 또 다른 지식과 결합하여 새로운 지식을 창출하게 된다.

이러한 맥락에서 볼 때 어떤 개인이나 조직은 정보를 획득하고, 그 획득한 정보에 개인이나 조직의 지식을 추가하여 새로운 형태의 지식을 창출하고, 그 창출된 지식은 정보라는 형태로 다른 개인이나 조직에게 전달되는 순환과정을 거쳐 일반적으로 보다 새롭고 보다 부가가치가 높은 지식으로 변환된다고 할 수 있다. 다시 말하면, 정보는 지식의 흐름을 돕는 관(pipe)과 같으며, 그 관에 흐르는 것은 지식이라고 말할 수 있다. 따라서 지식과 정보를 따로 따로 구분하는 것은 큰 의미가 없고, 지식과 정보의 개념이 하나의 통합된 개념으로 사용될 때 보다 큰 의미를 갖게 된다고 할 수 있다.

중요개념

- 가치의 다양성
- 결과지향성
- 결합성
- 경영혁명
- 내면화
- 누적가치성
- 독점성
- 매체의존성
- 무형성
- 방법지
- 비분할성
- 비소모성
- 비이전성
- 사물지
- 사실지
- 사회화
- 산업혁명
- 생산성혁명
- 신지식인
- 암묵지
- 외부화
- 인물지
- 자료
- 적시성
- 정보
- 종합화
- 지식
- 형식지

연습문제

1. 인식론적인 측면에서의 지식과 디지털경제에서의 가치를 갖게 되는 지식과는 어떠한 차이점을 갖는가.
2. 지식의 의미는 시대변천에 따라 어떻게 변해왔는가.
3. 노나카 이쿠지로 교수는 지식을 어떻게 구분하고 있으며, 그 지식은 어떻게 정의하고 있는가.
4. 룬드벨과 존슨(Lundvall & Johnson)은 지식을 인식대상에 따라 어떻게 분류하고 있는가.
5. 지식들 간의 변환에서 4가지 기본적인 지식변환의 유형을 도출하고, 그 예를 들어 보자.
6. 신지식이란 어떤 사람을 말하며, 지금까지 우리나라는 어떠한 지식을 상대적으로 천시하거나 소홀히 해왔는가.
7. 자료(data), 정보(information), 그리고 지식(knowledge)과의 차이점을 설명하라.
8. 정보는 어떠한 속성을 갖고 있는가.
9. 정보의 상업적 가치, 개인적 가치, 그리고 공공적 가치를 설명하라.
10. 정보의 종류에는 어떠한 것들이 있는가.
11. 정보의 근원적 활동과 보조적 활동을 설명하라.
12. 지식과 정보와의 관계를 설명하라.

제 2 장

디지털혁명과 정보화

디지털혁명이란 무엇을 의미하는가? 디지털혁명을 야기시키는 요인들이 무엇이며, 어떻게 전개되는가? 디지털기술은 어떠한 방향성을 갖고 어떻게 발전할 것인가? 디지털혁명의 효과는 어떻게 나타나며, 경제적으로 어떻게 연결되는가? 그리고 디지털경제에서의 정보화란 어떠한 의미 및 특성을 갖는가? 정보화는 어떻게 진전되는가? 정보화는 경제적인 측면에서 왜 필요하며, 어떠한 효과를 나타내는가? 등을 살펴보자.

제 1 절 디지털과 디지털혁명의 개념 및 요인

1. 디지털과 디지털기술이란 무엇인가?

세상에 존재하는 모든 것은 아날로그의 상태로 존재한다. 그 중에서 일부는 디지털, 즉 0과 1, 단 두 개의 문자를 사용하여 이진법으로 표시가 가능하다. 이와 같이 아날로그의 상태를 숫자로 표시 가능한 기술을 디지털기술이라고 한다. 디지털로 변환할 수 있는 것은 물질 그 자체가 아니라 그 물질을 볼 수 있게 하는 영상, 들을 수 있게 하는 소리, 그리고 숫자와 문자에 불과하다. 예를 들면, 자동차를 찍은 사진을 디지털화하여 전자우편이나 팩스로 전송할 수는 있지만 자동차 자체를 디지털화를 할 수는 없다.

디지털경제의 인터넷상에서 거래되는 상품은 아날로그 상품과는 달리 그 성분이 0과 1이라는 숫자로 표시되기 때문에 다음과 같은 특징을 가진다.

첫째, 동일한 숫자로 표시된 상품의 품질은 완벽하게 동일하고, 사용량과 복제횟수에 관계 없이 동일한 품질을 유지할 수 있다. 예를 들면, 카세트 테이프에 담겨 있는 아날로그 음성은 여러 가지 조건에 따라 소리의 특성이 다를 수 있지만, 컴팩트 디스크에 담겨있는 디지털 음성신호는 완벽하게 동일하다. 음성, 영상, 문서 등 모든 아날로그 상품은 일단 디지털로 변환되면 그 디지털 상품은 완벽하게 동일하다.

둘째, 디지털기술에 의해 0과 1로 표시된 상품은 물리적 특성이 아닌 수학적 원리에 의해 신호처리가 이루어지기 때문에 그 구조가 매우 간단하다. 이 때문에 숫자의 조작을 통해 매우 간단하게 상품의 특성을 수정

혹은 가공할 수 있고, 여러 가지 신호를 동일한 기기로 조작할 수 있으며, 다양한 분야에서 응용과 활용이 가능하다. 예를 들면, 카세트 테이프에 담겨있는 아날로그 음성을 변조하는 것은 매우 어렵지만, 콤팩트 디스크에 담겨있는 디지털 음성신호는 0과 1의 순서체계를 바꿈으로써 쉽게 변조할 수 있다.

셋째, 디지털의 완벽한 동질성과 편리한 가공성 때문에 디지털 상품은 저렴한 비용으로 완벽하게, 그리고 무제한으로 보관 및 전송이 가능하다. 예를 들면, 과거 아날로그방식에 의한 편지교환에 높은 비용이 발생하지만 인터넷을 통한 디지털방식에 의한 전자우편에는 비용이 거의 들지 않는다. 이러한 저렴한 거래비용은 세계 어느 나라 사람과도 거의 비용이 들지 않고 정보를 교환할 수 있도록 해 주기 때문에 인터넷이 폭발적으로 확산될 수 있는 기반을 제공하고 있다.

2. 디지털혁명의 개념 및 의미

디지털혁명이란 디지털정보를 정보기술(컴퓨터기술)과 통신기술(네트워크기술) 등의 정보통신기술을 통해 폭넓게 활용함으로써 개개인의 삶의 방식, 기업의 경영방식, 국가·사회집단의 관계와 형태, 그리고 가치관 등에 큰 변화를 가져오는 현상을 말한다.[1] 예를 들면, 사람과 사람을 연결하는 방법, 정보를 교환하는 방법, 교환한 정보로 지식을 만드는 방법, 가장 값싼 물건을 찾는 방법, 상품을 주문하는 방법, 새로운 거래선을 찾는 방법, 광고하고 소비자를 끄는 방법, 친구와 애인을 사귀는 방법 등에 혁명적인 변화가 일어나고 있다. 이러한 변화는 사회구성원의 의사소통과 여가

---

1) 정보통신기술의 활용을 1970년대에서는 자료처리, EDPS 등의 용어로 표현하였고, 1980년대 후반에서 1990년대 중반까지는 전산화, 정보화, 그리고 정보사회라는 용어가 주로 정보기술에 의한 경제, 사회 전반에 걸친 변화를 나타내기 위해 사용되었다. 그리고 1990년대 중반부터는 정보화라는 용어와 함께 디지털혁명(digital revolution), 디지털시대(digital age), 디지털경제(digital economy), 디지털패러다임(digital paradigm) 등 디지털이라는 용어와 지식경영, 지식기반사회 등 지식이라는 용어가 각종 매체에 자주 등장하고 있다.

선용방식, 경제행위, 그리고 의사결정방식에 커다란 변화를 가져오고 있다. 기업들은 디지털시대에 살아남기 위해 이전과는 크게 다른 사고와 경영방식을 필요로 하고 있으며, 사회전반에 걸쳐 많은 관심그룹들은 인터넷을 이용하여 시간과 공간을 초월한 의사교환을 하고 있다. 이러한 변화의 힘과 범위, 영향력이 과거와는 비교할 수 없을 정도로 크고, 동시에 변화의 속도가 엄청나게 빠르기 때문에 많은 사람들은 '혁명'이라고 부른다.[2)]

다시 말하면, 책·음악·필름 등과 같은 비(非)디지털정보가 디지털화(digitalization)되어 가고 있는 가운데(디지털혁명), 많은 사람들은 기존에 비해 보다 많은 정보를 획득하고 이의 활용을 극대화하는 것이 가능하게 되었다. 한편 정보의 수집·처리·전달 및 이용을 위한 정보통신수단(정보통신기술 및 기기)이 인간의 활동에 도입 및 활용됨에 따라 인간활동의 효율성을 향상시키는 활동을 정보화(informatization)라고 할 때 디지털혁명은 곧 정보화라고 말할 수 있다.

디지털혁명은 지금까지 유지되어 온 사회의 기본구조를 변화시키고 있으며, 기본적으로 사회구성원 개개인들은 이전에 비해 더 많은 정보를 활용함에 따라 이제 사회는 더 많은 정보를 가지고 있는 사람들 간의 관계로 바뀌어 가고 있다. 예를 들면, 농민들은 농산물시장에서 형성되고 있는 농산물가격을 즉시 알 수 있고, 회사의 신입직원은 인터넷을 통해서 그의 상사보다 더 많은 경영이론과 지식을 알 수 있다. 따라서 다양하고 유용한 정보로 무장한 사회구성원들, 그리고 언제든지 원하는 정보를 즉시 획득할 수 있는 혁신적인 정보통신수단을 보유한 개개인들은 기존의 다분히 계층적이고 폐쇄적인 사회구조를 수평적이고 개방적인 사회구조로 변화시키고 있다. 이제 디지털시대에서 회사의 직원이 수행해야 할 가장 바람직한 행동은 자신과 회사를 위하여 지식과 정보를 획득하고 이의 활용능력을 극대화하는 것이다.

많은 전문가들은 디지털시대의 가장 중요한 특징을 '관계의 사회'로 규정하고 있다. 디지털혁명은 '계층의 사회'에서 '관계의 사회'로 이행을 촉

2) 한국전산원, 「국가정보화백서」, 2002.

진하고 있다. 우선 디지털혁명이 가져온 시간과 공간의 제약으로부터의 해방은 정보의 교환과 의사소통으로부터 사람들 간에 대등한 관계를 갖도록 해 주고 있다. 사람들은 원한다면 관심을 가지고 있는 수많은 사이버 커뮤니티의 일원이 될 수 있다. 개개인은 이전과 비교할 수 없을 정도로 다양하고 강력한 통신수단을 활용하게 되었으며 수많은 사람들과 새로운 인간관계를 형성할 수 있게 된 것이다. 이러한 '관계의 사회'에서 중요한 가치는 개방적인 대화와 의사교환, 그리고 정보와 지식의 공유가 될 것이다.

디지털혁명은 기업의 경쟁력에 대한 정의를 다시 내리도록 요구하고 있다. 이제 기업의 경쟁력은 종업원의 지식과 지식의 획득 및 활용능력의 총화로 보고 있다. 이전에 사용해 오던 마케팅, 제품개발 등의 분야별 관점보다 그러한 결과를 가져오는 더 근본적인 요소인 지식의 활용이 경쟁력의 원천임을 강조하고 있다. 이러한 현상은 드러커(P. Drucker)의 지식경영, 지식경제, 디지털경영이라는 관점으로 잘 대변되고 있다. 특히, 엄청난 속도로 축적되고 전달되는 정보와 지식을 효과적으로 소화하고, 전파하고, 활용하는 능력은 기업의 성공을 좌우하는 요소로 인식되고 있다.

디지털혁명은 사회구성원 개개인의 삶의 방식에 근본적인 변화를 가져오고 있다. 개인은 시간·공간적 제약을 벗어나 세계 어느 곳이건 인터넷을 통해 연결할 수 있으며, 원하는 정보를 순식간에 수집할 수 있다. 이는 과거와 비교하면 가히 자전거와 비행기의 차이에 버금가는 디지털혁명의 핵심적 부분이다. 문제는 방대한 정보를 효과적으로 소화할 수 있는 수단과 능력이다. 나아가 디지털혁명은 모든 사회의 기본적인 비전 중의 하나인 평생교육의 실현에 한발짝 더 가까이 다가갈 수 있도록 해 주고 있다. 개인들은 이제 인터넷을 통해 수많은 평생교육프로그램에 저렴한 비용으로 효과적으로 참여할 수 있다. 이와 비슷한 차원에서 개인들에게 사이버갤러리, 각종 취미생활 동호회 등 다양한 문화활동에 참여하는 기회도 더 많이 제공되고 있다.

이와 같이 디지털혁명은 개인의 삶의 질을 높이고, 생활의 편리함과 안락함을 증진시키는 데 크게 기여하고 있으며 삶을 더욱 더 개방적으로 변화시키고 있다. 아울러 경제적인 관점에서 디지털혁명의 결과로 개인들은 이전에 비해 더욱 생산적이고 효율적으로 각종 거래와 경제행위를 영위할 수 있게 되었다.

근본적으로 디지털혁명은 개인의 가치를 실현하는데, 더 효과적으로 기여할 수 있는 가능성을 내포하고 있다. 많은 사람들이 실현하고자 하는 많은 것들이 인터넷과 정보통신기술, 그리고 사이버 커뮤니티에 존재하고 있기 때문이다. 이러한 현상은 사회구성원인 개개인의 삶의 질을 높이는 결과를 가져오고, 그 결과 사회의 활력과 역동성을 제고하는 중요한 요인이 될 수 있다. 동시에 사회와 국가는 디지털혁명을 통해 변화하는 사회적 가치와 사회와 국가에 대한 개인 기대수준의 변화에 효과적으로 부응해야 하는 과제를 가지게 되었다.

3. 디지털혁명의 요인

인류는 원시적인 수렵, 채취시대에서 석기와 같은 도구를 사용했던 원시사회, 4대강 유역의 고대문명발원지를 중심으로 정착생활을 시작하게 되었던 원시적인 농업사회에서 문자의 발명으로 지식의 축적과 보급이 가능하게 되었던 농업사회를 거친다. 그러다가 인류는 18세기 중엽 영국을 중심으로 시작하여 인류의 육체노동이 기계로 대체되면서 대량생산과 대량소비가 가능하게 되었던 산업사회를 맞는다. 이러한 사회의 생산구조로 인한 자원의 고갈, 생태계의 파괴와 폐기물의 양산, 인구의 증가를 초래했으며 중앙집권적 관료조직, 개성보다는 획일화 또는 규격화된 집단을 이루는 구성원이 강조되는 사회성을 요구하게 되었던 것이다

[그림 2-1]의 사회와 경제의 발전단계에서 맨 마지막단계인 디지털(정보)사회 또는 디지털(정보)경제시대에서는 정보와 지식이 중요한 자원이며, 정보와 지식의 생산·저장·분배가 경제의 주요한 활동이 된다. 특히 최근의 디지털혁명의 근간이 되는 인터넷은 인류가 이 디지털(정보)사회 또는 디지털(정보)경제시대의 절정에 도달하게 하는 역할을 하게 된다.

[그림 2-1] 사회와 경제의 발전단계

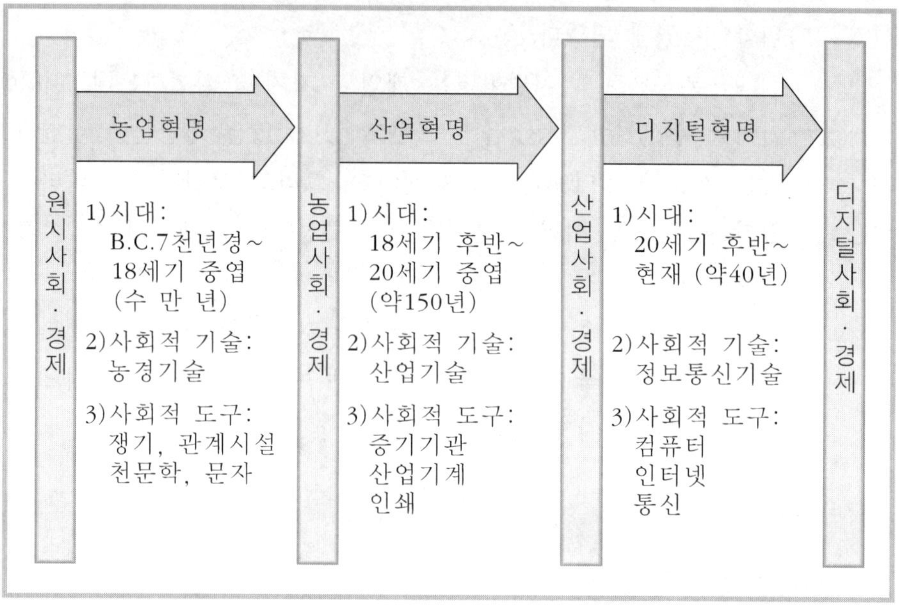

그러면 이러한 디지털혁명을 야기시키는 동인은 무엇일까? 디지털혁명의 동인은 정보의 디지털화와 인터넷을 통한 디지털의 네트워크화라고 할 수 있다. 이들은 각각 별도로 발전하였지만 서로 융합함으로써 디지털경제의 원동력을 이루고 있다.

3.1 정보의 디지털화

디지털은 전자기기에 자료를 인식하고 저장하는 방식의 하나로 아날로그(analog)와 대비되는 말이다. 연속적인 신호나 현상을 그 자체의 물리량으로 나타내는 아날로그에 비해, 디지털은 이진법의 수치인 0과 1을 통해 모든 정보를 표현한다, 즉 아날로그의 경우에 자연상태의 정보를 전달하기 때문에 먼 거리로 전송할 경우 변형되기 쉽지만 디지털은 0과 1이라는 숫자로 변형시켜 전달되기 때문에 훨씬 먼 거리까지 정확하게 전송할 수 있다. 예를 들어 사람의 목소리를 아날로그로 표시하면 연속적인 파형의 형태로 나타나지만 디지털화하면 0과 1의 조합으로 표시된다. 디지털방식은 주로 컴퓨터에서 사용되고 있으며, 최근에는 방송분야에 도입되어 선명한 영상과 함께 쌍방향 멀티미디어 형태의 다양한 기술들을 가능하게 해 주고 있다.

사람이 인식하는 소리나 화상은 사실상 아날로그 신호라고 할 수 있다. 그런데 발신자와 수신자 사이에 전달되는 정보를 0, 1과 같은 수치로 표시되는 디지털신호를 전환하면 정보를 전달, 저장, 가공하는 처리과정에서 엄밀성이 유지된다. 따라서 디지털은 정보의 처리 및 전달과정에서만 존재하는 것이라고 할 수 있다. 아날로그와 디지털에 대한 자세한 내용은 부록 I 를 참고하자.

디지털정보는 (1) 빛과 같은 속도로 이동할 수 있고, (2) 반복재생해도 정보가 줄어들거나 그 질이 떨어지지 않으며, (3) 정보가공이 쉽다는 특징이 있다. 디지털정보를 조작하는 디지털기술은 컴퓨터의 도입을 계기로 확산되었다. 이러한 정보의 디지털화가 초래한 중요한 결과 중의 하나는 정보의 다양한 형태들이 하나로 통합된다는 점이다. 1950년대 컴퓨터가 보편화되면서 디지털기술은 텍스트, 숫자와 같은 데이터 부문에 먼저 활용되었다. 반면 음성부문에서는 아날로그정보를 전달하는 아날로그기술이 보다 일반적으로 사용되었다. 그러나 교환기가 도입되면서 전화통신사업부문에서도 디지털화가 시작되었다. 요즘의 일반전화기는 모두 디지털 교환기에 기초해 있다. 한편 음악의 경우 초기에는 아날로그적인 엘피판(long playing) 테이프 등이 보편적이었는데 1980년대 들어서 컴팩트 디스크의 공급으로 디지털화가 보편화되기 시작했다. 동영상의 디지털화는 가장 최근의 현상으로서 화면, 음성 등이 복합된 멀티미디어의 특성으로 인해 대량의 데이터를 처리할 수 있는 기술이 발전됨으로써 확산되었다. 이를테면 디지털 압축기술인 MPEG(moving picture experts group: 동영상 압축에 관한 국제규칙)이 등장한 1990년대에 본격화되었던 것이다.

디지털은 과거의 아날로그와는 달리 정보를 쉽고 정확하게 처리할 수 있고, 반복적으로 사용하거나 복사해도 원래의 정보체계를 유지할 수 있다는 특징이 있다. 따라서 디지털정보는 생산비용이 많이 들지만 한번 생산되면 매우 싼값에 재생산할 수 있는 이점이 있다. 이와 같이 상품의 생산량이 증가할수록 단위당 생산비용이 하락하는 현상은 비용체감 혹은 단위비용당 생산량의 증가라는 점에서 생산측면의 수확체증현상으로 일컬어진다. 수확체증현상은 디지털산업(정보통신산업)의 보편적인 특징으로 산업이 성장하는 데 있어서 절대적인 영향력을 발휘한다.

3.2 디지털의 네트워크화: 인터넷

디지털혁명의 본질은 디지털정보를 조작하는 디지털기술 자체에 있는 것이 아니라 디지털정보를 활용하여 거래비용을 최소화할 수 있다는 것인데, 이에 대해 가장 중요한 역할을 하는 것이 인터넷이라는 통신망 네트워크(information communication networks)이다. 왜냐하면 컴팩트 디스크와 같은 디지털기술이 의미 있는 것은 음을 그대로 재생할 수 있다는 것뿐만 아니라 디지털정보를 쉽게 네트워크상에서 전달·활용할 수 있다는 것이다. 바로 디지털혁명은 디지털정보를 디지털기술에 의해 온라인(on-line) 정보통신망에 접목됨으로써 가능하게 되었다. 즉, 디지털기술이 정보와 미디어의 영역으로 확산됨과 동시에 인터넷에 의해 네트워크화됨으로써 디지털혁명이 보편화된 것이다.

이러한 디지털 혁명이전 단계의 산업혁명의 동력은 1712년에 발명된 증기기관과 1831년 최초로 이용된 전기였다. 증기기관을 이용한다는 것은 수작업에 필요한 노동력이 적게 든다는 것을 의미한다. 전기는 발전과 송전에 네트워크가 필요하기 때문에 잠재력이 이용되기까지는 최초로 이용된 후 50년 이 지난 후인 1882년에 첫 발전소가 건설될 때까지 기다려야 했다. 또 50년이 지난 후에야 전국적으로 공장과 가정의 80%가 전기를 사용하게 되었다. 그러나 디지털혁명은 이보다 훨씬 더 신속하게 일어나고 있는데, 인터넷의 보급속도는 이전의 어떤 기술보다도 빨랐다. 라디오는 5천만 명이 사용하기까지 30년이 걸렸고 PC가 등장한 지 16년이 지나서야 5천만 명이 사용하였다. 그리고 TV는 5천만 명 정도의 이용자에 이르는 데는 13년의 시간이 소요되었고, 케이블TV의 이용자가 5천만 명이 되기까지는 10년이 걸렸는데. 일반대중에 공개 된지 4년 만에 인터넷은 그 정도의 사용자 선을 넘어선 것을 보면 가히 그 속도를 가늠할 수 있다.

그러면 앞으로 디지털기술은 어떠한 방향으로 어떻게 발전할 것인가? 디지털기술은 [그림 2-2]와 같이 「multimedia computing」, 「network computing」, 「mobile computing」 등의 세 가지의 큰 방향성을 갖고 있다. 이 세 가지 디지털기술의 급속한 흐름이 동시에 진행되어 감에 따라 전혀 새로운 시간과 공간을 뛰어넘은 정보활용환경이 만들어지게 된다. 그 결과 지금까지 전혀 불가능했던 정보교환, 의사결정, 실험·연구 등이 가능하게 되고, 실질적인 인간의 행동범위가 확대되며 인간다움을 실감할 수 있는 생활의 실현이 꿈이 아닌 현실이 되고 있다.

■ 「multimedia-computing」 이란 지금까지 개별 독립적인 정보전달매체를 이용해 왔던 문자, 음성, 데이터, 화상, 영상 등이 모두 하나의 정보전달매체에서 통합적으로 다루어지는 정보통신·정보처리의 기술이다.

■ 「network-computing」 이란 정보통신과 컴퓨터 그리고 데이터베이스가 통합·일체화된 네트워크를 구성하고 그 네트워크 자체가 하나의 지적인 정보원으로서 유용성을 발휘하는 기술이다.

■ 「mobile-computing」 이란 각 개인이 어떤 장소에 있거나 이동 중에라도 그가 보유한 휴대단말기와 정보통신망과의 접속이 가능하여 자유롭고 신속한 정보교환이 이루어지는 기술이다.

위의 세 가지 디지털기술의 진전은 지금까지 디지털혁명의 이상적인 모습이라고 생각했던 「언제라도, 어디서라도, 누구라도 의미정보를 정확하고 신속하게 수신할 수 있다」 는 것과 「언제라도, 어디서라도, 누구라도 의미정보를 원하는 사람에게 정확하고 신속하게 전달할 수 있다」 라는 것이 가능하게 해준다. 이와 같은 세 가지의 디지털기술이 구체적으로 어떤 가능성을 창조할 것인가에 대해 주요한 몇 가지의 사항을 열거하면 다음과 같다.

[그림 2-2] 디지털사회·경제의 기반기술구조

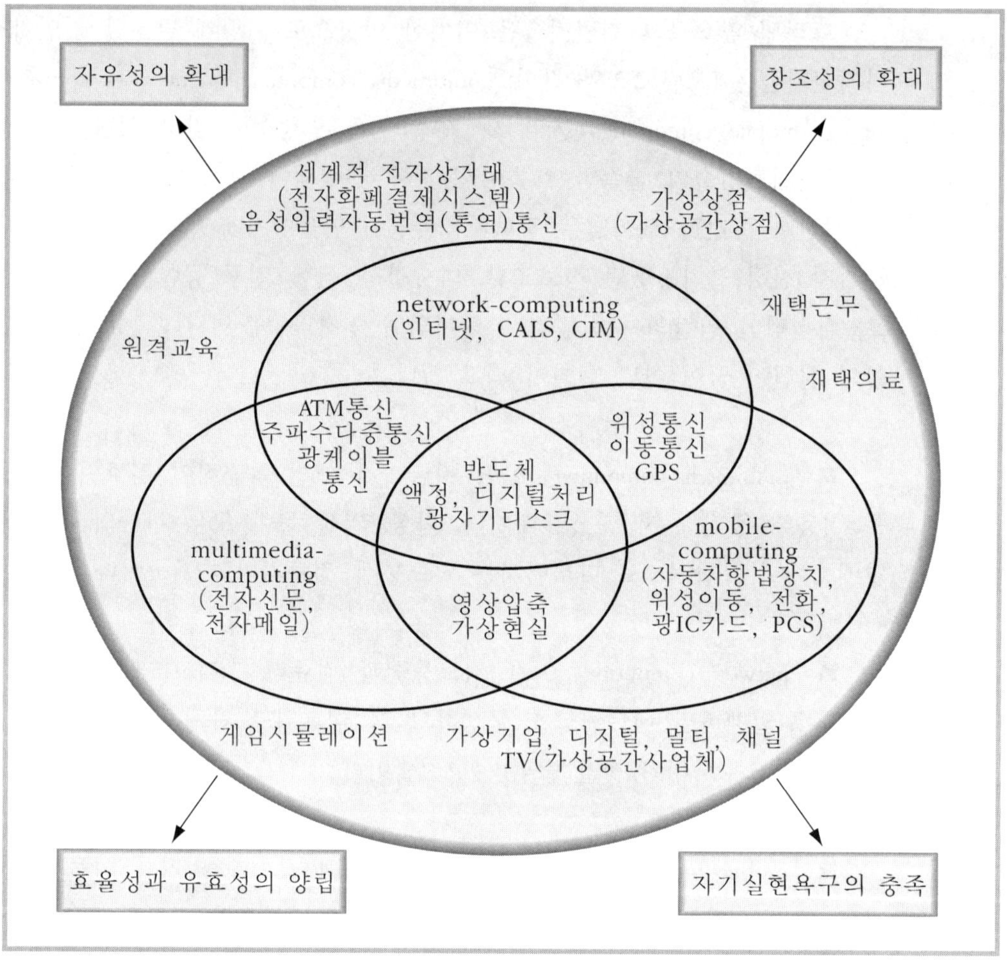

▶ 고기능·초소형 정보통신기기의 가격이 저렴해짐에 따라 모든 사람들이 정보통신기기를 보유할 수 있게 된다.

▶ 현실세계에서의 물리적인 거리·시간을 극복하게 됨에 따라 정보자원을 모든 사람들이 즉시 공유화할 수 있게 된다.

▶ 제품의 주문, 생산, 납품에 따른 시간의 제약을 받지 않고 고객의 욕구에 따라 제품을 전달함으로써 재고량을 극소화할 수 있다.

▶ 감정, 이미지, 의사 등의 감성정보가 자유자재로 신속하게 전달될

수 있도록 해 준다.

▶ 커뮤니케이션의 장애인 모든 경계가 극복된다(특히, 음성입력, 기계번역 등에 의한 언어장벽의 극복).

▶ 다른 사람에게 폐가 되지 않으면서 자기 실현욕구를 충족시킬 수 있다.

▶ 가상현실(virtual reality)의 정보 시·공간의 속에서 지금까지 불가능했던 창조적 지적 생산활동이나 전자상거래에 의한 기업의 새로운 경영활동이 가능해진다.

제 2 절 디지털혁명의 전개

정보의 디지털화와 디지털의 네트워크화로 인해 야기되는 디지털혁명은 구체적으로 어떻게 전개되었는가? 이러한 과정은 첫째, 개인용 컴퓨터 기능의 급격한 향상, 둘째 인터넷의 개발과 확산, 셋째 멀티미디어 자료를 순식간에 유통할 수 있는 통신혁명, 넷째 아날로그정보의 디지털정보로의 통합 등 네 가지로 요약할 수 있다.

1. 개인용 컴퓨터(PC)기능의 급격한 향상

컴퓨터는 오디오나 비디오와 달리 0과 1이라는 비트(bit)로 구성되는 디지털정보를 처리하는 도구다. 따라서 컴퓨터의 등장과 발전은 디지털경제·사회를 형성하는 중요한 기술적인 기반을 이루고 있다. 1946년에 개발된 세계 최초의 컴퓨터인 ENIAC은 초당 5천 회의 연산을 하는 높이 3미터, 폭 50미터 크기의 엄청나게 큰 기계였지만, 오늘날 펜티엄PC는 초당 4억 회(400 MIPS)의 연산을 하며 개인의 책상 위에 놓이는 조그만 장치이다. 2012년에는 이 속도가 10만 MIPS로 성능이 향상될 것으로 예상된다. 1950년부터 현재까지 컴퓨터의 성능은 무려 100억 배 정도 증가한 것이라고 한다.

컴퓨터의 성능을 결정하는 마이크로칩에 대한 유명한 법칙으로 무어의 법칙(the law of Moore)이 있다.[3] 무어의 법칙은 이론적 배경이 있는 것

3) 무어의 법칙이란 무어(G. Moore: 인텔의 창업자)가 1956년에 발견한 법칙으로 「마이크로 프로세서 칩당 트랜지스터의 수는 18개월에서 24개월 사이에 2배로 그 성능이 증가한다」라는 것을 말한다.

은 아니지만 많은 컴퓨터 전문가에게는 경험법칙으로 받아들여지고 있다. 반도체칩 용량이 18개월 내지 2년마다 배가된다고 말하는 경험에 입각한 무어의 법칙이 말이 되는 것은 트랜지스터의 작동과 제조원리 때문이다. 마이크로칩은 바로 트랜지스터의 집적인데, 최초의 트랜지스터는 사람의 손으로 만들었지만 오늘날은 광선을 이용해서 실리콘웨이퍼에 미세한 골과 선을 만드는 과정을 통해서 제조된다.

무어의 법칙이 작동하는 것은 바로 마이크로칩에 미세한 골과 선을 만드는 과정이 계속 정교해지고 있기 때문이다.[4] 이러한 기술은 아마 2005년까지 계속 진보하여 극한으로 알려져 있는 0.1미크론에 근접함으로써 정지하게 될 것으로 알려져 있다. 무어의 법칙을 적용하면 2020년쯤에는 컴퓨터의 핵심 소자인 마이크로칩는 더 이상 그 가치를 상실하게 된다는 것이다.

2. 인터넷의 개발과 확산

개인용 컴퓨터가 등장하면서 컴퓨터가 더 이상 기업에서만 사용되는 기계가 아니라 개인이 사용하는 도구가 되었지만 원래의 컴퓨터는 서로 고립되어 있었기 때문이다. 이러한 고립성을 탈피하게 한 것이 바로 인터넷의 등장이었다. 인터넷이란 간단히 말해 지역별 혹은 단체별로 운영되는 지역 네트워크망(LAN: local area network)을 거대한 네트워크로 다시 연결함으로써 네트워크간의 자유로운 정보교환을 가능하게 한 이른바 '네트워크들의 네트워크'(network of networks)라 할 수 있다. 인터넷은 한마디로 전세계의 컴퓨터들이 하나의 거대한 망으로 연결되어 컴퓨터 간에 정보를 주고받을 수 있도록 구성된 네트워크들의 네트워크(network of networks),

---

4) 우리나라(삼성전자)가 세계 최초로 초미세 기술인 나노기술을 적용한 플래시 메모리 제품을 양산함으로써 반도체기술의 새로운 지평이 열리게 되었다. 메모리 제품의 경쟁력을 좌우하는 핵심은 일정 크기의 칩에 얼마나 많은 양의 정보를 수록할 수 있느냐 하는 것이다. 따라서 우리나라가 세계에서 가장 가는 90나노(1나노는 머리카락 굵기의 1250분의 1)회로 공정기술을 메모리 생산에 적용한 것은 국내 반도체기술을 세계 정상의 자리에 확고히 올려놓은 계기가 되었다.

또는 정보의 낙원으로 불리는 세계 최대의 네크워크이다. 다시 말해서, 하이텔이나 천리안, 나우누리와 같은 통신서비스와는 달리 인터넷은 이러한 모든 통신서비스들을 서로 연결하는 총체적 네트워크이다.

인터넷은 20세기가 낳은 가장 혁신적인 매체로 평가받고 있다. 인터넷은 우리 생활의 대부분을 디지털화시키고 경제활동 전반에 걸쳐 그 패러다임을 변화시키고 있다. 또한 인터넷은 이제 정보통신의 통로라는 단순한 역할을 뛰어 넘어 전세계를 하나로 묶어 주는 매우 강력한 도구(tools)로서 부동의 자리를 굳혀 가고 있다. 이러한 이유로 인터넷은 경제 · 경영 제 부문에 영향을 미치고 시장의 공간적(지역적) 한계 및 시간적 한계를 극복, 사이버 마켓(cyber market)의 주역으로 자리매김하게 된 것이다. 과거에는 학술 및 연구를 위한 정보공유 목적으로 컴퓨터 통신세계에 자리잡기 시작한 인터넷이 그 이용이 대중화되면서 비즈니스 측면에서의 활용이 확대되기 시작, 이제는 황금알을 낳는 21세기 최대 산업으로 각광받게 되었다. 이와 같이 인터넷이 세계를 하나로 묶는 새로운 정보통신기반으로 급부상하면서 인터넷의 이용자도 급증하는 추세에 있다.

우리나라의 경우 [표 2-1]에서 보면 2004년에는 인터넷 이용자는 1,000명당 657명 정도가 인터넷을 이용하고 있으며, 최근 인터넷 이용자의 급증과 저연령의 아동과 고연령층에서 인터넷 이용자가 증가하고 있다. [표 2-2]에서 인터넷이용자의 인터넷의 이용목적을 보면 대부분의 이용자(70.7%)가 '자료정보검색'을 목적으로 인터넷을 이용하고 있으며, 다음으로 '오락·게임', '전자우편사용', '학습'을 위하여 인터넷을 이용하고 있다. 여성은 남성에 비해 '전자우편사용', '채팅' 등의 커뮤니티 활동과 '쇼핑'의 비중이 높다.

[표 2-1] 각국의 인터넷 이용자수

(단위: 이용자/1,000명)

구분	미국	일본	영국	스웨덴	싱가포르	한국
1996	168	44	41	90	82	16
1997	221	92	73	237	132	36
1998	308	134	135	334	191	68
1999	367	214	210	414	240	238
2000	441	299	264	456	324	414
2001	501	384	330	516	412	521
2002	538	449	406	573	540	552
2003	556	483	592	630	509	610
2004	630	502	629	755	561	657

자료: 한국전산원, 국가정보화백서.

[표 2-2] 우리나라 인터넷이용자의 인터넷 이용목적

(Base: 인터넷이용자, 단위: %)

구성비 구분	전 체	남 성	여 성
정보검색	70.7	73.8	67.1
게 임	53.6	59.4	46.8
전자우편	30.2	30.8	29.6
오 락	20.8	19.6	22.1
채 팅	17.6	16.9	18.6
쇼핑예약	15.2	9.5	21.9
학 습	13.2	11.2	15.5
신문뉴스	12.2	14.7	9.3
금융거래	6.7	6.9	6.5
동 호 회	6.7	7.2	6.0
홈페이지	3.6	2.6	4.7
전자민원	0.7	0.9	0.4
기 타	1.2	1.1	1.4

자료: 한국인터넷진흥원, 『2005년 하반기 정보화실태조사』.

한편 21세기 들어 가장 두드러진 현상중의 하나는 신기술의 발전으로 인하여 경제활동방식이 빠른 속도로 변화하기 시작하였다는 것이다. 특히 디지털기술에 기반을 둔 정보통신기술의 발전으로 보다 더 많은 사람들이 인터넷에 연결되면서 인터넷의 상업적 활용이 증대되고 있으며 이에 따라 제반 경제활동의 정보통신기술과 인터넷에 대한 의존도가 크게 높아지고 있다. 그 과정에서 기업은 기업활동의 효율성 제고를 통해 생산성이 향상되는 동시에 인터넷을 통해 전세계로 연결된 시장에서 기업간 경쟁도 더욱 심화될 것으로 보인다. 또한 소비자들도 다양한 판매자들이 설정한 가격, 품질 등에 대한 정보를 보다 쉽게 획득할 수 있게 되어 소비자들의 탐색비용이 감소하고 소비자의 협상 능력은 크게 증가한다고 할 수 있다.

또한 인터넷의 활용이 증대될수록 경제주체간 상호접속성(connectivity)도 크게 늘어나면서 생산 및 거래구조도 바뀌어 갈 것이다. 그 이유는 경제활동에서 독특한 역할을 수행하는 정보가 과거에는 존재하지 않았던 인터넷이라는 새로운 형태의 매개를 통해서 교환되기 때문이다. 정보가 전달되기 위해서는 정보전달매체가 필요한데 정보가 사람 또는 우편 등 물리적 매체에 의해서 전달되는 경우에는 그 매체가 이동하는 곳까지만 정보가 전달되었다. 그러나 인터넷에 접속하는 사람들이 증대되고 이를 이용한 정보통신이 확대되면 앞에서 언급한 정보교환의 제약은 사라져 정보가 자유롭게 독자적으로 이동할 수 있다는 사실이 앞으로 경제구조의 모습을 크게 변화시킬 것이다.

3. 통신혁명

통신혁명 역시 디지털정보의 급증과 동시에 진행되었다. 디지털경제시대가 도래하기 전에는 통신이라고 하면 유선통신을 의미했으며 통신망을 통해 전달되는 것은 아날로그 신호(음성)였다. 또한 이러한 통신네트워크는 대규모의 독점 또는 국영 전화회사에 의해 관리되는 사업이었다. 이는 과거에 철도가 그러했던 것처럼 초기 투자가 많이 필요한 규모의 경제를 얻기 위한 대형사업이었던 것이다. 그러나 디지털경제시대가 도래하면서 이전에 초당 한 페이지 정도를 송신했던 구리선은 초당 백과사전 구만 권 분량의 정보를 송신할 수 있는 머리카락 굵기의 광섬유로 대체되고 있고, 조만간 인공위성을 이용한 광대역 통신도 사용하게 될 것이다. 대역이란 사용하는 주파수의 범위를 말한다. 대역이 넓을수록 정보를 빠르게 전송할 수 있다. 구리선은 왕복 2차선이라면, 광섬유는 100차선 도로에 해당된다.

그런데 이러한 광대역 통신망의 건설은 패킷교환기술의 등장에 의해 더욱 가속화되었다. 패킷교환(packet switching)이란 데이터를 1,000~2,000비트 크기의 여러 꾸러미(패킷)로 나눠 전송하는 방식으로 회선교환(circuit switching)이 트럭 한 대에 모든 짐을 싣고 목적지로 가는 것이라면 패킷교환은 여러 꾸러미로 나눠 여러 트럭에 싣고 목적지로 향하는 방법이라고 할 수 있다.

일반 전화선에서 운영되는 회선교환에서는 통화가 시작하기 전에 양쪽 끝에 단말의 회선이 설정되어 있어야 한다. 따라서 회선 교환에서는 일정한 네트워크 자원이 점유되므로 이 네트워크 자원을 통해서는 다른 통화가 불가능하다. 즉 전화수화기를 들고 있는 한, 10대들이 침묵하고 있거나, 변호사들이 서로 토론하거나 동일한 시간에서는 동일한 비용이 드는 것이다. 반면 패킷교환에서 개개의 패킷에는 수신처가 붙어 있는 헤더(header)를 가지고 있어 이 패킷이 목적지에 도달하지 못하면 다시 송신된다. 이러한 시스템은 우편배달과 같은 것으로 비유되기도 한다. 왜냐하면 우편물은 최종 목적지까지 도달되기 전에 어떤 경로를 거쳐서 갈 것인지 정해져 있지 않고, 우편집중국을 거쳐서 모였다 다시 분산되기 때문이다. 패킷이 우편물이라면 인터넷의 경로는 우편집중국에 비유된다. 패킷교환의 장점은 하나의 네트워크 자원을 여러 사람이 공유할 수가 있다는 점이다. 이러한 패킷교환기술은 인터넷에서 사용되는 방법이지만, 이제 모든 종류의 디지털통신망에서 모두 활용되고 있다.

4. 다양한 정보들의 멀티미디어정보로의 통합

개인용 컴퓨터는 디지털화한 정보를 전달하는 단말기와 네트워크로 구성되어 있다. 그러나 정보가 디지털화됨으로써 정보의 다양한 형태들 즉, 음성, 문자, 그림, 동화상 등은 이제 서로 다른 정보가 질적으로 모두 동일한 정보로 취급되는데, 이는 멀티미디어의 탄생으로 가능하게 되었다.

멀티미디어라는 용어를 한마디로 정의한다면, "영상, 음성, 데이터 등 이질적인 형태의 정보를 디지털신호라고 하는 단일한 신호처리방식에 따라 통합적으로 처리하고 전송하고 표시하는 미디어"라고 할 수 있다[5]. 다시 말하면, 멀티미디어는 ① 정보의 디지털화(digitalization), ② 하나의 단말기를 통한 다양한 정보형태의 통합적 처리(integration), ③ 정보이용의 상호작용성, 혹은 쌍방향성(interactivity) 등의 측면에서 기존의 전통적 미디어와 구분된다. 특히 최근에는 디지털화된 통합정보의 쌍방향적 이용을 위한 주된 단말기로서 유선 혹은 무선형태의 네트워크를 이용한다는 점에서 정보전송의 네트워크성을 멀티미디어 서비스의 주요한 특징으로 간주하고 있다.

---

5) 미디어의 역사를 시대적으로 구분하면 활자미디어시대, 전파미디어시대, 영상미디어시대, 뉴미디어시대, 멀티미디어시대로 구별할 수 있다. 1990년대 접어들면서 새로운 커뮤니케이션 미디어를 지칭하는 용어로 기존의 뉴미디어라는 다소 모호한 용어 대신 멀티미디어라는 용어를 사용하는 경향이 빈번해지고 있다. 특히 멀티미디어라는 용어는 1990년대 이전보다는 그 이후에 등장한 새로운 미디어에 대해 주로 사용되고 있다.

제3절 정 보 화

1. 정보화의 의미

정보에 대한 정의는 논자의 관점에 따라 매우 다양하게 정립되어 왔던 것처럼, 정보화의 개념 및 정의 역시 매우 다양하게 정립되어 왔다.[6] 그러나 디지털혁명에 의해 야기된 정보화에 대한 일반적인 정의들을 종합해 보면 정보화란 '시대적 상황에 관계없이 디지털기술에 기반을 둔 정보통신기술이 발전되어 감에 따라 사회경제적 측면에서 물질·에너지보다 정보가 중요시되어 가고 정보의 수집·처리·전달 및 이용을 위한 정보통신기기가 사회 전 분야에 보급됨에 따라 인간의 노동을 도구나 기계에 의해 대체해감으로써 인간의 소비활동이나 생산활동의 효율성을 향상시키는 현상'이라고 말할 수 있다.

사람들이 컴퓨터나 전화와 같은 정보통신기기를 왜 사용하고자 하는가를 생각해 보자. 그 이유는 일을 보다 쉽고 빠르고 보다 정확하게 하기 위해서 일 것이다. 생산이나 소비활동을 함에 있어 인간은 가능한 한 적은 노력으로 극대의 효과를 추구하든가, 같은 양의 노력으로 최대의 효과를 얻으려고 기대한다. 즉 인간은 모든 행동을 효율적으로 하려고 노력하기 때문에 사람들은 소비활동과 생산활동에 유용한 도구나 기술을 개발하려고 노력하고 있다.

---

6) 전산화는 단순히 조직내에 컴퓨터 및 관련기술의 사용이 확대되는 과정을 의미하는 반면에, 정보화는 조직에서 정보의 중요성이 인식되고 정보요구가 급증하면서 정보통신기술의 사용이 확대되고 결과적으로 의미있는 정보의 유통이 확대되는 과정을 말한다. 오늘날 조직의 정보화는 전산화를 전제로 한 것이기 때문에 양자간에 혼용이 있을 수 있지만, 정보화는 전산화의 개념을 포함하는 동시에 그 이상의 개념이다. 이와 같이 전산화와 정보화의 개념을 구별해야 하는 이유는 전산화가 반드시 정보화를 보장하지 못한다는 데서 연유한다.

이러한 인간의 노력들이 궁극적으로는 도구나 기계에 인간의 활동을 가능한 한 맡기려는 행동으로 나타나게 된다. 그런데 이러한 인간노동의 도구화나 기계화는 인간이 가지고 있는 정보를 도구나 기계에 이전 또는 체화시킴으로써 가능하게 된다. 이와 같이 인간의 소비활동이나 생산활동에서 효율성을 제고시키기 위해 생산이나 소비에 관한 지식, 기술, 기능 등의 정보(소프트웨어)를 도구나 기계(하드웨어)에 이전시켜 인간의 육체 및 정신노동의 일부를 도구나 기계에 분담시키는 현상을 정보화(informatization)라고 한다.

한편, 일반적으로 정보화라고 지칭할 때 "화(化)"라는 의미는 어떠한 하나의 상태에서 다른 상태로 이행되는 동태적인 변화를 의미한다. 따라서 정보화란 어떤 상태로 이행되는 현상을 의미하는가? 하는 점이 중요하다. 일반적으로 정보화에는 네 가지 의미가 내포되어 있다고 할 수 있다.

첫째, 경제사회전반에 걸쳐 정보의 가치가 상대적으로 높아진다는 것이다. 예를 들면, 물건을 구입할 때 디자인의 좋고 나쁨, 색상의 다양성 여부 등 정보적 가치가 상대적으로 중요한 판단기준으로 되어가고 있는 추세이다. 따라서 정보화란 재질 및 서비스에 포함되어 있는 물질과 정보의 비중이 변화되어 후자의 중요성이 증대되어 가는 현상이다.

둘째, 정보가 상품화되어 가고 있는 것이다. 재품 및 서비스에 있어서 정보의 가치가 점점 증대되어 감에 따라 정보자체가 거래의 대상이 되어 정보가 상품화되어 가고 있다. Data Base서비스업이 대표적인 경우인데 초기에는 조직의 비용절감, 에너지 절약 등을 위하여 내부적으로 Data Base를 구축하여 이용하였지만 그 규모가 커지고 외부에서의 이용욕구가 증대함에 따라 이를 상품화시켜 신규시장에 진출하는 경우가 증가하고 있다. 이로 인하여 정보통신분야를 중심으로 정보를 전문적으로 상품화시켜 경영하는 새로운 업종이 탄생했다.

셋째, 사회의 각 분야에서, 전자화(자동화)가 급속히 진전되어 가고 있다는 것을 의미한다. 지금까지 산업체, 정부는 물론이고 가정에까지 각종 컴퓨터 및 통신기기가 보급됨과 동시에 이들 간에 네트워크화가 진전되어 주로 사람의 손으로 수행되어 오던 각종 업무가 효율화를 위해 급속히 전자화되어 가고 있다. 이로 인해 정보와 통신이 점점 밀접하게 되었으며 통신분야에 있어서도 비전기적인 통신보다 전기적인 통신이 각광을 받게 되었다.

넷째, 전술한 세 가지를 더욱 촉진시키는 기술적인 수단으로서 디지털기술에 기반을 둔 정보통신기술과 이를 활용한 네트워크화가 중요하다는 것이다. 컴퓨터기술의 발달, 전송망의 광섬유화, 디지털화, 통신 및 방송위성의 본격적인 활용, 네트워크화의 진전 등으로 인해 신속성 및 기록성이 크게 향상되었고 대량의 데이터를 고속으로 전송·처리하는 것이 가능하게 되었으며 또한 부호, 문자, 정지화영상 등 다양한 정보형태로 전송하는 것이 가능하게 되었다. 즉, 모든 정보의 처리, 축적, 전송이 지금까지와는 비교가 안될 정도로 고속·대량 및 저렴한 가격으로 가능하게 된 것이다. 그러므로 정보통신기술을 활용한 정보통신망이 기존의 도로, 철도망과 함께 중요한 사회기반구조로서 그 역할을 수행하게 된 것이다.

2. 정보화의 필요성

세계경제는 경제의 블럭화, WTO체제의 출범 등 자국의 생존과 번영을 위하여 국가경쟁력을 강화하는 데 최상의 노력을 경주하고 있다. 또한 세계경제질서의 변화에 대응하기 위하여 세계화, 정보화를 동시에 추진하면서 산업경쟁력의 강화, 서비스의 품질제고, 대국민적 정보화마인드의 확산 등에 주력하고 있다. 이러한 세계환경 속에서 우리나라도 세계경제질서에 대응하기 위해 정보통신분야의 정책방향을「선 국내경쟁, 후 국제경쟁」의 원칙하에서 공정경쟁을 표방, 적극적인 시장개방을 추진하면서, 이를 바탕으로 국가경쟁력을 강화시키고, 나아가 기술개발을 통해 정보통신산업을 발전시켜 세계무대에서 우리의 위상을 높이는 데 초점을 맞추고 있다. 또한 정보통신에 대한 대국민적 마인드를 높이기 위해 서비스의 다양화와 국가기간전산망구축 및 초고속정보통신기반사업 등 정보통신인프라 투자에 총력을 기울이고 있다. 현재 우리가 당면하고 있는 가장 시급히 해결해야할 문제점 중의 하나로 고비용-저효율의 경제구조를 지적하고 있다. 각종 생산요소 투입비용이 급증하고 있으며, 물류비용 역시 높아지고 있어 고비용구조를 개선하기가 쉽지 않다. 실질적으로 한번 인상된 요금은 낮추기 힘들며, 금융비용이나 원재료비 등도 외부의 여러 가지 요인에 의해 영향을 받기 때문에 정부의 의지력으로 낮추는 데 한계가 있다. 이러한 상황에서 정부가 할 수 있는 방법 중 하나가 초고속정보통신망, 물류전산망 등 공공부문의 정보인프라 투자를 완비하여 기업의 제반 활동에 따른 각종 거래비용을 낮춰 주는 것이다. 따라서 경제적인 측면에서 '정보화를 정보통신기술의 발전에 따른 정보통신산업의 발전과 고용증대(정보의 산업화)와 정보통신기술이 각 산업에 응용되어 감에 따른 생산성의 증대와 비용절감(산업의 정보화)'으로 파악할 때 정보화는 우리나라의 경제위기 극복과 경제발전에 매우 중요한 수단이 될 수 있다.

3. 정보화의 특성

디지털기술에 기반을 둔 정보통신기술의 발전은 사회경제적 측면에서 물질·에너지보다 정보가 중요시되어 가고, 정보의 수집·처리·전달 및 이용을 위한 정보통신기기가 사회 전 분야에 보급됨에 따라 인간의 노동을 도구나 기계에 의해 대처해 감으로써 인간생활(소비나 생산활동)의 효율성을 향상시키는 현상으로 파악되는 정보화는 다음과 같은 속성 및 특성을 가진다.7)

첫째, 정보화는 어느 사회에서나 일어나는 보편적인 현상이다. 사회가 수렵사회, 농업사회, 공업사회, 또는 서비스사회이든지 간에 모든 행동에 효율성을 추구하려는 인간의 근본적인 욕구는 존재하기 때문에 정보화라는 현상은 항상 나타나 왔으며 또 앞으로도 계속하여 나타나게 될 것이다.

7) 황두현, 「한국경제입장에서 파악한 정보화사회」, 1994.

단지 각 사회가 누릴 수 있는 기술이나 원재료 그리고 지식의 수준에 따라 정보화라는 현상이 각기 다른 모습으로 나타날 뿐이다.

둘째, 정보화는 인간의 지식, 기술, 기능 및 행동정보를 기계에 체화시키는 현상이라는 사실은 정보화현상이 기본적으로 소프트웨어(S/W)와 하드웨어(H/W)가 적절히 결합하여 나타난다는 특성을 갖게 한다. 여기서 소프트웨어는 인간의 행동(생산활동이나 소비활동)에 관한 지식이나 정보를 의미하며, 하드웨어는 이러한 소프트웨어를 도구화 또는 기계화하는 기술이나 기능을 의미한다. 따라서 이 둘 가운데 어느 한 부문만의 발달로는 그 수준에 맞는 정보화가 진행될 수가 없다. 예를 들어, 고대 희랍시대의 수학적 지식이나 과학적 지식은 상당한 수준이었는데, 이들 도구나 기계와 같은 하드웨어의 형태로 바꿀 수 있는 기술이나 기능 또는 사용 가능한 재료 등이 충분치 못하였기 때문에 높은 수준의 소프트웨어수준에 맞는 충분한 정보화가 이루어지지 못하였다고 볼 수 있다.

그러나 최근에 정보화가 각 부문에서 급격하게 진행되고 있는 것은 컴퓨터와 집적회로의 발명으로 작업정보나 지적정보를 기계화시킬 수 있으며, 이와 동시에 명령에 따라 작업을 수행하는 로봇이나 자동화기계의 발명이 동시에 이루어졌기 때문이라고 볼 수 있다.

셋째, 정보화는 경제성장과 밀접한 관계를 갖고 있다. 정보화는 인간의 행동을 도구나 기계에 연계시키는 형상이므로 정보화의 진행은 결국에는 재화와 서비스를 생산하거나 작업을 수행하는 데 있어서 효율성을 재고시키게 된다. 이와 같이 생산부문에서의 효율성이 향상되면 생산성이 증가되고 재화와 서비스가 풍부해지며 경제가 발전하게 된다. 즉, 정보화는 산업부문에서 비용절감이나 생산성의 증대를 위한 일련의 수단이며, 또한 기업들이 시장에서 경쟁력을 제고시키고 이윤추구라는 목적을 달성하기 위한 수단이며 과정이라고 말할 수 있다.

넷째, 정보화는 어떤 시대이든 어떤 사회이든 간에 누적적으로 나타나는 현상이다. 다시 말하면 정보화는 어떤 하나의 요인에 의하여 갑자기 나타나는 현상이 아니라 지식이나 기술의 장기적이고 누적적인 발전의 결과로서 나타나게 된다. 정보화는 인간이 갖는 지식이나 기술 등의 정보를 도구나 기계에 전달하는 과정이므로, 정보화의 정도는 지식이나 기술의 수준에 크게 의존하게 된다. 그런데 지식이나 기술은 순간적으로 단기간에 발견되거나 불연속적으로 진전되기보다는 기초적인 부분부터 순차적으로 발전되어 장기간에 걸쳐서 그 효과가 나타나는 것이 일반적이다. 그리고 일단 기술이나 지식이 어떤 수준을 넘어서게 되면 자생적인 추진력이 발생하여 이전보다 더 빠른 속도로 발전하게 된다. 이처럼 정보화도 일단 진전되면 될수록 더욱 빠른 속도로 급속하게 진행될 것이다. 따라서 정보화의 진행과정에서의 기술축적이나 학습효과(learning by doing)의 역할은 대단히 크며 이의 활용 여부가 정보화의 진전과 경제발전에 거대한 영향을 미치게 된다.

다섯째, 정보화는 어느 한 분야에게 독립적으로 발생하기보다는 관련된 분야가 상호보완적으로 작용함으로써 나타나게 된다. 소프트웨어나 하드웨어 그 자체뿐만 아니라 소프트웨어를 하드웨어에 이전시키는 기술이나 지식은, 이와 관련된 분야와의 조화로운 상호협력에 의하여 실현·발전되어진다. 예를 들면, 컴퓨터의 발명과 보급은 전자기술의 발전만으로는 가능하지 않으며 기계기술, 통신기술 등이 상호보완적으로 작용함으로써 사용·가능하게 된다. 따라서 정보화는 근본적으로 각 부문 간의 균형적인 발전이 요구되는 현상이다.

여섯째, 정보화는 제조업부문에서만 국한되어 나타나는 현상이 아니고, 농림 · 어업 등의 1차 산업 그리고 도소매업, 금융업, 건설업, 개인 및 사회서비스업 등의 3차 산업 모두를 포함하는 전 산업에 걸쳐서 나타나는 현상이다. 이와 같은 맥락에서 정보화현상은 재화나 서비스의 생산부문에 국한되지 않고 어떠한 부문에서도 나타난다. 즉, 소비부문, 사회부문, 행정부문, 문화부문 등 인간의 행동이 미치는 곳에서는 항상 정보화현상이 나타날 가능성이 있다. 이 점은 정보화가 단순한 기계화나 자동화라는 의미를 벗어나 모든 행동을 효율적으로 하려는 욕구에서 발생한 현상이라고 할 수 있다. 정보화현상을 이와 같이 이해할 때, 산업의 정보화, 가정의 정보화, 사회의 정보화, 행정의 정보화, 문화의 정보화 등 다양한 형태의 정보화 현상을 상정할 수 있다.

끝으로 정보화는 그 자체가 목적이 아니라 생산이나 소비 등 경제활동을 효율적으로 수행하기 위한 수단이라는 것이다. 따라서 정보화의 추구는 경제활동의 효율성을 제고시키는 데 그 목적이 있으며, 나아가 국가경쟁력을 향상시키는 수단이라는 것이다. 이는 정보화가 모든 부문에서 이루어지는 정보사회는 인간생활의 모든 부문에 있어서 효율성이 상당히 높은 수준으로 달성되는 사회로 받아들여져야 함을 의미한다.

한편 정보화가 진행되게 된 경제사회적 배경으로는 정보의 가치증대와 정보에 대한 인식변화, 소득증대로 인한 개인욕구의 고급화·다양화·개성화, 정보통신기술의 발전으로 인한 정보통신기기의 보급, 정보통신하부구조의 역할 증대, 정보통신산업의 발전, 지역간 균형발전에 대한 욕구 그리고 세계화·자유화에 대한 대응 등 매우 포괄적으로 거론되고 있다.

4. 정보화의 단계

정보화가 어떠한 과정을 통해 진행되어 왔으며. 어떻게 진행될 것인가를 인간의 노동[8]이 기계에 대체되는 유형에 따라 정보화단계를 분류하면 다음과 같다.[9]

4.1 단순컴퓨터 정보화단계

20세기 후반 산업사회의 성숙기에는 인간의 정신노동이 기계로 대체되기 시작하였다. 이러한 정신노동의 정보화 첫 단계로 정신노동 가운데 단순한 반복작업을 요하는 계산 등 단순정신노동이 기계(즉 계산기나 초

8) 인간의 노동에는 손이나 발 등의 육체적인 힘을 주로 사용하는 육체노동과 두뇌를 주로 이용하는 정신노동이 있다. 그런데 육체노동은 다시 힘만을 주로 요구하는 단순육체노동과 손재주와 같은 기능이 요구되는 숙련육체노동으로 구분된다. 이와 마찬가지로 정신노동도 단순한 계산이나 관리능력을 요구하는 단순정신노동, 비교적 지적인 사고와 숙련도를 요구하는 기능정신노동, 그리고 고도의 사고와 전문적인 지식을 요구하는 전문정신노동 등으로 구분할 수 있다.

9) 황두현,「중소기업의 정보화 전략」, 대한상공회의소, 1997.

기의 소용량의 컴퓨터)에 의하여 대체되었다. 1946년에 진공관을 사용한 최초의 컴퓨터(ENIAC)가 Eckert와 Mauchly에 의하여 발명되었고(제1세대 컴퓨터), 그 후 트렌지스터를 이용한 컴퓨터(제2세대 컴퓨터)가 1956년에 출현하였다. 이러한 초기의 컴퓨터를 이용함으로써 단순정신노동이 컴퓨터라는 기계로 대체하는 것이 가능하여 졌는데, 이를 정보화의 단계로 보면 노동의 컴퓨터화 초기단계가 실현된 단순컴퓨터 정보화(simple computerized informationization)가 진행된 시기라고 볼 수 있다.

이 단순컴퓨터 정보화시기에는 단순한 형태의 계산기나 컴퓨터가 단순한 회계업무, 계산업무, 단순반복적인 작업을 담당하게 된다. 따라서 회사업무 가운데 단순반복적인 관리업무나 계산업무가 기계로 대체되며, 생산부문에서도 공정 전체에 절친 자동화나 컴퓨터화가 아니라 부분적인 자동화가 진행되는 시기이다.

초보적인 단순한 자동화 생산시설이 사용됨에 따라 기능육체노동이 기계로 대체로 대체되는 본격적인 탈기능화(de-skilling) 현상이 나타난다. 그리고 계산, 회계, 단순한 형태의 관리부문에서 계산기나 컴퓨터를 사용하게 되어 단순정신노동 부문에서도 탈기능화 현상이 나타나기 시작한다. 예를 들면, 암산가나 주판전문가, 차트사 같은 직종에 대한 가치가 상대적으로 줄어든다. 이러한 단순컴퓨터 정보화시대에서 요구되는 기초 기술로는 컴퓨터 생산에 필요로 하는 전자기술이며, 사회간접자본으로는 전력과 같은 에너지부문과 통신부문이 매우 중요시 된다.

4.2 컴퓨터통신 정보화단계

1965년에 집적회로(IC)를 사용한 컴퓨터가 출현하였고, 나아가 1973년에 하나의 칩에 집적회로를 장착한 마이크로 프로세서가 보급되었다. 이에 입각하여 1982년에 제4세대 컴퓨터가 출현하게 되었다. 이로 인하여 정신노동에 관한 정보와 컴퓨터의 지능을 제조부문에서 기계와 생산시스템에 집어넣을 수 있게 되었다. 즉, 집적회로의 발명이 획기적인 기계화 및 자동화를 가능하게 하였고, 이러한 집적회로를 이용한 정보의 입력은 제조부문 뿐만 아니라 제1차 산업부문 및 제 3차 산업부문에까지 침투하게 되었다. 또한 통신기술의 지속적인 발달은 컴퓨터기술과 연합한 정보통신기술을 탄생시켰으며, 이는 지역적·공간적 그리고 시간적인 제약을 완화시켰으면서 인간의 관리능력에까지도 컴퓨터통신이 적용되게 되었다. 이를 컴퓨터통신 정보화(computer and communication informationization)라고 구별하자. 이는 현재 경제·사회 각 분야에 매우 빠른 속도로 확산되고 있는 정보화 형태이다.

이 시기에는 수치제어기기, 로봇 등이 생산부문에 본격적으로 사용됨에 따라, 기능을 어렵지 않게 습득하게 됨으로써 기능적 육체노동의 탈기능화가 매우 급속히 진행된다. 그리고 생산부문에서 요구되는 기능의 내용에 있어서도 단순한 기계적인 기능보다는 컴퓨터나 통신네트워크를 다루는 기능이나 생산 및 관리 소프트웨어를 운영할 수 있는 기능이 중시되는 방향으로 변화가 발생한다.

그리고 기업 내에서 행해지는 정신노동의 대부분이라 볼 수 있는 사무작업은 본질적으로 정보의 처리, 축적, 검색, 통신을 행하는 일이다. 이를 종래에는 종이, 연필, 잉크가 담당하였고, 통신은 사람이나 우편이 담당하였으나, 이제는 타이프라이터, 전화, 복사기, Telex, Fax, 컴퓨터통신이 담당하게 됨으로써 이 부문에서의 대체가 발생한다. 특히, 서비스부문에서 확대 이용되고 있다. 따라서 관리부문에서 요구되는 기능적 정신노동의 분야에서도 탈기능화가 본격적으로 발생한다.

나아가 전문정신노동에서도 부분적으로 탈기능화 현상이 나타나기 시작한다. 예를 들어, 공간적으로 분리된 부문 간의 통제기능의 자동화는 경영 및 관리능력까지도 탈기능화가 되는 현상이 나타난다. 이 컴퓨터통신 정보화시대의 또 하나의 특징은 정보화가 모든 산업부문에 걸쳐서 나타나게 된다는 점이자. 즉, 농림·수산업과 같은 1차산업 그리고 제조업의 2차산업은 물론 3차산업까지 정보화가 확대되는데, 특히 금융, 보험, 개인서비스 및 사회서비스, 행정부문에서의 정보화가 급속히 진행된다. 그리고 각 산업 내부에서도 관리 및 경영부문에서의 정보화가 본격적으로 이루어진다.

집적회로기술, 반도체기술, 로봇 등 전자기계기술 이외에 통신기술의 발달이 이러한 컴퓨터통신 정보화시대에 반드시 필요하며, 이에 의하여 생산되는 컴퓨터나 정보통신기기의 적절한 보급이 요구된다. 그리고 이 컴퓨터통신 정보화시대에는 '네트워크의 경제성' 발휘 여하가 국가의 경쟁력을 제고시키는 주요 요인인 된다. 따라서 네트워크의 중요성이 부각되고, 정보통신망이 국가의 기간 사회간접자본이 된다. 즉, 이 시대에는 물적 형태의 철도, 도로, 항만 등과 같은 사회간접자본보다는 네트워크형 사회간접자본인 정보통신망, 데이터망 등의 역할이 매우 중시된다.

4.3 지능 정보화단계

전자기술의 급격한 발전과 고도집적회로의 발달은 인공지능컴퓨터(제5세대 컴퓨터)를 출현시켰다. 이를 이용함으로써 컴퓨터통신 정보화단계에서는 가능하지 못하였던 전문정신노동이 지능컴퓨터로 대체되는 정보화가 발생하기에 이르게 된다. 즉 경영, 예측, 판단 등 인간의 전문정신노동이 인공지능 컴퓨터나 고도의 통신기술에 의하여 부분적으로 행해지는 지능정보화(intelligent informationization)가 이루어진다. 그런데 이러한 지능 정보화가 이루어지는 사회를 고도정보화사회라고 부를 수 있을 것이다.

이러한 지능 정보화단계에서는 1차, 2차, 3차 등 전 산업부문 뿐만 아니라, 경제·사회 전 분야에 걸쳐서 정보화가 나타난다. 나라 전체가 정보망으로 연결되어 있어 언제 어디서나 누구와도 손쉽게 통화하고 정보를 상호 교환하며 분석할 수 있는 고도정보화사회로 진입하게 된다. 따라서 재택근무, 재택쇼핑, 재택진료 등과 같은 사회적인 서비스가 보편화되게 된다.

한편 탈기능화라는 측면에서 볼 경우, 사고 및 판단하는 분야에까지도 탈기능화 현상이 확산되어 웬만한 기능은 정보통신망을 통하여 누구든지 손쉽게 배울 수가 있게 되기 때문에 기능의 대중화 현상이 나타나게 될 것이다. 이에 더욱 나아가 고도의 집적회로 발달이나 인공지능컴퓨터의 발달 및 이용 확산은 기술이나 지식까지도 기계화되어 원하는 사람은 손쉽게 기술을 익힐 수 있고 또한, 개발할 수 있게 될 것이며, 이로 인하여 일부의 기술분야에서는 탈기술화(de-technology) 현상까지 나타날 가능성이 있다.

이 시기에는 특히 정보통신망, 데이터망 등이 국가의 중추적인 사회간접자본으로서의 역할을 하게 된다. 그리고 평생교육, 대중교육, 전문교육과 같은 교육부문 사회간접자본의 역할이 매우 중시되며, 이를 언제 어디서나 가능하게 하는 고도의 정보통신망의 효율적인 구축과 운영이 필수적으로 요구된다.

부 록 I 정보의 전달방식

1. 정보, 신호, 전송

정보(information)는 내용이고 신호(signal)는 형식이라고 간단히 생각해 볼 수 있다. 일반적으로 신호란 정보를 구체적으로 표현하고 운반하는 수단인데, 정보를 코딩(coding) 등의 변환과정을 거쳐서 전류나 전자기파 형태의 에너지의 흐름으로 변환시키는 것을 말한다. 따라서 신호 그 자체로는 아무런 의미를 지니지 않는다. 신호는 손동작 등의 몸짓으로부터 입으로 행해지는 말(speech)이나 기타 언어적 표현 등과 같은 일상적인 신호뿐만 아니라 그래프, 수학적인 기호 등과 같이 보다 상징적이고 많은 훈련이 요구되는 것도 있다.[10)]

전송(transmission)신호는 직접 전송매체를 통과하는 신호를 말하며, [그림 2-3]은 정보와 신호, 그리고 이의 전송과정을 그림으로 나타낸 것이다. 그림에서 보는 바와 같이, 정보는 의미를 담은 실체(entity)이고, 신호는 정보를 전자기적 에너지의 형태로 표현한 것이다. 전송신호는 일차적으로 변환된 신호를 전송매체의 물리적인 특성 등에 적합하도록 다시 변환한 것이다.

10) 정보를 전달하는 방법, 즉 신호방법은 기술발전과정과 밀접하게 연관되어 있다. 동·서양을 막론하고 옛날부터 이용했던 깃발이나 연기, 횃불 그리고 우리나라 조선시대의 역마제도 등은 신호의 좋은 예이다.

[그림 2-3] 정보, 신호, 전송

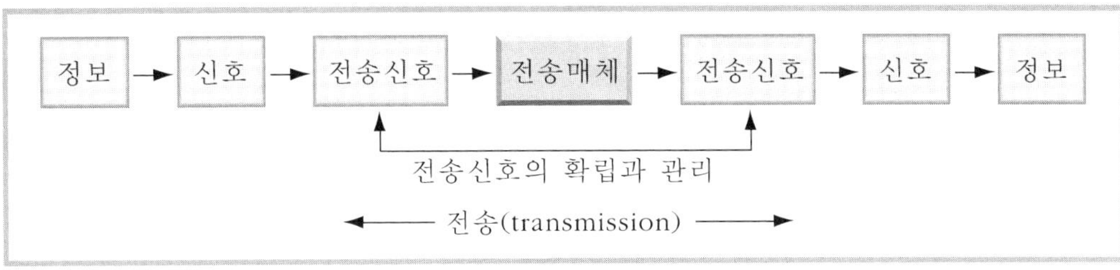

2. 아날로그와 디지털의 어원

'정보'가 매체를 통과해 '전송'되기 위해서는 전자기파의 형태인 '신호'로 변환되어야 한다. 이러한 정보전달의 각 과정을 정확히 이해하기 위해서는 먼저 아날로그(analog)와 디지털(digital)이 무엇인가를 파악해야 한다.

아날로그(analog)는 '비슷하다(analogous)'는 말에서 파생되어 나온 것으로, '연속적(continuous)'이라는 의미를 갖고 있다. 반면, 디지털(digital)은 손가락이란 뜻을 가지는 '디지트(digit)'에서 유래한다. 손가락은 하나하나 구별하여 세는 데 사용되므로, 이로부터 지속성과 단절이 확실한 '이산적(discrete)'인 성질을 대변하게 되었다.

대다수의 자연현상이 연속적이므로 아날로그는 자연스러운 반면, 디지털은 보다 인공적인 느낌을 준다. 전화의 발명으로 본격화된 정보통신의 짧은 진화과정은 이러한 느낌과 맥락을 같이 한다. 과거의 통신은 전 분야에 걸쳐 아날로그방식으로 처리되어 오다가, 최근에 반도체 및 컴퓨터기술의 발달에 힘입어 디지털방식이 등장한 것이다.

3. 아날로그정보와 디지털정보

아날로그정보는 연속적인 값을 가지는 정보를 말한다. 즉 시간에 따라

크기가 연속적으로 변화하는 정보를 말한다. 예를 들면, 음성과 동화상은 그 강도에 있어서 연속적인 변화를 한다. 온도계나 압력계 등의 센서를 통해 수집되는 정보들도 이러한 연속형 정보에 해당되는 경우가 많다. 또한 레코드음반도 면에 파여진 미세한 홈의 연속적인 굴곡을 읽어 내어 원래의 음을 재생하는 것이므로 아날로그형 정보저장방식이다.

디지털정보는 시간에 따라 이산적으로 변화하는 정보를 말한다. 대표적으로 문자나 정수형(integer)변수 등이 이에 해당한다. 디지털정보는 흔히 비트(bit)라는 단위를 사용하여 나타낸다. 비트는 0(또는 off, no) 혹은 1(또는 on, yes)이라는 이진수 의 값으로 표현된다. 한 비트는 오직 두 값만을 취할 수 있으므로, n개의 비트는 2n개의 정보를 표현할 수 있다. 문자정보는 그 자체가 디지털정보이며, 이 밖에도 연속성을 띠는 정보가 변형되어 이산적으로 변화하는 디지털정보도 주변에서 많이 볼 수 있다. 예를 들면, 종래의 레코드음반에 대해 CD는 디지털정보가 저장되어 있는 대표적인 예이다. 하나 하나의 음이 일정한 크기의 비트집합으로 바뀌어 표면에 기록되며, CD표면에 빛을 반사시켜 비트값을 읽는다.

4. 아날로그신호와 디지털신호

신호는 일반적으로 전자기파의 형태에 따라 아날로그신호와 디지털신호 등으로 구분한다[11]. 아날로그신호는 시간에 따라 그 크기와 패턴이 끊임없이 변화하는 전자기파 신호를 말한다. 전자기파 신호의 파형이 파동(wave)으로 묘사되는 음파(sound wave)와 비슷한 형태를 가지므로, 아날로그신호라고 부르게 되었다. 또한 시간의 흐름에 따라 신호변화가 연속적으로 이어지므로 연속형 신호라고도 한다. [그림 2-4]에서 볼 수 있듯이, 전형적인 아날로그신호는 진폭(amplitude)과 파장(wavelength), 그리고 위상

11) 또한 신호는 전달되는 정보의 형태에 따라 전화와 같이 음성을 전달하는 신호를 음성신호, PC통신에서 사용하는 신호를 문자신호, 그리고 TV의 화상을 통해 전달되는 신호를 비디오신호 등으로 구분된다.

(phase)이라는 요소로 구성되어 있다. 진폭은 신호의 크기이며, 파장은 신호가 반복되는 한 사이클의 길이를 말한다. 파장은 특히, 이와 역수관계를 이루는 진동수 혹은 주파수(frequency)로 표현되기도 하는데, 이는 단위시간에 발생하는 사이클의 횟수를 말한다. 소리를 예로 보면 높은 소리는 높은 주파수 값을 가지며, 강하고 큰 소리는 진폭이 크다.

[그림 2-4]는 신호전달과정에서 디지털과 아날로그의 차이를 보여주고 있다. 이 그림에서 보는 바와 같이 발신 및 수신 정보는 원래 아날로그, 다시 말해 유사성에 기초하여 정보를 전달하는 것이다, 중간전달과정에서는 이를 수치화 하여 보다 정교하게 전달할 수 있는 방법이 디지털인데, 정보의 전달 및 가공과정에서 정보값의 손실이 발생하지 않고 그대로 보존될 수 있다. 하지만 이러한 디지털정보가 실제의 정보를 그대로 복사하는 것은 아니다. 왜냐하면 아날로그정보를 변환하는 과정에서 아날로그정보와 디지털정보는 꼭 같은 것이 아니라 비슷한 것으로 변환될 뿐이기 때문이다.

[그림 2-4] 아날로그신호

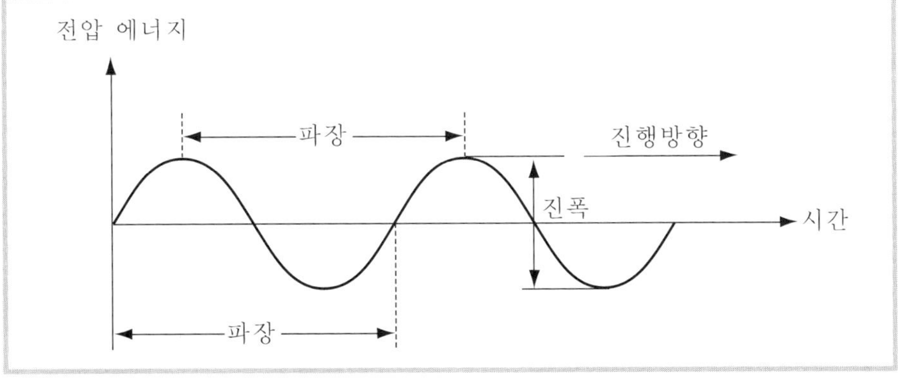

디지털신호는 신호형태가 시간에 따라 급격하게 바뀌며 이산형 신호라고도 한다. [그림 2-5]과 같이 불연속적인 신호형태를 통하여 정해진 약속에 따라 정보를 해독한다. 예를 들면, 일정한 수준의 양(+)의 전압은 이진값 1을, 반대로 일정한 수준의 음(-)의 전압은 이진값 0을 가지는 것으로 약속하여, 8개의 비트의 조합으로 한 단어(word)를 표현할 수 있다. 이와 같이 오로지 두 개의 값만을 취하는 이진신호가 디지털신호의 가장 일반적인 형태이다.

[그림 2-5] 디지털신호

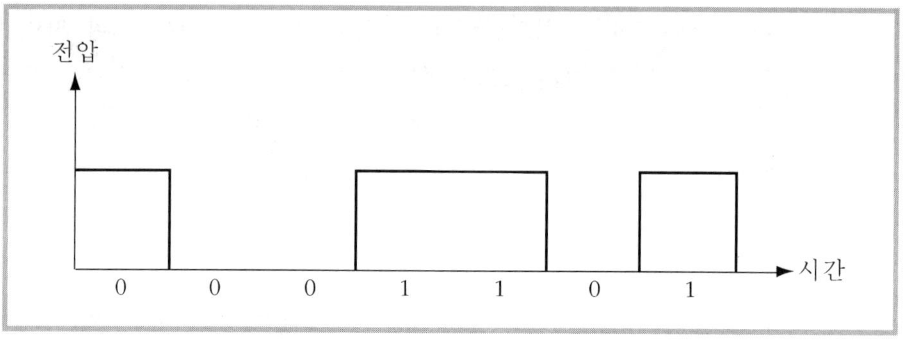

부 록 II 정보의 디지털화

우리가 주위에서 대하는 음성 및 영상정보는 거의가 아날로그형태이다. 그러나 정보통신수요의 증가와 고품질의 정보통신서비스에 대한 요구가 증가함에 따라, 이를 뒷받침하기 위해 유·무선시스템을 막론하고 통신기술 전반에 걸쳐 디지털화가 급속도로 진행되고 있다. 아날로그정보를 디지털정보로 변환하여 저장하고 교환·전송하는 방식은 일반화되고 있으며 앞으로도 더욱 확대될 전망이다.

정보의 디지털화(digitization)란 원래의 아날로그형태의 연속형 정보를, 0 또는 1의 이진수의 값을 단위로 하는 디지털정보로 변환하는 과정을 말한다. 이와 같이 아날로그정보를 디지털정보로 변환하는 이유는 다음과 같은 장점을 갖고 있기 때문이다,

첫째, 여러 형태의 정보를 동일한 매체를 통해 전송하는 데 적합하다. 아날로그정보를 전송하는 데 사용되는 주파수분할다중화(FDM)방법[12]에서는 전송매체를 다른 주파수의 신호들이 공유함으로써, 주파수 간의 차이 또는 합에 해당하는 새로운 주파수로 인한 주파수간 상호간섭으로 잡음이 발생하게 된다. 반면, 디지털정보를 전송하는 데 사용되는 시분할다중화(TDM)방법[13]에서는 이러한 잡음이 없어 문서, 팩스, 음성 및 이미지정보

12) 주파수분할다중화(FDM: frequency division muitiplexing)는 하나의 물리적 통신채널을 여러 개의 논리적 채널로 나누어 사용하는 다중화방식 중의 하나이며, 보통 넓은 대역폭을 여러 개의 좁은 대역 채널로 구분하여 사용하기 때문에 주파수 분할이라고 한다. 이때 다중통신방식의 일종으로 다수 채널의 신호를 각각 다른 반송파로 변조하여 하나의 전송로로 보내고 수신측에서는 필요한 주파수 대역만을 추출한 후 각각의 반송파로 복조하여 원래의 신호를 재생한다.

13) 시분할다중화(FDM: time division multiplexing)는 복수의 데이터나 디지털화한 음성을 각각 일정한 시간으로 분할하여 전송함으로써 하나의 회선(전송통신로)을 복수의 채널로 다중화하는 방식을 말한다. 시분할다중화는 하나의 회선을 좁은 주파수대역으로 분할하여 다중화하는 아날로그방식의 주파수분할다중화(FDM)에 비해 하나의 회선을 100% 디지털의 고속의 복수 채널을 분할하는

등 다양한 형태의 정보를 한 전송매체를 통해 동시에 전송할 수 있다.

둘째, 경제적인 전송이 가능하다. 아날로그정보를 디지털정보로 변환하여 전송하면 보다 넓은 주파수대역이 필요하게 되지만 압축기술의 발달로 효율적이고 경제적인 전송이 가능하며, 고품질의 정보와 다양한 형태의 정보서비스가 가능해진다.

셋째, 아날로그정보의 디지털화에 따른 비용이 저렴하다. 디지털전송 및 교환을 위해 필수적인 여러 장치들의 가격은 집적회로(IC)나 대규모집적회로(VLSI) 등의 반도체기술의 발달로 계속 하락하고 있다.

넷째, 고품질의 전송이 가능하다. 아날로그전송은 증폭기(amplifier)를 사용하므로 잡음과 감쇠가 누적되어 신호의 품질이 계속 떨어지지만, 디지털전송은 리피터(repeater)를 사용하여 잡음과 감쇠의 누적 없이 전송직전의 깨끗한 신호를 유지한다.

다섯째, 안전한 전송이 가능하다. 디지털정보는 아날로그정보와는 달리 변조 전에 정보의 암호화를 통해 전송 내용의 누출에 대비할 수 있다. 또한 전송 중에 오류의 발견뿐만 아니라 오류의 정정이 가능하다.

다중화방식이다.

중요개념

- 광대역통신망
- 광섬유
- 단순컴퓨터 정보화
- 디지털
- 디지털신호
- 디지털정보
- 디지털혁명
- 멀티미디어
- 아날로그
- 아날로그신호
- 아날로그정보
- 정보화
- 지능정보화
- 컴퓨터통신 정보화
- 통신혁명
- 패킷교환
- ENIAC
- mobile computing
- multimedia computing
- network computing

연습문제

1. 디지털과 디지털기술이란 무엇인가?
2. 디지털혁명이란 무엇을 의미하는가?
3. 디지털혁명은 기업의 경쟁력에 어떠한 영향을 미치는가?
4. 디지털혁명은 개개인의 삶에 어떠한 영향을 미치는가?
5. 디지털혁명을 야기시키는 요인(디지털경제의 기반기술)들로서 정보의 디지털화와 디지털의 네트워크화란 무엇을 의미하는가?
6. 디지털정보란 무엇인가?
7. 디지털기술은 앞으로 어떠한 방향으로 발전해 나아갈 것인가?
8. 디지털혁명은 구체적으로 어떻게 전개되는가?
9. 정보화는 무엇을 의미하며, 왜 필요한가?
10. 정보화의 특성을 설명하라.
11. 정보화는 어떠한 과정을 통해 진전되어 가는가?
13. 지능적 정보화란 어떠한 정보화를 말하는가?

제 3 장

디지털경제란 어떤 경제를 말하는가

디지털기술에 기반을 둔 정보통신기술의 발전에 따라 형성된 디지털경제란 어떠한 경제를 말하며, 기존의 전통경제와는 어떻게 다른가? 디지털경제가 출현하게 된 배경 및 선행조건은 무엇인가? 디지털경제의 특징은 어떻게 나타나는가? 디지털경제에서의 경제주체와 그 경제행위는 어떻게 변화하는가? 그리고 디지털경제의 성과 및 효과는 어떻게 나타나는가?

제 1 절 디지털경제의 개념과 출현배경

1. 디지털경제의 용어

21세기 들어 가장 두드러진 현상들은 컴퓨터 및 통신분야의 급속한 기술혁신, 그리고 인터넷과 전자상거래 등의 신기술·신사업의 출현 및 확산, 세계화의 진전, 대규모 위험투자자본의 첨단기술분야에 대한 투자 등으로 급격한 기술적·경제적 변화가 진행되고 있다는 것이다. 특히 디지털기술에 기반을 둔 정보통신기술의 발전으로 보다 더 많은 사람들이 인터넷에 연결되면서 인터넷의 상업적 활용이 증대되고 있으며, 이에 따라 제반 경제활동에 대한 정보통신기술과 인터넷의 의존도가 크게 높아지고 있다.

이러한 상황에서 많은 경제학자들은 전통경제(traditional economy), 현대경제(modern economy), 산업경제(industrial economy), 또는 자본주의 경제(capitalistic economy) 등으로 불러 왔던 현재의 경제적 구조에 심상치 않은 구조적 대전환(structural transformation)이 진행되고 있음을 알아차리게 되었다. 그러나 새로이 등장하는 경제의 성격을 정확하게 파악할 수 없었던 경제학자들은 디지털기술(digital technology)에 바탕을 둔 정보통신기술(information & communication technology)과 인터넷의 확산에 따라 나타나기 시작한 경제적 현상을 다양하게 부르고 있다.

■ 디지털경제(digital economy)는 정보통신기술과 인터넷의 발전에 의해 나타나고 있는 새로운 경제패러다임을 의미한다. 다시 말하면, 정보통신기술과 인터넷의 혁신적 발전과 더불어 생산된 디지털재화와 서비스가 전체

생산물(GDP)에서 차지하는 비중이 커지는 경제체제이며 한편으로는 기존의 모든 경제활동이 디지털화된 가상공간의 환경에서 이루어지는 것을 의미한다. 디지털경제시대에서는 정보와 지식이 가장 강력한 부의 원천이 되고 있으며, 디지털경제의 가장 대표적인 변화는 전자상거래를 들 수 있다.

■ 인터넷경제(internet economy)는 주요 경제활동이 인터넷상의 가상공간을 기반으로 이루어지는 경제를 말한다.

■ 정보경제(information economy)는 정보의 경제성을 강조하는데, 정보의 경제적 가치가 높아진다는 것은 경제주체들의 경제행위에서 정보가 자본과 같이 중요한 생산요소인 동시에 하나의 독립된 상품으로서의 가치를 갖게됨을 의미한다. 즉, 생산요소로서 정보의 중요성을 강조한다.

■ 네트워크경제(network economy)는 지식이나 정보가 네트워크로 연결되어 쉽게 활용되는 경제시스템으로, 네트워크를 통해 공유된 정보와 지식은 과거보다 훨씬 효율적으로 활용되어 생산성과 연결된다. 또한 물리적인 공간이 사이버 공간으로 바뀌어 생산과정에서 분업과 협업의 의미가 지금보다 확대되고, 이것이 새로운 산업의 출현이나 기존 산업의 혁신으로 연결된다. 다시 말하면, 국민경제 전반에 걸친 모든 경제주체가 정보통신기술과 정보통신망을 활용하여 생산·유통·소비를 하는 경제를 말한다. 이러한 점에서 디지털경제와 네트워크경제는 정보경제의 기술적인 기반을 강조하는 경제라고 할 수 있다.

■ 웹경제(web economy)는 웹을 통해 제공되는 정보상품의 경우에는 무한대의 공급이 가능하기 때문에 오히려 공급과잉현상이 야기될 수 있는데, 이러한 경제현상을 분석하는 경제학적인 방법론을 웹경제학(web economics) 또는 웹보노믹스(webonomics)라고 한다.[1)]

---

1) 전통경제학에서는 수요보다 공급이 부족하다는 것을 전제로 하기 때문에 부족한 자원으로 어떻게 상품을 생산하여 배분할 것인가가 주요한 관심사였다.

■ 신경제(new economy)란 일부 경제학자들이 새로이 등장하는 경제적 특징이 기존의 전통경제이론으로는 설명하기 힘든 또 다른 어떤 특징을 갖는다는 의미에서 신경제라고 말하고 있다. 이러한 신경제현상은 1990년대 미국에서 가장 두드러지게 나타났다. 예를 들면, 전통경제의 필립스곡선에 의하면 실업률과 물가상승률은 부(−)의 상관관계를 가져야 하지만, 1990년대 후반 미국에서는 실업률이 예상보다 훨씬 낮아졌음에도 불구하고 인플레이션율이 지속적으로 하락하고 있으며, 동시에 경제성장률은 과거와는 달리 매우 높은 수준을 보이고 있었다. 이러한 1990년대 미국에서의 신경제현상의 주요한 요인은 정보통신기술과 인터넷의 역할에 있다는 것이다.

미국에서 신경제의 현상이 가능했던 것은 기업경영에 정보통신기술을 접목하여 경영의 효율성을 높일 수 있었기 때문이다. 기업의 경영효율성 향상은 해당 기업의 생산성 향상으로 연결되고, 이는 다시 해당 산업의 생산성 증가로 연결되었다. 그 결과 경제 전체의 생산성이 향상되고, 경제는 계속하여 성장할 수 있었다. 이러한 생산성 향상으로 인플레이션율이 낮아지게 되었다는 점이다. 생산성이 지속적으로 향상될 경우 경기호황에 의해 이윤과 임금이 상승하더라도 생산성 향상이 인플레이션을 상쇄하기 때문에 인플레이션율은 낮아지게 된다. 나아가 인플레이션율의 하락은 이자율 하락으로 연결되고 이는 실물투자를 증가시켜 다시 생산성의 향상과 경제성장률의 상승으로 연결되게 된다.

■ 지식기반경제(knowledge-based economy)는 지식의 창출과 확산, 습득과 활용을 통해 혁신이 이루어지고, 이것이 경쟁력의 원천이 되는 경제를 의미한다.

이와 같이 어떤 하나의 경제적인 실체가 다양한 명칭으로 불리는 이유는 아직 정보통신기술을 이용한 경제적 현상의 정의에 대한 충분한 논의와 합의가 이루어지지 못하였다는 것을 의미한다. 다시 말하면, 지금까지 디지털경제에 대한 많은 논의에도 불구하고 디지털경제의 개념 및 정

의는 아직 체계화되어 있지 않다고 결론을 내릴 수 있다

그러나 인터넷경제와 웹경제란 인터넷상의 가상공간에서의 정보교류를 통해 경제활동의 효율성 및 생산성이 증대되는 경제를 말하고, 네트워크경제는 네트워크망을 통한 보다 다양하고 많은 양의 정보전달을 통해 경제활동의 효율성 및 생산성이 증대되는 경제를 말한다. 따라서 인터넷경제, 웹경제 또는 네트워크경제 이든 인터넷, 웹, 네트워크 그 자체가 경제활동에 중요한 것이 아니라 정보의 흐름을 원활하게 하기 위한 기반으로서 중요하다고 할 수 있다. 결국 새로이 등장하게 된 경제의 가장 중요한 실체를 정보라고 할 수 있으며, 정보를 디지털화된 것 또는 비트(bit)의 흐름으로 코딩된 모든 것을 의미한다고 할 때, 이러한 정보를 이용한 경제활동의 효율성 및 생산성을 증대시키는 경제적 현상을 디지털정보경제(digital information economy) 또는 디지털경제(digital economy)로 명명하는 것이 바람직하다. 디지털경제는 단순히 디지털기술을 생산·활용한 산업이나 제품을 지칭하는 것이 아니라 디지털기술과 인터넷의 확산에 의해 촉발되어 구체화되기 시작한 새로운 경제패러다임이며, 더 나아가 사회질서를 총칭하는 의미로 사용되어 지고 있다. 즉, 디지털기술을 직접 생산하는 전자, 정보, 통신산업, 이 기술을 활용하는 일부 제조업과 서비스산업과 관련하여서만 의미를 갖는 것은 아니다. 오히려 언제, 어디서나, 누구와도, 대량의 정보를 교환하는 것이 가능한 정보네트워크의 형성으로 인해 경제활동의 합리성을 결정하는 원리 자체가 근본적으로 달라지는 경제시스템 전반의 변화를 일컫는 용어로 사용되고 있다.

또한 새로이 등장하게 된 경제의 명칭으로 지식기반경제(knowledge-based economy) 또는 지식경제(knowledge economy)는 어떤 경제를 말하는가? 기존의 경제와는 다른 어떤 경제적 실체를 강조하는 측면에 따라 디지털경제, 네트워크경제, 웹경제, 정보경제, 인터넷경제와 같이 지식기반경제 또는 지식경제를 논하고 있다. 그런데 정보를 창출케 하는 근원이 지식이라고 한다면, 정보를 창출케 하는 지식과 관련된 경제를 지식기반경제 또는 지식경제라고 하고, 정보와 관련된 경제로 인터넷경제, 네트워크경제, 웹경제 그리고 정보경제를 통합한 개념으로 디지털정보경제 또는 디지털

경제로 크게 분류한 것이 타당하다고 판단된다.

2. 디지털경제의 기반기술

디지털혁명의 근간이 되는 정보의 디지털화와 디지털의 네트워크화라는 요소는 디지털경제의 중요한 기반기술을 구성한다. 정보의 디지털화라는 특징은 디지털경제의 생산력이 산업경제의 생산력과 다른 새로운 생산력이 형성되고 있음을 암시하고 있다. 이러한 새로운 생산력은 결국 새로운 가치창출과정을 생성할 것이며 이는 결국 새로운 비즈니스의 영역으로 나타날 것이다.

한편 디지털의 네트워크화라는 특징은 디지털경제의 새로운 경제관계의 생성을 암시한다. 즉 이전의 산업경제에서 중요한 관계는 시장이었으나, 새로운 디지털시대에서의 네트워크라는 디지털경제의 가치창출 과정에서 매우 중요한 역할을 한다는 것이다. 디지털경제의 핵심개념인 정보, 디지털기술, 네트워크의 물리적·기술적인 특징이 디지털기술의 성격을 규정하는 기본원리가 될 것이다. [표 3-1]은 디지털경제 구성요소들의 특징을 나타내고 있다.

기존의 물리적인 형태로 일상적인 상행위를 추구하던 경제주체들은 인터넷과 같은 정보통신망의 발전으로 전세계적인 네트워크를 저렴한 가격에 활용할 수 있게 되었으며, 다양한 네트워크간의 효과적인 송수신이 가능해짐에 따라 디지털정보의 부가가치가 극대화되게 되었다[2]. 더구나 네트워크 효과는 네트워크를 구성하는 수요자의 숫자가 커질수록 네트워크의 가치가 커지는 수요측면의 수확체증현상을 나타내고 있다. 즉, 네트워크에 연결되는 가입자가 증가할수록 기존의 가입자와 신규가입자간의 접속가능성이 기하급수적으로 확대되어, 개인수요자가 네트워크에 연결됨

2) 인터넷 서점인 Amazon.com 이나 포털 서비스업체인 AOL 등 온라인 서비스업체의 성공과 최근 오프라인 기업들의 e-Business 사업 추구 현상은 네트워크의 부가가치 창출을 보여주는 대표적인 사례로 손꼽을 수 있다.

[표 3-1] 디지털경제 구성요소들의 특징

구성요소	특 성	내 용
정 보	· 경험재	· 실제로 소비경험을 통해서만 상품의 가치를 확인
	· 공공재	· 비경합성과 비배제성의 특징을 갖음
	· 공급측면의 특성	· 규모의 경제, 범위의 경제
	· 수요측면의 특성	· 잠금효과, 네트워크 외부성
디지털기술	· 무한반복재현성	· 저비용으로 무한한 재생산(정보의 복사)
	· 혼합성	· 문자, 음향, 영상 등 다양한 종류의 신호가 0과 1이라는 디지털체계로 저장됨으로써 정보의 혼합이 가능
	· 조작변형의 용이성	· 신호의 가공, 조작, 전송이 쉬움
	· Moore의 법칙	· 컴퓨터의 연산능력은 약 18개월마다 2배증가(정보통신기술의 빠른 발전)
네트워크	· 광속성	· 빛의 속도로 정보전달
	· 쌍방향성	· 상호간의 정보교환
	· 네트워크의 외부성	· 어떤 네트워크에 가입자가 늘어나면 그만큼 기존의 가입자는 이익을 얻게 된다.

으로써 얻는 이득 또는 수요자간의 부가가치 창출이 확대되는 특징이 일반적으로 나타난다.

따라서 디지털경제에서는 디지털화된 상품이 네트워크 효과에 의해 수요측면의 소비자간 긍정적 피드백(positive feedback)을 증가시키고, 이것이 생산측면의 비용체감현상을 추가로 유발시켜서, 디지털과 네트워크간의 상승작용이 동시에 촉진되는 연결고리효과가 증폭되게 된다. 이로 인해 디지털화에 따른 생산측면의 수확체증효과와 네트워크화에 따른 수요측면의 수확체증효과가 양방향에서 확대 재생산되는 효과가 보편화될 것으로 예상된다.

또한 디지털경제에서는 네트워크를 통해 디지털상품을 직접 거래하는 시스템이 활성화될수록 소비와 생산 간의 경계가 희미해지고 소비자 스스로가 자신의 정보를 제공하고 노출시킴에 따라 생산과 소비가 융합되는 형태가 확산된다. 소비자는 자신의 정보를 제공하는 것만으로 무료서비스를 받을 수도 있다.[3] 따라서 디지털산업의 수확체증현상은 생산과 소비의 두 축에서 동시에 발생함과 더불어 생산과 소비의 융합도 동태적으로 가속화시키고 있다.

이러한 디지털혁명의 시대에서 실질적으로 생산을 담당하는 생산자의 입장에서 보면 경제의 모든 부문에서 구매비용을 절감하고 공급자 관계를 관리하며 물류와 재고관리를 능률화하고 생산을 계획하며 신규 거래선과 기존 거래선과의 관계를 효율적으로 유지하는데 인터넷을 사용하기에 이르렀으며 또한 소비자의 입장에서 보면 판매자의 비용의 절감을 통해서 가격의 인하와 소비자에게 선택의 기회를 보다 많이 주고 소비자의 편리성을 개선하고 있으며, 인터넷을 통해 물리적인 상품판매와 상품과 서비스의 디지털화로 가상공간을 통한 인도가 가능하게 되는 경제시스템이 가능하게 되었다.

앞으로 이러한 디지털혁명에 의한 디지털경제에서 인터넷 구축은 필수가 될 것이며, 거래선과 상업적인 거래, 유형상품과 서비스가 생산, 저장되어 물리적으로 인도되는 직접 소비자에게 판매되는 전자상거래, SW프로그램, 신문, 음악CD 등은 이제 포장을 해서 상점과 가정이나 신문판매대에 배달해 줄 필요가 없이 인터넷을 통해 전자적으로 인도될 수 있는 상품과 서비스의 디지털 거래의 시대는 이제 기존 경제시스템의 방식을 바꾸고 있다.

3. 디지털경제의 개념 및 의미

이제 디지털정보경제 또는 디지털경제에 대한 개념 및 의미를 살펴보자. 디지털기술의 발전이 새로운 경제패러다임인 디지털경제로 연결되는

---

3) Free-pc.com 같은 회사는 광고멘트를 들어주는 소비자에게 무료전화서비스를 제공하는 업체 중에서 대표적인 기업이다. 이외에 Priceline.com 등과 같은 다양한 역경매시장의 등장을 소비자의 필요와 요구에 따라 생산물의 특성이나 내용이 즉각적으로 변형되는 양상도 목격할 수 있다.

과정을 보면, 먼저 컴퓨터와 반도체의 발전으로 디지털정보를 처리할 수 있는 단말기가 개발되고, 이들 정보를 대량으로 빠르게 전달할 수 있는 정보통신망이 형성됨으로써 정보네트워크의 근간이 이루어지고 있다. 인터넷은 이들 정보네트워크를 세계적으로 연결하는 네트워크의 글로벌화 구실을 하며, 인터넷에 기반을 둔 각 종 서비스들이 등장함으로써 경제질서의 변화는 정치, 사회, 문화 등 삶의 모든 면에서 새로운 질서와 변화가 구축되는 것으로까지 연결되고 있다.

디지털기술에 기반을 둔 정보통신기술의 비약적인 발전과 인터넷을 통한 경제의 네트워크화의 진행은 새로운 경제 패러다임으로서의 디지털 연구의 필요성을 요구하게 되었다. 즉 각종 산업이 글로벌 디지털 네트워크인 인터넷이라는 새로운 도구를 중심으로 재편되고 있고 기업구조, 생산활동, 시장경쟁, 가격구성과 정책설정, 노동시장, 법률 등 사회전반에 걸친 변화를 요구하고 있다. 이러한 변화를 전자상거래, 인터넷 비즈니스라는 용어로 나타내기에는 그 영향이 너무 크기 때문에 디지털경제라는 개념이 필요하게 된 것이다.

디지털경제의 기반은 인터넷을 통한 경제의 네트워크화에 있으며, 네트워크로 연결된 디지털경제에서는 상품구성, 거래, 경제적 가치창출의 원천이 제조업을 중심으로 한 전통경제와는 근본적으로 차이가 있다. 기존의 아날로그 경제체제에서는 생산자, 유통업자, 소비자 간의 역할 분담이 명확하고, 생산자와 유통업자가 소비자에 비해 많은 정보를 가지고 있으며, 광고의 경우 생산, 유통업자가 소비자에게 정보를 전달하는 것으로 이해되어 왔다. 그러나 디지털 네트워크의 등장으로 이러한 상식들이 여지없이 파괴되는 현상을 보여주고 있는데, 기본적으로 생산자, 유통업자, 소비자 간의 역할 분담이 파괴되고 있으며, 파괴에 이은 재구축 방향은 소비자 중심으로 통합되고 있다는 점이다. 이러한 현상을 야기시키는 주요 동인으로는 거래비용(transaction cost)과 탐색비용(search cost)의 감소, 디지털화에 따른 정보의 종합비용과 네트워킹 비용의 감소 등을 들 수 있다.

디지털경제는 디지털기술의 발전 및 활용을 토대로 과거와는 다른 새로운 경제질서를 구축한다. 즉, 컴퓨터와 반도체의 발전으로 디지털 정보를 빠르게 처리할 수 있는 단말기가 개발되고, 이들 정보를 대량으로 빠르게 전달할 수 있는 정보통신망이 형성됨으로써 정보네트워크의 근간이 이루어진다. 그리고 인터넷은 이들 정보네트워크를 세계적으로 연결하는 구실을 하며, 인터넷을 기반으로 하는 전자상거래 등의 각종 서비스들이 창출되면서 경제질서의 변혁이 촉진된다. 한편, 단말기의 경우 다양한 형태의 디지털 정보기기들이 하나로 통합되어 사람들이 쉽게 사용할 수 있는 단말기로 발전함으로써 디지털경제는 더욱 성숙되어질 것이다.

이와 같이 새로이 구축되는 경제질서를 토대로 하는 사회는 "지식과 정보의 창출, 확산 및 활용이 모든 경제활동의 핵심이 될 뿐만 아니라 국가의 부가가치 창출과 기업과 개인의 경쟁력의 원천이 되는 사회[4)]"를 의미한다. 즉, 디지털경제는 끊임없이 새로운 지식의 영역개척과 외부로부터의 활발한 지식 획득, 그리고 경제활동에 있어 여러 형태의 지식과 정보를 최대한 효율적으로 공유, 확산, 활용함으로써 경제전반의 생산성과 생활수준을 지속적으로 향상시키는 동시에 세계시장에서의 경쟁력을 확보해 가는 경제를 말한다.

다시 말하면, 디지털경제란 여러 형태의 지식과 정보를 효율적으로 공유, 확산, 활용함으로써 기존 산업의 새로운 부가가치 창출과 생산성 증대를 가능하도록 하는 한편 새로운 지식의 창출과 확산 및 혁신적 활용을 통해 지속적으로 새로운 사업기회를 포착하고 이를 사업화 하여 고용을 창출하는 역동적인 경제를 의미한다.

4. 디지털경제의 출현배경

20세기 후반에 컴퓨터와 정보통신기술이 급격하게 발전하면서 디지털기술을 활용한 상품과 서비스들이 대거 등장하게 되었다.[5)] 특히 인터넷을

4) OECD, *The Knowledge-Based Economy*: A Set of Facts and Figure, 1999.

5) 정보의 이용을 편리하게 하는 매체들(인터넷, 이동통신 등)이 라디오, TV, 전화, 여러 생활가전제품 등의 내구재에 비해 빠른 속도로 보급되고 있는데, 대중매체의 전파속도(대중화 이후 5,000만 명의 사용자 도달기간)를 보면, 라디오가 30년, TV가 13년, 케이블TV가 10년이 소요되었지만, 인

이용한 정보검색 및 자료전달, e-mail 등이 일상화되면서 개인의 소비 및 여가생활의 편리성이 향상될 뿐만 아니라 개인과 기업의 경제활동, 나아가 정치, 사회, 문화의 양식에 근본적인 변화가 야기되었다. 이와 같은 변화의 동인은 수요측면으로 개인과 기업의 지식 및 정보에 대한 욕구증대와 공급측면으로 디지털기술에 기반을 둔 정보통신기술의 발전과 네트워크기술의 발전에 따른 지식과 정보의 공급기반 확대에서 찾아볼 수 있다.

4.1 지식·정보에 대한 욕구 증대

4.1.1 개인의 지식·정보에 대한 욕구 증대

산업혁명 이후 의식주의 문제가 어느 정도 해결되면서 물적 재화에 대한 수요보다는 여가에 대한 선호가 높아지면서 단순반복적인 작업을 축소시킬 수 있는 편리성 및 신속성을 찾게 되며, 자기실현, 자기개발, 건강장수 등을 위한 문화적·지성적인 고급서비스에 대한 수요가 늘어나고 기호의 다양화·개인화·차별화된 서비스를 선호하게 된다.[6]

정보가 디지털화되면서 방대한 정보가 사이버공간을 통해 전달이 가능하게 됨에 따라 개인의 지적욕구가 충족되고 사이버거래나 전자우편 등은 일상업무에 소요되는 시간을 단축시킬 수 있으며, 소비자의 선호가 제품생산에 반영되면서 개선을 중시하는 욕구도 충족될 수 있다.

4.1.2 기업의 지식·정보에 대한 욕구증대

기업은 소품종 대량생산체제의 한계에 이르고, 경제의 글로벌화로 무한경쟁시대가 도래함에 따라 기업 간의 경쟁이 격화되면서 전통적인 경영방식으로는 기업의 이윤확보가 어려워지게 되었다. 이에 따라 생산과정에서 체화된 전문지식, 고객에 대한 정보가 고부가가치의 원천이라는 인식이 점차 확대되고 있다. 따라서 대량생산체제를 갖춘 기업보다는 쉽게 모방할

터넷은 5년밖에 안 걸렸다.

6) 심리학자 매슬로우(Maslow)에 따르면 인간의 욕구는 물적 욕구에서 시작해 그것이 충족되면 존경과 명예를 추구하는 사회관계 유지욕구, 그리고 최종적으로는 자기실현 욕구로 발전해 나감.

수 없는 전문적인 지식과 기술을 갖춘 기업, 고객의 욕구를 정확히 파악·충족시키는 상품이나 서비스를 제공하는 기업들이 고부가가치의 확보와 고성장을 동시에 달성할 수 있다. 또한 생산과정에서 발생하는 비효율성을 제거해 생산성을 높일 수 있는 수단으로서 지식과 정보의 신속한 공유에 대한 필요성이 증가하고 있다.

4.2 정보통신기술의 발전과 활용

정보통신기술의 발전 및 활용에 따라 디지털경제가 형성되는 과정을 [그림 3-1]과 같이 나타낼 수 있다.

4.2.1 컴퓨터와 반도체의 발전

디지털경제의 출발점은 컴퓨터와 반도체의 획기적인 발전이라고 할 수 있다. 컴퓨터의 발명으로 디지털 값인 이진수를 이용한 계산과 논리전개가 가능해졌고, 이를 통해 디지털기술이 광범위한 부문에서 활용될 수 있는 계기가 마련되었다. 세계 최초의 진공관 컴퓨터인 ENIAC(electronic numerical integrator and computer)은 무게가 30톤이나 되며, 18,000개나 되는 진공관을 사용하는 변덕스러운 괴물이었다. 그 이후 컴퓨터의 크기는 1,000분의 1로 줄고, 반면에 신뢰도와 용량을 대략 1,000배로 향상되었으며, 동시에 비용은 100분의 1로 줄어들었다. 컴퓨터가 과거 IBM으로 대변되는 대형컴퓨터에 머물렀다면 지금과 같은 디지털경제시대의 도래는 불가능하였을 것이다.

이 과정에서 핵심적인 역할을 수행한 것이 반도체인데, 반도체의 발전으로 데이터 처리용량과 속도가 획기적으로 개선되었고, 이것이 현재와 같은 개인용 컴퓨터(PC)의 개발을 가능하게 하였기 때문이다. PC의 개발은 디지털시대의 정보통신망을 구성하는 기본단위를 개인으로 구성할 수 있는 계기가 되었을 뿐만 아니라 컴퓨터를 TV와 같이 일상생활에 접목시키는 데 큰 기여를 하였다. 또한 노트북 PC가 개발됨으로써 개인성과 휴대

[그림 3-1] 정보통신기술의 발전과 디지털경제의 형성

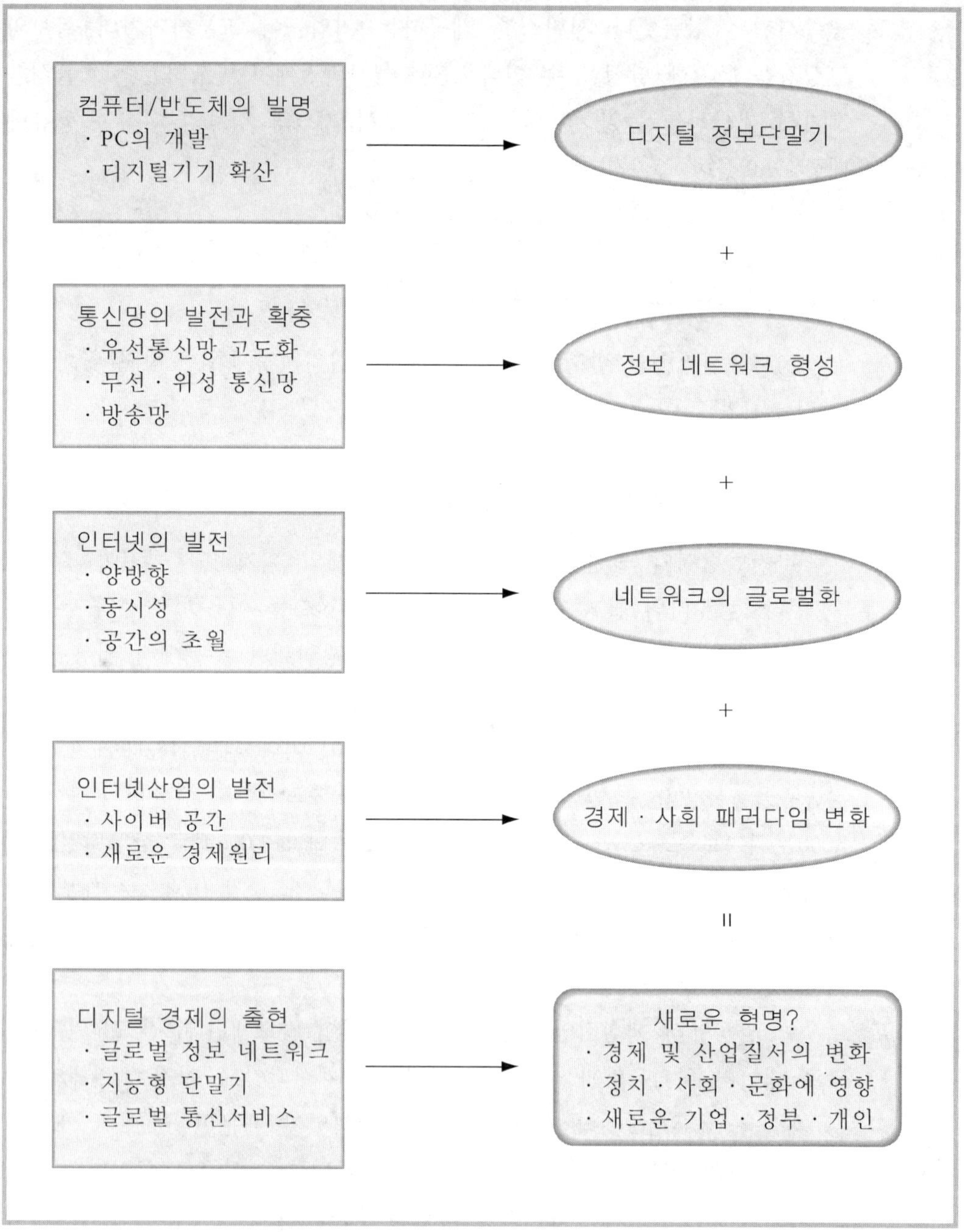

자료: 박기홍 · 조윤애 · 주대영 · 김기홍 · 한병섭(2000).

성을 동시에 만족시키는 것이 가능해졌다. 이로 인해 컴퓨터는 정보통신망의 가장 기본적인 단말기로 자리매김하게 되었다. 또한 각종 소프트웨어의 개발에 힘입어 PC 사용의 어려움도 상당히 해소되었다. 앞으로 컴퓨터는 한편으로 더욱 소형화되고, 다른 한편으로는 일반인들도 TV, 전화기 등과 같이 쉽게 사용할 수 있는 방향으로 발전해 나아갈 것으로 예상된다. 이 경우 컴퓨터 또는 새로이 나타나는 멀티미디어 형태의 정보통신단말기는 명실 공히 디지털경제시대의 핵심적인 구성요소가 될 것이다. 국가별 컴퓨터 보급대수를 살펴보면 [그림 3-2]와 같다.

[그림 3-2] 국가별 100인당 컴퓨터 보급대수

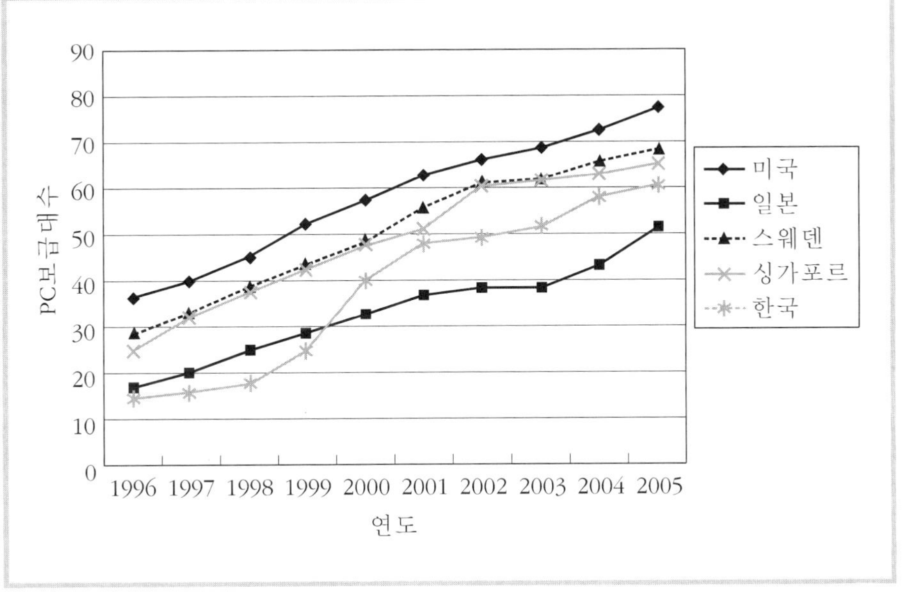

한편, 보통의 기계는 특정한 목적에 사용될 수 있도록 만들어지는 데 반해, 컴퓨터는 정보와 관련된 어떠한 목적에든 사용할 수 있는 범용성을 가지고 있기 때문에 사회의 거의 모든 부문에 광범위하게 응용될 수 있다. 실제로 전통적 수공예품의 제작을 제외하고는 오늘날 모든 산업부문에서 컴퓨터나 마이크로프로세서와 같은 정보통신기술을 이용하지 않는 곳은

하나도 없다 해도 과언이 아니다. 생산, 관리 및 유통 등 산업활동 전반에 정보통신기술을 이용함으로써 공장자동화, 물류전산화, 자동제어 및 관리의 자동화 등을 통한 비용절감과 효율성 증대를 실현하고 있는 것이다. 나아가 이제는 산업뿐 아니라 문화예술이나 가정생활 등 전통적으로 수작업이 주류를 이루던 분야에서도 컴퓨터의 이용이 증가하고 있다. 컴퓨터그래픽이나 컴퓨터음악, 가상현실과 같은 첨단기술이 주요한 예술장르로 자리를 잡게 되었고, 가정에서도 각종 가전제품의 기능향상에 마이크로프로세서가 이용되고 있을 뿐 아니라 가정용 컴퓨터의 광범위한 보급이 이루어져 정보 및 오락의 주요 도구로 이용되고 있다. 나아가 가사자동화 시스템을 통한 가사관리, 방범, 재난방지 등이 점차 확대되고 있는 추세이다. 이와 같이 정보통신기술의 응용성이 광범위해서 같은 기술혁신이라 해도 여타 산업부문의 기술에 비해 정보통신기술의 혁신은 훨씬 광범위한 파급효과를 가져오는 것이다.

4.2.2 통신기술의 발전 및 통신망의 확충

컴퓨터가 정보를 처리하는 단말기라면 통신망은 이러한 정보를 전송하고 교환하는 도로의 구실을 하는 것이다. 따라서 디지털경제가 실제로 실현되기 위해서는 언제, 어디서나 누구와도 디지털정보를 교환할 수 있는 통신기술의 발전과 통신망의 확충이 이루어져야 한다. 실제로 디지털시대를 뒷받침 할 수 있는 정보통신망은 유선, 무선, 위성, 방송 등 다양한 형태로 발전되어 왔다.

먼저 과거 음성위주로 이용되었던 유선통신망은 음성, 데이터, 영상 등 모든 정보를 고속으로 전송할 수 있는 디지털 종합정보통신망(ISDN: integrated services digital network)으로 발전하고 있다. 이를 위해 광케이블을 이용한 초고속정보통신망과 정보통신장비의 구축이 각국에서 활발히 이루어지고 있다. 그 결과 기간통신망은 상당부분 광케이블로 교체되었고, 광케이블로 교체하는 데 막대한 비용과 시간이 소요되는 가입자망의 경우에 기존의 전화가입자 선로나 케이블TV망을 고속데이터전송에 활용하는 기술들이 활발히 개발되어 대량의 정보를 고속으로 전송할 수 있는 통신망이 어느 정도 갖추어지고 있다.

통신기술과 통신망에서는 무선부문의 발전도 괄목할 만하다. 무선 이동전화는 많은 국가에서 불과 몇 년 사이에 유선전화에 버금가는 가입자를 확보하고 있다. 또한 무선통신의 기술이 발전함에 따라 음성뿐만 아니라 데이터, 영상 등 다양한 디지털정보를 대량으로 신속하게 전송하는 것이 가능해졌고, 무선통신망의 최대 약점이었던 전송의 안정성도 상당히 확보되고 있다. 이 경우 무선통신망은 이동성과 개인성 그리고 즉시성을 보장하는 종합정보통신망으로서 더욱 중요한 기능을 하게 될 것이다. 특히 2000년대 초반에 상용화될 것으로 예상되는 IMT-2000 서비스는 언제, 어디서나 원하는 정보를 손쉽게 얻을 수 있도록 함으로써 디지털경제를 완성시키는 강력한 촉매제가 될 것으로 기대되고 있다.

한편 디지털경제시대의 정보전달에는 방송의 역할도 매우 중요하다. 통신망을 통해 전달되는 정보가 음성에서 데이터, 영상으로까지 확대되는 만큼 기존의 영상 전달수단인 방송망은 정보의 대량전달이 가능한 매우 유용한 수단이기 때문이다. 특히 방송의 디지털화가 급진전됨에 따라 방송과 통신을 서로 구분할 수 없게 되고, 그 결과 두 산업이 서로 융합하는 것도 일반적인 현상으로 나타나고 있다. 따라서 케이블 TV, 위성 TV뿐만 아니라 지상파 반송도 디지털경제시대의 핵심 정보통신망으로서 한 축을 형성하게 될 것이다.

4.2.3 인터넷을 통한 세계적 정보통신망의 통합

인터넷은 디지털혁명을 개별적인 정보통신기기의 차원에서 정치·경제·사회적인 측면으로까지 확산시키는 기폭제 역할을 하고 있다. 컴퓨터의 발전으로 이루어진 정보처리능력의 획기적 개선과 초고속·대용량의 정보통신망 및 서비스의 확충을 세계적인 정보통신망으로 실현한 것이 인터넷이기 때문이다.

인터넷이 출현하기 전에도 LAN(local area network)으로 컴퓨터를 일정한 지역 내에서 서로 연결하여 정보를 교환하였다. 그러나 인터넷은 한 지역을 전세계로 확대하여 각종 디지털 정보통신기기들을 하나의 정보통신망으로 연결시켰다. 전세계에 산재한 정보통신단말기가 하나의 정보통신망으로 연결된다는 것은 디지털경제시대의 핵심인 언제, 어디서나, 누구와도 다양한 정보를 실시간으로 교환하는 것이 가능해진다는 것을 의미한다. 정보통신망의 경우 가입자 수가 늘어날수록 그 효용이 기하급수적으로 증가하게 되는 만큼 전세계의 컴퓨터를 단일정보통신망으로 통합하는 인터넷이 미칠 영향과 파급효과는 상상을 초월하는 수준이 될 것이다. 그리고 컴퓨터모뎀의 성능 향상, 광케이블 등 초고속정보통신망의 구축, 다양한 데이터 통신서비스의 보급으로 정보전송속도가 급속히 향상될 것이다.

4.2.4 인터넷을 활용한 비즈니스의 활성화

인터넷은 1994년 상업적인 이용이 시작된 이후 폭발적인 확대 추세를 보이고 있고 이러한 증가추세는 앞으로도 당분간 계속되어 대부분의 국가에서 어떤 형태로든 인터넷 사용이 일반화될 것으로 보인다. 다시 말하면, 디지털기술에 기반을 둔 정보통신기술의 비약적인 발전에 힘입어 인터넷의 접근이나 전자상거래 등 [표 3-2]에서와 같이 인터넷 이용자들이 기하급수적으로 증가하고 있다. 이에 따라 인터넷을 활용한 비즈니스도 폭발적으로 확대되고 있고, 기존의 산업들도 인터넷을 기반으로 하는 형태로 급속히 변화하고 있다. 인터넷을 활용한 비즈니스로서 가장 대표적인 것이 전자상거래, 즉, e-비즈니스이다. 이를 좀더 구체적으로 보면, 각종 정보를 수집·가공하여 인터넷을 통해 제공하는 정보가공, 특정 수요자가 필요로 하는 특정한 정보제공, 홈페이지 구축, 소비자와의 직접적인 상거래 연결, 기업 간의 효율적인 거래알선 등을 들 수 있다.

그러나 이러한 인터넷을 활용한 e-비즈니스는 아직까지 초기단계에 불과하다. 앞으로 어떤 형태의 경제행위가 인터넷을 통해 이루어지게 될지는 예측하는 것조차 쉽지 않다. 특히 최근 들어서는 경제의 거의 모든 분야에서도 인터넷을 활용하기 위한 노력을 계속하는 만큼 인터넷을 활용한 e-비즈니스는 그 범위와 형태가 계속 확대되고, 중요성이 커질 것으로 예견된다.

[표 3-2] 세계 주요국의 인터넷 이용자수

(단위: 10,000명)

국 가	인터넷이용자	국 가	인터넷이용자
한 국	2,922	네덜란드	850
스 웨 덴	566	독 일	3,300
미 국	16,163	스 위 스	292
영 국	3,440	러 시 아	1,000
호 주	1,130	중 국	7,950
일 본	6,160	인 도	1,848

자료: 한국전산원, 국가정보화백서(2005).

4.2.5 종합정보통신단말기의 개발과 사이버시대

앞으로 디지털경제가 어떤 방향으로 전개되어 나아갈 것인지를 예견하는 것은 쉽지 않다. 지금까지 인터넷을 중심으로 이루어진 디지털경제의 모습은 과거 산업혁명 초기에 증기기관을 부분적으로 활용하던 모습에 불과할지도 모르기 때문이다. 그러나 정보통신기술의 발전추세에 비추어 분명히 예견할 수 있는 것은 대체로 세 가지로 요약할 수 있을 것이다.

첫째, 컴퓨터, 디지털TV, 통신기기 등이 하나로 융합되면서 사용이 간편한 지능형 정보통신단말기가 개발될 것이다. 이 정보통신단말기는 한편으로는 휴대성이 강조되어 이동 중에도 이용할 수 있는 개인휴대용의 형태로 발전하고, 다른 한편으로는 가정에서 사용되면서 모든 전자·정보·통신기기들을 통제하는 멀티미디어 혹은 시스템 형태로 발전하게 될 것이다.

둘째, 현재의 인터넷보다 훨씬 고도화된 종합정보통신망이 형성되어 이들 종합정보통신단말기를 연결시킴으로써 디지털경제의 영향이 일상생활에까지 깊이 침투하게 될 것이다. 더욱 중요한 것은 이러한 변화가 경제활동의 패러다임을 근본적으로 바꿈으로써 정치, 사회, 문화, 그리고 삶의 형태까지도 사이버시대로 전환시키게 될 것이라는 점이다.

셋째, 산업간 융합화현상을 들 수 있다. 기술의 융합화에 따라 상이한 기술을 기반으로 하는 상이한 산업들 간에도 구분이 모호해지는 현상이 나타나고 있다. 그 좋은 예가 가전산업과 컴퓨터산업의 융합화이다. 가전기기의 편의성 향상을 위해 컴퓨터기술의 도입이 늘어나는 한편, 컴퓨터의 이용편의성 향상을 위한 기능의 간략화 등으로 가전기기와 컴퓨터가 융합화되고 있는 것이다. 예컨대 향후 지능형 TV와 멀티미디어형 가정용 PC는 실제로 상당히 유사한 기능을 수행하게 될 것이다. 이와 같은 정보통신기술의 융합화 현상은 과거에 볼 수 없었던 새로운 기술, 새로운 제품 및 새로운 서비스를 속속 선보이면서 그에 따른 광범위한 사회적 변화를 유도하게 된다.

제 2 절 디지털경제의 선행조건 및 특징

1. 디지털경제의 선행조건

1.1 거래의 디지털화와 가상시장의 형성

디지털경제에서의 경제주체간의 거래는 디지털기술에 기반을 둔 정보통신기술을 활용한다는 점에서 전자거래(electronic transactions) 또는 전자상거래(electronic commerce)를 주 내용으로 하고 있다. 따라서 디지털경제에서의 시장은 이제 더 이상 장소적인 개념이 아니라 정보통신망의 집합체로 구성되는 가상시장의 형태를 취하게 된다. 가상시장에서는 수요·공급의 법칙이나 가격결정방식이 구매자와 판매자의 쌍방간 관계로만 이해되기보다는 정보통신서비스 제공자 또는 정보통신망 운용자 등 제3자의 역할이 중요시되는 다자간 관계로 이해되어야 한다. 다시 말해, 기존의 시장은 구매자와 판매자를 '가격(price)' 이라는 제한적인 정보에 의해 보이지 않게 연결되었다면, 디지털경제의 시장은 구매자와 판매자에 대한 보다 완벽한 정보[7]를 제공하는 제3자(정보제공자)에 의해 보다 복잡하고 정교하게 운영된다는 것이다. 이론적으로 이러한 가상시장에서는 경합가능시장[8](contestable

7) 상품의 가격뿐만 아니라 공급자 및 상품에 대한 질적인 평가와 관련된 모든 정보, 그리고 소비자의 성향뿐만 아니라 현재 및 미래의 소비자의 수요에 관련된 모든 정보를 포함한다.

8) 보몰(W. Baumol)이 제시한 경합가능시장이론에서는 시장에서의 경쟁을 두 가지 유형으로 분류하여 설명하고 있다. 하나는 이미 시장 내에서 적극적으로 생산활동을 하고 있는 기존의 기업들 간의 실질적인 경쟁이고, 다른 하나는 이미 시장 내에서 생산활동을 하고 있는 기존기업과 아직 시장내에 들어와 있지는 않지만 언제든지 들어와서 적극적인 경쟁상대가 될 수 있는 잠재적인 진입가능기업 간의 잠재적인 경쟁이 있는데, 경합가능시장이란 진입장벽과 이탈장벽이 존재하지 않는 경우에 시장 내의 기존기업과 잠재적 진입가능기업 간의 잠재적 경쟁이 이루어지는 시장을 말한다. 현실경제에서는 기존기업과 잠재적인 진입가능기업 간의 잠재적인 경쟁이 기존의 기업들 간의 실제적인 경쟁보다 더 일반적일 수 있다는 것이다.

market)이나 완벽한 독점시장이 나타날 수 있다.

따라서 시장 내의 수요와 공급에 관련된 정보, 즉 시장정보를 전자적으로 전환하고 이를 막힘 없이 공유할 수 있는 정보공유환경 또는 정보통합환경이 필수적이라 하겠다. 이 새로운 환경은 시장에서 거래되는 제품에 대한 정확한 정보를 최대한 공유하게 함으로써, 정보제약에 의한 시장왜곡을 최소화하고 시장의 기능이 활성화될 것이다.

디지털경제에서는 기존의 경제적 구조나 조직이 네트워크를 사용하고 네트워크를 통해서 거래관계가 성사될 뿐만 아니라, 새로운 형태의 단위조직이 하나의 경제주체로서 네트워크상에 형성된다는 점에 주목할 필요가 있다. 다시 말해, 복수의 기업이나 경제주체들이 동일한 목적 또는 동일한 상품의 생산을 위해 정보를 공유하고 정보통신시스템을 가상적으로 통합함으로써 전자기업(또는 가상기업: virtual enterprises)이나 전자커뮤니티를 형성하게 되는 것이다.

1.2 개별경제주체의 정보화

디지털경제와 관련된 경제활동은 경제주체간의 거래나 상품의 유통 등과 같이 경제주체의 외부에서 수행되는 제반 경제활동과 관련된 정보화뿐만 아니라 개별경제주체의 내부에서의 정보화, 즉 개인(소비자)의 정보화, 생산자(기업)의 정보화, 그리고 정부의 정보화 등이 수반하게 된다.[9)]

개별경제주체의 정보화란 기존의 업무방식을 근본적으로 재검토하여 혁신적인 방법으로 조직 전체를 합리화하고 제반 경제활동을 효율화하되, 정보통신기술을 집중적으로 활용하여 새로운 차원으로 조직 및 활동을 전개해 나가는 것을 가리킨다. 이는 기업부문에 있어서는 기존의 경영합리화

9) 개인의 정보화란 개인이 정보통신기기의 활용을 통해 정보통신서비스를 이용함에 따라 개인 및 가사노동의 경감뿐만 아니라 경제활동의 합리화·효율화를 달성하는 것을 말한다. 기업의 정보화란 개별기업이 정보통신기기의 활용에 따라 기업의 업무개선과 조직혁신을 통해 생산성 및 경쟁력을 향상시키는 것을 말한다. 그리고 정부의 정보화란 정보통신기술을 활용하여 정부의 행정조직, 업무, 시스템을 효율적으로 개혁하여 정부의 행정능률을 최고수준으로 향상시키며, 국민에 대한 정부의 각종 정보 및 행정서비스가 언제 어디서나 어떤 방법으로든 국민에게 효과적으로 제공될 수 있도록 하는 전자정부를 의미한다.

와는 다른 정보통신기술의 밀도 있는 활용을 의미하고 있다. 다시 말하면, 개별경제주체가 관련하는 제품의 설계·제조공정에서 동시공학을 구현할 수 있도록 하는 개별조직차원의 체제정비를 말한다. 그리고 이러한 기업부문에 있어서의 조직 경영혁신을 위해서는 적어도 개별경제주체의 내부 각 부문간의 동시공학 구현이 가능해야 할 것이다. 한편, 소비자나 공공부문의 입장에서 조직의 정보화는 소비패턴이나 공공서비스 제공 패턴의 본질적인 변화를 수반하는 내면적 차원의 개혁을 의미하고 있다.

1.3 경제 내의 정보공유환경 완비

경제 내의 정보공유환경이란 경제 내의 정보통신망 및 개별 정보통신시스템의 구축·활용을 통하여 모든 경제활동과 관련하여 발생하는 상품의 생산과정과 물적인 흐름을 전자화된 정보의 흐름으로 정확하게 반영하는 것을 말한다. 즉, 서로 정보를 나누어 가짐으로써 상호보완적으로 경제성을 창출할 수 있음을 인식하고, 자신이 가진 경제정보를 개방함으로써 상호 시너지효과(synergy effects)를 극대화하는 것이다. 이를 위해서는 서로 경쟁적인 관계에서도 수평적으로 정보공유환경을 형성함으로써 경제성을 도출할 여지가 얼마든지 있음을 인식하는 것이 우선적으로 필요하다. 따라서 정보공유환경의 구축은 서로 상이한 이해관계(거래관계 또는 경쟁관계)에 있는 경제주체 간에 정보공유환경하에서 거래 또는 경쟁관계를 유지함으로써 상호 간에 경제적 이익의 극대화를 도모하기 위한 것이다.

이와 같이 경제내의 정보공유라는 새로운 경제관습이 정착된 디지털경제 내에서는 정보공유의 경제활동이 결국 정보통신망에서 이루어진다는 점에서, 데이터베이스(databases)의 공동활용이나 개별 정보통신시스템의 일정한 부분을 대외적으로 개방하는 것이 불가피하게 될 것이다.

기술적인 차원에서 공유 가능한 데이터베이스의 확대를 통하여 정보공유환경이 정착됨으로써 비로소 정보공유환경 또는 정보통합환경이라는 보다 포괄적인 기반이 창출될 수 있다. 물론 정보통합환경은 물리적으로 통합된 것이 아니라, 개별경제주체들이 분산된 형태의 정보를 함께 공유하는 것을 의미한다.

디지털경제 내에서 정보통합환경이 이루어지면 모든 상품(재화와 서비스)의 흐름을 추적할 수 있다. 다시 말해, 경제 내부에서 발생하는 상품의 물적 흐름(physical flows)을 전자적 정보의 흐름을 통해 추적하는 것이 가능해진다. 이러한 정보통합환경은 상품의 생산이나 흐름을 효율화할 수 있는 기회를 창출하게 된다.

1.4 개별정보통신망의 통합화

디지털경제에서는 모든 종류의 정보를 수용하여 자유롭게 다룰 수 있어야 한다. 디지털기술은 바로 이러한 모든 종류의 정보를 다루기 위한 핵심적인 기술이다. 여기서 디지털기술(digital technology)은 구체적으로 디지털경제에서 생성되는 모든 형태의 문서, 그림, 소리, 동화상 등과 같이 다양한 형식의 정보를 처리하는 기술을 가리킨다.

제반 생산기능 또는 산업활동을 지원하고 시장정보를 최대한 전달하기 위해서는, 문서나 설계도면 등의 데이터는 물론 기존의 전화나 화상전화 등의 정보를 통합하여 일원화할 수 있는 디지털기술이 필수적이다. 이 디지털기술은 여러 가지 형태의 정보를 저장·체계화·검색하는 데이터베이스기술, 정보교환을 위한 전송기술, 동시공학을 지원하기 위한 기술, 기업정보화를 통한 혁신을 지원하기 위한 BRP관련 기술 등을 포함한 모든 정보통신기술을 망라한다.

디지털경제가 디지털기술을 필요로 하는 것은 서로 다른 정보를 별도로 지원하는 개별정보통신망들의 통합이 가능하다는 것을 전제로 하고 있다. 현재 대부분의 기업에 있어서 전화망과 데이터망 그리고 기업내 CCTV나 화상회의망 등은 별도의 망기반이 필요하다. 이러한 중복적인 망구조는 공급구조 자체의 분리에서 비롯되었다고 볼 수 있다. 그러나 최근 정보통신산업 구조재편의 차원에서 통신망과 데이터망은 물론 방송망을 포괄하는 광범위한 망자원의 통합이 전개되고 있으며, 미국을 비롯한 선진국들은 정부차원에서 이를 지원하기 위한 초고속정보통신망 구축에 노력을 경주하고 있다. 따라서 기업 내의 물론 기업 간의 정보교환에 있어 이러한 통합적 망 활용을 통한 효율과 효과의 극대화를 도모하기 위해서는, 사용 가능한 모든 정보자원을 디지털기술을 통하여 통합하는 것이 병행되어야 한다.

2. 디지털경제의 특징

디지털경제가 성장하는 과정에서 발생할 주요한 변화 및 특징은 [표 3-3]과 같이 1) 인터넷의 이용확산 및 효율성 증대, 2) 기업간 전자상거래의 확산, 3) 물적 재화와 서비스의 디지털운송, 4) 물적 재화의 전자소매업의 증가 등을 들 수 있는데,[10] 이는 모두 인터넷과 관련되어 있다. 다시 말하면, 디지털경제의 가장 큰 특성은 다양한 목적의 인터넷 거래가 크게 증가한다는 점이다. 그에 따라 기업차원에서의 생산성 향상과 인터넷상에 형성되는 새로운 시장이 전세계적으로 연결되면서 그 만큼 판매기회도 확대될 것이다. 이는 기업에게 시장이 확대되는 이득도 제공하지만 기업간 경쟁도 더욱 격화될 것으로 볼 수 있다. 또한 판매자와 구매자 간의 인터넷 거래의 확산은 판매자의 입장에서 볼 때 물류비용과 재고비용을 감소시키고, 구매자의 입장에서 볼 때 소비자들의 탐색비용과 거래비용을 감소시키고 소비자의 협상능력은 크게 증가하여 이들의 후생은 증가한다. 이와 같이 인터넷이 경제활동에 도입·활용됨에 따라 한나라의 국민경제는 어떻게 변화하는가를 살펴보자.

---

10) 미국상무성, *The Emerging Digital Economy,* 1998.

[표 3-3] 디지털경제에서의 성장과정의 변화

인터넷의 이용확산 및 효율성증대	· 인터넷 인프라 구축 · 인터넷의 이용자 증가 · 인터넷을 통한 정보 전달속도 증대 · 인터넷 접속의 확대
기업간 전자상거래의 확대.	· 비용 및 비효율성의 감소 · 생산량 및 수익의 증대 · 재고 감소 · 제품의 제조기간 단축 · 판매 및 마케팅비용감소 · 판매기회의 확대 · 고객에 대한 서비스 확대
물적 재화와 서비스의 디지털운송 증대	· 인터넷 거래(주식, 비행기표, 등)의 증대 · 인터넷을 통한 컨텐츠 운송의 증대
물적 재화의 전자소매 확산	· 인터넷을 통한 물적 재화의 소매거래 증가 · 택배업의 성행

2.1 경제부문별 변화

경제학자들은 디지털경제를 형성하게 하는 가장 대표적인 것은 인터넷이라고 말하는 것을 주저하지 않는다.[11] 이러한 인터넷 분야를 기반으로 한 디지털경제에서는 기존의 경제이론이 들어맞지 않는 새로운 경제상황이 형성되고 있다. 그러면 디지털경제에는 기존의 경제원리와는 다른 어떤 경제원리가 지배하는 것인가?

① 전통경제학의 출발점인 희소성의 문제(scarcity problem)가 사라진다

11) 현재 인류가 보유하고 있는 문서의 정보량은 약 250만 페타바이트 정보인데, 1페타바이트가 1,000조(兆)개의 글자를 뜻하기 때문에 컴퓨터에 축적될 정보량은 거의 무한대라는 사실이다. 그리고 현재 전세계에 존재하는 인터넷 사이트는 2,000만개에 이르며, 새로운 인터넷 사이트가 분당 하나 꼴로 탄생하고 있다. 또한 인터넷을 언제라도 사용할 수 있는 인터넷망에 연결되어 있는 호스트 컴퓨터의 대수는 5,600만대이며, 인터넷 사용인구는 약 2억만명에 달하고 있다. 이와 같이 확산되는 인터넷에 대해 칼럼리스트인 에번 슈워츠는 인터넷에서 통용되는 새로운 경제이론을 통칭해 '웨보노믹스(webonomics)'라고 이름을 붙였는데, 이는 인터넷을 뜻하는 웹(web)과 경제학(economics)을 결합한 용어이다.

전통경제학에서 볼 때 현실세계에서는 사람들이 갖고 싶어하는 재화와 서비스는 매우 많지만 그 재화와 서비스를 만들어 낼 수 있는 자원이 부족하다는 희소성의 문제(scarcity problem) 때문에 사람들은 갖고자 하는 재화와 서비스들 중에서 그 일부만을 획득할 수 있으며, 이러한 한정된 재화와 서비스의 획득을 위한 경제행위에 따른 여러 가지 경제문제(실업문제, 인플레이션문제, 노사문제, 환경문제 등)가 발생하게 된다. 이와 같이 재화와 서비스를 만들어 내는 자원은 희소한 데, 이를 분배하는 과정에서 발생하는 알력을 해결하기 위해 출발한 전통경제학은 차가운(cool) 학문으로 사람들의 머리 속에 각인되어 있다.[12)]

그러나 디지털경제에서는 희소성의 문제는 사라진다. 왜냐하면, 인터넷상에서 필요한 정보상품을 무한대로 복사하고 내려 받을 수 있는 지적재산세계가 인터넷을 근간으로 이루어지고 있기 때문이다. 즉 디지털경제의 성장을 가로막는 물리적 제약은 없게 되는 셈이다. 이로 인해 자연스럽게 공급은 수요를 초과하게 됨에 따라 '공급이 수요를 창조한다' 는 '세이의 법칙' 은 여지없이 무너지고 만다. 그 결과 공급초과현상은 경제이론에서 이상적인 시장인 완전경쟁시장을 실현시키게 된다.

② 디지털경제에서는 수확체증의 법칙이 지배한다

수확체증의 법칙이란 생산량의 증가에 필요한 생산요소(노동, 자본, 토지)의 투입량이 점점 적어지는 현상을 말한다. 다시 말하면, 기업의 규모 및 사업범위, 그리고 고객의 수가 증가함에 따라 수익이 점점 커지는 현상인데, 이는 전통경제학에서 말하는 수확체감의 법칙을 완전히 뒤집은 현상이다.

재화와 서비스의 생산에 있어 주로 물적 자원(노동, 자본)을 이용하고 지식과 정보는 극히 일부만 사용하는 대량생산의 전통적 물적 자원에 기초한 경제가 수확체감의 법칙에 따라 운영되는 경제라면, 약간의 물적 자

12) 인터넷은 애당초 따뜻한 사회를 만들기 위해 고안되었는데, 대표적으로 2차 세계대전 당시 인터넷의 개념을 처음으로 언급한 배니바르 부시와 그 후계자 테드넬슨은 정치적 갈등과 오해, 무지를 해소하고 의사소통을 원활하게 하는 수단으로 인터넷의 개념을 제시하였다. 그리고 월드 와이드 웹(WWW)시스템을 제안한 옥스퍼드대학팀 버너스리는 '나는 웹이 지식을 공유하는 양방향적 바다에 가까워지기를 꿈꾼다. 세상의 불행이 오해에서 비롯한 것이라면 사이버공간에서 그 문제를 풀 수 있지 않을까' 라고 말하고 있다.

원을 사용하되, 본질적으로는 지식과 정보의 디지털화를 통해서 제품을 생산해 내는 디지털경제는 수확체증의 법칙이 지배되는 경제이다. 여기서 수확체증은 전통경제학에서 말하는 가스, 철도, 전화 등과 같은 자연독점산업에서 나타나는 현상으로 생산요소(노동, 자본)를 투입하면 할수록 생산량이 기하급수적으로 증가하는 것을 말한다. 디지털경제에서 수확체증의 법칙이 작동하는 원인은 여러 가지가 있을 수 있겠으나 가장 중요한 원인은 기업 및 산업에 디지털기술에 기반을 둔 정보통신기술이 응용(정보의 산업화)되어 감에 따라 그 만큼 효율성의 향상을 통해 증대되기 때문이다. 이러한 수확체증의 현상으로 인터넷 사업의 수익성은 사업규모와 고객 수에 비례하는 특성이 있기 때문에 현재 시장에서 우위를 차지하고 있는 인터넷 기업이 계속 지배적인 위치를 누릴 가능성이 많아진다. 그러므로 후발업체는 사업의 초기에 공격적인 투자를 통해 선두기업을 따라잡지 못하면 시간이 지날수록 격차가 더욱 벌어지게 마련이다.

수확체증의 법칙은 소비자 네트워크효과로 설명할 수 있다. 소비자 네트워크효과란 어떤 네트워크에 회원이 많으면 많을수록 한 회원이 얻게 되는 효용(이득)은 커지기 때문에 회원가입이 더욱 증가하는 현상을 말한다. 회원제로 운영하는 인터넷 업체회원이 증가하는 속도에 속도가 붙은 것도 이와 같은 특성에 기인한다.

③ 디지털경제에서는 대기업보다 중·소기업이 더 효율적일 수 있다

디지털경제에서 소비자와 기업이 인터넷을 매체로 사이버공간에서 만나게 된다. 사이버공간은 현실세계의 거래시장과는 판이하게 다르다. 기업활동이 현실의 거래시장에서 사이버공간으로 이동하면 비용과 조직을 줄일 수 있다. 인터넷에서 실제로 물건을 파는 게 아니라 그 물건에 관련된 정보를 파는 것이기 때문에 사이버공간에서는 이전보다 적은 노력으로 같은 매출액과 생산성을 달성할 수 있다. 인터넷 사이트를 만드는 데 정해진 비용만을 투입하면 아무리 적은 기업이라도 모든 네티즌에게 기업을 알릴 수 있다. 물론 사이트를 알리고 고객을 끌어들이는 데 필요한 비용은 인터넷 기업마다 다르겠지만 현실기업이 투입하는 자금에 비하면 미미한 수준

이다. 이러한 이유 때문에 디지털경제에서는 대기업보다 중·소기업이 더 효율적일 수 있다.

④ 디지털경제에서는 시장의 확대에 따른 소비자와 생산자 모두가 이익을 보게 된다

디지털경제에서는 다양한 시장환경측면에서 볼 때 거래비용이 낮아져 소비자의 수요가 증대되고, 저렴한 마케팅비용과 유통비용 등으로 생산자의 공급은 증가하게 된다. 결국 [그림 3-3]과 같이 수요와 공급이 증가하여 시장규모가 확대된다. 생산자에게는 제품 당 이윤이 감소할 가능성은 있지만, 거래비용이 감소되고 제품의 판매량이 증가함으로써 오히려 전체적으로 이윤이 증가하게 된다. 다시 말하면, 생산자는 소비자의 네트워크효과를 적절히 활용할 수 있다면 구매자의 탐색비용, 마케팅비용, 유통비용 등을 줄일 수 있는 이점도 갖을 수 있다. 따라서 디지털기술에 의해 야기되는 디지털경제에서는 시장이 확대됨으로써 생산자와 소비자가 모두 이익을 얻게 되는 Win-Win전략의 구현이 가능하게 된다.

[그림 3-3] 가상공간에서의 시장확대

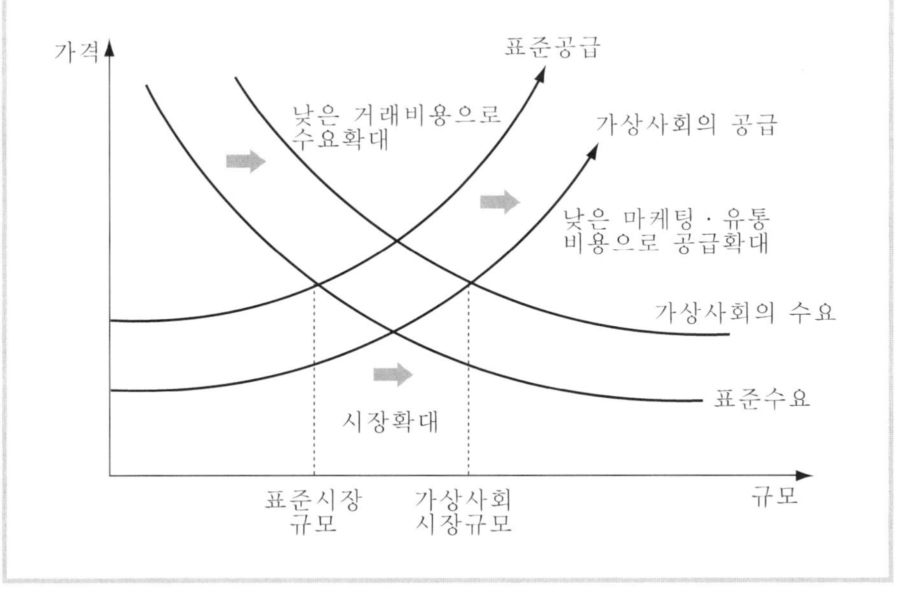

⑤ 비대면 거래 및 서비스산업이 증대된다

산업경제에서 주로 이루어졌던 대면(face-to-face)거래가 퇴조하고 가상공간을 통해 제품을 직접 보지 않고 주문하는 비대면 거래의 비중이 커질 것이다. 그리고 제조업 우위의 유형의 산업구조에서 온라인거래가 가능한 S/W, D/B, ticketing, 뉴스, 금융, 문화·관광, 교육·의료업 등 서비스 산업이 발달할 것이다.

⑥ 시간·공간적인 제약이 극복된다

인터넷을 통한 전자상거래가 발달하면서 실시간 거래가 가능하게 됨으로써 시장의 시간적 제약이 완화되고, 세계 어느 곳에서나 영업을 할 수 있게 됨으로써 국경이나 입지 등의 공간적 제약이 극복된다. 따라서 영업시간의 개념이나 국가나 지역 간의 거리개념이 소멸되는 동시에 지리적 경계에 대한 의미가 감소하게 되고, 그 결과 시장환경이 더욱 경쟁적으로 변화하게 된다.

⑦ 재화와 서비스간의 구별이 모호해진다

전통적인 상품분류기준에 따르면 유형재인 경우는 제품(product), 무형재인 경우는 서비스(service)로 나뉜다. 그러나 가상공간상에서는 제품과 서비스간의 구별이 모호해질 것이다. 예를 들면, MP3 file로 전송되는 음악 CD가 제품인지 서비스인지 판정하기가 어려워진다. 따라서 가상공간상에서는 제품과 서비스가 결합된 하나의 "프로비스(Provice)"라는 신조어까지 등장하기에 이르렀다.

⑧ 소비자주권이 강화된다

디지털경제에서의 소비자는 보다 많은 정보를 획득할 수 있게 되고, 이러한 정보를 통해 선택 폭의 확대, 편의의 증진, 염가구매 등이 가능함으로써 소비자주권(consumer sovereignty)이 강화된다. 다시 말하면, 인터넷을 통한 소비자의 구매집단화가 가능케 됨으로써 소비자의 협상력이 높아지고, 그로 인해 공급자와 보다 효과적으로 거래할 수 있도록 됨으로써 제품을 보다 싼값으로 구매할 수 있게 된다. 이와 같이 소비자의 주권이 신장됨으로써 생산자가 아닌 소비자가 (최저)가격을 결정하는 역경매(reverse auction)가 활성화될 것으로 전망된다. 따라서 기업의 생산·판매방식도 산업경제시대의 생산자 중심의 소품종대량생산방식에서 탈피하여 개별소비자의 기호를 구체적으로 충족시키는 소비자 중심의 다품종소량생산방식인 고객맞춤형 생산방식으로 전환될 것이다.

⑨ 생산자·유통업자·소비자의 구별이 불투명해진다

가상환경하에서는 상품에 대한 개념뿐 아니라 산업경제를 구성하던 생산자·유통업자·소비자간 구별도 불분명해진다. 디지털경제에서 소비자는 (홈페이지 제작 등을 통하여) 누구나 정보생산자는 정보유통자가 될 수 있다.13) 따라서 소비자가 생산자의 역할을 하는 이른바 "프로슈머(prosumer)" 또는 소비자가 유통업자의 역할을 하는 "디슈머(disumer)"의 출현이 가능하게 되며, 시장에서 소비자가 가격을 결정하는 상황(역경매)도 가능하다. 그 결과 시장이 소비자 중심으로 기능이 재통합될 수 있다. 한편 생산자가 인터넷망을 이용한 공급사슬관리(supply chain management)를 통해 유통과정까지 장악함으로써 유통업자의 역할까지 하는 형상이 나타날 수도 있다.

⑩ 물류·유통과정이 단순화된다

생산자 → 도매유통 → 소매유통 → 소비자로 이어지는 종래의 유통단계가 축소됨으로써 중간자(intermediary)를 거치지 않고 생산자가 인터넷을 통하여 소비자에 보다 직접적으로 접근할 수 있게 될 것이다. 이에 따라 기업은 물류, 저장, 소매점포 유지 등에 소요되던 중개비용을 절감할 수 있게 된다.

⑪ 조직구조와 고용구조가 유연화된다

디지털경제하에서는 경쟁력의 원천이 토지·자본·노동 등 실물적 요

13) 소비자의 특정 사이트 가입회원(예: 동회회, 소비자 모임)들이 직접 콘텐츠를 만들고 배포할 수 있는 환경을 제공한다. 이러한 환경하에서 회원들은 그들의 경험을 다른 사람과 비교·통합할 수 있으므로 결국 모든 정보를 얻게 된다.

소에 기초하는 것이 아니라 소프트(soft)한 개인의 창의력에 의존하며, 집단을 움직이는 핵심역량이 조직보다는 각 개별주체 중심으로 변화하기 때문에 셀방식, 팀제, 재택근무(SOHO) 등 조직구조의 유연화 현상이 나타난다. 중후장대한 전통적인 산업에 비하여 작은 것이 아름답고 효율적이라는 생각이 지배적이 되고 따라서 대기업보다는 중소기업·개인기업의 역할이 증대된다. 더구나 인터넷을 통한 온라인 뉴스, 사이버 쇼핑몰, 온라인 뱅킹, 사이버 주식, 온라인 예매제도(ticketing) 등의 발달로 인하여 배달원이나 매장점원, 창구직원 등 단순노동자가 불필요하게 되고 대신 고도의 정보통신관련 기술자에 대한 수요가 증가하는 등 고용구조가 변화하게 될 것이다.[14]

⑫ 생산체계가 수평화되어 간다

종래 수직적 계열을 형성하고 있던 부품조달체계가 수평화 되면서 범세계적 외주(global outsourcing)에 의한 개방적 구매·조달이 가능해졌고 Build-to-Order, Just-in-Time, Concurrent Engineering 등 동시생산방법을 통한 제품개발이 촉진될 것이다.

이상의 논의를 바탕으로 전통적인 산업경제와 디지털경제 간의 특성을 경제환경, 시장환경, 비즈니스 패턴, 소비자취향 등의 측면에서 비교하면 [표 3-4]와 같다.

---

14) 미국의 정보통신기술분야의 고용전망을 보면 1992년에 400만 명이었던 것이 2006년에는 620만 명으로 증가할 것으로 전망하고 있다(The Emerging Digital Economy(1998. 4)).

[표 3-4] 산업경제와 디지털경제의 특성 비교

	산업경제	디지털경제
경제환경	· 희소성의 원칙 · 공급주의경제학: 공급이 수요를 창출 · 수확체감의 법칙이 지배 · 규모의 경제: 대기업이 유리 · 저효율-고비용구조 · 노동·자본집약적	· 무한공급의 원칙 · 수요중심경제학: 수요가 공급을 창출 · 수확체증의 법칙이 지배 · 작은 기업의 미학: 중소기업이 유리 · 고효율-저비용구조 · 두뇌·기술집약적-창의력 중시
시장환경	· 지역경제(Local & Regional) · 산업내 경쟁 · 판매자 위주 · 집단의 핵심역량은 조직 · 대기업 위주 · 소품종대량판매(massproduction) · 일방향 마케팅 · 유통채널: 기업→중간상→소비자 · 한정된 영업시간(개점시간) · 물리적 판매공간 필요 · 대규모 시장과의 지리적 근접성중요	· 무국경 세계경제(Global) · 산업간 경쟁 · 소비자 위주(고객지향적) · 집단의 핵심역량은 개별주체 · 중소기업·개인기업 위주 · 다품종소량판매, 1 : 1 마케팅 · 양방향 마케팅 · 유통채널: 기업→소비자 · 무휴영업-시간제약 극복 · 물리적 판매공간 불필요(가상공간) · 시장의 지리·공간적 제약 해소
비즈니스 패 턴	· 비즈니스 그룹간 협력 · 수직통합을 통한 조달 및 물류 · 제한적 구매·조달 · 계층적 구조(hierachy)의 인사조직 · 사무실·공장·창고·매장·사업장 등 유형자산 필수적→대기업 유리 · 배달원·점원 등 인력이 필요 · 규모의 경제, 범위의 경제를 통한 비용절감 · 소비자의 물리적 이동 (현장에 이동하여 업무처리) · 수동적 재고조사 등 필요 · 고객정보의 파악 및 대응 지연	· 네트워크를 통한 협력 · 가상통합 또는 범세계적 외주 · 개방적 구매·조달 · 초계층적구조(hyperarchy)의 인사조직 · 고정적 유형자산 불필요 (사이버 매장)→중소기업 유리 · 배달원·점원 등 인력이 불필요 · Build-to-OrderJust-in-Time 등에 의한 재고감축을 통한 비용절감 · 소비자의 물리적 이동 불필요 (홈쇼핑·홈뱅킹) · 자동적 재고조사 · 고객정보의 파악 및 대응 신속
소비자 취 향	· 기성상품의 선호 · 상품선택 폭의 협소	· 맞춤상품의 선호로 복귀 · 상품선택 폭의 확대

* 자료: 김철환(1998. 7) / 한국경제(1999. 9. 6) / 홍동표(1999. 11) / 조태식(1999. 1) 등을 참고 재구성.

2.2 경제구조의 변화

디지털경제시대에서 인터넷을 통한 각종 정보의 교류가 크게 확대됨에 따라 한나라의 경제구조가 어떻게 변화하는가를 살펴보자.[15] [그림 3-4]에서와 같이 다양한 목적으로 보다 많은 사람들이 인터넷을 사용하게 됨에 따라 과거에 비해 경제주체간 상호접속성(connectivity)이 크게 확대되면서 생산 및 거래구조가 변화되고 있다. 그 이유는 디지털경제에서는 경제활동에서 독특한 역할을 수행하는 정보가 과거에는 존재하지 않았던 인터넷이라는 새로운 형태의 매체를 통해서 교환되기 때문이다. 디지털경제에서 정보는 독립적으로 분리되어 있는 개별경제활동단위를 연결시켜 하나의 경제활동을 형성하게 하는 일종의 접착제적인 역할을 한다. 따라서 정보는 하나의 가치사슬상에 있는 다양한 경제주체들 간의 관계를 결합하고 제약할 뿐만 아니라 경쟁우위의 기초를 제공하기도 한다. 이와 같은 디지털경제활동에서의 정보의 활용비용이 차지하고 있는 비중이 매우 작아서 기업 또는 산업에서 생산되는 제품이 물적 재화 및 서비스일 경우에도 성립한다는 것이다.

예를 들면, 기업의 입장에서 고객과의 관계는 기업이 고객에 대하여 보유하고 있는 독점적 정보, 그리고 고객들이 기업 또는 그 기업의 제품에 대해 알고 있는 정보에 의존한다. 부품기업과 제조기업 간의 서로 긴밀한 관계를 유지한다는 것도 결국 기업간 의사소통의 채널을 설정·유지한다는 것을 의미한다. 뿐만 아니라 기업들은 그들이 생산하는 제품들을 대상으로 경쟁하는 것뿐만 아니라 정보를 대상으로 경쟁하고 그 경쟁에서 우위를 차지함으로써 그 기업이 생산하는 제품에 대한 경쟁에서도 경쟁우위를 차지할 수 있다.

그런데 정보가 전달되기 위해서는 정보전달에 필요한 매체가 필요하다. 정보가 사람 또는 우편 등 물리적 매체에 의해서 전달되는 경우에는 그 물리적 매체가 이동하는 곳까지만 전달된다. 그러나 인터넷에 접속하는

15) 윤택, "디지털경제의 실체와 논점," 2001.

사람들이 증대되고 이를 이용한 정보통신이 확대되면 정보교환에 따른 제약은 사라져 정보가 자유롭게 독자적으로 이동할 수 있다는 사실이 경제구조의 모습을 크게 변화시킬 것이다.

정보의 전달이 물리적 매체에 의존하던 시대에는 정보를 교환하는 사람들이 많을수록 정보의 속보성, 고객화, 상호작용성 중에서 어느 것을 희생해야 한다. 따라서 정보를 교환하는 사람이 많을수록 정보의 양과 질이 낮아지는 상충관계(trade-off)가 존재한다. 예를 들면, 물리적 매체를 통한 정보의 전달은 많은 사람들을 대상으로 하는 경우에 일방적인 전달만 가능하기 때문에 정보를 주고받는 사람들 간의 상호작용성이 보장되지 않는다. 또한 사람들이 많을수록 개개인의 능력 또는 선호를 고려하여 교환되는 정보의 수준을 조정하기도 어렵기 때문에 고객화의 정도도 감소한다. 그러나 저렴한 비용으로 인터넷을 통한 정보통신이 가능해지면서 경제주체간 상호접속성이 증가함에 따라 이와 같은 상충관계가 파괴된다. 그 이유는 모든 사람들이 네트워크를 통해 수없이 많은 사람과 정보를 교환할 수 있기 때문이다.

그러면 인터넷을 통한 정보교환의 확대에 따른 경제구조의 변화는 먼저 의사결정방식의 변화를 거치게 될 것이다. 특히 인터넷을 통한 정보교환의 자유성은 과거의 의사결정과 권한의 계층적 구조(hierarchy)에서 초계층적 구조(hyper-hierarchy)로 변화하게 한다. 물리적 매체를 통해 정보가 전달되는 경우는 정보의 양적인 측면과 질적인 측면에서 모두 제한된 정보만 획득할 수 있었으므로 개인과 조직의 의사결정은 계층적 구조를 가질 수밖에 없었다. 예를 들면, 개인의 의사결정에서의 계층적 구조는 소비자가 특정 제품을 구매할 때에도 우선 어느 상점에서 구매할 것인가를 결정하는데, 먼저 거리를 선택하고 그 거리에 위치한 상점들 중에서 하나를 선택하는 순서를 거치게 된다.

기업의 경우에도 수직적인 위계구조에서는 하나의 중간관리자가 상대해야 하는 하급직원의 수가 수평적 구조보다는 작으므로 정보의 질과 양에서 일정수준을 유지할 수 있으나 상급자와 하급자 간의 정보의 비대칭성이 존재하게 된다. 따라서 정보의 교환에 참가하는 사람의 수와 주어진

시간 동안 교환되는 정보의 양과 질에서의 상충관계에 의해서 정보의 교환이 제약을 받는 경우에는 결국 정보의 양과 질을 보장하기 위한 조직구성으로서 위계구조가 바람직할 수 있었으나 상충관계가 더 이상 성립하지 않는 경우에는 정보의 양과 질을 보장하기 위한 구조가 반드시 필요하지 않게 된다. 기업 내에 작업팀제에 의해 기업의 경영활동을 수행하는 경우에도 교환되는 정보의 질과 양을 손상시키지 않고도 다양한 자율적인 팀 간의 정보교환이 가능하기 때문이다. 이는 기업 간의 관계에서도 마찬가지이다. 따라서 정보통신기술의 발전으로 파생되는 경제주체간 상호접속성의 확대는 기존의 기업조직 및 경제구조에 근본적인 변화를 초래할 수 있는 기초를 제공한다.

[그림 3-4] 디지털경제에서의 경제구조변화

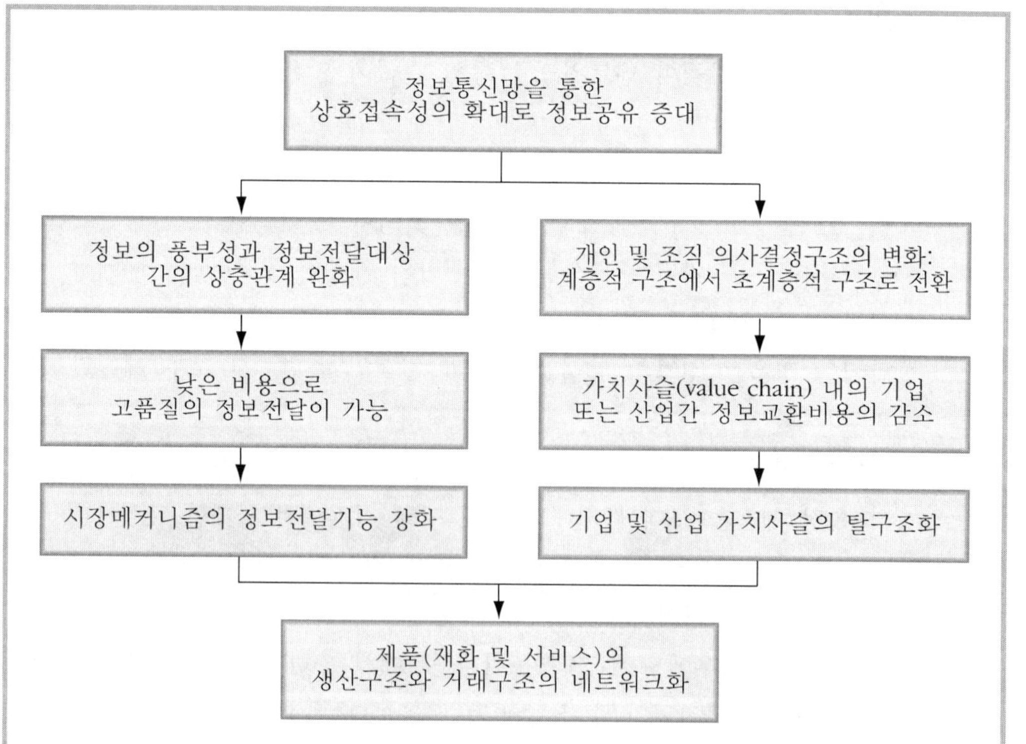

2.3 공급부문의 변화

앞에서 살펴본 바와 같이 디지털경제에서는 수직적으로 분리된 기업들이 서로 네트워크를 형성하고 이를 통해 제품을 생산하는 형태가 크게 증가한다. 뿐만 아니라 다양한 과학부문의 성과를 통한 제품을 생산하는 형태가 보다 확산됨에 따라 기술구조도 복잡해진다. 따라서 제휴 또는 네트워크를 통한 연구·개발(R&D)활동도 더욱 가속화될 것이다. 이는 결국 부가가치를 창출하는 과정이 변화함을 의미하는데, 이에 따라 모듈기업 또는 가상기업과 같은 기업조직이 일반화된다.

모듈기업 또는 가상기업은 주로 핵심역량(core competence)을 제외한 다른 경영 및 생산활동들은 그 기업 자체 내에서 수행하지 않고 다른 그 부분에서 비교우위를 가진 기업들과의 거래를 통해서 조달한다. 가상기업 또는 모듈기업은 지적능력 또는 핵심역량을 중심으로 한 경영자원의 재구축과 재배분이고 산업차원의 새로운 분업화라고 한다. 이와 같은 관점에서 보면 디지털경제에서 기업의 경쟁우위(competitive advantage)는 핵심역량 또는 지적능력에 의해서 결정된다. 즉 제품의 가격, 품질, 비용, 시간 등과 같은 전통적인 평가기준 이외에도 디지털경제에서는 지적자산이 새로운 경쟁기준이 된다.

한편 지식의 창출과정에는 기존의 지식과 정보가 활용된다는 점에서 지식과 정보는 일종의 자원이라고 할 수 있다. 즉 지식생산함수(knowledge production function)의 생산요소로서 지식과 정보가 투입된다. 또한 어떤 목적을 위한 지식인가에 따라 달라질 수 있으나 기존의 지식이 새로운 지식을 창출하는 데 결정적인 역할을 한다는 의미에서 지식창출의 연속성이 존재한다. 따라서 생산구조의 네트워크화가 확대되면서 지식의 창출과정을 통한 기업간 경쟁이 심화된다.

또한 디지털경제에서는 경제주체가 필요한 정보를 낮은 비용으로 상호교환이 가능하다는 것이다. 이와 함께 기업 또는 산업의 정보화가 진전되고 인터넷 이용의 확산 및 관련 기술의 효율성도 제고되면서 경제주체간 지식교환의 효율성도 증가한다. 따라서 경제 전체에서 축적된 지식이 개별기업에 미치는 외부효과도 산업경제에 비해 크게 증가한다. 이에 따라서 경험으로부터의 학습(learning-by-doing)에 의해 생성되는 지식의 확산(spillover)도 보다 증대되어 결과적으로 국민경제 전체의 차원에서 전통적인 물리적 자본 및 노동에 대한 수확체증현상이 강화된다. [그림 3-5]는 디지털경제에서의 공급부문의 변화를 보여주고 있다.

[그림 3-5] 디지털경제의 공급부문변화

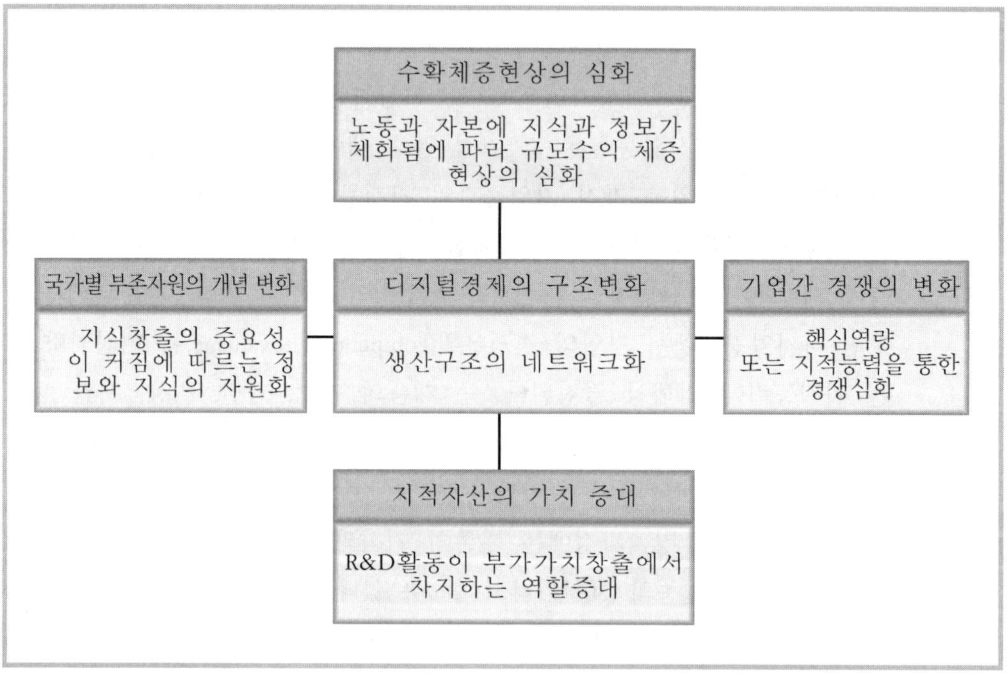

제 3 절 디지털경제의 경제주체

1. 소 비 자

1.1 소비의 디지털화

디지털경제에서의 소비자의 소비행태는 어떻게 변화하는가? 첫째, 통신, 교양, 오락부문 등의 디지털재화(정보재) 및 서비스에 대한 수요가 꾸준히 증가한다. e-mail, 인터넷폰이 기존의 우편, 전화업무를 점차 대체하고 초고속정보통신망을 이용한 정보통신서비스의 보급이 일반화됨에 따라 영상과 음성, 데이터통신이 결합되고, 영화와 게임, 통신이 결합된 형태의 엔터테인먼트가 확산되면서 전통적인 방식의 놀이문화를 대체하게 된다. 또한 가상현실을 응용한 게임이나 문화체험, 디지털예술품, 사이버 연예인 등도 점차 일반화된다.

둘째, 교육, 보건·의료부문의 정보가 디지털화되고, 주거·가사부문에서는 디지털기술이 기계공학과 결합되는 형태로 구체화된다. 사설교육의 상당부분이 국가내 또는 전세계적인 정보통신망이 구축되면 컴퓨터를 이용한 원격강의와 교육용 프로그램을 이용한 재택학습이 가능해지는데, 이는 도시와 농촌 간, 학교 간의 격차가 해소될 뿐만 아니라 과도한 교육으로 인해 소요되는 사교육비도 크게 감소시킬 수 있다. 원격의료시스템이 건강진단이나 가벼운 질병 등을 중심으로 확충되고, 의학적 정보를 프로그램화한 사이버의사가 등장할 수 있게 함으로써 의사의 업무를 보조하는 재택진료가 가능해진다. 또한 인공지능을 갖춘 건물이나 가사용 로봇이 통신과 결합함으로써 가사업무를 지원하게 된다. [표 3-5]는 각 소비지출이 어떻게 디지털화되어 있는가를 나타내고 있다.

[표 3-5] 소비지출의 디지털화

소비지출	디지털화의 예	
교 육	· 사설교육의 디지털화 · 공교육의 디지털화 · 사이버 교사	· 전자서적 · 원격교육 · 재택학습
교양·오락	· 영화, 게임, 통신의 통합 · 가상현실 · 디지털 예술품 · 디지털 문화·오락시스템	· 사이버 신문 · 관광정보시스템 · 호텔예약시스템 · 레저스포츠관리시스템
교통·통신	· e-mail·자동항법 시스템 · 컴퓨터감지시스템	· 인터넷영상전화 · 교통안전관리시스템
보건·의료	· 원격진단 · 재택진료 · 홈 닥터	· 건강진단 및 상담 · 보험의료정보시스템
주 거	· 부동산거래의 디지털화 · 인털리전트 빌딩 · 자동제어시스템	· 재해관리시스템 · 방재방범시스템 · 인생상담시스템
식 료 품	· 정보검색을 통한 선택	· 전자상거래를 이용한 제품구입

셋째, 기존의 내구재들은 디지털기술을 응용하거나 디지털 응용시스템을 장착하게 됨에 따라 사람들의 편의성이 증대된다. 소비자들이 상품에 내재되어 있는 기본적인 기능보다는 부가적인 기능을 더 중시하고 이러한 제품의 소비를 통해 자기만족을 추구하게 된다. 예를 들면, 자동항법운항시스템을 장착한 자동차, 자동제어 및 원격조절이 가능한 가전제품들이 보급되면서 개인활동의 편의성이 증대되고 있다.

1.2 거래의 디지털화

디지털경제에서의 거래방식은 어떻게 변화하는가? 첫째, 인터넷망의 보안성이 높아지고 전자결제시스템이 확립되면서 인터넷을 통한 정보검색 및 사이버 결제방식이 점차 확대되고 있다. 제품의 동질성이 강하고 보존이 손쉬운 서적, CD, 비디오테이프의 경우 현재 사이버거래가 보편화되어 있으며 가전, 승용차 등의 대형 내구재와 일반 생활용품으로 점차 확산되고 있다. 또한 디지털기술의 발전은 의류나 장식품 등 개별성이 높은 제품의 사이버거래를 가능하게 하고 있다. 문서, 음성, 영상 등의 디지털재화(정보재)의 거래는 택배방식에서 디지털전송방식으로 점차 변하게 되고 있다.

둘째, 신용카드 결제방식과 함께 전자화폐를 이용한 대금결제와 사이버증권, 인터넷뱅킹 등의 개인금융의 디지털화가 이루어지고 있다. 전자화폐는 대금지급의 편의성과 함께 수수료부담이 없거나 적고 익명성이 보장된다는 장점을 갖고 있으며, 직접 가서 물건을 구입하거나 서비스를 제공받은 경우 전자화폐를 이용할 수 있다.16)

1.3 소비자주권의 강화

디지털경제에서의 소비자주권은 강화되는가?

첫째, 소비자가 생산자의 생산활동에 관련된 정보를 보유·인지할 수 있게 됨에 따라 소비자 중심의 시대, 즉 소비자의 영향력이 그 만큼 커지게 된다. 경쟁시장에서 소비자들이 생산량 및 가격결정에 갖게 되는 영향력을 소비자주권(consumer sovereignty)이라고 하는데, 이 영향력에 의해 모든 기업들의 생산활동에 영향을 미치게 된다. 즉 기업이 무엇을 얼마만큼 어떻게 생산할 것인가 또는 그 상품의 가격을 어떤 수준에서 결정할 것인가 등은 궁극적으로 소비자의 수요에 의하여 결정되므로 소비자는 이러한 결정에 대해 어떠한 권한은 갖고 있다고 말할 수 있다. 예를 들면, 생산자가 홈페이지를 통해 제품에 대한 다양한 정보를 제공하고 검색 및 다른 사이트들이 제품의 평가를 도와줌으로써 유통업체들이 가격을 인하할 수 있고, 인터넷경매 및 역경매 방식의 확산은 개별소비자가 상품의 가격결정에 직접적으로 참여할 수 있게 해 준다.

둘째, 소비자들이 사이버공간상의 가상공동체를 통해 연결됨으로써 상

16) 전자화폐란 이용자가 미리 돈의 가치를 전자신호의 형태로 저장하였다가 상품 등의 구입에 사용하는 전자지급수단을 말한다. 일반적으로 전자화폐는 ① 은행 등 발행자가 IC칩이 내장된 카드(IC카드형 또는 전자지갑형)나, ② 공중정보통신망과 연결된 PC(네트워크형) 등에 일정한 돈의 가치를 전자기호로 저장하고 이의 지급을 보장함으로써 통신회선을 통해 자금결제가 이루어지도록 한 화폐로 구분된다.

품의 수요독점도 가능해진다. 현재 PC통신이나 인터넷상의 사이버공동체는 앞으로 계속 확대되어 기존의 단체와 비슷한 제도적 틀을 갖추게 되면, 소비자들은 공동체간의 연합, 단체행동을 통해 생산자에 대한 교섭력이 강화되어 생산자의 생산물에 대한 수요독점력을 행사할 수 있게 된다.

2. 기 업

2.1 생산의 디지털화

디지털경제에서 생산활동의 디지털화는 어떠한 효과를 갖게 되는가?

첫째, 디지털경제에서 기존의 생산요소인 노동, 자본, 토지보다 상대적으로 지식과 정보의 중요성이 커지면서 상품의 기획에서 생산·판매에 이르기까지 모든 생산활동이 디지털화·네트워크화가 될 것이다.

둘째, 제품생산이 점차 인터넷을 통해 동시적으로 이루어지면서 시행착오가 줄고 제품출시에 따른 기간이 단축된다. 제조업의 디지털화(정보화)란 디지털기술에 기반을 둔 정보통신기술을 도입·활용함에 따라 제품의 기획, 생산 그리고 판매과정에 이르기까지 효율화를 달성하여 생산성을 증대시키는 것으로 의미한다. 이러한 제조업의 디지털화(정보화)는 주로 기존의 기계화에 의한 생산체제를 디지털화에 의한 생산체제로 전환함에 따라 생산부문에서의 디지털화(공장자동화)의 비중이 증대될 뿐만 아니라 사무부문에서도 디지털화(사무자동화)가 진전되어가고 있다. 그리고 기업들은 제품을 생산하기 이전에 캐드(CAD: computer-aided design), 캠(CAM: computer-aided manufacturing), 킴(CIM: computer-integrated manufacturing)등을 통해 가상공간에서 테스트를 수행함으로써 제품개발에 소요되는 시간과 비용을 단축시킬 수 있다.[17]

17) 캐드(CAD)란 컴퓨터와 복잡한 그래픽 소프트웨어를 이용하여 디자인을 하는 컴퓨터지원설계를 말하며, 캠(CAM)은 컴퓨터를 이용하여 상품을 제조하는 컴퓨터 이용제작을 말한다. 그리고 킴(CIM)은 캐드-캠의 체계가 보다 더 발전된 생산자동화의 체제로 제품의 기획, 디자인, 부품의 공급, 제조, 제품의 출하 등을 포함한 생산의 모든 측면을 통합하기 위하여 컴퓨터와 커뮤니케이션

셋째, 기업은 가상공간을 이용하여 마케팅 및 판매활동을 강화할 수 있다. 가상공간상의 마케팅활동은 고객에게 개별화된 정보와 서비스를 신속하게 전달할 수 있으며, 인터넷을 통해 기업이 중간유통단계를 거치지 않고 소비자에게 직접 제품을 판매함에 따라 제품의 가격을 낮출 수 있다. 또한 기업은 즉시 주문-생산-배달시스템을 갖춤으로써 생산과 판매기능의 융합을 통해 재고량을 최소화할 수 있다.

넷째, 기업은 생산의 디지털화를 통해 제품의 기획, 생산, 판매과정에서 소비자의 선호를 즉각적으로 반영할 수 있다. 기업은 제품의 기획 시 사이버공모, 인터넷상에서 형성된 의견수렴을 통해 제품의 디자인, 명칭 및 기능을 결정하는 주요 요인이 된다.

2.2 기업조직의 변화

미래에 조직들이 살아남고 경쟁력을 갖추기 위해서는 조직구조와 관행에 대한 전반적인 재설계가 불가피하다. 다시 말하면 디지털경제시대에서는 새로운 관리관행과 조직구조가 필요하다는 것인데, 기존의 기능적 중심의 위계구조를 탈피하고 수평적 조직화를 통해 구성원들의 자발적이고 창의적인 참여를 높이고 이를 통해 근로인력의 질적 향상을 도모하려는 것이다.

첫째, 기존의 관료재적 위계구조가 탈관료제적 유기적 조직구조로 변화한다. 지금까지는 관료제적 위계구조가 조직구조의 효율성을 초래하는 자연스러운 형태로 여겨져 왔다. 다시 말해 기능별로 분화된 계층구조를 통해 수많은 조직구성원들의 상호의존적인 업무를 조정하는 것이 생산적이었다. 이것은 디지털기술에 기반을 둔 정보통신기술이 발달하지 않은 상황에서 계층구조를 통해 더 적은 커뮤니케이션을 조정하는 것이 효율적이었던 것에 기인한다. 그러나 경쟁격화와 고객욕구의 세분화는 관료제적 의사결정의 비효율성을 노출하게 되었고, 정보통신기술의 활용에 의해 보다 시장지향적인 유기적 조직구조로의 변화가 이루어지고 있다. 기능별 구

기술을 사용한 컴퓨터 통합생산체제를 말한다.

조의 수직적 위계와 프로젝트 중심의 수평적 의사소통경로가 결합된 매트릭스(matrix) 조직이나 프로젝트 중심의 팀제구조는 기업 내 정보유통의 개방성을 증대시키고 조정활동이 용이하게 되어 유연한 활동이 가능한 강점을 갖는다.

둘째, 유기적이고 수평적인 기업구조는 제품의 생산과 판매에 직접 종사하는 라인기능의 권한이 강화된다. 고객의 변화하는 요구에 따라 시장에 민첩하고 유연하게 적응할 필요가 있는 상황에서는 의사결정과정에서의 지나친 분석과 그로 인한 지연 자체가 부정확한 결정 못지 않게 비용을 증가시키고 성공적인 기업활동에 방해가 된다. 따라서 라인부문에 총체적 생산·품질·고객관리의 기능이 부여되는 방향으로 진전되면, 간부들은 라인조직을 지원하는 보조적인 역할을 하게 된다.

셋째, 기업의 평가 및 보상체계에도 변화가 초래된다. 기업은 정보의 수집과 처리, 응용능력을 높이 평가하여 급료에 반영하며 연봉제를 통해 능력급의 임금체계를 확대하고 있다. 한편 정보통신기술의 도입에 따른 조직변화는 승진제도에 과거와 같은 직책승진이 아닌 직무승진을 확대하고 있다. 우리나라에서 팀제 조직개편의 주요 목적 중의 하나는 승진적체 해소를 위해 직급과 직책을 분리하기 위한 것이다. 따라서 팀제구조의 확대는 직책의 세분화를 줄이고, 직책보다는 어떤 직무를 담당하는가에 따라 권한이 결정되는 상황을 초래한다.

넷째, 조직의 통제체계가 변화한다. 모든 조직은 구성원들의 행위와 업무수행을 통제한다. 전통적 조직은 공식적인 관료제적 규칙에 의한 통제와 권위의 위계구조에 따른 통제를 특징으로 한다. 하지만 기업정보화시대에서는 통제방식이 점점 더 고객통제, 동료통제, 자동화된 컴퓨터통제로 바뀌고 있다. 이러한 변화는 통제지향적인 관리계층에 대한 필요성을 줄임으로써 중간관리자의 비중을 감소시킨다. 기업들은 이제 자율적 작업팀을 만들고 고객정보시스템과 연결되어 고객만족에 대한 조사결과에 근거하여 업무를 평가하는 통제체계를 만들고 있다.

다섯째, 기업의 규모가 축소되고, 가상기업과 네트워크기업이 증가한다. 중간관리층이 축소되고 아웃소싱, 분사형태의 방식으로 기업의 재편이 이루어지면서 기업의 규모가 점차 축소될 것이다. 그리고 전통적인 형태의 기업의 존재가치는 점차 약화되고 상호 특징적인 핵심역량을 갖고 있는 기업들 간의 합작형태인 가상기업, 네트워크기업이 증가할 것이다.

2.3 산업구조의 변화

디지털경제에서 산업의 디지털화는 어떠한 효과를 갖게 되는가?

첫째, 정보의 디지털화와 정보의 양방향 네트워크화는 산업전반에 걸쳐 규모의 경제와 범위의 경제를 실현하여 생산성 향상으로 연결되고, 다양한 정보가 음성·영상·데이터 등의 형태로 쉽게 공유되어 시장에서의 경쟁양상도 바뀌어 진다. 한편에서는 새로운 산업이 나타나는 동시에 다른 한편으로는 기존 산업 간의 영역이 허물어지면서 산업간 분화와 융합이 활발히 진행되는 가운데 기업과 소비자 간의 직접연결, 재택근무, 소비패턴의 변화 등으로 산업질서 자체가 구조적으로 바뀌어 가고 있다. 최근 활발한 이업종 간의 전략적 제휴 및 M&A는 이러한 변화를 나타내는 것이다.

둘째, 디지털기술을 기반으로 하는 정보통신산업의 비중(생산량, 고용수준, 파급효과)이 계속 증대되고 있다. 정보통신산업은 정보통신을 위하여 통신기기와 정보기기를 결합하여 형성되는 각종 하드웨어(hardware)와 소프트웨어(software)산업 및 부품산업 그리고 이와 같은 정보통신기기를 이용하여 정보통신서비스를 제공하는 사업은 말하는데, 이러한 정보통신산업의 생산량과 고용수준이 점차 증가함에 따라 전산업에서 정보통신산업이 차지하는 비중이 상대적으로 커지고 있다.

셋째, 정보통신서비스의 수요가 증가하고 제조업제품의 소프트화가 진전되면서 경제의 서비스화 현상이 나타난다.[18] 기업의 생산비용이나 유통의 편리성 등으로 인해 정보관련 제품을 중심으로 과거 물적 재화형태로 제공되던 제품들이 점차 디지털화 되어 서비스 개념으로 바뀌게 된다. 그리고 제품에 지식과 정보를 체화하여 고부가가치화하는 제조업을 지원하

18) 경제의 서비스화란 한나라의 공업화가 일정수준에 도달하고부터는 경제성장은 주로 서비스산업에 의해 이루어지는 것을 의미한다. 2001년도 기준으로 서비스산업의 생산량은 명목GDP에서 차지하는 비중이 한국은 60%, 일본은 70%, 그리고 미국은 75%를 나타내고 있다.

는 서비스의 중요성이 확대되면서 제조업의 서비스화가 이루어진다. 다시 말하면 제조업을 지원하는 서비스부문이 아웃소싱되어 독립되면서 제조업의 개념이 제품의 직접생산과 관련된 부문만으로 점차 한정되고 있다.

넷째, 디지털정보의 기술이 통합되어 하나의 시스템기술로 전환되면서 산업의 융합화가 발생하고 있다. 최근의 첨단 정보통신기술의 급속한 발전으로 유·무선통신의 결합, 컴퓨터와 통신기술의 융합, 그리고 통신과 방송의 통합된 산업으로 변화되어가고 있다. 다시 말하면, 방송의 쌍방향화, 방송과 통신 및 엔터테인먼트의 결합, 내구재의 디지털화 및 네트워크시스템 정착 등은 전통적인 방식의 산업분류를 무의미하게 하고 있다.

3. 정 부

3.1 행정업무의 디지털화

행정업무의 디지털화는 정부가 행정업무를 수행하는 데 어떠한 역할을 하게 되는가?

첫째, 행정업무의 투명성이 증대된다. 기존에 수작업으로 이루어지던 정부의 행정업무를 디지털화(정보화)함으로써 행정업무의 투명성이 제고되는 것이다. 예를 들면 지방세무공무원의 횡령은 주로 수작업으로 처리된 세금을 착복하는 형태로 이루어지기 때문에 세금의 수납업무를 디지털화하면 이러한 횡령은 방지할 수 있는 것이다.

둘째, 행정업무의 효율성이 증대된다. 수작업은 업무증가에 따라 비용이 기하급수적으로 증가한다. 이에 반해 인터넷망을 통한 업무처리는 초기에 인테넷망의 설치에 따른 초기비용이 많이 들지만 업무증가에 따른 추가비용은 크지 않다. 따라서 업무가 증가할 경우에 정보화는 비용효과 면에서 우수하다. 또한 수작업 처리시 업무처리의 오류가 발생할 확률이 높아진다. 예컨대 이미 납부한 교통범칙금을 재부과하는 등의 오류가 그것이다. 이러한 행정업무의 오류는 결국 시민들의 비용으로 귀착된다. 이는 시민들의 불필요한 비용부담도 문제이지만 오류를 범한 주체와 비용부담의 주체가 달라진다는 점에서도 심각한 문제라 할 수 있다. 행정업무의 디지털화는 이러한 오류를 방지해 준다.

셋째, 정부정책의 질이 높아질 수 있다. 정보통신망을 통한 정책정보의 수집과 분석, 관련집단 간의 정보교류, 의사결정지원시스템을 이용한 신속하고도 효과적인 정책결정, 정책정보공개와 정책과정에의 참여확대로 정책을 둘러싼 갈등의 해소와 정책결정의 타당성·실현가능성 재고 등은 정책의 질을 높여줄 것이다. 정책은 일반 행정업무보다 대상범위가 광범위하고 규모가 크며, 불확실성도 크기 때문에 정책실패의 비용은 막대한 것이라고 할 수 있다. 따라서 디지털화를 통한 정책의 질을 높이는 것은 눈에 보이든 보이지 않든 간에 막대한 국가적 비용을 절감시켜 주는 결과를 가져다 준다.

넷째, 정부의 조직과 인원감축을 할 수 있고, 정부의 행정서비스가 전달되는 과정에서 발생할 수 있는 오류나 부정을 제거할 수 있으며, 정부의 행정서비스를 제공받는 국민들의 편익을 증진시킬 수 있다. 예컨대 복지급여, 각종 민원서류 발급, 등록 및 인·허가 업무, 우편, 경찰업무 등 광범위한 분야의 정부업무가 이에 해당한다.

다섯째, 정부조직의 의사결정을 분권화하고 관료주의적 경향을 완화하며, 탈권위주의적인 방향으로 변화시킨다. 이에 따라 정부의 조직구조도 상하위계적인 구조에서 평면적인 구조로 바뀌게 된다. 이러한 변화는 다시 정부 조직구성원의 형태에도 영향을 미쳐 정부조직의 민주화와 탈권위주의를 촉진시키게 될 것이다.

3.2 정부역할의 변화

행정업무의 디지털화에 따라 정부의 역할은 어떻게 변화하는가?

첫째, 소비와 생산의 디지털화로 인해 시장기능이 회복됨에 따라 정부의 역할이 그만큼 축소된다. 산업경제에서 상품시장의 소비자는 판매자에 비해, 노동시장의 노동자는 고용주에 비해, 금융시장의 예금자는 금융기관에 비해, 그리고 교육시장의 학생은 교사에 비해 열등한 정보를 갖고 있다. 그러나 디지털경제시대에서는 정보의 흐름이 빨라지고 정보거래비용이 저렴해지기 때문에 누구나 쉽게 거래상대방과 관련한 정보에 접근할 수 있게 된다. 다시 말하면, 정보불균형의 문제가 완화되어 완전정보가 달성될 수 있다. 이와 같이 완전정보가 달성되면 상품시장에서의 모든 판매자들은 동일한 상품에 대해 동일한 가격으로 판매해야 한다. 만약 상품의 가격이나 품질이 조금이라도 높거나 낮다면 그 판매자는 기존의 고객을 즉시 잃어버리고 시장에서 퇴출당할 것이다. 또한 노동자는 불리한 노동환경과 싼 임금수준으로 노동력을 제공하지 않을 것이며, 금융상품을 구매하려는 예금자 역시 자신에게 가장 적합한 금융상품을 아주 저렴한 비용으로 찾아 낼 수 있다. 이러한 디지털시장에서는 정보가 소비자를 보호하기 때문에 정부가 따로 나서 소비자를 보호해야 할 필요성이 없게 된다. 정부는 그저 정보가 원활하게 흐르도록 기반을 조성하면 될 것이기 때문에 그 만큼 시장실패를 해결하기 위해 이루어지는 정부개입의 필요성이 줄어들게 된다.

둘째, 전자상거래와 관련된 세금수입의 감소로 정부의 재정이 점차 축소될 것으로 예상됨에 따라 정부의 역할도 변화하게 된다. 전자상거래의 개별성, 익명성, 그리고 디지털재화(정보재)의 무형성 등으로 전자상거래에 대한 징세가 어려우며, 글로벌화로 인해 기업의 입지가 유동적인 상황에서 국가간 제도의 격차는 기업이 세금이 적은 지역으로 쉽게 이동할 수 있도록 하고 있다. 그리고 행정의 간소화, 공교육 등의 네트워크화, 전반적으로 사회의 효율성 증대로 정부지출규모가 점차 줄어들 것이며, 궁극적으로 정부는 행정서비스의 제공자에서 조정자로 역할이 변화하게 된다.

셋째, 각국의 정부 간의 협력이 긴요해지고 국가 간의 조정을 위한 세계기구의 역할이 더욱 확대된다. 기업 및 고용의 글로벌화로 국가 간 상업적 결속이 확대되면서 하나의 지구촌이라는 개념에 맞는 과세 및 규제에 관한 법률 및 제도의 통일이 필요하다.

제 4 절 디지털경제의 성과

일부의 경제학자들은 1980년대의 경제현상을 스태그플레이션(stagflation), 성장의 한계, 기술적 프론티어(frontier)의 고갈 등을 내세워 미래경제의 불투명성을 강조하였으나 경제학의 인접분야에서는「후기산업화사회론」,「제3의 물결」등 미래사회학적 접근방법을 통하여 낙관적인 미래를 전망하였다.

정보통신기술의 발전은 은행간 네트워크를 전개시켜 화폐의 전자기호화현상(화폐의 정보화)을 일반화함에 따라 국경을 넘는 국제간의 자금거래도 보다 용이해질 것이다(금융의 국제화). 이와 함께 은행 간의 정보통신시스템이 기업, 백화점 등 일부의 외부 정보통신시스템과도 연결되는 네트워크가 구축됨으로써 실물거래 정보도 전자기호화하는 현상이 일반화될 것이다(실물거래의 정보화). 이와 같은 실물 및 화폐경제의 정보화현상은 디지털경제시스템이 작동될 수 있는 전제조건이 되는데, 여기서는 한 국민경제의 디지털화에 따라 나타날 수 있는 효과를 살펴보자.

1. 사회간접자본의 혁신과 사회적 비용의 절감

디지털경제의 거시적 공급측면은 정보통신기반(즉, 종합정보통신망: ISDN)라는 사회간접자본이 당당하게 될 것이다. 일반적으로 사회간접자본의 변혁이 사회적 비용과 그 질을 변화시키면 경제전체의 생산활동수준도 변화하지 않을 수 없다(사회간접자본의 외부경제효과). 만약 종합정보통신망이라는 하나의 전송로로 은행, 기업, 소비자가 각각의 단말기를 통하여 모든 경제활동을 하게 되어 화폐경제의 정보화와 실물경제의 정보화가 보편화된다면 그것은 기존의 시장거래 경제시스템에 커다란 영향을 주게 될 것이다. 특히, 금융거래와 신용거래 및 대응시스템으로서의 유통업무는 큰 변화를 겪을 것인바, 이는 화폐제도가 지폐형태(paper base)로부터 서류 없는 전자적 형태(electronic base)로 이행한다는 중요한 의미를 갖고 있다. 따라서 지불수단으로 사용될 화폐는 전자화폐로 대체됨으로써 화폐의 기능도 본질적으로 변화하게 될 것이다. 이에 대한 자세한 설명은 제12장에서 살펴본다.

또한 정보화는 비용절약적 기술의 채택으로 산업의 비용을 획기적으로 절감시킬 수 있다. 우선 정보통신기술은 인력에 의존하던 경제활동을 자동화함으로써 지속적으로 증가하는 인건비의 부담을 줄여준다. 우리에게 있어서도 무인공장, 무인생산시스템은 이미 낯선 것이 아니다. 또한 정보화를 통한 정보유통의 자동화는 물류 및 교통비용의 획기적인 감소를 가져올 수 있다. 예컨대 현재 우리나라의 고속도로를 이용하는 화물차의 거의 절반은 빈차로 운행하고 있다. 이는 출발지에서 화물을 싣고 올라간 뒤에 도착지에서 화물운송을 원하는 화주와의 연결이 안 되어 빈차로 내려오기 때문이다. 물류정보시스템이 잘 갖추어진다면 출발시점에 이미 도착지에서 화물을 내린 뒤에 어느 곳에서 어떤 화물을 얼마나 싣고 내려올 것인지를 미리 파악함으로써 빈차 운행이 줄어들게 되고, 고속도로의 효율적 이용과 운송비용의 절감이 가능해진다.

이와 같이 정보통신기술의 혁신에 의해 기존의 상거래관행이 타파됨으로써 전통적 경제시스템 아래서 사회간접자본을 형성해 왔던 통신제도, 금융제도, 유통제도는 새로운 형태로 탄생할 가능성이 크다. 결론적으로 이러한 사회공통의 제도는 한 국가경제의 거시경제적 기반을 형성하게 되고 사회적 비용을 대폭적으로 절감시키게 될 것이다.

2. 산업조직과 기업경영전략의 변화

한 산업 내의 기업간 경쟁은 기본적으로 진입과 탈퇴가 자유로운 상태에서 결정된다. 만약 사회간접자본의 비용과 질의 변화가 산업 내의 진입과 탈퇴의 자유에 영향을 미친다면 산업조직은 변화를 겪게 될 것이다. 즉, 디지털경제에서는 정보통신기반의 정비와 함께 사회 공통의 제도인 금융, 유통시스템이 고도화됨으로써, 특정산업에 신규로 진입하려는 기업은 이와 같은 공통적으로 사용 가능한 자본설비를 제공받는 셈이 되어 초기 투자비용의 매몰성을 최소화할 수 있는 것이다. 결국 모든 산업에 매몰비용(sunk cost)이 최소화되어 신규진입기업은 투자에 따른 위험부담 없이 진입을 시도함으로써 경쟁적 시장성과(competitive market performance)를 기대할 수 있게 된다.

디지털경제는 기업과 산업의 효율성을 높여준다. 우선 효율적인 정보시스템은 기업활동에 관한 의사결정을 도와 줄 수 있다. 주먹구구식 경영에서 오는 시행착오의 비용과 실패의 리스크를 줄여줌으로써 기업경영을 개선시켜주며, 또한 시장의 창출과 확대에 있어서 필요한 정보를 최단시간 내에 제공해 줌으로써 발빠른 대응능력을 재고시켜 준다. 생산활동에 있어서는 자동화를 통한 기존공정의 생산성 증가는 물론이지만, 이보다 더욱 중요한 것은 유연제조(flexible manufacturing)나 동시적 엔지니어링(concurrent engineering) 등 공정의 혁신과 컴퓨터지원설계(CAD), 컴퓨터이용제작(CAM) 등을 이용한 품질개선을 가져오는 등 정보통신시스템 없이는 도저히 이룰 수 없는 새로운 성과를 가능케 해 준다는 것이다. 금융산업에서도 홈뱅킹, 무인점포, 전자지갑 및 전자화폐 등이 등장하면서 감량경영과 외형의 축소 및 수익성 제고라는 혁신의 바람이 일고 있다. 이러한 새로운 공정, 품질관리의 개선, 새로운 서비스의 개발은 소비자 욕구에 부응하여 다양화, 고급화 되어가고 있다.

개별기업의 측면에서 볼 때 정보화 및 디지털혁명은 경쟁력과 생산성을 제고할 수 있는 기회와 과제를 동시에 제공하고 있다. 기업은 경쟁기업에 앞서서 정보통신기술을 기업경영에 접목시켜 디지털경영으로 진화해감으로써 이전에 비하여 엄청난 경쟁력의 향상 및 생산성의 제고 효과를 얻게 될 수 있다. 특히 지리적·시간적 제약에 더 취약한 중소기업은 디지털혁명에 효과적으로 동참함으로써 순식간에 전세계적으로 영업의 대상을 넓힐 수 있고, 지식과 정보에 입각한 합리적인 의사결정으로 대기업수준의 경영능력을 발휘하는 것이 이전보다 훨씬 용이해졌다.

3. 글로벌 경영체제

디지털경제에서는 세계시장을 무대로 한 글로벌 경영체제가 가능해진다. 세계적으로 시장이 통합되는 추세에 따라 기업활동도 점차 국내를 대상으로 하는 데에서 벗어나 세계를 대상으로 이루어지게 된다. 그에 따라 생산과 경영, 판매 등 기업활동의 분업화가 촉진된다. 예컨대 제품의 기획은 한국 본사에서 하고, 인건비가 저렴한 중국에서 생산한 제품을 수요가 큰 미국시장에서 판매하는 등으로 기업활동의 광역화가 이루어진다는 것이다.

이러한 글로벌 경영을 위해서는 세계 각지에서의 생산활동 및 결과들을 실시간으로 수집·종합하여 경영전략을 수립하고 각 분야별 활동을 지휘할 수 있는 정보통신시스템의 구축이 필수적이다. 뿐만 아니라 세계적인 규모의 시장동향, 소비자 수요의 변화, 기업환경의 변화 등을 경쟁기업보다 빨리 수집하여 대응하는 정보능력은 글로벌 경영에서 사활이 달린 중요사항이며, 정보화가 이루어지지 않고서는 달성이 불가능한 것이다.

4. 소비와 생산구조의 변화

디지털경제시대에서는 소비자의 욕구가 다양화·고도화되고, 소비자는 정보통신을 통해 상품에 관한 지식이 이래저래 풍부하게 됨에 따라 소비부문은 선택소비패턴으로 변화하게 된다. 이에 대해 생산부문은 소비자의 욕구를 충족시키기 위해 산업경제시대의 생산방식인 소품종대량생산방식에서 다품종소량생산방식으로 변하게 될 것이다. 즉, 산업경제시대에서는 매스미디어의 광고효과를 매개로 하여 대량생산된 상품을 익명적(anonymous)으로 소비하였으나, 디지털경제시대의 소비자는 주체적으로 남과 차이가 나는 상품을 선호함으로써 결국 생산방식도 주문생산방식으로 이행하도록 유도할 것이다. 이는 다음과 같은 근거에서 실현될 가능성이 있다.

첫째, 기업은 정보통신네트워크의 전국적 확대에 따른 판매시점관리[19](POS: point of sales)의 기능강화와 저렴해진 통신요금에 힘입어 생산자는 소비자의 욕구를 개별적으로 검색함으로써 소비자 행위의 특정시점과 특정장소를 파악하는 것이 용이해진다.

둘째, 개별주문에 따른 추가비용의 발생은 생산공정과정에서 유연생산체제(FMS)를 도입하여 유연성을 갖추고, 판매관리면에서는 시장정보의 축적에 따른 규모의 경제가 작동하기 시작함으로써 충분히 극복될 수 있다. 따라서 익명형소비로부터 주문형소비로의 이행은 정보사회의 도래에 따라 소비자욕구가 다양화된 결과이며, 이는 실질적인 수요구조의 변화를 의미하는 것이다.

5. 경제성장의 촉진

지식과 정보는 두 가지의 측면에서 경제성장에 영향을 미칠 수 있다.

첫째, 지식과 정보는 기술진보의 형태로 총생산함수에 체화되어 경제

---

19) POS시스템을 지칭할 때 협의와 광의의 두 가지 개념이 사용되고 있다. 협의의 POS시스템은 판매시점 정보관리시스템으로서 어떤 상품이 언제, 어디에서, 얼마나 팔렸는가를 파악할 수 있도록 상품이 판매되는 시점에서 판매정보를 수집하여 관리하는 시스템이다. 이 경우 POR(매입시점정보관리), POO(발주시점정보관리), POD(배송시점정보관리)와 같은 수준으로 판매시점의 정보만을 관리하는 것을 의미한다. 광의의 POS시스템은 점포자동화(store automation)를 실현시키는 소매업경영의 종합정보시스템으로 인식되어 있다. 이 경우 판매정보만이 아니라, 매입, 발주, 배송, 재고 등 소매업체 내에서 발생하는 모든 정보를 종합적으로 관리하는 것을 의미한다.

성장에 영향을 줄 수 있다. 디지털경제의 거시적 공급측면에서의 변화를 총생산함수와 연관시켜 보면 [그림 3-6]과 같다. 여기서 S는 사회적 공통비용을 절감시키는 경제적 기반(정보통신기반)으로서 자본과 노동의 생산성을 결정한다. 따라서 정보통신기반의 정비(S0 → S1)는 동일한 자본과 노동으로 생산 가능한 수준을 획기적으로 인상(Y0 → Y1)하여 총생산함수를 상향 이전시키게 된다. 결론적으로 디지털경제시대에서 지식과 정보는 정보통신기반의 확충·활용을 통해 기술진보(innovation)의 형태로 총생산함수에 체화되어 경제성장을 촉진하게 된다.

[그림 3-6] 총생산함수의 이동

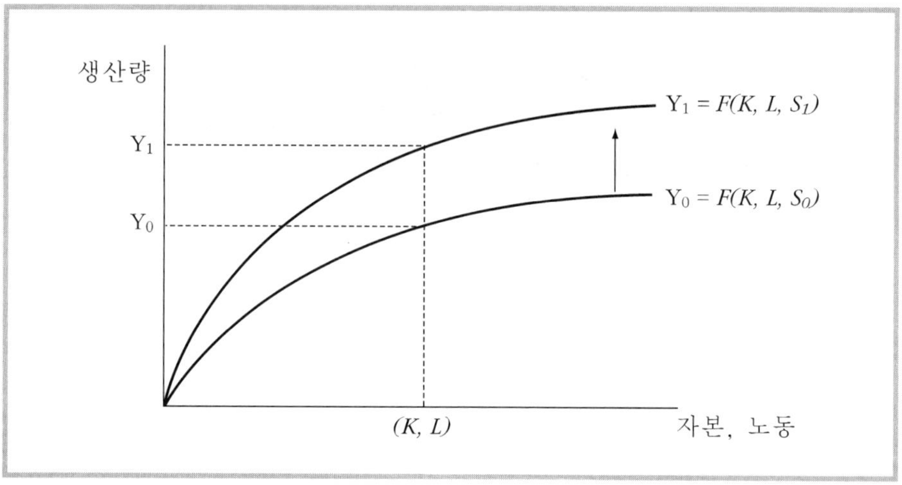

주: S_0 = 정보통신기반 정비전의 사회간접자본 수준.
S_1 = 정보통신기반 정비후의 사회간접자본 수준.

디지털경제에서 지식과 정보는 기술진보(innovation)의 형태로 총생산함수에 체화되어 다음과 같은 세 가지 방식을 통해 경제성장에 영향을 미친다.

1) 지식과 정보는 공정혁신을 통해 생산성을 증대시킨다. 즉, 지식과 정보의 창출, 확산 및 활용은 기술혁신의 기초가 될 뿐만 아니라 사회 전반의 기술진보로 이어질 경우에 생산성의 증대가 가능해진다. 여기에는 지

식과 정보의 효율적 활용에 근거한 획기적 유통구조의 개선, 원가 및 영업비용의 절감을 통한 가격경쟁력도 포함한다.

2) 지식과 정보의 창출, 확산 및 활용은 상품기획, 설계 및 디자인, 광고, A/S의 개선 등을 통해 제품과 서비스의 품질 및 비가격경쟁력의 강화를 가능하게 한다.

3) 디지털경제시대로의 이행과정에서 지식과 정보의 역할은 이들이 전혀 새로운 제품과 서비스를 창출한다는 점이다. 즉, 지식과 정보의 창출, 확산 및 활용은 최근 주목받고 있는 정보통신기술(인터넷)을 기반으로 한 유통업에서 볼 수 있듯이 국내외 시장에서 그 가치를 인정받는 새로운 제품과 서비스의 창출로 이어져 소비자와 생산자의 선택의 범위를 확대함과 동시에 새로운 사업 및 고용기회를 창출한다.

둘째, 지식과 정보는 하나의 독립된 산업, 즉, 정보통신산업의 발전을 통해 경제성장에 영향을 미친다. 정보통신산업이 21세기 최대기간산업으로 성장함에 따라 정보화가 성장 및 고용촉진에 결정적인 역할을 하게 된다. 1990년대를 통해 선진국의 경제성장률이 연평균 2~4%에 머무를 것임에 반해 정보통신산업은 연평균 10%를 상회하는 고도성장이 예견되고 있다. 이에 따라 21세기 세계 정보통신시장 규모는 통신서비스업을 포함할 경우 약 2조 5천억 달러에 달할 것으로 예상되며 명실공히 최대기간산업으로 성장·제공하게 될 전망이다. 더욱이 정보통신산업은 여타 산업에 비해 부가가치가 높은 산업이므로 시장성장의 효과는 배가될 것이다. 효과적인 정보화의 추진은 정보통신산업의 국내수요기반을 제공하고 정보통신기술의 발전을 자극하여 이를 바탕으로 세계 정보통신시장에서의 시장분할을 확대하는 촉진재가 될 것이며, 이러한 정보통신산업의 발달은 이 분야에서의 생산액과 고용규모의 증대를 초래함으로써 경제성장에 결정적인 기여를 하게 될 것이다.

6. 완전경쟁의 가능성

폴라니(K. Polanie)는 디지털정보경제시대가 도래하면 시장시스템의 절대성이 흔들려 산업경제에서와 같은 강력한 시장경제시스템은 붕괴될 것이라고 예언하고 있으나 다음과 같은 근거하에서 디지털경제시대의 경제시스템은 효율성을 한층 더할 것으로 전망되고 있다.

정보통신기반의 정비는 네트워크상에 정보공간을 생성시킴으로써 기업활동의 범위를 공간적으로 확대하여 시장경제시스템의 경쟁적 효율성을 높임과 동시에, 실제 제도적으로 존재하는 각종 규제를 철폐하여 보다 경쟁을 촉진시킬 것이다(규제완화의 일반화, 진입의 자유화). 또한 디지털정보경제시대에서는 시장가격과 각종 실물거래에 관한 정보가 신속정확하게 입수됨으로써 생산자와 소비자는 시장에 관한 완전한 정보를 보유하게 된다(시장정보의 완전성). 결론적으로 시장은 가격형성력, 즉 자기조정능력이 현재보다 강화되어 시장시스템의 효율성은 높아지게 되다.

결국 폴라니의 예언과는 달리 디지털정보경제시대의 경제시스템은 스미스(A. Smith)가 말한 "보이지 않는 손(invisible hand)" 에 의하여, 경제운용의 효율성이 극대화되고 자원의 최적배분이 이루어지는 완전경쟁(perfect competition)의 이상에 보다 근접한 형태로 발전할 것으로 기대된다.

7. 경제활동의 개선효과

디지털경제에서는 경제활동의 여건을 개선하는 데 있어서도 커다란 역할을 하게 된다. 예를 들면 정보화는 교육개혁을 통한 창의력 있는 인재의 배양이나 행정개혁, 인력수급의 효율화, 산학협동·기술정보체재 구축을 통한 기술파급효과 등 기업활동을 둘러싼 사회적 환경들에 광범위하게 영향을 미친다. 기업 자체의 혁신노력과 이들 환경의 변화가 어우러짐으로써 일종의 시너지효과를 창출할 수 있다. 이러한 여러 가지 가능성 때문에 정보화는 '경제엔진(economic engine)' 이라고까지 일컬어지고 있으며, 선진국들은 정보화를 21세기 세계경제 주도권의 핵심무기로 인식, 앞다투어 정보화를 추진하고 있다.

중요개념

- 거래의 디지털화
- 경합가능시장
- 네트워크경제
- 디지털경제
- 모듈기업
- 생산의 디지털화
- 소비의 디지털화
- 소비자주권
- 수확체감의 법칙
- 수확체증의 법칙
- 신경제
- 웹경제
- 인터넷경제
- 정보경제
- 지식기반경제
- 행정업무의 디지털화

연습문제

1. 디지털경제에 기반을 둔 정보통신기술의 발전에 따라 형성된 경제를 어떤 경제라고 말하며, 그와 유사한 용어들과 그 의미를 설명하라.
2. 디지털정보경제 또는 디지털경제에 대한 개념 및 의미를 설명하라.
3. 디지털경제가 출현하게 된 배경 및 선행조건을 설명하라.
4. 정보통신기술은 어떻게 발전해 왔으며, 어떻게 활용되어 왔는가?
5. 개별경제주체의 정보화란 무엇은 의미하는가?
6. 경제내의 정보공유환경이란 무엇을 의미하는가?
7. 디지털경제의 특징으로 경제부문별 변화를 설명하라.
8. 디지털경제와 산업경제의 특징을 비교하라.
9. 디지털경제에서의 경제구조는 어떻게 변화하는가?
10. 디지털경제에서의 소비자의 소비활동은 어떻게 변화하는가?
11. 디지털경제에서의 생산자의 생산활동은 어떻게 변화하는가?
12. 디지털경제에서의 정부의 역할은 어떻게 변화하는가?
13. 한 국민경제의 디지털화에 따라 나타날 수 있는 효과를 설명하라.

제 4 장

디지털재화와 디지털시장

먼저 디지털재화의 개념과 특성을 살펴보고, 디지털시장의 개념 및 정의, 특성, 그리고 디지털시장은 어떠한 시장구조를 갖고 있는가를 알아본다. 아울러 디지털시장에서의 디지털재화를 판매하기 위한 구체적인 전략에는 어떤 것들이 있는가를 살펴본다.

제 1 절 디지털재화란 무엇인가

1. 디지털재화의 개념 및 정의

디지털재화(digital goods)란 한 권의 책, 한 장의 신문, 한 곡의 음악, 한 편의 영화, 전화 한 통화, 특정일자의 주식시세, 특정 데이터베이스 등에 담겨져 있는 정보뿐만 아니라 지식을 컴퓨터가 읽을 수 있는 형태로 디지털화(digitized)될 수 있는 모든 것을 말한다. 따라서 디지털재화는 정보뿐만 아니라 지식이 디지털화되어 있는 것과 현재 아날로그의 형태로 존재하지만 디지털화될 수 있는 것을 모두 포함한다. 예를 들면, 디지털재화는 소프트웨어, 멀디미디어교육 그리고 엔터테이먼트 제품(음악, 비디오), 정보통신망에 의해 디지털화되어 전달가능한 정보기반제품(information-based products)을 말한다.

2. 디지털재화의 특징

디지털재화는 쉽게 시장거래를 할 수 없는 몇 가지의 주요 특성을 가지고 있다. 주요 특성 중 첫째는 그 디지털재화가 무엇인지를 알기 위해서는 먼저 경험을 해 보아야 한다는 경험재(experience good)로서의 특징을 갖고 있다. 둘째는 전형적인 디지털재화인 경우 초기에는 높은 고정비용이 소요되지만 재생산(reproduction)에는 극히 낮은 한계비용이 들어간다는 규모의 경제의 특성이다. 셋째는 디지털재화는 여러 제품을 따로 따로 생산하는 경우보다 결합하여 생산하는 경우에 생산비용이 적게 드는 범위의 경제의 특성이다. 넷째는 디지털재화를 생산·소비하는 데 있어서는 외부성이 발생한다. 다섯째는 전형적으로 비경합성(non-rivalness) 및 비배제성(non-excludability)의 속성을 가지는 공공재(public goods)라는 것이다.

2.1 경 험 재

디지털재화는 실물재와는 달리 실제로 사용하기 전에는 그 가치를 판단하기 어렵다. 예를 들면, 컴퓨터 게임프로그램은 사용자가 실제로 프로그램을 구입하여 게임을 직접 해 보기 전에는 얼마나 재미있는가를 알 수가 없다. 이러한 특성을 갖고 있는 재화를 경험재(experience goods)라고 한다.[1)] 디지털재화는 소비자가 경험하기 전에는 그 디지털재화의 특성을 파악할 수 없다는 점에서 경험재에 속한다. 그러므로 디지털재화의 생산자는 그 디지털재화의 내용을 고객에게 미리 알려서 거래를 해야 하는 어려움이 있다. 이러한 난관을 극복하기 위한 몇 가지의 사회적·경제적 방식이 있다.

첫째, 어떤 디지털재화의 생산자가 고객에게 그 디지털재화의 내용을 미리 알리는 방식이 있다. 디지털재화의 생산자는 대개 그 디지털재화의 내용이 어떠한 것인지를 알 수 있는 기회를 잠재적인 고객들에게 제공한다. 예를 들면, 영화의 경우 예고편이나 시사회를 이용하며, 음악의 경우 라디오나 인터넷 사이트를 통해 미리 들려준다. 이와 같이 사전에 구경을 할 수 있도록 하는 방식이 널리 활용되고 있다. 그렇지만 인터넷상에서 정보의 공급자가 직면하는 가장 큰 어려움의 하나는 제품을 미리 구경(previewing and browsing) 할 수 있도록 하기 위한 효과적인 방법을 찾아내는 것이다.

둘째, 디지털재화의 생산자가 다른 사람의 비평 혹은 논평(reviews)을

---

1) 일반적으로 상품의 특성은 소비자가 갖고 있는 정보수준에 따라 탐색재(search goods), 경험재(experience goods), 그리고 신뢰재(credence goods)으로 구분한다. 탐색재란 소비자가 특정한 제품을 구매하기 전에 사전조사과정을 통해 특성을 파악할 수 있는 상품(예를 들면, 고기, 야채, 생선, 가구)을 말한다. 경험재는 상품을 구매하거나 실험적으로 사용하여야만 그 상품의 특성을 알 수 있는 상품(예를 들며, 컴퓨터의 프로그램)을 말한다. 그리고 신뢰재는 상품을 구매하여 경험하여도 그 상품의 특성을 정확히 파악할 수 없는 상품(예를 들면, 의료서비스, 교육서비스)을 말한다.

활용하는 방식이다. 이 방식은 영화와 음악 등 오락산업(entertainment industry)에서 보편화되어 있으며 도서 등 출판물의 경우에도 흔히 이용되고 있다. 특히 보다 순수한 형태의 디지털재화고 할 수 있는 저명한 과학학술지의 논문은 관련분야의 전문가들에 의한 엄격한 심사에 따른 논평에 기초하여 선정된 논문이기 때문에 그 학술지에 실린 논문의 정보가치는 높게 평가될 수 있다.

셋째, 디지털재화의 생산자가 명성(reputation)을 이용하는 방식이다. 우리는 상품을 고를 때 브랜드를 선택의 한 기준으로 이용한다. 그리고 어떤 기사의 정확성을 판단할 때 어떤 신문에서 보도한 내용인가에 관심을 가진다. 따라서 디지털재화를 생산하는 산업에서 각 공급자는 브랜드의 이미지를 유지하고 또한 높이기 위해 많은 투자를 한다. 브랜드를 알리고 명성을 얻기 위한 투자는 디지털산업의 표준화된 경영전략으로 자리잡고 있으며, 이와 관련된 투자는 정보의 경험재 문제를 해결하는 방법이 될 수 있다.

2.2 규모의 경제

일반적으로 디지털재화(컴퓨터프로그램, 서적, 영화, 음반, CD)는 최초 상품의 형태로 만드는 데는 많은 비용이 소요되는 반면, 완성된 제품을 재생산하는 데는 그 비용이 무시할 정도로 적게 소요된다. 예를 들면, 한 편의 영화를 제작하기 위해 투입되는 비용이 10억이 투입되었다고 하자. 그런데 그 영화의 상영을 위해 여러 개의 필름을 생산하는 비용은 최초의 영화제작비용에 비해서는 아주 작은 몇 천원에 불과하다.

이 때문에 경쟁시장이 형성되기 어렵고, 독점화가 될 가능이 있다. 다시 말하면, 규모의 경제가 존재하는 영역에서는 대규모의 기업이 소규모의 기업보다 낮은 평균비용으로 생산할 수 있게 되기 때문에 시장에서는 경쟁체제가 유지되기 어렵고 독점이 될 가능성이 크다. 이와 같이 규모의 경제라는 기술적인 요인에 의해 독점화가 형성되는 경우를 자연독점(natural monopoly)이라고 한다.

이와 같은 규모의 경제적 성질을 지닌 상품을 생산하는 산업을 비용체감산업이라고 불린다. 이것은 상품생산에 대한 고정비용이 막대한 반면 가변비용은 미미하여 생산량이 증가할수록 단위당 평균비용이 감소하는 산업을 의미하며, 전통적으로 생산설비 등의 장치비용이 많이 들어가는 전기, 철도, 통신, 석유화학 등의 산업이 대표적인 예이다. 구체적으로 비용함수로 그 특성을 살펴볼 수 있다. 비용함수는 일반적으로 C = C(Q)로 쓸 수 있는데, 생산량 Q는 노동 L과 자본 K의 함수의 결과로 산출되는 것이라고 한다면, C = wL + rK로 나타낼 수 있다. 이때, w는 임금이고 r은 자본 단위당 이자율을 나타낸다. 따라서 평균비용은 C/Q = (wL + rK)/Q로 나타낼 수 있다. 여기서 노동과 자본의 투입을 각각 α 배만큼 증가시킬 경우에 생산량이 얼마만큼 증가하는가에 따라 평균비용이 증가하거나 혹은 감소할 수 있다. 따라서 비용체감의 경우에는 생산량 증가가 α 배 이상으로 증가하는 경우를 의미하게 된다는 점을 확인할 수 있다.

결국, 디지털재화가 비용체감의 특성(규모의 경제성)을 지니고 있다는 것은 수확체증의 성질을 지니고 있다고 바꾸어 말할 수 있다. 이러한 특징을 갖는 디지털재화의 재생산 공급업체가 일단 시장지배력을 확보하면 가격은 이제 단위당 한계생산비용에 의해 결정되지 않고 소비자의 기호에 따라 정해진다. 그런데, 소비자의 기호는 동일하지 않고 다양하기 때문에 이윤을 보다 많이 확보하고자 하는 기업은 소비자에게 단일가격을 부과하는 것에 만족하지 않는다. 복제된 디지털재화의 생산기업은 보다 많은 이윤을 획득하기 위하여 다양한 형태로 차별화하기도 한다. 이에 따라 재생산된 디지털재화시장에서는 소비자의 기호를 반영하여 다양한 형태의 버전닝과 묶음판매를 내용으로 하는 상품차별화와 가격차별화 등이 시행된다.

2.3 범위의 경제

범위의 경제(economies of scope)란 기업들이 한 제품의 생산보다는 여러 제품을 함께 생산하는데, 이는 결합생산(joint production)이 비용을 절약할 수 있기 때문이라고 볼 수 있다. 여러 제품을 따로 따로 생산하는 경우보다 결합하여 생산하는 경우에 생산비용이 적게 든다면, 이 경우에 범위의 경제가 있다고 본다.

독자적으로 발전한 음악, 영화, 방송, 통신, 오락, 컴퓨터산업, 소프트웨어산업, 나아가 콘텐츠산업 등은 서로 연관되어 있는 경우가 많기 때문에 한 기업이 동시에 생산함으로써 생산비용을 절감할 수 있을 뿐 아니라 대단히 가치가 높은 제품을 만들어 낼 수 있다. 예를 들면, 음악과 정보산업이 연결되어 디지털음악을 만들어 냄으로써 보다 정확하게 음을 보관하고 질적 저하 없이 재생산할 수 있으며, 다양한 형태로 음을 수정하고 조합할 수도 있다.

또한 통신산업은 정보산업과 연결되면서 문자정보, 화상정보 등을 기존의 음성정보와 함께 전달하는 장치가 되었다. 이동전화에서 오락을 즐기는 사람들이 늘어가고 있으며, 방송도 이동전화를 통하여 수신하는 것이 가능해지고 있다. 이와 같이 여러 형태의 정보가 디지털화되면서 별개의 정보산업들이 상호 연결되어 가치를 높이고 비용을 절감하며 또한 과거에 존재하지 않았던 상품이나 서비스를 생산해 낸다. 방송, 서적, 출판, 신문, 잡지의 발행 형식이 바뀌는 현상은 이제 흔한 일이 되었다. 더구나 정보산업과 통신산업이 동시에 발전하는 것은 다른 많은 산업에도 긍정적인 영향을 끼친다. 직접적인 상품판매 이외에 상품광고, 주문, 사후서비스, 상품비교 등에서 획기적인 발전의 기회가 열리고 있으며, 이에 따라 마케팅과 자재조달, 제품개발 방식 등의 변화를 촉진시킨다. 아울러 다양한 캐릭터 상품들이 소개되어 범위의 경제가 이루어지고 있다.

2.4 공공재

디지털재화는 비경합성(non-excludability)과 비배제성(non-rivalness)의 특성을 지니고 있는 공공재적 성격을 갖고 있다. 비경합성이란 재화 또는 서비스의 각 단위를 여러 소비자가 함께 소비할 수 있음을 의미한다. 다시 말하면, 어떤 사람이 재화 또는 서비스를 소비하더라도 다른 사람들의 재화 또는 서비스 소비에 영향을 미치지 않는 특성으로 가격(요금, 사용료)을 지불하지 않고도 누구나 소비할 수 있는 것을 말한다. 디지털재화는 원본이 원작자에 의해 개발 또는 창작되면 그것을 복제생산기업이 대량으로 복제하여 소비자에게 공급한다. 또한 디지털재화는 기술적으로 디지털화되어 있어서 변환가능성과 업그레이드가 용이하기 때문에 일단 원본이 창작되면 이를 변형하거나 이와 유사한 상품을 개발하는 작업은 아주 적은 비용으로도 가능하다. 따라서 디지털재화는 복제생산의 한계비용이 0이고 추가적인 변형에 따른 한계비용이 매우 적기 때문에 디지털재화 원본에 대한 수요는 공공재와 같은 비경합성을 보인다. 예를 들면, 어떤 한 가정에서 라디오 방송을 들을 때 다른 가정이 같은 방송을 듣는다하더라도 어떠한 불이익도 받지 않는다. 그러므로 이와 같은 방송서비스의 특성을 비경합성이라고 할 수 있다.

비배제성이란 사람들이 재화 또는 서비스의 소비량을 증가시켜도 고갈되지 않기 때문에 어떤 사람이 그 재화 또는 서비스를 소비할 때 다른 사람이 소비하는 것을 배제시킬 수 없는 성질을 의미한다. 다시 말하면, 기본적으로 디지털재화는 공급자가 그 디지털재화를 제공함에 있어서 소비자를 구분하여 배제할 수 있는 성질을 갖지 못한다. 디지털재화는 네트워크를 통해 확산이 가능하고 쉽게 변형하거나 다양한 형태로 보급될 수 있기 때문에 디지털재화의 유통에 어떠한 제한을 가하기가 어려운 것이 현실이다.[2)]

공공재적인 성격을 갖는 디지털재화 원본을 누구나 복제하여 판매한다면, 복제생산비용이 0이므로 디지털재화의 소비자가격은 0이 될 것이다. 이로부터 디지털재화 원본의 생산자가 얻게 되는 이윤도 역시 0이 되어 디지털재화 원본의 생산에 대한 동기는 사라질 것이다. 즉, 더 이상 디지털재화 원본을 개발하거나 창작하기 위한 수고를 기대할 수 없다. 디지털재화 원본의 생산을 위한 자원투입은 사라져 디지털재화의 원본은 사회적인 최적수준에 비해 심하게 과소생산되게 된다. 즉, 사회적인 자원배분의

2) 보안기술이나 다양한 운영전략 및 지적재산권에 대한 법적제도를 통해 디지털재화의 비배제성의 성질을 일정부분 제한할 수 있다는 점에서 디지털재화는 순수공공재와는 다소 차이가 있다.

비효율성이 나타난다. 이러한 자원배분의 비효율성은 디지털재화 원본과 복제된 디지털재화를 한 기업이 생산하게 되면 자연독점이 이루어져 어느 정도 완화된다. 또, 법적제도로 복제생산의 독점을 인정하는 것도 가능하다. 즉, 지적재산권, 상표권, 특허제도 등은 이 목적으로 도입된 것들이다. 이들을 통해 독점력을 보장함으로써 디지털재화 원본이 지속적으로 생산되도록 하는 방법이다. 한편, 기업의 입장에서 보면, 디지털재화의 공공재적 성격을 해결하기 위한 전략으로 배제 가능한 사적재화와 디지털재화를 함께 끼워 팔기함으로써 디지털재화의 배제성을 실현할 수도 있다. 디지털재화는 공공재가 지니고 있는 두 가지의 특성을 갖고 있기 때문에 디지털재화의 가격(요금, 사용료)이 형성되기 어렵다. 이와 같이 디지털재화는 근본적으로 가격이 형성되지 않는다라는 사실 때문에 가격을 지불하지 않고 디지털재화를 소비하려고 하는 무임승차자(free-rider)의 문제가 발생하게 된다. 따라서 디지털재화의 공급을 시장기구에 맡기면 외부경제를 발생하는 상품처럼 사회적인 측면에서 볼 때 필요 이하로 적게 생산되거나 아예 생산이 되지 않기 때문에 정부가 디지털재화의 생산을 간여하는 경우도 있다.[3)]

2.5 잠금효과

디지털재화를 생산하는 기업은 높은 초기생산비용과 낮은 복제비용으로 인해 디지털재화가 쉽게 상품화(commoditized)되는 것을 막기 위해 자사상품에 대한 고객화(customized)를 통해 수요를 확보하고자 한다. 그러한 시도가 상품차별화의 현상으로 나타나고, 그 상품차별화는 다시 수요측면에서 잠금효과와 네트워크 외부효과로 이어지게 된다. 따라서 디지털재화

3) 상품의 가격이 형성되지 않는 공공재와 같이 디지털재화는 시장기구에 의해 그 상품의 적정한 생산량과 소비량이 결정되지 않는다. 이 때 정부는 적정한 디지털재화의 생산을 통해 사회적 후생을 증대시키기 위해 시장에 개입할 수 있다. 다시 말하면, 공공재와 같이 디지털재화에 의해 시장실패가 발생할 때 민간기업이 디지털재화를 생산하거나 가격기구에 의해 생산과 소비를 결정하게 하면 모두 파레토의 최적상태가 달성되지 않으므로 정부에 의해 비가격적인 생산방법과 분배방법을 취하는 경우가 대부분이다.

의 공급측면에서의 특성이 높은 초기생산비용과 낮은 복제비용으로 인한 규모의 경제와 범위의 경제라고 한다면, 디지털재화의 수요측면에서의 특성은 잠금효과와 네트워크 외부효과라고 할 수 있다.

먼저 잠금현상으로 나타나는 잠금효과(lock-in effect)를 살펴보자. 어떤 상품을 사용하던 소비자가 다른 상품을 사용하려고 할 때 그 소비자가 부담해야 하는 비용을 교체비용(switching costs)이라고 하고, 이 교체비용이 커서 기존에 사용하던 상품이나 그 상품의 업그레이드된 것을 계속 사용하는 현상을 잠금현상이라고 한다. 즉 한 상품을 계속 사용하다가 다른 상품을 이용하기 위해서는 대체상품의 구입비용뿐만 아니라 사용에 익숙해질 때까지 숙지해야하는 훈련비용도 지불해야 하는데 이것을 통틀어 교체비용이라고 한다.

사실, 디지털재화에는 잠금현상이 다른 상품에 비해 두드러지게 나타난다. 디지털재화는 경험재이고 네트워크 효과가 크며, 더욱이 그 특성상 다양한 보완기능을 갖는 하드웨어와 소프트웨어가 하나의 시스템으로 작동할 때 비로소 제 기능이 수행되는 특성들 때문에 일단 한 상표의 제품을 사용하게 되면 쉽게 다른 상표의 상품으로 전환하기가 힘들다. 예를 들면, 매킨토시 컴퓨터를 써오던 사람이 컴퓨터가 낡아 새 것을 구입하고자 할 때, 냉장고를 바꿀 때와 같이 마음에 드는 상표로 쉽게 바꿀 수 있는 것이 아니다. 먼저 컴퓨터를 바꾸기 위해서는 매킨토시 컴퓨터를 오랫동안 사용하면서 익힌 익숙한 작동기술을 버리고 새로운 방식을 익혀야 한다. 매킨토시 운용소프트웨어에서 작동하는 응용소프트웨어도 쓸모가 없게 될 것이므로 버려야 하고, 매킨토시에 맞추어 구입한 프린터나 모뎀과 같은 기능부품들 중에서도 버려야 할 것이 많을 것이다. 가장 중요한 것은 지금까지 매킨토시 컴퓨터에서 작업하여 보관하고 있는 많은 데이터나 정보들이 무용지물이 될 가능성이 높다는 것이다. 또한 매킨토시 사용자들과 문서를 주고받는 일이 어려워지고 매킨토시 동호인들과 나누었던 유대관계도 유지하기 어렵게 된다. 이런 이유로 소비자는 IBM 호환기종을 구입하려는 생각이 있음에도 불구하고 고민에 빠지지 않을 수 없다.

이와 같이 디지털재화는 대체재로 소비를 전환하고자 할 때 소비자가 일정한 교체비용을 지불해야 하기 때문에 전환으로부터 얻는 기대이익이 크지 않는 한 기존의 제품을 그대로 사용하거나 기존 제품과의 호환이 되는 제품을 사용하게 된다. 이러한 잠금현상은 경로의존성(path dependence)으로 연결된다.[4] 즉, 보다 나은 제품이 출시되었음에도 불구하고 고객들은 새로운 우수제품으로 수요를 이전시키는 데 드는 교체비용의 지불을 꺼려하기 때문에 시장에서는 보다 열등한 제품이 그대로 높은 시장점유율을 유지하고 오히려 성능이 좋은 제품이 시장에서 사라지는 경우가 발생한다.

이제 디지털재화의 잠금현상으로 인한 기업의 경영전략을 살펴보자.[5] 먼저 시장에 진입하려는 신규진입기업은 고객의 교체비용을 지원하거나 품질이 우수한 제품을 개발하여 고객을 확보하는 경우이다. 디지털재화는 잠금현상이 강하게 나타나기 때문에 새로운 대체상품을 가지고 시장에 진입하고자 하는 신규기업은 고객을 확보하기 위하여 고체비용 이상의 이익을 기존 사용자에게 제공하여야 한다. 진입기업이 고객을 확보하여 진입에 성공하기 위해서는 제품의 성능이 아주 뛰어나게 좋아서 기존제품의 사용자가 기꺼이 신제품으로 이전하도록 품질이 우수한 제품을 개발하여야 한다. 그렇지 않을 경우에는 이전을 촉진하기 위하여 진입기업이 이전에 따른 교체비용을 부담하기도 한다. 설치비를 낮추거나 이용료를 낮게 제시하기도 하고 다른 보완재를 무료로 제공하기도 한다. 다른 한편으로는 진입기업이 제품을 기존 제품과 호환이 가능하도록 제작하여 고객의 교체비용 부담을 덜게 한다. 이에 대응하여 기존 기업은 잠금현상을 최대한 활용하여 이익을 극대화 하고자 하는 전략을 선택한다. 다양한 보완재 성격의 주변기기를 개발하여 제시하고 때로는 마일리지 방식을 도입하여 고객의 교

4) 경로의존성(path dependence)이란 잠금현상으로 인해 발생하는 경제적인 속성인데, 경로의존에는 세 가지 형태가 있다. 제1차 경로의존은 앞으로 일어날 일에 대해 명확하게 알고 의사결정을 했지만 어느 시점에서는 그것을 후회하는 현상을 말한다. 제2차 경로의존은 의사결정 당시에는 예측하지 못한 일이 시간이 지난 다음에 발생하여 후회하지만 바꿀 수 없어 매여있는 상태를 말한다. 그리고 제3차 경로의존은 의사결정 당시에 예측하고 있었지만 어쩔 수 없이 실수를 사는 상태를 말한다.

5) 디지털재화는 결합시스템으로 작동하기 때문에 다른 산업에 비해 고객의 잠금현상이 강하게 나타난다. 그리고 고객의 교체비용은 바로 기업의 수입과 비례관계에 있다. 따라서 어떤 기업의 가치를 간단히 계산하는 방식은 고착된 고객의 교체비용 총합과 비용이나 품질의 우위를 통해 얻는 이익을 합계하면 된다. 이러한 논리로 판단 한다면 기업은 충성스런 고객을 많이 확보하기 위해 개별고객의 교체비용을 높이는 것이 장기적인 측면에서 기업의 가치를 높이는 일이다.

체비용을 증가시킨다. 신문이나 잡지의 경우 신규 고객에게는 낮은 가격을 제시하고 기간 연장을 원하는 기존 고객에게는 정상가격을 요구한다. 또 상위 사양의 제품을 출시하면서 자사의 과거 제품과는 호환을 허용하되 다른 회사의 제품과는 호환이 안 되도록 하는 경우도 있다.

2.6 네트워크 외부성

디지털재화는 주로 네트워크를 통해 유통되는데,[6] 네트워크를 통해 유통되는 디지털재화는 사용하는 고객수가 많아질수록 그 디지털재화를 사용하는데 따른 편의성 및 효용이 증가하므로 소비자의 수가 증가함에 따라 네트워크의 가치가 증가하는 현상을 네트워크 효과(network effect)라고 부른다. 이에 대한 멜칼프(Metcalfe)의 법칙에 대해서는 부록을 참조하자.

원래 외부효과(external effect)는 어떤 경제주체의 행동이 다른 경제주체에게 부수적으로 이익 또는 손해를 가져다 주면서도 이에 대한 대가를 받지도 지불하지도 않는 상태를 말한다. 전자를 외부경제(external economy)라하고, 후자를 외부비경제(external diseconomy)라고 하는데, 이들은 모두 시장실패를 야기시킨다.[7]

이제 고객의 수가 증가함에 따라 네트워크의 가치가 올라가는 긍정적인 네트워크 효과에 대하여 살펴보기로 하자. 물리적으로 직접 연결됨으로써 발생하는 외부효과를 직접적 네트워크 효과라 부르는데 여기에는 전화망, 철도망, 팩스, 인터넷 등이 속한다. 그리고 컴퓨터 하드웨어 및 소프트웨어시장, 자동차시장에서와 같이 이용자 수가 증가함에 따라 경험

6) 디지털경제에서의 네트워크는 아날로그적 인적네트워크(철도망, 도로망)가 아니라 디지털형 컴퓨터네트워크(인터넷망)이며, 과거의 위계적인 네트워크인 호스트/클라이언트 컴퓨팅이 아니라 인터넷모델에 기반을 둔 수평적 웹(web) 네트워킹으로 이동해가고 있다.

7) 흔히 외부경제를 유발하는 경제활동은 사회적인 최적수준보다 적은 자원이 배분되어 과소생산되고 공해과 같이 외부비경제를 유발하는 경제활동은 사회적인 최적수준보다 생산활동이 활발하여 과잉생산되는 특성을 보인다. 외부효과에 따른 시장실패를 해결하기 위한 전통경제학에서의 접근방법으로는 피구(pigou)적 접근방법과 코즈(coase)적 접근방법이 있다. 전자는 적절한 조세를 부과하여 가격체계 내에서 외부효과를 내부화하는 방안이며, 후자는 소유권의 설정을 통해 권리를 인정하고 그에 대한 책임을 부여하는 방안이다.

을 가진 사람의 증가와 편리한 프로그램의 개발, 그리고 서비스 이용의 편리성 등의 이익을 얻을 수 있다. 이처럼 다른 관련 시장이나 활동에 영향을 주어 얻게 되는 이익을 간접적 네트워크 효과라 한다. 동일한 사건에서도 이 두 사항이 동시에 나타날 수 있다. 동일한 소프트웨어(예로 OS와 같은 운영소프트웨어)를 보다 많은 사람들이 사용하면 문서를 주고 받는 것이 편리하게 되고, 또 한편으로는 OS의 이용자가 늘어감에 따라 더 편리한 응용소프트웨어가 개발되어 편의성을 높여준다. 이때 전자는 직접적 외부효과이고 후자는 간접적 외부효과에 해당한다. 따라서 네트워크 외부효과(network external effect)란 소비자가 기존의 네트워크를 사용함에 따른 편의성 및 효용을 얻음에도 불구하고 그 대가를 지불하지 않는 상태를 말한다.

앞에서 설명한 잠금현상은 네트워크 외부효과와 밀접한 관계를 갖고 있다. 전통적인 상품(예를 들면, TV, 냉장고, 자동차)의 교체비용은 대체상품의 구입비용과 그 상품을 사용하는데 익숙해질 때까지 숙지해야 하는 습득비용을 말한다. 그러나 디지털재화의 교체비용은 대체상품의 구입비용과 습득비용뿐만 아니라 네트워크 외부효과에 따른 이득(편의성 및 효용)을 포기해야 하는 것까지 모두 포함하게 된다. 다시 말하면, 네트워크 효과가 큰 상품을 사용하는 소비자가 기존의 네트워크를 이탈하고 새로운 상품으로 대체할 때 기존 네트워크의 외부효과를 같이 버리게 되는데 이것도 교체비용 가운데 중요한 요소이다. 이에 따라 새로운 상품이 성능면에서 기존 상품에 비해 우수하다 할지라도 사용자 수가 적어 네트워크 효과를 누리기 어렵다면 소비자는 기존 상품을 계속 사용하는 것으로 만족한다.

제 2 절 디지털시장은 어떤 시장을 말하는가

1. 디지털시장의 개념 및 정의

최근 디지털기술에 기반을 둔 정보통신기술(정보처리기술과 통신기술)의 급속한 발전에 따라 자원의 배분기구로서 시장의 효율성에 관한 관심이 크게 증대되고 있다. 전통적인 경제분석은 전형적으로 규모에 대한 수확불변 혹은 규모에 대한 수확체감의 생산함수를 대상으로 하고 있다. 이와 같은 생산기술 혹은 생산함수가 지배적인 산업에서는 기존의 기본적인 미시경제이론이 적합하다. 즉, 기업은 한계비용(MC)과 한계수입(MR)이 일치하도록 가격과 공급량을 결정하는 것이 바람직하며 실제로 이와 같은 상태에서 시장균형이 달성된다. 그리고 전통적인 생산이론에서 산업의 비용구조는 가변비용(variable cost)과 고정비용(fixed cost)이 비슷한 수준이거나 고정비의 비중이 평균생산비에 큰 영향을 미치지 않았다.

그러나 정보통신기술의 획기적인 발전에 따라 많은 주요산업에서 규모의 경제(economies of scale), 즉 규모에 대한 수확체증과 범위의 경제(economies of scope)가 현저하게 나타나는 새로운 경제에서는 초기에 거액의 고정비용이 소요되며 이들 비용은 대개 매몰비용(sunk cost)[8]의 성격을 띠고 있고 한계비용은 극히 낮거나 0인 경우도 흔히 볼 수 있다. 이와 같은 특성은 특히 통신서비스, 정보서비스, 오락서비스와 같은 소위 디지털재화(digital goods)에서 강하게 나타나는데, 이러한 디지털재화가 교환되는 시장을 디지털시장이라고 부른다.

디지털시장에서 거래가 이루어지는 디지털재화의 경우 높은 초기의

8) 매몰비용이란 어떤 사업을 시작했을 때 들어가는 비용과 그 사업을 그만 둘 것을 결정하였을 때 회복할 수 있는 가치와의 차이를 말한다. 다시 말하면, 사업을 그만 둘 것을 결정했을 때 회수할 수 없는 비용(임금, 사용료, 임대료 등)을 말한다.

고정비용과 낮은 한계비용 때문에 한계비용과 일치하는 가격을 설정하는 경우에는 고정비용을 회수할 수 있는 수입을 올릴 수 없다. 그러므로 기존의 미시경제이론에서의 가격과 생산량결정원리인 P = MC라는 조건이 성립하지 않는다. 기존의 시장에서 각 기업은 최적화(optimization)를 통하여 이윤을 극대화할 수 있지만 디지털시장에서는 이러한 원리가 적용되지 않기 때문에 다른 가격결정방식을 모색해야 한다. 이에 대한 자세한 내용은 제3절에서 설명한다.

2. 디지털시장의 특징

2.1 시장구성요소의 변화

디지털시장 내에서의 시장의 구성요소인 시장참가자, 제품, 그리고 프로세스 등이 변화하는데, 시장참가자란 시장활동에 관련된 판매자, 구매자 및 제3의 중개자를 말하며, 제품이란 시장에서 시장참가자들 간에 거래되는 디지털재화를 말한다. 그리고 시장의 프로세스란 시장참가자들의 경제활동간의 상호작용을 말한다.

첫째, 시장의 참가자들이 변화한다. 시장의 참가자들인 판매자, 구매자 및 제3의 중개자들 간의 관계가 기존의 거래기반관계(transaction-based relationship)에서 수평적 관계인 파트너기반관계(partnership-based relationship)로 변화하고 네트워크와 인터넷의 발전으로 소비자를 중심으로 한 관계가 형성된다. 소비자들은 인터넷상에서 거래를 할 수 있는 수많은 상점을 접할 수 있고, 과거에는 지역과 시간에 국한되었던 거래들이 이제는 국내외를 막론하고 어떤 시간에서든지 상품을 구입할 수 있게 되었다. 또한 소비자들의 상품에 대한 광범위한 선택은 디지털로 전환된 디지털재화에 한정되지 않고, 가전제품, 사무용품 및 여타 물품을 판매하는 웹사이트도 전통적인 소매점에 비해 더 많은 선택의 기회를 제공해 준다. 이와 같이 소비자들은 인터넷상에서 상품구매에 따른 편리함, 폭넓은 선택, 일반가게에서

구하기 힘든 물건을 구입할 수 있는 기회 등을 얻을 수 있을 뿐만 아니라 소비자들은 상품의 구매시 인터넷상에서 보다 편리하고 신속한 상품의 가격정보와 품질정보를 획득할 수 있다. 소비자는 판매자들이 그들의 욕구를 개별적으로 맞추어 상품을 생산하기 때문에 보다 편리하고 시간을 절약할 수 있으며, 정확한 정보와 폭넓은 선택은 인터넷사업자들로 하여금 상품의 가격을 내리게 하거나 상품의 질을 향상시킬 수 있다.[9] 심지어 최근에는 역경매 사이트 등이 등장하여 소비자가 가격을 주도하는 역시장이 형성되는 경우가 있다.

둘째, 시장에서 거래되는 제품이 변화한다. 시장에서 거래되는 제품이 물리적 제품(physical products)에서 디지털제품(digital products)으로 바뀜에 따라 제품의 특성 역시 개별화 및 고객화가 되어 간다. 디지털시장에서의 소비자들은 인터넷을 통해 취향대로 제품을 선택할 수 있다. 예를 들면, 고객이 원한다면 디지털로 녹음된 음악들을 골라 자신만의 CD를 만들 수도 있다. 또한 고객들은 컴퓨터를 구매할 때 다양한 기본모델을 선택할 수도 있고 기본 사양에 따라 가격을 조정할 수도 있다. 이와 같이 인터넷과 통신망은 정보의 흐름을 빠르게 하여 소비자의 선택 폭을 확대시켜 준다. 또 하나의 예로 웹 기반의 의류상도 고객에게 옷을 입어볼 수 있는 기술을 실현하고 있다. Large 혹은 Extra-Large 스웨터 중에 어느 것을 입어야 하는지 컴퓨터 마우스를 드래그해 보면 가상의 스웨터를 입은 자신의 3차원 이미지가 너무 헐렁한지 맞는지 확인할 수 있다. 고객의 표준 체형을 생산해야 하는 의류상과 제조업체에겐 이 기술로 가게에서 옷 입어보는 것을 시뮬레이션 해볼 수 있을 것이다. 얼마만큼 의류, 가구, 기타 제품들을 개별 고객의 취향에 맞게 만들어 낼 것인가는 궁극적으로 시장의 수요에 달려 있다.

이와 같은 제품의 개별화 및 고객화는 결국 개별소비자에 대한 1 대 1 마케팅을 할 수 있도록 한다. 다시 말하면, 판매자의 궁극적인 목표는 개인들의 선호에 따른 고객화된 제품을 제공하는 것이다. 판매의 효율성

9) 온라인 서점의 경우에 어떤 책들에 대해 일반서점의 가격보다 20%~30%나 할인된 가격으로 판매하는 경우가 있다. 하지만 배달가격에 따라 전체의 비용이 인터넷서점이 높을 수 있다.

향상은 경쟁에 앞서 개별소비자의 욕구에 부응하는 적절한 제품의 생산을 가능케 함으로써, 그리고 고객의 구매결정 시점을 제대로 식별하고, 그 시점에 대비할 수 있는 능력을 갖춤으로써 제품의 개별화 및 고객화를 달성할 수 있다.

셋째, 시장의 프로세스가 변화한다. 디지털시장의 프로세스의 변화로서는 고객이 제품을 선택, 주문, 지불 그리고 소비하는 형태가 디지털경제에서는 비용절약(cost-saving)에서 시간절약(time-saving)으로 변화하고 있다. 다시 말하면, 산업경제에서는 소비자들이 제품의 정보탐색으로 인해 제품을 평가할 때 비용과 시간이 많이 소요된다. 하지만 디지털경제에서는 고객이 인터넷상에서 보다 편리하고 신속한 제품의 가격정보와 품질정보를 획득할 수 있기 때문에 제품을 평가할 때 비용과 시간을 절약할 수 있다.

2.2 시스템 경쟁과 표준화의 중요성

디지털재화를 생산하는 정보통신산업의 가장 근본적인 특징은 시스템산업 또는 네트워크산업이라는 점이다. 즉 대개의 경우 하드웨어－소프트웨어의 형태로 구성되어 있거나, 부품－기기－소프트웨어－서비스로 구성되어 있다. 이러한 산업에서는 개별제품들이 서로 밀접하게 연결되어 전체적으로 하나의 커다란 시스템을 구성하게 된다. 각 부문의 개별제품은 그 자체가 소비자에게 효용을 제공하기보다는 하나의 시스템으로 서로 결합되어 효용을 제공한다. 따라서 시스템을 구성하는 개별제품들은 상호 보완재적인 관계를 갖고 있다. 이러한 특성으로 개별제품간 경쟁보다는 시스템경쟁(system competition)이 더욱 중요한 의미를 갖게 된다.

디지털시장에서는 서로 다른 시스템간 경쟁이 일어나므로 기업의 중요한 목표 중 하나는 그 기업이 속한 네트워크를 확대하는 것이다. 따라서 디지털시장에서 기업은 궁극적으로 그 기업이 속한 네트워크와 이의 구성요소들인 제품들을 표준으로 만들기 위한 여러 가지 전략을 사용하게 된다. 이와 같이 시스템 간의 경쟁이 일어나는 디지털시장에서는 표준화가 매우 중요한 문제이다. 일반적으로 표준화의 과정은 둘로 분류될 수 있는

데, 첫째는 관련당사자들의 협의에 의해 인위적으로 단일표준을 결정하는 방식이 있고, 둘째는 시간을 두고 기업간 경쟁에 의해 시장에서 자연스럽게 우열이 가려지는 '사실상의 표준'이 결정되는 방식이 있다. 전자의 경우는 경쟁적인 복수의 기술은 있으나 아직 상용화가 안된 경우에 자원의 낭비를 막기 위해 주로 이용되는 방법이다.

2.3 급속한 기술진보와 시장진화

많은 새로운 산업의 진화과정과 마찬가지로 정보통신산업은 초기에는 소수의 창의적인 기업들이 기술혁신을 선도하며 뒤이어 많은 기업들이 신기술을 채택하여 시장에 진입한다. 그러므로 경쟁은 시간이 지남에 따라 치열해진다. 그런데 정보통신산업은 기술발전의 속도가 빠르다. 기술발전이 빠르면 새로운 시장이 계속적으로 창출된다. 따라서 기존의 라이프사이클에서 다른 라이프사이클로 건너뛰는 데 소요되는 시간이 짧은데, 일반적으로 소수의 혁신기업들이 새로운 기술과 시장을 선도하고 수많은 모방기업들이 다투어 진입하는 패턴이 계속 반복된다.[10)]

2.4 유통비용과 탐색비용의 감소

기존의 시장에서의 정보통신기술의 활용에 따른 디지털시장으로의 변화는 공급자와 소비자 간의 정보의 원활한 흐름을 통해 상품이 공급자로부터 최종소비자에게 직접 전달되도록 함으로써 공급자의 유통비용과 소비자의 탐색비용을 절감시킬 수 있다. 공급자 측면에서 볼 때 제조업체에서 생산된 제품을 유통업체로 이동한 이후, 유통업체에서 제품판매를 위해 필요한 인력, 건물 등의 유지비용이 들어가게 된다. 기업의 입장에서 소요

10) 정보통신산업은 기술 및 제품수명주기가 매우 짧고 시장진화가 빠르다. 대부분의 정보통신부문들은 'Moore의 법칙'이 잘 설명하듯이 제품의 가격하락과 품질향상의 속도가 매우 빠르다. 인텔의 창업주인 Moore는 정보통신관련 제품의 성능이 18개월마다 2배씩 향상된다고 주장하였는데, 이는 정보통신산업계에서 일종의 법칙으로 받아들여지고 있다. 그런데 최근에는 정보통신관련 제품의 성능이 시간이 지남에 따라 성능향상 주기가 더욱 짧아지고 있다.

되는 이러한 유통비용을 절감시킬 수 있다.

한편, 수요자 측면에서 볼 때 특정한 상품을 찾기 위해서 전통적인 유통환경에서는 매장에 전화를 하거나 직접 방문해서 해당 상품의 정보를 취득하게 되는데, 이 때 발생하는 비용을 탐색비용(search cost)이라고 한다. 하지만 디지털시장에서는 인터넷을 이용해 정보를 전자적으로 빠르고 편리하게 알아볼 수 있기 때문에 이러한 비용이 감소되는 효과가 있다.

이와 같이 기존의 시장에 정보통신기술을 활용함으로써 판매자와 구매자의 거래비용과 탐색비용을 절감시키므로 경제적인 효율성을 증대시킬 수 있다. 또한 기존 시장에서의 정보통신기술의 활용은 구매자들의 탐색비용을 절감시켜 줄 뿐만 아니라 그들이 필요로 하는 제품을 정확하게 찾고 구매 할 수 있기 때문에 그 만큼의 이익을 얻을 수 있다.

2.5 거래비용과 재고비용의 감소

기존의 시장에서의 정보통신기술의 활용에 따른 디지털시장으로의 변화는 시장에 공급되는 제품의 특성과 가격에 관한 정보를 제공하고 얻는데 소요되는 비용을 크게 절감시킬 수 있다. 기존의 시장에서 정보통신기술의 활용은 구매자와 판매자 간에 공유하는 정보를 통해 거래비용을 절감할 수 있고,[11] 아울러 신속하고 적기의 배달이 가능함에 따라 재고비용도 절감시킬 수 있다. 전자결제시스템(electronic payment system)의 이용이 확산됨에 따라 앞으로 기존 시장에서의 거래비용은 더욱 절감될 것으로 전망된다. 한편 시장참여자들이 대면하는 거래는 전자적인 형태로 대체됨에 따라 기존 시장에서의 참여자의 보호문제가 대두되고 있는데, 보안기술이 발전되어 감에 따라 거래의 안전성이 보장될 것이다.

11) 미국의 경우 제품이 판매자로부터 구매자에게 이동하는 과정에 소요되는 비용, 즉 물류비용은 GDP의 약 7%, 우리나라의 경우는 14%로 추산되고 있음.

3. 디지털시장의 시장구조

인터넷과 전자상거래의 확산은 시장에서 기업간 경쟁을 촉진시키는 효과를 발생시킬 것으로 예상되지만 다른 한편으로는 독점을 발생시킬 수 있는 힘도 함께 갖고 있다.

3.1 완전경쟁적인 시장구조

인터넷을 통한 정보공유와 전자상거래가 보편화되는 디지털경제시대의 시장구조가 완전경쟁시장(perfect competition market)의 이상에 보다 근접한 시장의 형태가 될 수 있다[12)]는 것은 다음과 같은 이유 때문이다.

첫째, 신규기업의 진입장벽이 완화된다. 정보통신기반의 정비는 네트워크상에 정보공간을 생성시킴으로써 기업의 활동범위가 확대될 뿐만 아니라 산업 내의 진입장벽이 크게 완화될 수 있다. 예를 들면, 홈페이지와 아이디어만으로 자신의 집에서도 사업을 할 수도 있고, 제조업의 경우에도 인터넷을 이용한 생산, 조달, 판매 등으로 창업에 소요되는 비용을 낮출 수 있기 때문에 그 만큼 사업을 하기가 쉬어진다.

둘째, 규제완화가 일반화된다. 정보통신기반의 정비는 네트워크상에 정보공간을 생성시킴으로써 기업의 진입장벽이 완화될 뿐만 아니라 실제 제도적으로 존재하는 각종 규제가 철폐되어 시장의 경쟁이 보다 촉진 될 수 있다.

셋째, 정보의 비대칭성이 완화되어 생산자와 소비자 간에 시장에 관한 완전정보를 공유하게 된다. 소비자와 생산자는 검색 및 비교사이트를 통해

---

12) 완전경쟁시장이 되기 위한 조건으로는 첫째, 다수의 생산자와 소비자 존재, 둘째, 시장에 거래되는 상품은 동질적임, 셋째, 신규기업의 진입과 기존기업의 탈퇴의 자유, 넷째, 생산자와 소비자는 현재와 미래에 대한 완전정보를 갖고 있어 불확실성이 존재하지 않음, 다섯째, 정부는 생산자와 소비자에게 조세나 보조금들을 부과하지 않을 뿐 아니라 어떠한 간섭도 하지 않음. 이러한 완전경쟁시장의 상태에서 결정된 상품의 가격(P) = 한계수입(MR) = 한계비용(MC)이라는 파레토의 최적상태가 달성된다.

어떤 제품의 가격이 저렴한가, 또는 어느 제품의 품질이 우수한가를 쉽게 찾아내 소비활동이나 기업조달에 있어 최적의 구매를 할 수 있게 된다. 따라서 인터넷상의 방대한 정보와 각종 중개사이트의 도입은 정보의 비용을 크게 낮추어 수요자와 공급자간에 정보의 비대칭성을 제거함으로써 경쟁이 촉진될 수 있다

이와 같이 정보통신기반의 확충 및 정비는 네트워크상에 정보공간을 생성(인터넷의 활용 및 전자상거래의 확산)시킴으로써 진입장벽의 완화, 규제완화, 그리고 정보의 비대칭성 완화 등은 시장을 완전경쟁시장에 가깝도록 함으로써 불완전경쟁시장(독점시장, 독점적 경쟁시장, 과점시장)에서 기업들이 획득한 이윤이 소비자의 몫으로 돌아가게 될 것이다.

전통적인 미시경제이론에서는 일정한 조건하에서 완전경쟁시장이라면 '효율적 자원배분'이 일어난다고 보았다. 효율적인 자원배분이란 파레토 효율성을 의미하는 것으로 어떤 배분상태가 실현가능하고 다른 모든 실현가능한 배분상태와 비교할 때 아무에게나 손해가 가지 않으면서 어떤 사람에게 이득을 가져다주는 새로운 배분상태로 변화하는 것이 불가능하면 그 배분상태는 파레토 효율성이 달성된다. 즉 사회 내의 어떤 사람의 이득을 감소시키지 않고서는 다른 사람의 이득을 증대시킬 수 없는 실현 가능한 배분상태를 파레토 효율성이라고 한다. 따라서 '상품의 가격 = 한계비용 = 한계효용'이라는 조건은 모든 경제주체가 더 이상 다른 좋은 상황을 선택할래야 선택할 수 없는 최적의 상태가 된다.

3.2 독점적인 시장구조

정보통신기반의 확충 및 정비는 네트워크상에 정보공간을 생성시킴으로써 인터넷의 활용과 전자상거래의 확산은 디지털시장을 오히려 독점적인 시장형태가 될 수 있게 한다.

첫째, 디지털재화의 수확체증현상으로 인한 규모의 경제가 발생한다. 일반적으로 디지털재화는 최초에 상품화하는 데는 많은 비용이 소요되는 반면, 완성된 제품을 재생산하는 데는 그 비용이 무시할 정도로 적게 소요

된다. 이 경우에 가장 먼저 디지털재화를 생산한 기업이 가장 낮은 비용으로 생산할 수 있는 가격경쟁력을 갖추게 된다. 이는 완전경쟁시장의 조건 중에서 다수의 생산자, 즉 생산자가 가격순응자(price-taker)로 작용해야 한다는 조건을 만족시키지 못하기 때문에 경쟁시장이 형성되기 어렵고, 독점화가 될 가능성이 있다. 예를 들면, 새로운 노래를 작곡하고 녹음하여 상품화하는 데는 많은 비용이 소요된다. 그러나 일단 제작한 노래를 CD나 레코드판으로 복제품을 만드는 데는 거의 비용이 들지 않는다. CD에 노래를 담아내는 것은 음의 디지털화에 따라 CD구입비에 녹음비를 약간 추가하면 되기 때문에 노래를 담은 CD 한 장을 추가로 생산하는 데 드는 비용인 한계비용은 아주 낮다. 노래를 작곡하여 제작하는 데까지 들어간 비용은 CD를 복제생산하는 단계에서 매몰비용이기 때문에 CD 한 장을 생산하는 한계생산비용은 그것과 상관없다. 그 노래의 인기가 높아 더 많은 CD를 만들면 한계비용이 낮기 때문에 개당 평균비용은 더 낮아진다. 이러한 특성을 갖는 원본 디지털재화의 개발과 복제품의 생산이 동일한 기업에서 이루어질 때, 시장구조는 독점이 될 가능성이 크며, 이러한 특성으로 형성된 독점을 자연독점이라 부른다. 독점기업은 시장지배력을 갖고 있기 때문에 주어진 수요곡선을 전제로 최대한의 이윤을 얻기 위한 소비자의 수요(소비자의 지불의사)에 따라 여러 가지의 가격설정전략을 취한다

둘째, 사용자의 수가 많아질수록 어떤 재화나 시스템의 사용가치가 커지는 네트워크 외부효과도 독점을 가져올 수 있다. 네트워크 외부효과는 두 가지 효과에 의해 발생한다. 하나는 직접적 네트워크 외부효과로서 전화나 e-mail, CD Player 등과 같이 보급이 늘어날수록 사용가치가 높아지는 현상이며, 네트워크 공동체의 경우에 회원이 늘어나면서 각 회원이 제공하는 정보(컨텐츠)가 축적되어 네트워크의 효용이 증가하는데, 이를 간접적 네트워크 외부효과라고 한다. 이러한 네트워크 외부효과가 발휘되는 곳에서는 사용자의 수가 일정 수준(임계 사용자수)을 넘어서면 사용자수가 급격히 늘어 결국 시장을 장악하게 되는 독점화 현상이 나타난다.

셋째, 디지털경제에서의 기업의 성과는 가격책정이 아니라 기술혁신에 의해 주도된다. 우리나라의 특허법은 발명품에 대해 10년 동안 그 발명자

에게 특허권을 인정함으로써 개발에 필요한 시간, 노력, 경비지출 등의 부담을 지불하지 않는 경쟁기업의 침해로부터 발명자를 보호하고 있다. 이와 같이 기술혁신을 통한 발명품에 대해 특허권을 인정하는 것은 그 발명자에게 독점적 지위를 보장해 준다. 또한 디지털시장에서의 경쟁은 본질적으로 슘페터적인 동태적 경쟁이다. 즉 차기의 일시적 독점자가 되기 위한 치열한 혁신경쟁을 의미하는데, 이러한 급속한 기술혁신 속에 지적재산권은 경쟁의 무기이자 보호막의 역할을 한다.

넷째, 디지털시장에서는 소비자가 기존의 디지털재화를 소비하다가 다른 디지털재화의 소비로 전환하는 경우에는 많은 비용(교체비용)이 발생하는 잠금효과(lock-in effect)가 존재한다. 예를 들면, 윈도우즈 시스템의 이용자가 리눅스 시스템으로 전환하는 데는 시스템에 익숙해지기 위한 습득비용과 함께 기존 프로그램 사용이 어려워지는 불이익이 발생하며, 정보통신기술과 관련된 대규모로 투자를 한 기업은 시스템 업그레이드 비용이 새로운 시스템 도입비용보다 싸기 때문에 기존의 시스템을 유지할 가능성이 크다. 인터넷서비스 제공업체들은 자신의 사이트에 소비자들을 머물게 하기 위해 웹페이지 디자인이나 제공서비스 및 대상지역의 차별화, 단골우대 등의 다양한 전략을 사용하게 된다. 이러한 잠금효과는 기존에 사용하던 제품이나 서비스를 계속 사용하게 함으로써 경쟁을 제한하는 요인으로 작용하여 독점화가 될 수 있다. 이러한 맥락에서 볼 때 조금이라도 먼저 정보상품시장을 선점하는 기업의 제품이 사실상의 표준(de facto standard)이 되어 시장을 장악하게 된다.

이상의 디지털시장과 관련된 여러 가지의 특징은 디지털시장에서의 독점을 유발하는 경향이 있다고 판단할 수 있다. 이러한 디지털시장의 독점화에 대해 정부의 역할은 두 가지로 나누어 생각할 수 있다.

먼저 디지털시장의 독점화에 대해 정부가 방임하는 경우이다. 전통적인 독점이 생산량을 제한하고 가격을 올림으로써 독점이윤을 얻는데 반해, 디지털시장에서의 독점은 생산량의 증가와 가격의 하락을 통해 이윤을 창출한다. 따라서 디지털시장에서의 지배적 기업에 대한 시장점유율 제한과 같은 반독점정책은 시장에서 생산량을 감소시키고 가격을 올리는 역효과를 발생시킬 위험이 있다. 그리고 디지털시장에서의 빠른 기술변화는 지배적 기업으로 하여금 독점이 장기간 유지되지 못하게 한다.

그리고 디지털시장의 독점화에 대해 정부가 산업경제에서와 같이 적극적으로 개입하는 경우이다. 산업경제에서 정부가 시장실패(market failure)를 보완하기 위해 개입하는 경우가 있다. 이미 정부는 통신산업, 전기산업, TV산업과 같은 네트워크 속성이 강한 산업분야에서는 지속적으로 개입해오고 있는데 이러한 추세는 디지털경제에도 이어질 가능성이 크다.[13] 정부의 개입이 불가피해지는 또 다른 이유는 디지털경제의 시장구조가 안정적이지 않고 매우 역동적이라는 사실에도 기인한다. 이러한 역동성은 빈번한 제휴와 합병이라는 현상으로 나타나고 있으며 기업들에게는 엄청난 혁신을 요구하고 있다. 디지털경제가 혁신의 경제라는 사실은 정부개입의 또 다른 근거를 제공하고 있다. 혁신은 혁신의 구성주체로서 연구기관, 대학, 기업을 요구하는데 이러한 여러 주체들의 상호 네트워킹상의 불일치는 시스템의 실패(systemic failure)라는 현상을 낳고, 이로 인한 비효율을 막기 위해 정부가 개입해야 할 필요가 있다.

3.3 기존의 실증분석결과

디지털시장에서는 완전경쟁시장의 조건(진입장벽의 완화, 규제완화, 시장에 관한 완전정보)과 불완전경쟁시장의 조건(규모의 경제, 네트워크 외부효과, 잠금효과)이 혼재함에 따라 디지털경제하의 디지털시장은 완전경쟁시장, 또는 독점시장이라고 일방적으로 평가하기 어렵다. 따라서 기업의 입장에서 보면, 디지털시장하의 기업은 이윤을 획득한다 아니면 이윤을 획득하지 못한다라고 일방적으로 평가하기 어렵다. 그러나 경쟁이 치열해지고 미래에 대한 예측이 어려운 디지털시장에서는 기업이 현재 독점적 이

13) 자유방임주의를 표방하고 정부개입을 최소화하려는 미국 정부조차도 이러한 분야에 대해서는 규제와 개입을 피하지 않고 있다. 그러나 미국 정부의 개입정책은 주로 경쟁촉진정책, 즉 반독점정책이기 때문에 우리나라를 비롯한 아시아 각국의 산업정책과는 사뭇 다르다. 이러한 각 국별 차이에도 불구하고 디지털경제는 정부의 개입을 완전히 배제할 수 없다는 점에서 기존의 전통경제와 공통점이 있다.

[표 4-1] 인터넷 기업의 효율성과 관련된 실증분석 결과

연구대상	연 구 자	분석방법	분석결과
가격수준	Bailey(1998)	책, CD, 소프트웨어의 가격비교	인터넷상점의 가격이 더 높음
	Brynjolfsson(1999)	책, CD의 가격비교	인터넷상점의 가격이 더 낮음
가격탄력성	Goolsbee(1998)	인터넷을 통한 구매자의 가격탄력성 조사	온라인구매자가 가격에 더 민감
	Degeratu, Rangaswamy and Woo(1998)	식료품 구매자의 행동분석	온라인구매자가 가격에 덜 민감
메뉴비용	Bailey(1998)	책, CD, 소프트웨어의 가격비교	인터넷상점의 메뉴비용이 더 낮음
	Brynjolfsson(1999)	책, CD의 가격비교	인터넷상점의 메뉴비용이 더 낮음
가격분포	Bailey(1998)	책, CD, 소프트웨어의 가격비교	인터넷상점의 가격분포가 전통상점보다 더 좁다고 할 수 없음
	Clemons, Hann and Hitt(1998)	온라인여행사의 티켓 판매가격조사	20%의 가격편차 발견
	Brynjolfsson and Smith(1999)	책, CD의 가격비교	25~33%의 가격편차 발견

자료: Smith, Bailey and Brynjolfsson(1999).

윤을 획득하더라도 독점적인 지위가 오래 유지될 수 있는지는 불확실하다.

디지털시장에서 기업의 이윤에 대한 실증분석의 연구들을 살펴보면, 인터넷상거래시장에서 완전경쟁시장의 조건이 충족되는가에 대한 분석이 주를 이루고 있다. 미국시장에서 서적, CD 등 온라인상에서 자주 거래되는 제품의 가격을 분석한 연구들에 의하면 아직 인터넷상에서 완전경쟁시장의 조건들이 충분히 형성되지 못했다는 사실이다. [표 4-1]에서 보는 바와 같이 인터넷상거래가 이루어지는 제품의 가격이 더 싸다거나 기업간 제품가격의 편차가 더 작다거나 온라인을 통해 상품을 구입한 구입자가 가격변화에 더 민감하게 반응한다는 일관적인 결과는 제시되지 못하고 있

다. 다만 아직 인터넷 상거래시장이 성숙하지 못했고 기존 유통업체들과의 관계를 고려해 기업들이 인터넷시장의 가격을 낮추지 못한다는 등의 문제점을 고려하면 향후 온라인을 통해 거래되는 제품의 가격은 전통적인 시장에 비해 더 떨어질 가능성이 있다는 것이다.

제 3 절 디지털시장의 제품판매방식

디지털시장에서 거래되는 컴퓨터소프트웨어, 음반, CD, 서적, 비디오 등과 같은 디지털재화를 생산하는 경우에 초기에 매우 높은 고정비용이 소요되는 반면, 그것을 복제생산하는 비용은 거의 무시해도 좋을 만큼의 매우 낮은 비용이 소요된다. 이러한 공급측면에서의 특징을 갖고 있는 디지털재화를 전통적인 미시경제이론에서의 한계가격설정원리(P = MC)에 따라 디지털재화의 가격이 결정되는 경우에는 고정비용마저도 회수할 수 있는 수입을 올일 수 없다. 따라서 디지털재화를 생산하는 기업들은 여러 가지의 수입모형을 고려해 볼 수 있다.

1. 가격차별화판매방식

1.1 가격차별화의 성립조건

독점기업은 상품에 대해 하나의 가격을 설정할 수 있는 가격설정자(price-maker)의 입장에 있다. 그러나 독점기업은 법이 허용하는 범위 내에서 동일한 상품에 대해 서로 다른 지역(한국시장과 미국시장), 서로 다른 구매자(어린이의 할인, 경로우대자의 할인), 서로 다른 시간대(영화관의 조조할인) 등과 같이 서로 다른 시장에서 각기 다른 가격수준을 설정할 수 있는데, 이를 가격차별화(price discrimination)라 한다. 독점기업이 가격차별을 실시하는 이유는 생산비용이 각기 다르기 때문이 아니라 불확실성과 위험이 존재하는 상황하에서 소비자로부터 보다 많은 이익을 끌어내기 위한 전략이다. 독점기업이 가격차별화를 통해 이윤을 보다 더 획득하기 위해서는 다음과 같은 세 가지의 조건들이 충족되어야 한다.

첫째, 독점기업은 가격차별을 실시하기 위해서는 상품의 가격을 결정할 수 있는 어느 정도의 시장독점력을 갖고 있어야 한다. 왜냐하면 경쟁시장에서 소비자들은 어느 한 상품의 가격이 상승하면 다른 기업의 상품을 소비할 것이기 때문에 기업의 입장에서는 가격차별을 할 수 없게 된다. 이와 같이 경쟁시장에 참가한 기업은 상품의 가격을 결정할 수 있는 독점력을 갖고 있지 못하기 때문에 경쟁시장에서는 가격차별화가 이루어질 수 없다.

둘째, 독점기업은 동일한 상품에 대해 서로 다른 가격탄력성을 갖고 있는 시장으로 분할할 수 있어야 한다. 수요의 가격탄력성은 소비자의 소득이나 기호, 대체재의 존재 여부 등에 따라 달라지기 때문에 독점기업은 상품에 대한 수요의 가격탄력성이 탄력적인 행동을 나타내는 소비자에 비해 비탄력적인 행동을 나타내는 소비자에 대해 보다 비싼 가격을 부여하려고 할 것이다. 이와 같이 독점기업은 동일한 상품에 서로 다른 가격을 지불하고자 하는 소비자들이 있을 때 가격차별이 가능해진다.

셋째, 가격이 차별되는 시장은 서로 완전히 차단되어야 한다. 그렇지 않다면 가격이 낮게 책정되는 시장에서 구매하여 가격이 높게 책정되는 시장에 재판매하는 현상이 일어날 것이기 때문에 가격차별화가 일어나지 못한다.

이러한 조건들이 충족될 때 독점기업이 동일한 상품을 동일한 가격으로 모든 소비자에게 적용하는 것보다 서로 다른 지역, 서로 다른 구매자, 서로 다른 시간대별로 가격을 차별화하는 것이 기업의 입장에서 볼 때 보다 높은 이윤을 얻을 수 있다.

1.2 가격차별화의 유형

가격차별화는 시장지배력을 갖는 기업이 생산기술적인 차원에서 비용상의 차이가 존재하지 않음에도 불구하고 고객들의 수요조건에 따라 가격 및 마크-업을 달리하는 전략적 행위이다. 현실적으로 고객정보의 수집력에 따라 가격차별화의 정도와 유형은 피구(A. C. Pigou)에 의하면 대체로 다음의 세 가지 형태로 구분할 수 있다.

1.2.1 제 1 급 가격차별화

제 1 급 가격차별화(first degree price discrimination)란 기업이 동일한 제품을 각각의 소비자에게 상이한 가격을 책정하는 방식으로 기업은 소비자잉여를 모두 독점이윤으로 수취할 수 있게 되는데, 이는 기업이 각 고객별로 개인정보를 거의 완전하게 파악할 수 있을 때만 가능한 완전가격차별화를 의미한다. 완전가격차별이 이루어진 경우에 독점기업은 다음과 같은 두 가지의 가격책정전략을 사용할 수 있다.[14] 첫째, 단위당 서로 다른 가격을 수요곡선을 따라 부과하거나, 둘째, 소비자잉여를 포함하는 만큼의 총액을 제시하고 소비자가 이를 받아들일 것인지를 선택하게 하는 것이다(take it or leave it).

제 1 급 가격차별화는 기업이 각각의 소비자에 대한 판매단위별 최대지불의사금액(maximum willingness to pay)을 알고 있을 때 가능한 방식이기 때문에 현실적으로는 실행이 매우 어려운 방식이라고 할 수 있다. 그러나 디지털경제에서의 기업이 정보의 디지털화와 정보의 네트워크화를 통해 고객의 정보를 수집하고, 저장, 처리를 쉽게 할 수 있기 때문에 제 1 급 가격차별화의 가능성을 높여 주고 있다. 이러한 제 1 급 가격차별화가 성공적으로 실행되기 위해서는 소비자간 거래(consumer arbitrage)가 방지되어야 한다. 따라서 소비자간 거래가 쉽지 않은 재화나 서비스에 대하여 가격차별이 광범위하게 행해지는 것은 당연한 결과이다. [그림 4-1]은 독점기업이 소비자잉여(ADF = FBE)를 모두 수취하는 제1급 가격차별화의 경우를 나타내고 있다.

14) 완전가격차별의 경우에 독점기업은 동일한 제품에 대해 각각의 소비자에게 서로 다른 가격을 책정하므로 독점기업이 직면하는 수요곡선이 곧 한계수입곡선이 된다. 따라서 생산량수준은 경쟁시장의 경우와 동일하게 되지만 가격은 경쟁시장보다 높다. 즉 효율성측면에서 볼 때 완전경쟁의 경우와 동일하나 생산에 따른 후생증가는 모두 독점기업이 수취한다는 차이를 보이게 된다.

[그림 4-1] 제 1 급 가격차별화(완전가격차별)

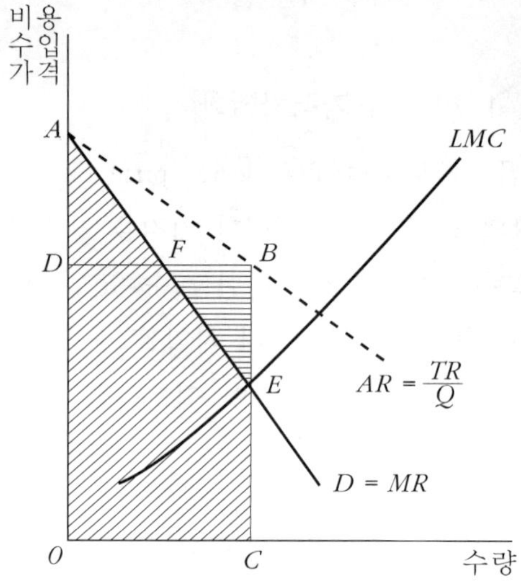

1.2.2 제 2 급 가격차별화

제 2 급 가격차별화(second degree price discrimination)란 각 소비자 개인별 정보를 완전하게 파악할 수는 없지만 소득이나 구매량 등 일정한 기준에 의해 소비자 집단을 구분할 수 있으며, 구분된 집단의 내적인 정보를 이용하여 가격을 차별하는 것을 말한다. 즉, 집단별 소득수준의 차이, 집단별 소비량 차이, 집단별 상품의 품질에 대한 지불의사금액의 차이 등에 따라 시장분할이 가능한 경우의 가격차별화를 말한다. 제 2 급 가격차별은 같은 시장의 같은 소비자에게 서로 다른 가격을 부과한다는 점에서 제 1 급 가격차별과 유사하지만 개별소비자의 수요에 관한 정보를 모른다는 점에서 다르며 수요의 가격탄력성에 따라 큰 덩어리별로 수요단위를 나누고 탄력성이 큰 수요단위에 낮은 가격을 책정한다는 점에서는 다음에 설명할 제 3 급 가격차별과 유사하다. 이러한 제 2 급 가격차별은 슈퍼마켓의 다량소비자에 대한 할인판매, 여행사의 마일리지 확보에 대한 추가서비스 제도, 고가상품을 구입하는 소비자에 대한 우대제도 등을 들 수 있다. [그림

4-2]는 독점기업이 같은 시장에서 다른 가격의 부과를 통해 소비자잉여의 일부를 수취하는 제 2 급 가격차별화의 경우를 나타내고 있다.

[그림 4-2] 제 2 급 가격차별화

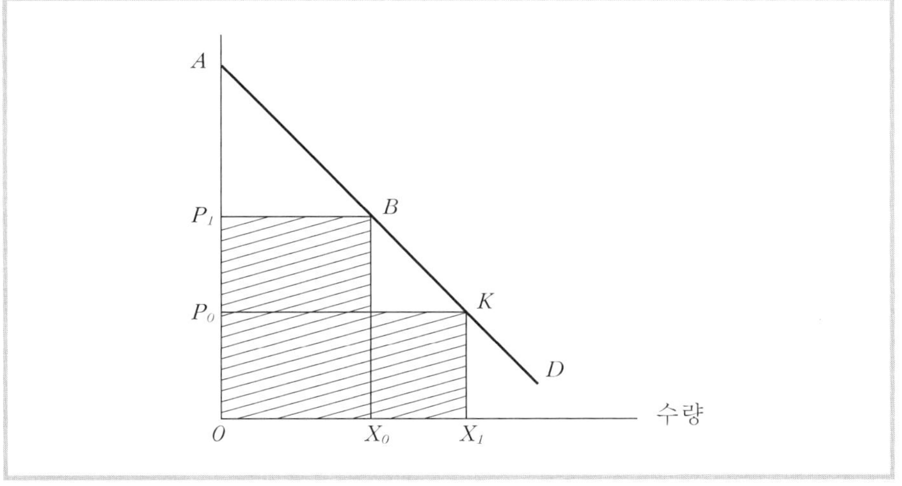

1.2.3 제 3 급 가격차별화

제 3 급 가격차별화(third degree price discrimination)란 소비자의 집단별 내적 정보를 획득하기 어려운 경우에 직접적으로 손쉽게 얻을 수 있는 외적정보에 의해 제품의 가격을 차별화하는 것을 말한다. 예를 들어, 성별의 구분, 연령에 따른 노인이나 어린이의 구분, 사용시간대에 따른 구분, 사업형태에 따른 구분 등에 따라 할인하거나 가격차이를 유지하는 전략이다. 이러한 제 3 급 가격차별화는 요구되는 정보량을 손쉽게 얻을 수 있다는 점에서 일상적으로 널리 사용되는 고객관리기법이라 할 수 있다. [그림 4-3]은 서로 다른 시장에서 다른 가격의 부과를 통해 소비자잉여의 일부를 수취하는 제 3 급 가격차별화의 경우를 나타내고 있다.

[그림 4-3] 제 3 급 가격차별화

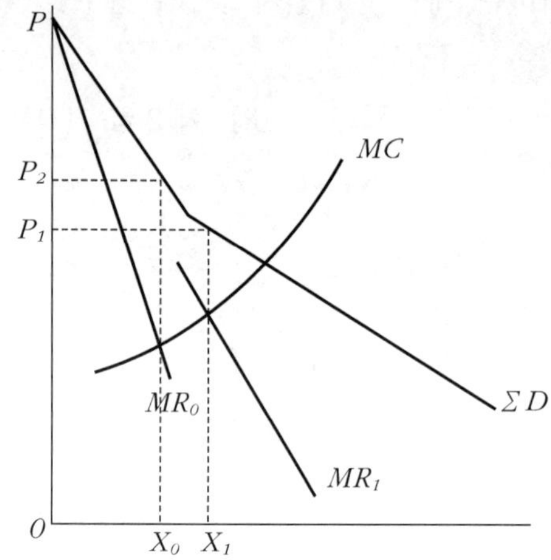

2. 제품차별화판매방식

과점시장과 독점적 경쟁시장에서는 어떤 기업이 자기기업의 상품가격과 생산량을 변동하면 다른 기업의 이윤에 막대한 영향을 미치게 된다. 따라서 각 기업들은 서로 가격인하경쟁을 하면 서로 불리하게 됨을 인식하고 가격 이외에 상품의 차별화, 상품의 광고, 품질개선, 유리한 판매조건 등으로 경쟁하는 경우가 많은데, 이를 비가격경쟁(non-price competition)이라고 한다. 그리고 기업들은 자기기업의 상품이 다른 기업의 상품과 쉽게 구분될 수 있도록 상표·디자인·색채·스타일 등을 독특하게 하거나 상품의 질을 약간씩 달리함으로써 기호가 다른 소비자를 만족시키고자 하는데, 이를 상품의 차별화라고 한다. 이러한 상품의 차별화를 통해 기업은 자기기업의 상품이 다른 기업의 상품보다는 품질이나 성능이 좋은 상품이라고 소비자들에게 인식시켜 줌으로써 시장점유율을 확대하려고 한다.

네트워크 외부효과가 큰 디지털재화를 판매하는 기업들 사이에서도 가격 및 비가격경쟁은 언제라도 존재한다.[15)]

디지털재화를 생산하는 기업이 이윤을 보다 많이 획득하기 위해 상품을 차별화하는 방법이 많은데, 여기에서는 동일한 상품 원본의 내용이나 기능에 약간의 변화를 가하는 버전닝(versioning), 다른 주변환경의 변화나 자체적인 기술발전에 따라 과거 상품 원본의 기능을 향상시켜 새로운 상품을 만드는 업그레이드(upgrade), 그리고 서로 다른 개별적인 상품을 몇 가지 조합하여 한 단위의 상품으로 판매하는 묶음판매(bundling)들을 살펴본다.[16]

2.1 버 전 닝

디지털재화는 일반상품과 다른 독특한 특징으로 최초에 개발된 정보상품 원본을 추가로 한 단위 복제품을 생산하기 위해 소요되는 비용은 아주 적다는 것인데, 사실 디지털재화는 개발된 상품 한 단위를 복제하는데 드는 한계생산비용이 적을 뿐 아니라 약간 차이가 나는 상품을 만드는 데도 비용이 크게 들지 않는다. 상품의 기능이나 모양이 원본과 약간씩 차이가 나는 유사상품을 만드는 것이 용이하다는 것이다. 그런데 차별화된 디지털재화 가운데 흔히 볼 수 있는 것 가운데 하나가 버전(version)이다. 새로운 상품이 기존 상품과 약간 차이가 나는 차별 상품이라는 점에서는 같은데, 일반상품에서처럼 차별상품이라고 부르지 않고 버전이라고 하는 것은 정보상품에서 말하는 버전닝과 전통적인 상품의 상품차별화와는 차이가 있기 때문이다. 전통적인 상품의 상품차별화는 기업 간의 전략상 상호의존성이 큰 과점시장에서 자주 관찰되는 현상인데, 관점시장(또는 독점적 경쟁시장)에서의 상품차별화는 서로 경쟁하는 기업들이 기업마다 자신에게 고유한 차별화된 상품을 만드는 전략이다. 하나의 상품시장에서 전체적으로는 보면 약간씩 차이가 나는 다양한 상품이 서로 경쟁하지만, 각 기업은 자신의 고유한 상품만을 생산한다. 즉, 전통적인 상품에 있어서 상품차별

15) 상품차별화는 디지털화의 발달로 고객과의 실시간 피드백이 가능해짐에 따라 가격차별화와 유기적으로 연결되어 둘 사이에 구별이 모호해지는 단계로까지 발전하고 있다.

16) 손용엽·이상호, 「사이버 시장의 경쟁원리」, 시그마인사이트컴(2001).

화는 기업 내의 상품차별화가 아닌 기업간 상품차별화라고 할 수 있다.

디지털재화의 상품차별화는 개별기업이 소비자의 기호를 고려하여 기능이 약간씩 차이가 나는 다양한 제품을 제작·공급한다는 것이 특징이다. 시장구조와 상관없이 기업은 새로운 버전을 활발하게 개발하여 다양한 소비자의 기호를 충족시킴으로써 소비자로부터 보다 많은 이익을 끌어내고자 한다. 복제품 생산의 한계비용이 무시할 정도로 낮은 디지털재화의 가격은 공급자의 비용조건에 의존하지 않는다. 즉, 디지털재화의 가격은 고객의 지불의사에 따라 정해지는데 고객의 기호가 다양하고 또한 지불의사도 같지 않기 때문에 상품의 내용이나 기능을 약간씩 다르게 만들어 각 상품에 대해 소비자의 지불의사만큼 모두 가격으로 받아내고자 한다.

이와 같이 상품차별화는 기업이 소비자 기호의 분포에 관해서만 정확한 정보를 가지고 있을 뿐 개별적으로 각 소비자의 지불의사가 어떤지에 관한 정보가 부족할 때 유용하게 사용될 수 있다. 소비자의 자발적 선택(self-selection)을 유도함으로써 기업이 높은 이익을 취할 수 있는 것이다. 각 버전에 가격을 달리 책정하는 것은 자발적 선택에 기초한 가격차별을 실시하는 것으로, 두 가지를 효과적으로 연계함으로써 기업의 이익은 높아지게 된다.

버전닝은 가격차별과 몇 가지 점에서 차이가 난다. 가격차별은 비용조건이 같은 동일한 상품을 고객에 따라 다른 가격으로 판매하는 것을 말한다. 이에 비해 버전닝은 고객에 따라 다른 가격으로 판매하는 것은 가격차별과 유사하지만, 비용조건이 같지 않은 상품을 고객의 기호에 따라 달리 만들어 차별화하고 마진도 달리하는 것을 말한다. 예를 들면, 문서 작성용 워드프로세서는 전문가용과 일반용이 있는데, 일반용은 전문가용에서 일부 기능을 제거한 것이다. 이것은 전자계산기의 일반용이 전문가용의 일부 기능을 작동하지 못하게 한 것과 유사하다.

2.2 업그레이드

기존에 사용되고 있는 제품의 성능을 향상시켜 새로운 제품을 생산하는 것을 업그레이드(upgrade)라고 부른다. 자동차와 같은 전통적인 제품의 경우에 부품의 대부분은 현재의 모형과 같은 것을 사용하면서 일부분의 기능을 향상시키거나 일부 새로운 기능을 추가하여 새 모형을 시장에 내놓는다. 예를 들어, 현대자동차는 소나타, 소나타II, 소나타III, EF소나타 등의 시리즈로서 제품의 업그레이드 모형을 10여 년에 걸쳐 내놓고 있다.

컴퓨터 소프트웨어의 경우에도 운용소프트웨어나 응용소프트웨어 모두 일정한 기간이 지나면 업그레이드 판을 발표한다. 윈도우즈95에서 윈도우즈98, 윈도우즈2000과 같은 시리즈 상품은 원래 제품을 업그레이드한 것을 나타낸다. 업그레이드 된 상품의 특징은 주요 기능이나 내용에 있어서 모체가 되는 원본과 완전히 똑같지는 않다는 점인데, 이것은 동일한 원본의 복제생산과 다른 점이다. 또한 원본의 기능을 향상시키거나 새로운 것을 추가하였다는 점이 버전과 다르다. 위에서 살펴본 바와 같이 버전은 원본의 기능 가운데 일부를 수행하지 못하게 하거나 포장을 달리하여 제품의 질을 떨어뜨린 경우가 대부분이다. 실제로 원본의 업그레이드 판마다 그에 기초한 여러 버전이 존재한다.

기업이 기존의 상품을 업그레이드하는 이유는 먼저 새로운 기능을 갖춘 상품을 소개함으로써 시장에서 우위에 서고자 하는 상품차별화 수단의 하나가 되기 때문이다. 경쟁하는 상대기업보다 소비자의 관심을 끄는 기능을 먼저 개발하여 상품화함으로써 시장에서의 우위에 설 수 있다. 따라서 기업은 기존의 상품을 비용절감을 통하여 시장에서 유리한 위치에 두고자 하는 것과 같은 이유로, 기능면에서 앞선 제품을 개발하여 시장의 우위를 차지하고자 하는 것이다. 기업이 업그레이드를 이용하는 또 하나의 이유는 가격차별화의 한 수단이 되기 때문이다. 업그레이드를 통하여 소비자의 관심을 끄는 포장이나 기능을 제시함으로써 지불의사가 높은 소비자의 잉여를 우선적으로 차지한 다음, 지불의사가 낮은 사람들은 나중에 낮은 가격에 구입하도록 한다. 지불의사가 낮은 소비자에게 낮은 가격을 제시할 때는 이미 새로 업그레이드된 제품을 시장에 내놓아 지불의사가 큰 소비자의 관심을 끌어간 다음이 될 것이다. 컴퓨터 소프트웨어는 업그레이드 판이 자주 발표되는 상품 가운데 으뜸에 속한다. 응용소프트웨어는 물론이고 운영소프트웨어도 위에서 언급한 바와 같이 자주 업그레이드 판이 발표된다.

2.3 묶음판매

묶음판매(bundling)란 서로 다른 몇 가지의 상품을 거래할 때 한 묶음으로 묶어 판매하는 것을 말한다. 예를 들면, 자동차와 라디오는 전혀 별개의 상품인데 라디오를 자동차에 장착하여 한 패키지로 판매하는 경우이다.

컴퓨터 하드웨어에 운용소프트웨어가 장착되어 거래되는 것은 일반적이고, 때로는 프린터와 키보드, 마우스, 스피커, 모뎀 등이 하나로 묶여져 패키지로 거래된다. 컴퓨터 판매자가 이들 전부를 하나로 묶어 판매하기 때문에 구매자는 패키지 전체를 살 것인지 여부를 결정해야 하는데, 이것이 묶음판매이다. 묶음판매 가운데 해당 상품들을 묶여진 형태로만 판매할 때 그것을 순수묶음판매라고 하고, 판매자가 패키지로 판매하지만 구성상품 하나 하나를 별개로도 판매할 때 혼합 묶음판매라고 부른다.[17)]

디지털재화는 흔히 하나 하나가 별개로 기능하는 경우가 많지 않다. 보완성을 갖는 상품들이 하나의 시스템을 이루어야만 비로소 소비자가 원하는 일을 해내는 경우가 많다. 컴퓨터는 메모리 칩으로 이루어진 하드웨어에 운용소프트웨어, 자판기, 모니터, 프린터, 그리고 모뎀과 스피커 등이 하나의 시스템을 이루었을 때 제 기능을 수행한다. 이 때문에 디지털재화는 묶음판매라는 거래행위가 행해지고 있다.

3. 기타 제품판매방식

3.1 지적재산권제도

공공재적인 성격을 갖은 디지털재화의 시장에서의 비효율성을 극복하

17) 묶음판매와 유사한 것으로 끼워팔기(tie-in sale)가 있는데, 이는 소비자에게 상대적으로 잘 팔리는 상품에 상대적으로 잘 안 팔리는 상품을 끼워서 판매하는 것을 말한다.

고 시장의 원활한 운영을 하기 위한 대표적인 수단은 지적재산권제도(intellectual property system)이다. 경제학적인 측면에서 보면 지적재산권제도는 법에 의해 배제성(excludability)을 보장함으로써 공공재적인 디지털재화를 사유재적인 디지털재화로 변화시키는 제도이다. 지적재산권의 보장은 지적재산권의 소유자에게 복제권 및 배포권 등을 포함한 광범위한 권리를 부여하고 다른 사람에게는 이러한 권리를 원칙적으로 박탈함으로써 지적재산권의 소유자가 생산할 수 있는 모든 디지털재화의 가격을 책정할 수 있게 하여 시장의 원활한 작동이 이루어질 수 있도록 한다. 지적재산권의 소유자에게 일정기간 지적재산권을 보장하는 근거는 디지털재화의 개발자에게 일정한 수익을 보장함으로써 디지털재화의 생산을 촉진하기 위해서이다.[18]

3.2 광 고

지적재산권제도의 대체적 수단으로서 가장 일반적인 수단은 광고(advertising)이며, 공중파 방송(TV 프로그램)이 이러한 수단을 이용하는 대표적인 예이다. 광고방식은 디지털재화를 사유재화하지 않고 그 대신 디지털재화를 다른 정보와 함께 무료로 제공하는 것인데, 이 경우 원래 디지털재화와 더불어 제공되는 정보는 어떤 이유에서든 정보제공자가 정보이용자에게 전달하고자 하는 욕구가 있는 정보이다. 일반적으로 광고방식에는 정보제공자와 정보이용자 이외에 광고주(advertiser)가 개입하게 되는데, 이 경우 이들 사이의 관계는 [그림 4-4]와 같이 나타낼 수 있다.

18) 디지털재화의 개발자에게 지적재산권을 보장하는 데에 따른 긍정적인 측면은 디지털재화의 지속적인 생산이지만, 부정적인 측면으로는 1) 디지털재화의 광범위한 활용을 저해, 2) 디지털재화의 개발자가 독점적 지위를 이용한 불공정행위의 우려, 3) 지적재산권의 보장에 따른 사회적 비용(행정비용, 소송비용 등)의 증가 등을 들 수 있다.

[그림 4-4] 광고방식

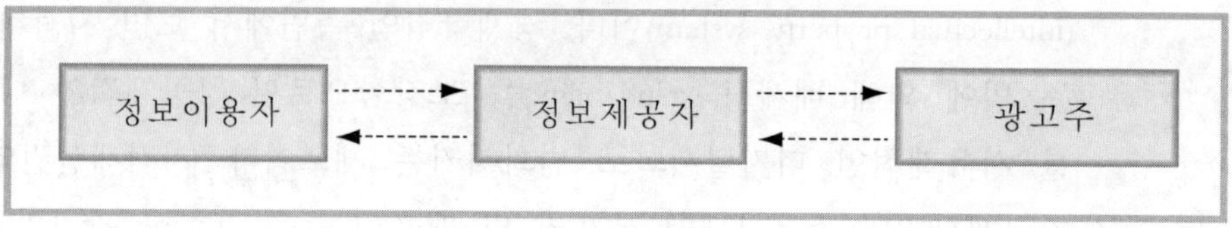

정보제공자는 정보이용자에게 필요한 정보와 광고주가 정보이용자에게 전달하기를 원하는 정보를 묶어서 무료로 제공하는 대신 정보이용자의 관심을 획득하게 되고, 광고주는 정보제공자에게 일정한 금액을 지불하는 대가로 정보제공자가 확보한 정보이용자의 관심을 제공받게 되는 것이다. 이 방식은 기본적으로 소비자들이 제대로 소화할 수 없을 정도로 많은 정보의 홍수(flood of infomation)속에서는 소비자의 관심 자체가 가격을 지불할 만한 재화임을 의미하는 것이다.

광고방식은 지적재산권제도에 비해 행정비용 등 사회적 운영비용이 적게 들뿐만 아니라. 지적 재산권 제도의 여타 부정적인 효과를 방지할 수 있는 장점이 있다. 그러나 광고방식의 문제점으로는 다음의 세 가지를 들 수 있다. 첫째, 모든 디지털재화를 광고방식으로 판매할 수 없다. 예를 들어, 책의 경우에는 TV 프로그램과는 달리 소비자가 쉽게 광고부분을 무시해 버릴 수 있기 때문에 소비자의 관심을 획득하기가 어렵다. 둘째, 광고 그 자체는 소비자들에게 비효용(disutility)이다. 셋째, 광고는 최대한 많은 사람들의 관심을 확보하는 것이 중요하므로, 광고와 함께 제시되는 디지털재화의 성격이 변하게 된다. TV 프로그램의 예를 들면, 방송사는 최대한 다수의 시청자를 확보하기 위해(그리하여 최대한 높은 광고수입을 올리기 위해) 폭력이나 섹스 등 대중의 흥미를 끄는 프로그램을 주로 편성하게 되는 것이다. 최근에는 인터넷의 등장으로 인해 개인적으로 차별화된 정보제공이 가능해짐에 따라, 이러한 광고의 세 번째 단점이 다소 완화될 것으로 기대가 되기는 한다.

3.3 부수수입

광고방식과 비슷한 판매방식 또는 수익창출방식으로 디지털재화를 무료로 제공되는 대신, 이에 부수되는 수입을 주요수입원으로 하는 방식이 있다. 부수되는 수입의 종류로는 우선 애프터서비스를 통한 수입, 관련 재화를 통한 수입 등이 있다. 또한 부수수입방식으로는 개인정보판매방식이라고 불릴 수 있는 방식이 있는데, 이 방식은 정보제공자가 정보이용자에게 필요한 정보를 제공하는 대신 정보이용자는 이 정보를 제공받기 위해서 자신의 신상정보(personal information) 또는 선호(perference) 등의 개인정보를 정보제공자에게 자발적으로 제공하는 방식이다. 이 경우 정보제공자는 이렇게 수집된 개인정보를 다른 사람에게 일정한 금액을 받고 판매할 수 있게 되는 것이다. 이러한 판매방식은 실제로 인터넷상에서 광범위하게 이용되고 있다고 할 수 있다.

3.4 기술적 수단

디지털재화를 판매하는 또 다른 방식은 기술적으로 디지털재화를 사유재화하는 방식이다. 대표적인 예가 케이블 TV의 pay-per-view로서, 방송사는 프로그램을 암호화하여 송신하고 오로지 이 암호를 풀 수 있는 열쇠(케이블TV 시청용 단말기에 입력할 수 있는 번호 등)를 방송사로부터 구입한 소비자만이 프로그램을 시청하게 하는 방식이다. 컴퓨터 프로그램의 경우에도 처음 설치할 때의 암호입력이나 디지털 무늬(digital watermark) 등을 이용하여 디지털재화를 사유화할 수 있다. 물론 이런 경우의 문제점은 해당 디지털재화가 적시성(timeliness)을 요구하는 경우가 아닌 경우에는 디지털재화의 재생산가능성(reproducibility)으로 인해 디지털재화의 구입자가 쉽게 다른 사람에게 이 디지털재화를 복사해 줄 수 있다는 점으로 결국 지적재산권제도가 요구된다고 할 수 있다.

3.5 맛보기

디지털재화의 경험재적인 특징을 극복하기 위한 방법으로 많은 디지털재화 판매자들은 제품의 일부를 맛을 볼 수 있게 하는 전략을 채택하고 있다. 맛보기(previewing and browsing)는 온라인 CD 판매의 경우 수록된 음악의 일부를 들려주는 방법이 있을 수 있으며, 컴퓨터 프로그램의 경우에는 쉐어웨어(shareware), 이중제품제공(dual track) 등이 있을 수 있다. 또한 서점에서 책을 구입하기 전에 내용을 훑어보는 것도 맛보기의 일종이다.

쉐어웨어는 판매자가 완전한 제품을 제공하고 사용자들이 제품이 유용하다고 느낄 때 자발적으로 가격을 지불하도록 하는 방식, 제품의 일부 기능을 무능화(disabled)시켜 제공하고 가격을 지불할 때에만 완전한 제품과 함께 사용설명서(manual) 및 애프터서비스를 제공하는 방식, 완전한 제품을 일정기간 동안만 사용가능토록 하여 제공하는 방식 등이 있다. 이중제품제공방식은 동일한 업무를 수행하는 두 가지 유사제품을 제공하는 방식인데, 상급제품은 다양한 기능을 갖춘 제품으로 가격이 책정되는 반면, 하급제품은 몇 가지의 기본적인 기능만을 갖춘 제품으로 무료로 제공되는 경우이다. 이렇게 이중제품을 제공하는 이유는 하급제품을 사용해 본 사용자가 제품이 유용하다고 느낄 때 가격을 지불하고 상급제품을 구매하도록 유도하기 위해서이다. 맛보기는 사용자들에게 시험(try-out)할 기회를 제공함으로써, 시장을 분할하여 최대한 높은 가격을 책정하기 위한 판매자의 전략이다.

한편 디지털재화의 경험재적인 특성을 극복하기 위한 방법은 상기한 맛보기 이외에도 전문가의견, 동료의견, 평판 및 브랜드화 등을 이용하는 방식이 있다. 전문가의견(reviews 또는 expert opinion)을 이용하는 방식은 전문가에 의한 평가를 기초로 디지털재화의 질을 판단하는 시스템인데, 영화평론이나 서평 등이 대표적인 예이다. 동료의견(peer review)방식은 달리 사회적 추천제도(social recommender system)라고도 부르는 디지털재화 평가 시스템인데, 학계에서 학술지 게재할 논문을 결정할 때 사용되는 동료들의 심사(referee)가 일례이다. 최근에는 일반적인 디지털재화의 경우에도 다수의 소비자들에 의한 협조적인 평가방식이 도입되고 있다. 예를 들어, 게시판은 제품에 대한 소비자들의 의견을 게시하도록 함으로써 디지털재화의 선택문제를 용이하게 한다. 마지막으로, 경험재의 평가방식으로 전통적으로 널리 쓰이는 방식은 평판(reputation) 및 브랜드화(branding)이다. 평판의 유지 및 브랜드화는 소비자들이 향후 동일한 생산자에 의해 유사한 그러나 새로운 제품이 출시되었을 때 믿고 구매할 수 있도록 하기 위해서 판매자들이 추구하는 판매전략이다.

부 록 멜칼프(Metcalfe)의 법칙

네트워크의 가치는 어떻게 평가되고 어떠한 속도로 증가하는가? 이를 설명하는 것으로 멜칼프(Mctcalfe)의 법칙이 있다.

쉬운 예를 들어 살펴보자. 5명의 친구가 있고 내가 다른 네 명의 친구를 사귄다고 하면, 4개의 사교선이 있을 수 있다. 이 사교선을 가치라고 하자. 나 외의 다른 네 명 역시 동일한 수의 사교선을 가지고 있을 것이므로 모든 경우의 수는 4 × 5 = 20개가 된다. 만약 한 명의 친구가 우리 네트워크에 들어오게 되면 이 사교선의 수는 5 × 6 = 30개가 될 것이다. 만약 n명의 친구가 우리 네트워크에 들어오면 어떻게 될까? (n-1)n개의 사교선(가치)이 발생할 것이다. 이 n이 무한대라고 하자. 그러면 근사적으로 n2의 가치가 발생하게 되는 것이다. 그런데 인터넷 등과 같은 디지털 네트워크는 1 대 1의 관계가 아니라 N 대 N의 관계이므로 무한대의 가치가 발생하게 된다. 네트워크 효과에서 발생하는 수익체증현상을 설명하는 멜칼프의 법칙(네트워크의 가치 = 가입자의 수)은 바로 네트워크 외부성을 다른 방식으로 표현한 것이다.

또한 이 법칙은 정보통신기술투자의 외부효과 실현을 위해서는 일정 규모(임계량: critical mass) 이상의 가입자에 이르기까지 충분한 투자가 선행되어야 함을 설명하는데, 이러한 네트워크 외부성은 한 사람이 특정 네트워크에 가입하겠다고 결정하는 것이 다른 사람에게 미치는 효과를 지칭하는 용어이며, 디지털경제의 폭발을 야기한 요인이기도 한다.

[부록 그림] 네트워크 효과에서 발생하는 수익체증현상

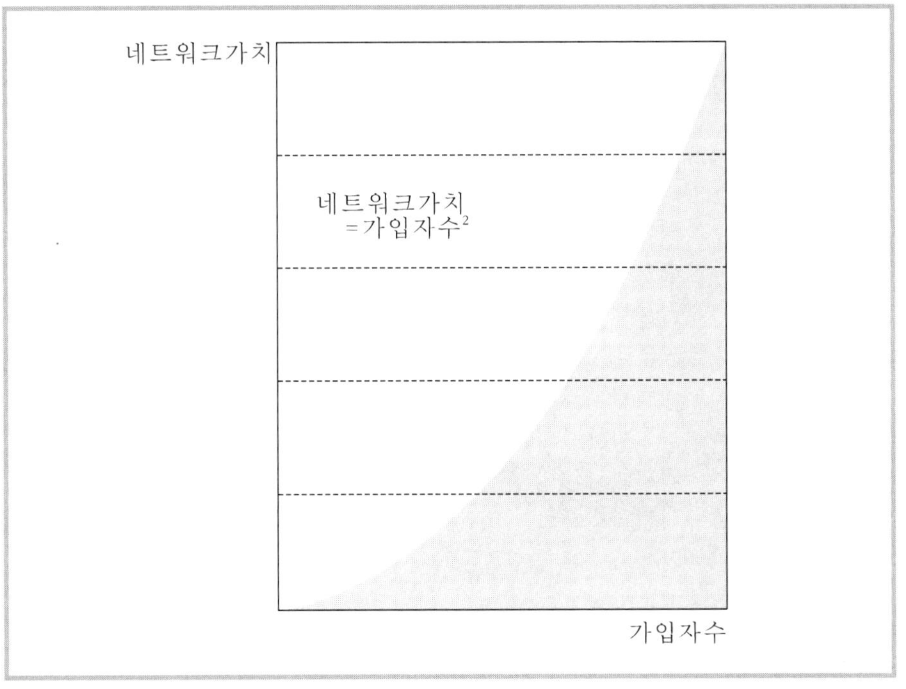

중요개념

- 가격차별화
- 경로의존성
- 경험재
- 공공재
- 규모의 경제
- 네트워크 외부성
- 독점시장
- 디지털시장
- 디지털재화
- 맛뵈기
- 매몰비용
- 묶음판매
- 버전닝
- 범위의 경제
- 비가격경쟁
- 비경합성
- 비배재성
- 시스템산업
- 업그레이드
- 완전경쟁시장
- 자연독점
- 잠금효과
- 탐색비용

연습문제

1. 디지털재화란 무엇이며, 그 특징을 설명하라.
2. "잠금효과(lock-in effect)를 위해 교체비용(switching cost)을 증가시킨다"는 것은 무엇을 의미하는가?
3. 디지털재화가 갖는 네트워크의 외부성을 설명하라.
4. 디지털시장이란 어떠한 시장을 의미하는가?
5. 디지털시장이 갖는 특성을 설명하라.
6. 기존의 시장에 디지털기술에 기반을 둔 정보통신기술을 활용함으로써 얻게 되는 경제적 효과를 설명하라.
7. 디지털시장에서의 구성요소들은 어떻게 변화하는가?
8. 다음을 논평하라.
   "디지털시장은 완전경쟁시장과 독점시장의 성격을 모두 갖고 있다."
9. 디지털시장에서의 제1차 가격차별화를 통한 제품의 판매방식을 설명하라.
10. 디지털시장에서의 제품차별화를 통한 제품의 판매방식을 설명하라.
11. 디지털시장에서의 제품의 판매방식으로 맛보기(previewing and browsing)를 설명하라.

제 5 장

디지털경제의 거시경제변수

먼저 디지털경제의 거시경제변수로서 생산성, 경제성장, 고용에 대한 기존 및 최근의 연구결과를 살펴보고, 또한 디지털경제의 거시경제변수로서 물가, 임금, 소득격차, 그리고 산업구조에 대해 살펴보자.

제 1 절 생산성 및 경제성장·고용

1. 기존의 연구결과

정보의 경제적 가치가 높아진다는 것은 경제활동(생산활동, 소비활동)에서의 정보의 중요성이 증대될 뿐만 아니라 특히 정보가 생산요소(자본, 노동, 토지)와 같이 필수적인 생산자원(resource)인 동시에 독립된 상품으로서의 가치가 높아짐을 의미한다. 이러한 관점에서 정보의 경제적 분석은 특히 정보산업(information industry)과 정보인력(information worker)을 중심으로 산업구조적인 변화과정에 대한 체계적인 분석을 필요로 한다. 여기에서는 먼저 정보경제하의 생산성, 경제성장 그리고 고용에 대해 많은 기존 경제학자들의 견해를 살펴보자.[1)]

1.1 매클럽의 지식산업

경제적인 측면에서 정보화의 진전을 최초로 계량분석한 것은 1962년에 미국의 매클럽(F. Machlup)이 저술한「지식산업」에서였다.[2)] 그는 미국경제에 있어서 지식의 생산과 유통에 많은 경제적 자원이 투입되고 있다는 사실을 주목하고 그 실태를 정량적으로 분석하였다. 그의 연구는 매우

---

1) 새로이 등장하게 된 정보경제(information economy)의 가장 중요한 실체는 정보라고 할 수 있으며, 정보를 디지털화된 것 또는 비트(bit)의 흐름으로 코딩된 모든 것을 의미한다고 할 때, 이러한 정보를 이용한 경제활동의 효율성 및 생산성을 증대시키는 경제적 현상을 디지털정보경제(digital information economy) 또는 디지털경제(digital economy)로 명명하는 것이 바람직하다. 이러한 의미에서 대체로 정보경제와 디지털경제는 같은 개념으로 파악되지만, 1980년대 이전에는 정보경제로, 1980년 이후부터는 디지털경제라는 용어를 많이 사용하고 있는 실정이다.

2) Machlup, F., *The Production and Distribution of Knowledge in the United States* (Princeton, NJ: Princeton University Press, 1962).

광범위하지만 그 주된 내용으로 첫째는 지식의 유통에 관한 것이고, 둘째는 지식의 생산에 관한 것이며, 셋째는 지식노동에 관한 것이다. 이제 매클럽의 사고방식과 계측결과를 살펴보자. 계측결과에 대해서는 그가 죽은 후 이 연구를 계속하여 통계를 갱신한 루빈(M. Rubin)의 연구를 열거하기로 한다.3)

1.1.1 지식의 유통

매클럽에 의하면 지식이란 '알고 있다고 하는 상태, 알려져 있는 것의 내용'이라고 하였다. 그리고 지식의 생산에 대해서는 '어떤 사람이 특정한 지식을 갖고 있는데 그것이 다른 사람에게 알려지지 않을 때 지식이 아닌 비밀이다. 다른 사람에게 그 지식을 알고 있다고 하는 상태를 만들어 낼 때에 비로소 사회적으로 새로운 지식이 생산된다'라고 말하고 있다. 그는 지식을 누가, 왜 , 무엇 때문에 획득하려고 하는지의 관점에서 지식을 [표 5-1]과 같이 분류하고 있다.

[표 5-1] 매클럽의 지식분류

지식의 분류	내 용
실용적 지식	▷일(작업)의 결정·처리에 도움이 되는 지식
교양적 지식	▷지적 흥미를 만족시키는 지식 －일반교양, 교육
오락적 지식	▷호기심이나 오락에 관한 지식 －영화, 소설, 드라마
종교적 지식	▷종교에 관한 지식
기 타 지식	▷흥미 외에 우연히 얻어진 목적도 없는 지식

위와 같은 분류에 따라 그는 미국 내에서 유통되고 있는 지식의 매체별 비율로 조사하였다. [표 5-2]에 의하면 서적은 50% 정도가 교양적 지식이고 오락과 실용적 지식이 그 다음을 차지하지만 점차 오락적 지식의 비율이 감소하고 교양과 실용적 지식이 80%을 차지하고 있다. 잡지는 실용

3) Rubin, M., *The knowledge Industry in the United States*, 1960-1980, Princeton University Press, 1986.

적지식이 30% 이상, 교양적 지식이 20% 이상, 오락적 지식이 40% 이하의 추이를 보이고 있다. 그리고 신문은 분류기준이 다르기 때문에 정확한 시계열 비교는 할 수 없지만 교양적 지식이 30% 이상이지만 감소하고 있고, 오락적 지식이 50% 이상이지만 역시 감소하고 있다.

[표 5-2] 정보의 유통량

	서 적		잡 지	신 문		라디오	TV
	1959	1980	1947~54	1954	1973	1957	1960
실용적지식	15.8	22.0	32~35	7.9	11.7	10.5	-
교양적지식	50.2	57.2	20~22	33.4	21.0	12.0	11.4
오락적지식	23.7	11.8	36~38	51.4	44.4	65.6	88.6
종교적지식	7.6	4.8	6 ~9	2.0	1.0	4.4	-
기타 지식	2.7	2.9	-	5.3	21.9	7.5	-

자료: Rubin(1986).

1.1.2 지식의 생산

매클럽은 기업, 연구소, 단체 등의 조직을 총칭하여 지식산업이라고 하였으며, 지식산업을 [표 5-3]과 같이 5가지 범주로 분류해서 각각을 상세히 실태조사와 통계분석을 하였다.

[표 5-3] 지식산업의 분류

지식산업	내 용
교 육	학교교육, 가정내 교육, 기업내 교육, 종교·군대교육
연구개발	연구기관
Communication media	인쇄 ·출판, 방송, 광고, 전화, 우편
정보서비스	정보처리, 법률, 회계, 의료, 금융, 정부
정보기기	인쇄기계, 음향기기, 컴퓨터, 통신기기, 사무기기

그의 연구특징은 지식생산에 있어서 기회비용의 개념을 도입한 것이다. 예를 들면, 대학생은 고교졸업 후 취직해서 임금을 받는 대신 진학해

서 그 소득기회를 포기하고 있다. 그 대신 대학생은 학문을 연마하는 과정에서 지식을 생산한다고 생각하였다. 포기한 소득은 지식을 생산하기 위해 필요한 비용이라 해석하고 그는 이 포기한 소득을 지식의 생산액에 추가하는 작업을 하였다.

또한 가정에 있어서는 주로 엄마가 육아교육과정에서 유아에게 여러 가지 교육을 시키고 있다(가정 내 교육). 따라서 엄마도 일할 기회를 포기하고 가정 내 교육을 시키고 있다. 이 희생에서 얻어진 소득은 일반적으로 국민소득에서는 제외되지만, 매클럽은 이들 비용은 그 나라에서 지식생산에 필요한 비용이라 생각하기 때문에 이들 비용을 계산해서 국민소득에 포함하고 있다.

그렇게 계산한 결과 [표 5-4]에서와 같이 1958년 미국 지식산업의 규모는 GNP의 29%를 차지하고 있고 GNP의 성장률보다 높다는 것을 확인하였다. 그리고 루빈이 갱신한 통계에 의하면 1960년대, 70년대, 80년대 지식산업의 성장률은 30% 이상으로 매년 증가하고 있다. 따라서 경제는 지식산업의 비중이 계속 높아지고 있으며 지식생산노동의 증대는 경제전체의 생산성을 향상시켜 경제성장을 가져온다는 가설의 타당성을 입증하였다. 지식산업의 5가지 범주에서 눈에 띈 변화를 보인 산업은 정보서비스뿐이고 기타 산업은 20년간 점유율에서 거의 변화를 볼 수가 없었다.

[표 5-4] 지식산업의 GNP비율

(단위 : %)

	1958	1963	1967	1972	1977	1980
교 육	11.8	13.3	14.7	14.8	13.7	12.5
연구개발	2.2	2.6	2.6	2.2	2.1	2.2
Communication	7.7	7.5	7.7	7.9	8.1	8.0
정보기기	2.0	2.4	2.3	2.3	2.7	3.2
정보서비스	4.9	5.2	6.7	6.7	7.6	8.4
지식산업의 총계	28.6	31.0	33.3	33.9	34.2	34.3

자료: Rubin(1986), 1958년은 Machlup의 추계.

1.1.3 지식노동

우리들은 산업구조(취업구조)에 대해 경제발전단계가 고도화될수록 노동인구가 제1차산업에서 제2차산업으로, 제2차산업에서 제3차산업으로 이동하는 경향이 있다는 페티·클라크의 법칙을 알고 있다.

그러나 매클럽이 행한 분석은 그들의 분석과는 전혀 다르다. 가장 큰 차이점은 페티·클라크법칙이 산업 간의 노동력구성을 중심으로 분석한 것에 반해 매클럽의 분석은 뭔가 다른지를 간단히 설명하고 있다. 예를 들면, 어떤 자동차회사에서 연구원으로 근무한다고 할 때 이 연구원을 직업별로 분류하면 지식노동자에 포함된다. 그가 관심을 갖고 있는 것은 사람들이 어떤 산업에 근무하느냐가 중요하지 않고 어떤 산업에서 어떤 일을 하고 있느냐하는 점이었다. 그래서 매클럽은 지식산업과 유통에 관계된 직업을 [표 5-5]와 같이 분류하고 있다.

[표 5-5] 지식관련 직업유형

지식관련 직업유형	내 용
지식의 운반자(transporters)	우편배달
지식의 변형자(transformers)	속기자, 타이피스트
지식의 처리자(processors)	회계사
지식의 해석자(interpreters)	통역
지식의 분석자(analyzers)	논설위원
지식의 창조자(creaters)	학자, 연구자

그리고 그는 총취업자를 지식생산자군과 비지식생산자군으로 양분하고, 여기에 앞으로 취업될 잠재적 지식생산자(중학 3학년 이상의 전일제 학생수)들을 또 하나의 집단으로 구분하여 노동인력을 3계층으로 분류하였다. 마지막으로 그는 총취업자 중에서 비지식생산자와 잠재적인 지식노동자를 뺀 지식생산자가 총취업자에서 차지하는 비중을 한 나라 경제의 정보화를 측정하는 지표로 보았다.

매클럽의 연구결과에 의하면 1958년 미국 지식산업의 생산규모는 GNP의 29%인 것으로 추정했으며, 이는 10년 전인 1947년에 비해 10% 이상 증가된 것이었다. 그의 분류방식에 따른 10년 후의 후속연구들에 의하면 1968년 당시 지식산업이 전체 GNP의 40%를 차지함으로써 10년 전에 비해 또 다시 10%의 증가를 보였다. 정보부문에 관한 노동력도 1900년 당시 미국전체의 10.7%였으나 1959년에는 31%로 증가된 것으로 나타났으며, 반면에 같은 기간 동안 수공업이나 농업에 종사하는 노동자수는 서서히 저하되는 경향을 보였다.

1.2 포랫의 정보경제

매클럽이 제시한 지식산업의 개념은 뒤이어 포랫(M. Porat)에 의해 '정보경제'(information economy)로 발전하면서 더욱 체계화되었다.[4] 포랫은 매클럽과는 달리 지식 대신 정보라는 용어를 사용하고 정보를 "조직화되어 전달된 자료"로 정의하였다. 그리고 정보활동을 정보기기와 정보서비스의 생산, 처리, 소비되는 모든 자원과 관계되는 일로 보고, 이런 정보활동에 종사하는 사람들을 정보노동자라고 함으로써 정보노동자의 범위를 구체화하였다. 그러나 인간의 어떤 활동을 막론하고 적고 많고 간에 정보처리와 관련되어 있지 않는 활동은 없다. 따라서 정보노동자라고 할 때 생산과정에서 주임무가 정보활동과 관계된 사람을 말하며, 부차적으로 정보활동을 하는 사람들은 비정보노동자가 되는 것이다. 이와 같이 포랫은 노동자를 정보노동자와 비정보노동자로 나누고, 정보노동자는 다시 분류하여 그 구체적인 범위를 정하고 있다.

포랫의 경우에 정보노동자의 기술적 분류는 매클럽과 큰 차이가 없다고 볼 수 있겠으나, 매클럽에 비해 발전한 것은 기능별로 분류된 유형별 정보노동자를 미국표준산업분류에 따라 세분류하여 정보노동자의 규모를 통계적으로 더 정밀하게 측정할 수 있도록 하였다.

---

4) Porat. M., *The information Economy: Definition and Measurement* (Washington, D. C.: U. S. Government Printing Office, 1977).

이와 같이 정보노동자의 범위를 구체화한 후, 취업자통계에서 이 범위에 속해 있는 정보직종을 추출하여 정보노동자를 구하고, 나머지는 비정보노동자로 규정하였다. 이 비정보노동자들을 다시 산업의 전통적인 3분법에 따라 농업, 공업, 서비스업으로 분류하였으며, 여기서 추출된 정보부문을 추가하여 4분류 산업분류법을 개발하였다. 포랫은 이 4분류산업의 총취업자에서 정보노동자가 차지하는 비중을 경제의 정보화를 측정하는 지표로 삼았다. 즉 [그림 5-1]과 같이 정보부문을 정보활동과 직접적으로 관련되는 제1차 정보부문(정보서비스의 제조·판매 부문)과 간접적인 영향을 미치는 제2차 정보부문(비정보부문 중 사무관리, 관료부문)으로 나누고, 이들에 대한 부가가치를 계산한 결과 1967년 미국의 경우 제1차 정보부문이 GNP 대비 25.1%, 제2차 정보부문이 GNP 대비 21.1%을, 전체 정보부문의 비중이 46.2%임을 밝혀 냈다. 또한 1970년대 총취업자의 40%가 정보부문에 종사하고 있으며, 1967년 시점에서 고용자 소득의 53%가 정보부문 고용인력의 소득임을 보여주고 있다.

[그림 5-1] Porat의 정보산업분류

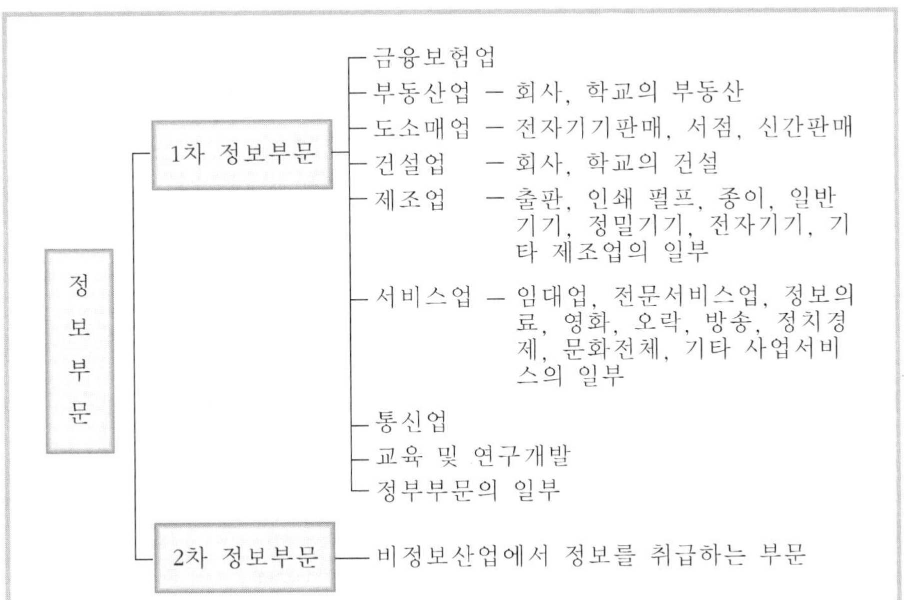

또한 그는 1860년에서 1980년까지의 기간을 대상으로 4가지 산업분류 방식에 의해 미국경제의 정보화를 측정하였다. [그림 5-2]에서와 같이 지난 120년 동안 미국의 고용구조는 3단계에 걸쳐 변화해 온 것을 알 수 있다. 1단계는 1860년~1906년에 해당하며, 이 기간에는 농업부문에 종사하는 노동력의 비중이 가장 컸으며, 농업이 경제를 주도하였다. 2단계는 1906년~1954년으로, 공업노동자의 비중이 가장 컸으며 공업이 경제를 주도하였다. 3단계는 1955년부터 시작되는데, 바로 정보부문과 공업부문의 고용비중이 각각 37% 수준에서 같아진 기점으로, 본격적인 정보사회로 진입하게 되었다고 할 수 있다. 또한 1980년에는 서비스 부문에 대한 노동자의 비율도 공업부문보다 증가하였음을 알 수 있다.

[그림 5-2] 미국의 노동력 구성비율

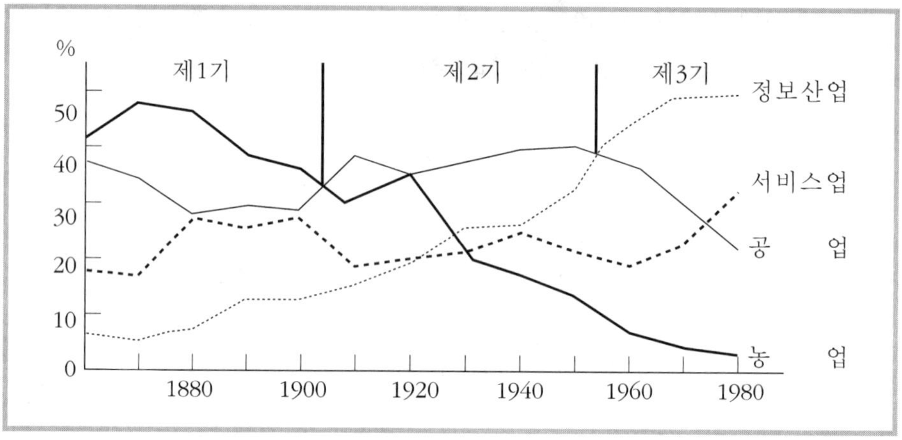

자료: Porat. M. *The Information Economy*, U.S. Department of Commerce, 1977, p. 189.

한편 최근에 정보처리기술과 통신기술의 비약적인 발전에 따라 정보와 관련된 정보통신산업 분야의 폭이 더욱 넓어지고 있으며 이에 관련된 정보통신관련 직업의 종류도 다양하게 변하고 있다. 현재 미국의 경우 분류가 가능한 정보전문직이 무려 1,500여 개 정도에 달하고 있다.[5] 정보경

5) Lamberton, D. M. "The Theoretical Implications of Measuring the Communication Sector" in M. Jussauwalla & D. M. Lamberton(eds.) *Communication Economics and Development* (New York: Pergamon, 1982) pp. 36~59.

제의 분석에서 아직은 표준화된 정보통신산업의 분류가 정립되지 못하고 있는 실정이지만 정보통신산업의 경제적 비중이 더욱더 높아지고 있다는 것은 분명한 사실이다.

정보화에 대한 경제적 분석의 중요성은 단순히 정보부문의 산업활동 규모나 노동력 분포의 변화를 파악하는 데 그치는 것이 아니다. 궁극적으로 정보경제분석은 산업구조의 변화와 관련하여 사회구조적 변인들과의 상관관계를 분석함으로써 산업의 정보화 과정을 이해하는 데 그 목적이 있다. 예컨대 포랫은 정보경제의 성장에서 1차 정보부문이 2차 정보부문보다 상대적으로 높은 비중을 차지하고 있음을 확인하였는데, 그 이유로서 관료조직의 확대와 민간기업규모의 팽창에 따른 정보통신기술의 활용이 증대되었음을 지적한 바 있다.

1.3 존셔의 정보경제

매클럽, 포랫이 경제의 정보화, 즉 정보경제를 계측하기 위한 기본적인 틀을 마련한 것이라면 존셔(C. Jonscher)는 정보부문이 매년 성장해온 것을 경험적으로 인정하고 왜 정보부문이 성장하는가를 경제학적인 측면에서 분석하고 장래 어떠한 성장추이를 보일 것인가를 분석하였다.

1.3.1 가 설

존셔는 지금까지 정보부문이 성장해온 요인으로 다음과 같은 가설을 제시하고 있다.

(1) 과학자·기술자의 증대, 정보를 기초로 하는 경제특징을 과학적·기술적 지식의 생산과 보급에 관련된 사람들의 증대에 의해 설명하는 가설

(2) 최종수요로서의 정보서비스의 증대, 교육, 방송, 신문, 출판 등의 정보서비스에 대한 가계지출의 증대에 의해 설명하는 가설

(3) 정부역할의 증대, 즉 주로 정보관련 일을 하는 조직인 정부가 다

른 부문과 비교해서 성장해 가는 것으로 설명하려고 하는 가설

(4) 우회생산기술(복잡화의 증대), 우회생산에 의한 분업화의 진전을 통해 설명하는 가설

그러나 존셔는 (1), (2), (3) 등은 분명히 정보부문의 성장에 기여하고 있지만, 그 기여율은 너무 적다고 판단하고 (4)의 가설에 의해 정보부문의 성장을 설명하고 있다. 다시 말하면, 존셔(1983)는 정보부문과 물적생산부문의 2부문 경제모델을 제시하고 있는데[6] 그 내용은 경제가 고도화되어 감에 따라 경제시스템은 우회화, 복잡화가 진행되며 이에 따라 그 경제시스템을 관리·조정하는 정보관련 업무가 늘어난다는 것이다. 이것이 경제의 정보화를 진행시키는 큰 요인이 된다는 것이다.

1.3.2 경제성장모형

존셔의 경제성장모형은 2부문 경제모형이다. 2부문이란 정보부문과 생산부문을 말하는데, 정보부문은 사람들이 정보의 생산·처리·전달하는 부문이며 생산부문은 실물적인 상품을 생산하는 부문이다. 간단히 말하면 정보부문은 사무노동을, 생산부문은 공장노동을 의미한다. [그림 5-3]의 왼쪽 박스는 생산부문을, 오른쪽박스는 정보부문을 나타내고 있고 실선은 생산부문의 산출을, 점선은 정보부문의 산출과 흐름을 나타내고 있다. 1947년과 1972년을 비교하면, 부가가치에서 정보부문은 3.7배, 생산부문은 2.1배로 정보부문의 성장률이 높다. 정보부문의 성장은 거의 생산부문으로의 도입에 의한 것이고, 최종소비의 증가에 의한 성장은 없다는 것을 나타낸다. 그리고 중앙화살표를 보면 정보부문에서 생산부문으로의 흐름은 3.8배로 성장하고 있는데, 이는 생산부문의 관리 및 조직화를 행하기 위한 관리서비스(management service)가 증대하고 있음을 의미한다. 생산부문에서 정보부문으로의 흐름도 4.3배가 되는데, 이는 정보활동을 지원하기 위해 보다 많은 정보기기가 투입·활용되는 것을 의미하고 있다.

---

6) Jonscher. C., "Information Resources and Economic Productivity" *Information Economics and Policy*(1: 1983) pp. 13~35.

[그림 5-3] 생산부문과 정보부문의 비교

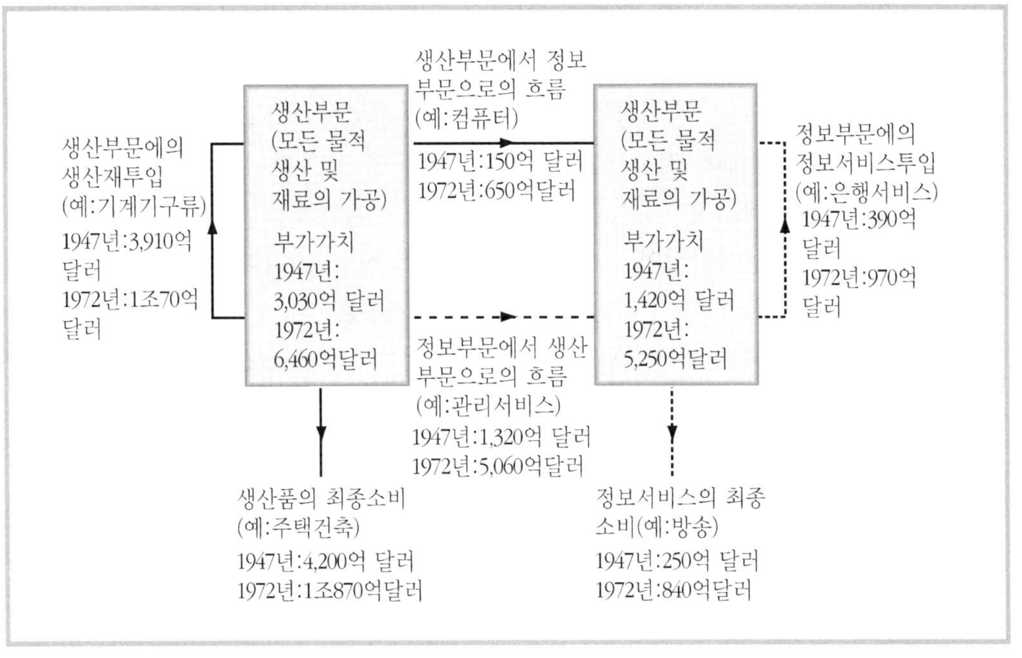

한편 존셔는 앞의 가설(4)에 기초해서 정보부문에 일하는 사람들(정보노동자)의 추이를 설명하는 모델을 다음과 같이 제시하였다.

$$\frac{\text{정보노동자}}{\text{생산노동자}} = K\sqrt{\frac{\text{생산부문의 생산성}}{\text{정보부문의 생산성}}}, \quad K = \text{조정계수}$$

위 식이 의미하는 것은 생산부문의 생산성이 상승하고, 정보부문의 생산성이 상승하지 않는 경우에 정보노동자의 비율이 증가한다. 반대로 정보부문의 생산성이 상승하면 정보노동자의 비율이 감소한다. 즉 양부문의 취업구조는 상대적인 생산성격차에 의해 결정된다는 것이다.

이와 같은 논의에 따라 그는 미국경제에 적용시키고 있다. [그림 5-4]의 (a)는 농업노동자를 제외한 총노동자에서 정보노동자가 차지하는 비율을 나타내며, (b)는 생산부문 노동자, 정보부문 노동자, 그리고 경제전체의 생산성의 추이를 나타낸다.

먼저 미국 생산성의 변화를 보면 1950년부터 1970년에 걸쳐 경제전체의 생산성은 3%대의 추이를 보이고 있을 때 물적 생산부문 노동자의 생산성은 연평균 4%대를 유지하고 있는 반면, 정보부문 노동자의 생산성은 1% 미만이었다. 그러나 1970년대에 들어오면서 물적 생산부문 노동자의 생산성은 급격히 저하하고 동시에 정보부문 노동자의 생산성은 상승하기 시작하였는데, 그 이유는 사무실에 정보통신기기가 널리 활용됨에 따라 일상적 업무의 생산성이 높아졌기 때문이다. 하지만 이러한 정보부문의 생산성 향상은 경제 전체의 생산성을 변화시킬 정도의 힘을 가지지 못하였다. 왜냐하면 1970년부터 1980년에 걸쳐서 정보부문의 생산성 증가는 물적 생산부문의 생산성 감소에 의해 상쇄되었기 때문이다.

한편 존셔는 1980년대 이후를 예측하고 있다. 즉, 금후 새로운 정보통신기술이 도입됨으로써 정보부문의 생산성 증가가 예상됨에 반해 물적 생산부문은 낮은 생산성에 머물 것이라는 가정하에 경제 전체의 생산성은 3%까지 회복될 것이라고 예측하였다. 이러한 가정하에서 정보부문 노동자수는 1980년대는 거의 같은 수준을 유지하나, 1990년대를 넘어서 2000년에는 46%까지 저하할 것이라고 예측하고 있다.

[그림 5-4] 생산성과 정보노동

(a) 총 노동자에서 정보노동자가 차지하는 비율

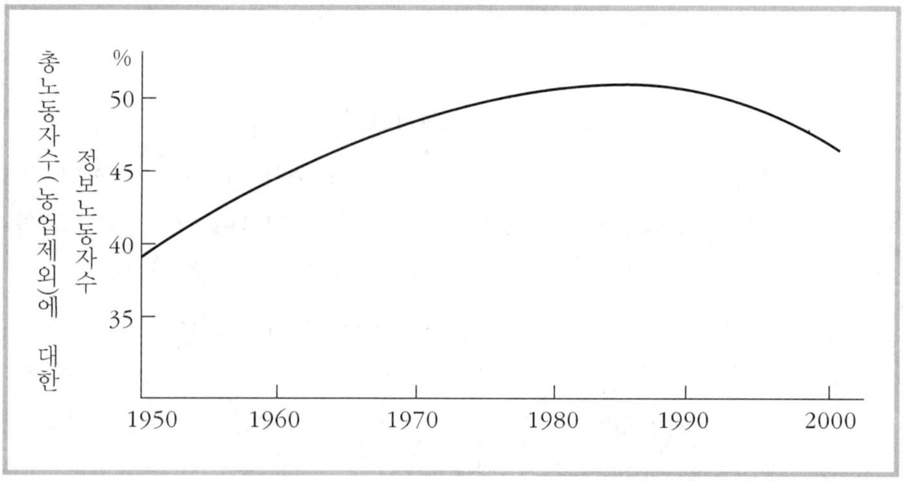

(b) 생산성의 증가추이

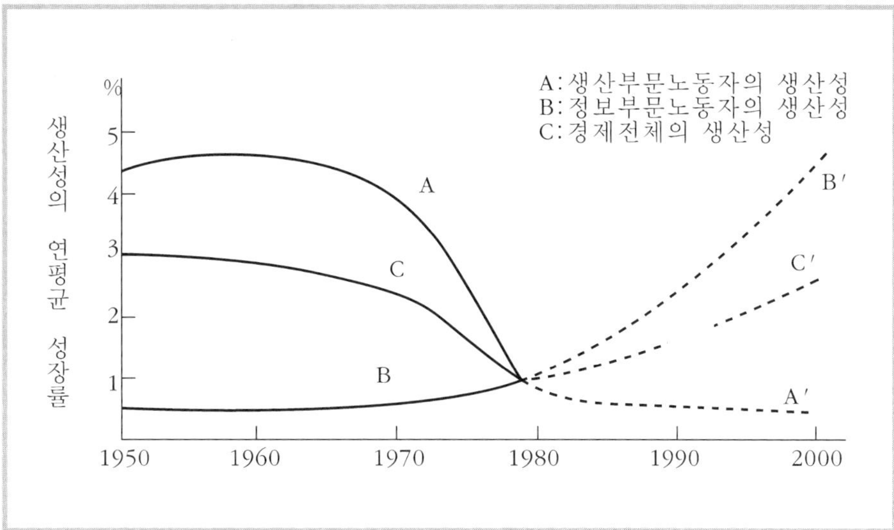

1.4 캐츠의 정보노동

페티·클라크의 법칙에서는 산업구조의 변화를 각 산업의 취업자가 차지하는 비율로 나타내는 방법을 취하고 있다. 그러나, 정보경제에서는 산업별 취업자가 아닌 직업별 취업자를 이용하는 방법이 벨, 매클럽, 포랫에 의해 제안되어 정착된 것 같다. 이들은 모두 노동력을 산업별로 분류하는 것(노동자가 어떤 산업에서 근무하고 있는가)은 정보경제에서는 중요하지 않고 노동자가 어떤 산업에서 어떤 일을 하고 있는가에 따라 분류해야 한다는 것이다.

벨, 매클럽, 포랫 등은 정보노동자를 다음과 같이 정의하고 있다.

벨은 전문적·기술적으로 지식을 창조하는 사람(과학자, 기술자, 교육자)만을 정보노동자로 정의하고, 매클럽은 지식의 생산과 유통에 관련된 사람을, 포랫은 ① 최종제품이 정보인 상품을 생산하는 사람, ② 주된 활동이 정보활동(정보의 창조, 처리, 전달)인 사람, ③ 정보기술(기계)을 조작하는 사람을 정보노동자로 하고 있다. 각각 추계한 시점은 다르지만 총노동자에서 정보노동자가 차지하는 비율은 [그림 5-5]와 같이 Bell(12%),

Machlup(31%), Porat(45%)순이다.

[그림 5-5] 정보노동의 범위

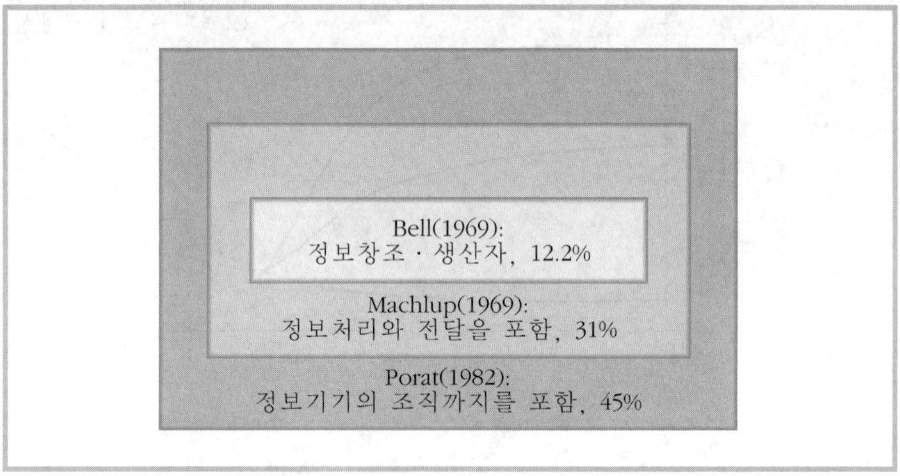

[표 5-6]은 선진국과 개발도상국의 정보노동자가 차지하는 비율을 나타낸 것이다. 캐츠의 연구에 의하면, 정보노동의 증가경향은 선진국뿐만 아니라 개발도상국에 있어서도 관찰되는 사실이다. 그러나 개발도상국에 있어서 정보부문의 발전 패턴은 당연히 국가에 따라 다르다. 그 주요원인을 살펴보면 ① 그 나라는 언제 공업화를 시작했는가, ② 그 나라는 중요한 무역부문을 가지고 있는가, ③ 그 나라의 정치·경제의 조건, 예를 들면, 개발도상국의 경우에 교육이나 의료등 전문직은 정부에 의해 활동하고 있기 때문에 공공서비스 차이가 정보노동의 차이를 가져오고 있다는 결론을 얻고 있다.

[표 5-6] 정보노동력의 국제비교

(단위: %)

	1960	1970	1980
영국	33.1	36.6	-
미국	42.0	46.4	46.6
호주	22.5	27.5	31.2
서독	24.6	30.7	33.2
일본	21.3	29.4	37.7
아르젠티나	21.2	21.8	24.1
이집트	8.0	12.4	18.6
홍콩	14.2	15.8	23.5
한국	6.3	10.1	14.6
싱가폴	17.1	24.1	30.0

자료: Katz(1988).

1.5 村上·高鳥의 정보산업

村上·高鳥(1973)는 독자적으로 정보산업을 정의하고 그 정량화를 실행한 최초의 연구라 할 수 있다. 그들은 정보산업을 불확실성이 높은 제1종의 정보생산활동과 불확실성이 거의 존재하지 않는 제2종의 정보생산활동으로 분류하고 있다. 여기에서 제1종의 정보생산활동이란 정보의 생산활동에 중점을 두기 때문에 좁은 의미에서의 정보생산인데, 여기에는 기초연구, 연구개발, 경제예측, 경영정보의 작성 등의 활동을 포함하고 있다. 제2종의 정보생산활동이란 정보의 전달활동에 중점을 두기 때문에 전신·전화, 데이터통신뿐만 아니라 정보를 가공하여 전달하는 교육, 매스컴, 출판, 광고 등을 포함한다. 이러한 기초적인 분류에 기초해서 6가지의 형태로 분류하고 있다.

카타고리 1: 참신한 정보를 충분히 테스트해서 생산한다.(실험가능)

예 자연과학의 기초연구, 토속적 연구, 산업계의 연구개발,
건축·시설 등의 컨설팅, 컴퓨터 프로그램,

카타고리 2: 참신한 정보를 충분한 테스트를 걸치지 않고 생산한다. (실험불가능)

예 사회과학의 기초연구, 경제예측, 경영정보, 경영컨설팅

카타고리 3: 광대한 정보의 신속·정확한 처리

예 컴퓨터에 의한 정보처리서비스

카타고리 4: 정보의 가공·전달

예 교육, 매스컴, 출판, 선전, 광고

카타고리 5: 정보의 전달

예 전신·전화, 데이터전송

카타고리 6: 정보관련 기구의 제조

예 컴퓨터, 단말기기, 회선설비, 교육용기기, 정밀측정기기

위와 같은 분류에 따라 그는 일본경제의 여러 가지 산업에 대한 부가가치를 [표 5-7]과 같이 추계하였다.

[표 5-7] 정보산업의 부가가치

(단위: 10억엔, %)

	1960년	1965년	1969년
카타고리 - 1	135.2(0.9)	292.9(0.9)	638.7(1.1)
카타고리 - 2	10.5(0.07)	26.6(0.08)	49.3(0.08)
카타고리 - 3	5.1(0.03)	22.9(0.07)	74.4(0.13)
카타고리 - 4	764.5(4.8)	1,882.7(6.0)	3,515.7(6.0)
카타고리 - 5	223.9(1.4)	534.1(1.7)	935.3(1.6)
카타고리 - 6	112.3(0.7)	272.4(0.9)	597.3(1.0)
합 계	1,251.6(7.9)	3,031.5(9.6)	5,819.7(9.9)
G N P	15,873.1(100)	31,479.6(100)	58,808.1(100)

자료: 村上·高島(1973).

그의 주장은 다음과 같이 논하고 있고, 그 특징이 나타나고 있다. 「지출면에서 추산된 정보산업의 규모는 하나의 의미를 갖고 있지만, 국민경제활동에서 정보산업의 규모를 나타내는 것은 아니다. 정보산업이 국민경제활동에서 차지하는 규모를 알기 위해서는 최종생산물에 어느 정도의 정보가 투입되었는가 보다도, 정보산업의 생산물이 GNP에서 어느 정도의 비중을 차지하고 있는가를 추계하는 것이다.」 국민소득의 3면 등가의 원칙에 의해 생산면(부가가치), 분배면, 지출면에서 계측할 수 있고 그 가치(가격)는 이론적으로 모두 같다. 사실은 매클럽은 정보산업을 지출면에서 추계한 것이고 포랫은 정보산업을 생산면(부가가치)에서 추계한 것이다.

1.6 廣松 · 大平의 정보경제

大平(1985)는 지금까지 연구성과에 기초해서 포랫의 산업분류와 방법을 일본경제에 적용시켜 정보경제의 진전도를 계측하고 이어서, 宮澤(1962)가 개발한 생산연관분석의 방법과 시계열데이터를 이용해서 정보·서비스부문과 실물부문 간의 상호의존관계를 분석하였다. 그 결과 [표 5-5]에서와 같이 정보부문의 생산량이 GNP에서 차지하는 비율은 1960년 20.6%에서 1980년 25%로 성장했으나, 동기간에 조직내 정보부문은 8.9%에서 18.5%으로 성장하였음을 보여 줌으로서, 일본경제의 정보화는 조직내 정보부문의 성장에 힘입은바 크다는 결론을 얻었다. 또한, 정보노동자의 비율은 1980년대 38%에 지나지 않고 미국과 비교하면 10% 정도의 차이가 있는 것으로 분석하고 있다.

그 후, 廣松·大平(1990)는 과거 연구결과를 검토한 결과, 정보산업에 관해 많은 계량분석이 발표되고 있지만, 정보산업의 정의와 범위에 관한 분석이 없는 것에 주목하였다. 그래서 어떤 범위의 산업이 정보산업이라고 총칭되기 위해서는 어떤 조건이 필요하는가를 연구의 원점으로 삼았는데, 여기에서 정보재[7](information goods)의 개념을 사용하고 있다. 일반적으로

7) 일반적으로 정보경제(information economy)하고 할 때는 정보경제에서 거래되는 상품을 정보재(information goods)라고 하고, 디지털경제(digital economy)라고 할 때는 디지털경제에서 거래되는

어떤 산업이라고 할 때, 그 산업 앞에 붙어 있는 용어와 관련된 상품을 생산하고 있는 산업을 의미하고 있다. 예를 들면, 섬유산업이라 하면 섬유를 생산하고, 철강산업이라고 하면 철강을 생산하고 있다. 그렇다면 정보산업이라면 정보를 생산해야 한다. 그러나 정보의 정의라는 것은 분야마다 사람마다 다르기 때문에 정보산업은 정보가 아닌 정보재를 대상으로 하는 산업이라고 하였다. 다시 말하면 정보산업이란 정보재를 창조·생산하는 산업이 정보산업의 조건을 만족시키는 산업이라는 결론을 얻었다. 그 후 이 정의에 기초한 정보산업의 개념을 사용해서 일본경제의 구조를 분석하고 있다. 그 주요 계측결과를 보면, 정보산업이 산출해낸 부가가치가 GNP에서 차지하는 비율은 3%에 지나지 않고 조직내 정보활동이 약 30%이라고 계측함으로서 조직내 부문의 정보화에 대한 공헌도가 크다는 것을 증명하고 있다.

[표 5-8] 일본의 정보경제

(단위: %)

	1960	1965	1970	1975	1980
제1차 정보부문	20.6	20.0	22.8	22.9	25.0
제2차 정보부문	8.9	10.6	14.1	18.2	18.5
정보부문의 총계	29.5	30.6	36.9	14.1	43.5
비정보부문	70.5	69.4	63.1	58.9	56.5
G N P	100.0	100.0	100.0	100.0	100.0

자료: 大平(1985).

이상의 연구결과들을 종합해보면 생산성/경제성장/고용에 대해 다음과 같이 요약할 수 있다.

■ 모든 연구결과들이 대체로 지식 및 정보산업의 생산량이 GDP에서 차지하는 비율이 시간이 흐름에 따라 증가하고 있으며, 지식 및 정보 관련

상품을 디지털재화(digital goods)라고 부르지만, 정보재(information goods)와 디지털재화(digital goods)의 그 의미는 같게 사용하자.

산업의 생산량 증가율이 경제성장률보다 크게 나타나고 있다.

■ 최근에 정보처리기술과 통신기술의 비약적인 발전에 따라 정보와 관련된 정보통신산업 분야의 폭이 더욱 넓어지고 있으며 이에 관련된 정보통신관련 직업의 종류도 다양하게 변하고 있다.

■ 총취업자 중에서 지식 및 정보산업에 종사하는 취업자가 차지하는 비중을 한 나라 경제의 정보화를 측정하는 지표로 삼고 있는데, 미국경제는 지식 및 정보산업 종사자의 비중이 계속 높아지고 있으며, 지식 및 정보노동의 생산성 증대는 경제전체의 생산성을 향상시켜 경제성장을 가져왔다.

■ 정보경제는 '성장하는 경제'가 아닌 '성숙한 경제'인 것을 전제로 하고 있다. 성숙한 경제에서는 효율성을 높여왔던 각종 중간거래(중개소)가 필요가 없게 됨에 따라 중간과정이 생략되는 현상이 나타난다.

■ 정보경제에서는 산업경제의 페티·클라크 방식과는 달리 노동력을 산업별로 분류하는 것(노동자가 어떤 산업에서 근무하고 있는가)은 중요하지 않고 노동자가 어떤 산업에서 어떤 일을 하고 있는가를 중요시한다.

■ 1970년대에 들어오면서 물적 생산부문 노동자의 생산성은 급격히 저하하고 동시에 정보부문 노동자의 생산성은 상승하기 시작하였는데, 그 이유는 사무실에 정보통신기기가 널리 활용됨에 따라 일상적 업무의 생산성이 높아졌기 때문이다. 하지만 이러한 정보부문의 생산성 향상은 경제전체의 생산성을 변화시킬 정도의 힘을 가지지 못하였다. 왜냐하면 1970년부터 1980년에 걸쳐서 정보부문의 생산성 증가는 물적 생산부문의 생산성 감소에 의해 상쇄되었기 때문이다.

2. 최근의 연구결과

그러면 생산성, 경제성장 및 고용에 관한 최근의 연구들은 어떠한 결과를 보일까?

2.1 생산성과 경제성장

2.1.1 생산성의 향상과 경제성장

지식과 정보에 기반을 둔 디지털기술은 새로운 제품을 개발하거나 새로운 공정으로 구체화되어 생산성을 증대시킴으로써 경제성장의 원동력이 된다. 기술이 생산성을 증대시키는 과정은 생산량을 일정하게 하고 생산요소의 투입량을 감소시키거나, 생산요소의 투입량을 일정하게 하고 생산량을 증가시킴으로써 이루어진다. 전자는 투입요소의 결합비율을 효율적으로 재조정함으로써 기술적 효율성(technical efficiency)을 제고하는 것이다. 후자는 X-비효율(X-inefficiency)을 제거하거나 생산방식을 개선하여 생산성을 향상시킴으로써 생산요소의 투입량은 변함이 없는 상태에서 생산량을 증가시키는 것이다. 이처럼 기술은 기존의 노동, 자본, 원재료 등의 전통적인 생산요소를 효과적으로 재결합하고 새로운 생산방식을 적용함으로써 새로운 가치와 생산성을 유도한다.

기술 중에서도 정보통신기술은 다른 기술에 비해 경제 전체에 미치는 파급효과가 매우 커서 경제성장에 커다란 영향을 미친다. 정보통신기술의 발전은 정보통신기술이 체화된 컴퓨터, 통신기기가 여타 부문의 생산과정에 도입·활용되어 생산방식, 소비형태, 영업방식 등에 결정적으로 영향을 미치게 된다. 정보통신기술은 기업과 산업의 생산성 제고와 연결되어 경제전반의 성장을 뒷받침한다. 실제로 기업들이 정보통신기술 관련제품 및 서비스에 대한 투자를 확대하는 이유는 정보통신기술이 인터넷과 전자상거래를 통하여 기업의 생산성을 재고시킨다는 믿음에서 비롯된 것이기 때문이다.

정보통신기술이 생산성을 향상시키는 과정을 정리해 보면 다음과 같다.[8] 첫째, 정보통신기술이 생산성에 미치는 영향은 우선 정보통신에 대한 하드웨어와 소프트웨어를 생산하는 정보통신산업의 생산성 향상에서 출발한다.

둘째, 정보통신산업의 기술발전으로 생산성이 향상됨에 따라 컴퓨터, 소프트웨어, 통신기기의 가격이 급속히 하락하게 되고, 정보통신기술을 이용하는 무역, 관광, 금융, 보험 등의 여러 산업에서 정보통신기기에 대한 투자가 급격히 증가하게 됨으로써 경제 전반에 걸친 자본축적(capital deepening)이 경제 전체의 생산성을 제고시키게 된다.[9]

셋째, 정보통신기술에 체화된 정보통신기기에 대한 투자는 다른 자본재와 마찬가지로 자본장비율을 증가시켜 노동생산성을 향상시킬 뿐만 아니라 다른 자본재보다도 총요소생산성을 더욱 증가시켜 노동생산성을 향상시킨다. 즉, 정보통신기기를 사용하여 생산하는 소프트웨어 등과 같은 디지털 상품은 초기의 개발비용은 매우 크지만 한 단위 더 생산하는데 소요되는 추가 생산비용(한계비용)은 지속적으로 체감하여 규모의 경제를 발생시킨다. 또한 정보통신기기에 대한 투자는 지식 및 정보의 창출·활용을 원활하게 함으로써 네트워크 외부효과 및 파급효과(spillover)를 가져오는데, 이러한 규모의 경제와 파급효과 등은 총요소생산성을 증가시킴으로써 노동생산성을 증가시키고, 이는 경제성장으로 이어진다.[10]

이와 같이 정보통신기술에 의해 기업 및 산업의 생산성이 향상되고,

8) 이승철·한선옥, 「디지털경제학」, 전경련(2001).

9) 한국은행(2000)에 의하면 우리나라 정보통신산업의 총요소생산성은 1994~97년 사이 연평균 14.3% 증가하여 1990~93년까지의 연평균증가율 9.8%를 크게 상회하고 있는 반면, 정보통신기술 고이용 산업의 총요소생산성은 1994~97년 사이 연평균 증가율이 1.4%로 1990~93년 사이의 연평균증가율 2.3%를 오히려 밑돌고 있는 것으로 나타났다. 또한 정보통신기술 저이용산업의 총요소생산성 증가율도 2.2%의 낮은 수준에 머물고 있다. 정보통신기술 고이용산업 중에서도 제조업에 속한 업종이 비교적 높은 생산성 증가율을 보이는 반면, 금융, 보험, 부동산 및 용역업, 사회 및 개인서비스업 등은 생산성 증가율이 낮은 것으로 나타났다.

10) 정보통신기술이 생산성에 미치는 영향에 대한 연구는 거시경제적인 차원, 산업차원, 그리고 기업차원으로 구분하여 살펴볼 수 있다. 결론적으로 말하면 거시경제적 차원이나 기업차원의 연구에서는 정보통신기술이 생산성 증가에 크게 기여하고 있는 것으로 나타나고 있지만, 산업차원의 연구에서는 산업에 따라 생산성에 대한 기여도가 일률적으로 나라나고 있지 않다.

이는 한 국민경제의 경제성장률을 증가시키는 경우를 1990년대 미국의 신경제를 예를 들어 살펴보자. 1990년대 미국의 경기가 호황국면이었던 가장 중요한 원인은 정보통신기술과 인터넷의 역할을 들 수 있다.

첫째, 미국에서 신경제의 현상이 가능했던 것은 기업경영에 정보통신기술을 접목하여 경영의 효율성을 높일 수 있었기 때문이다. 기업의 경영효율성 향상은 해당 기업의 생산성 향상으로 연결되고, 이는 다시 해당 산업의 생산성 증가로 연결되었다. 그 결과 경제 전체의 생산성이 향상되고, 경제는 계속하여 성장할 수 있었다. 다시 말하면, 미국에서 1980년대 중반 이후 기업간 경쟁이 치열해지면서 정보통신기술에 대한 투자가 확대되고 혁신적인 경영방식이 적극적으로 도입된 결과 기업의 생산성이 크게 향상되었다는 사실이다. 기업의 생산성 향상에 대한 가장 대표적인 것은 기업이 전자상거래를 도입함으로써 얻게 되는 비용절감의 효과이다. 이러한 비용절감은 전자상거래를 통해 원자재 구매비용의 절감, 상품전달비용의 절감 등이 이루어짐으로써 가능해졌다.

둘째, 이러한 생산성 향상으로 인플레이션율이 낮아지게 되었다는 점이다. 생산성이 지속적으로 향상될 경우 경기호황에 의해 이윤과 임금이 상승하더라도 생산성 향상이 인플레이션을 상쇄하기 때문에 인플레이션율은 낮아지게 된다. 나아가 인플레이션율의 하락은 이자율 하락으로 연결되고 이는 실물투자를 증가시켜 다시 생산성의 향상과 경제성장률의 상승으로 연결되게 된다.

셋째, 정보통신기술과 인터넷의 보급은 하나의 네트워크 효과를 발생하게 하고, 그 결과 경제 전체의 수확체증을 가능하게 함으로써 지속적인 경제성장을 가능하게 했다는 것이다. 이러한 전보통신기술과 인터넷이 광범위하게 보급될 수 있었던 것은 정보통신기기와 정보통신서비스의 가격이 하락하였기 때문이다.[11)]

11) 미국의 경우 1996년에서 1997년 사이에 정보통신부문의 가격은 7% 정도 하락하였고, 비정보통신부문의 물가가 2.6% 상승하여 경제 전체의 인플레이션율은 1.9% 정도에 불과한 것으로 나타났다. 뿐만 아니라 정보통신기기와 서비스의 가격하락은 기업과 개인들이 컴퓨터를 보다 쉽게 구입할 수 있게 함으로써 디지털화를 더욱 촉진시켰다.

2.1.2 생산성의 역설

개별기업의 차원에서 볼 때 정보통신기술의 급속한 발전과 막대한 정보화 투자가 기업의 생산성을 증가시켰다고 실증분석을 통해 입증되고 있지만, 거시경제 총량변수를 사용한 정보통신기술이 생산성에 미치는 효과를 분석한 연구들을 살펴보면 아직까지 그 효과가 명확하게 입증되고 있지 않다. 다시 말하면, 정보통신기술의 급속한 발전과 막대한 정보화 투자가 충분히 이루어지고 있음에도 불구하고 경제 전체적인 차원에서의 생산성 증가는 확실히 나타나지 않다는 소위 생산성 역설(productivity paradox)을 보이고 있다.

디지털경제의 생산성 역설에 대한 원인에 대해서는 다음과 같은 견해들이 제시되고 있다.[12)]

첫째, 정보통신기술의 상당부분이 기업의 마케팅 등 수요확보에 사용되기 때문에 일부 기업의 성공은 다른 기업의 실패로 이어져 경제 전체적으로는 기여하지 못하였다는 것이다.

둘째, 정보통신기술에 대한 투자가 폭발적으로 증가했지만, 아직 정보통신기술 자본스톡이 경제에서 차지하는 비중이 크지 않으며, 정보통신기술의 잠재성이 실현되기 위해서는 좀더 시간이 필요하다는 것이다.

셋째, 생산성이나 기술변화와 관련된 통계자료에 많은 측정오차가 존재하며, 정보화 투자가 생산성에 반영되는 데는 시차가 존재한다는 것이다. 즉, 경제에서 차지하는 비중이 높아지고 있는 서비스산업의 산출액이 저평가 되고 있으며 교육, 통신 등 개선된 사회간접자본의 기여분이 미측정되고, 기술혁신이 거시경제 전체로 확산되는 데 장시간이 소요되며, 생산조직의 재구조화가 필요한 경우에 기술혁신이 중단기적으로는 생산성 증가로 나타나지 않을 수 있다는 것이다.

넷째, 기술변화가 생산성 향상으로 나타나기 위해서는 제도적인 변화가 따라야 하는데, 성장계정을 이용한 성장원천분석에서는 이러한 측면이

12) 미국무성의 분석결과에 의하면 미국의 경우 정보통신기술의 활용으로 제조업은 부분적으로 생산성의 증가현상이 나타나고 있지만, 서비스산업에서의 생산성 증가는 생산성 역설을 유발하는 요인들에 의해 입증되지 못하고 있는 실정이다.

간과되고 있다는 점이다.

2.2 고용과 실업

정보통신기술이 각 산업에 활용되고 인터넷을 기반으로 한 전자상거래의 역할이 중요시되는 경제를 디지털경제라고 할 때, 디지털기술에 기반을 정보통신기술은 한 국민경제의 고용 및 실업에 어떠한 영향을 미치는가?[13)]

정보통신기술이 고용에 미치는 영향을 정확히 분석하는 것은 매우 어렵다. 이는 정보통신기술이 근본적으로 고용을 창출하는 동시에 고용을 절감하는 효과를 가지고 있기 때문이다. 많은 연구들이 다양한 결과를 나타내는 것은 정보통신기술의 영향이 개별 기업과 산업의 특성에 매우 민감하게 영향을 받는다는 사실을 보여주고 있다고 지적한다. 즉, 기술향상 및 확산방법, 생산 및 제조공정 등에 따라 정보통신기술의 영향이 달라질 수 있다는 것이다. 미국의 경우, 같은 정보통신산업 내에서도 정보처리 및 소프트웨어업의 고용은 빠르게 상승하는 반면, 정보기기 및 통신기기 산업의 고용은 오히려 감소하는 등, 일률적이지 않은 결과를 보이고 있다.

최근 빠른 속도로 확산되고 있는 전자상거래는 역시 고용을 창출하는 동시에 고용을 절감하는 효과를 가지고 있다. 전자상거래 확산은 특히 산업의 가치사슬(value chain)에 변화를 가져와 그에 따른 고용구조의 변화가 발생하는 특징이 있다. 기본적으로 인터넷을 상업적으로 이용하는 전자상거래의 도입이 가져온 가장 큰 변화는 상품과 서비스를 사고 파는 방식이 변화한다는 점인데, 그것은 지금까지 경제활동에서 핵심적인 역할을 했던 중간매체의 기능이 소멸하거나 재구성되기 때문이다.

전자상거래와 인터넷은 기업 내에서 중간관리를 담당하는 계층이나 상거래에서 중간상들이 했던 기능을 자동화시킴으로써 이들의 전통적인 중개기능을 소멸시킨다. 예를 들어, 소매업자들은 소비자들에게 멀리 떨어져있는 생산자가 만든 상품에 접근할 수 있도록 해 주었으며 상품의 질과

13) 정보통신정책연구원, 「디지털경제에서의 기업 및 산업구조와 정책연구」, 2000.

다양성을 보증하고 상품에 대한 정보도 제공해 주었다. 하지만, 전자상거래의 발전으로 생산자와 소비자 간에 직접적인 관계가 만들어지고 소비자가 생산자로부터 직접 상품을 구입할 수 있게 되면서 물리적인 시장에서 소매업자가 가지고 있던 기능은 점점 쓸모없는 것으로 변하고 있다. 이외에도 중간매개체로 볼 수 있는 여행중개인, 보험대리인, 주식브로커, 부동산중개인들이 소유하고 있었던 정보 역시 이제는 접근 가능하거나 공유할 수 있는 정보가 되면서 이들의 역할 역시 불필요한 것이 되고 있다. 전자상거래의 이러한 중개기능소멸(disintermediary)효과로 소매업, 여행업 등 몇몇 산업에서의 직업이 소멸하고 고용이 감소하게 될 것이다. 전자상거래는 인터넷을 통해 소비자에게 상품과 서비스를 직접 판매함으로써 전통적인 의미의 중개기능을 제거하고 있지만, 한편으로 직거래를 하는 당사자 간의 신뢰구축과 그러한 직거래에 내재하는 위험 제거 등 중간단계가 존재하지 않는 활동형태를 지원하는 새로운 매개체에 대한 수요를 만들어내며 새로운 고용을 창출하고 있기도 하다.

전자상거래가 고용에 어떠한 영향을 미치는가에 대해서는 의견이 엇갈리고 있는데, 전자상거래가 성장하면서 몇몇 산업분야의 일자리를 대체 혹은 제거하기 때문에 고용이 전반적으로 감소할 것이라는 주장이 있는가 하면, 기존의 많은 직업들이 재구성되고 새로운 직업이 창출될 것이기 때문에 결국 전자상거래가 고용창출에 기여할 것이라는 의견도 있다. OECD(1999)는 전자상거래가 장기적으로는 순고용창출에 기여할 것으로 전망하고 있다. 우선, 단기적으로는 기업이 전자상거래를 기존 거래방식과 실험적으로 병용함으로써 순고용이 창출될 것이다(보완효과). 이러한 단계가 지나고 나면, 전자상거래가 기존의 거래를 대체해감에 따라 무역, 여행, 보험, 부동산 대리점, 제품대리점, 중간도소매상 등 중간유통업 혹은 대리점형 업종이나 단순영업직종에서 실업이 증가할 수도 있다(대체효과). 하지만, 전자상거래의 발전으로 시간과 공간의 제약이 줄어들면서 광범위한 잠재고객을 확보할 수 있게 되고 시장이 전 세계적으로 확대됨에 따라 (Market size 효과), 또 정보통신, 컨텐츠 등 관련산업의 수요가 증가함에 따라 전자상거래는 장기적으로 순고용창출에 기여하게 될 것이라고 한다.

물론, 이러한 효과는 국가에 따라, 전자상거래의 규모와 구조에 따라 달라질 것이다.

미국 BLS(Bureau of Labor Statics)의 노동기능 전망(1998년~2008년)을 나타내는 [표 5-9]에 의하면 전문가, 기술공 및 준전문가의 빠른 증가가 전망되고 있어 노동기능의 향상을 주도할 것임을 시사하고 있다. 또한 사무직원의 비중과 증가율의 감소는 사무자동화 추세를 반영하고 있고, 장치, 기계조작원, 조립원의 비중과 증가율의 감소는 생산공정의 자동화 추세를 반영하고 있다.

[표 5-9] 산업별 노동기능 전망(미국)

구 분	증가율(%)		증가인원(천명)		고용비중(%)		
	1988~1998	1998~2008	1988~1998	1998~2008	1998	1998	2008
전 체	17.1	14.4	20,504	20,281	100.0	100.0	100.0
입법공무원, 고위임직원 및 관리자	19.8	16.4	2,440	2,426	10.3	10.5	10.7
전 문 가	31.7	27.0	4,767	5,343	12.5	14.1	15.6
기술공 및 준전문가	27.6	22.2	1,069	1,098	3.2	3.5	3.8
시장판매근로자	23.8	14.9	2,950	2,287	10.3	10.9	11.0
사무직원	9.9	9.0	2,210	2,198	18.5	17.4	16.6
서비스근로자	21.5	17.1	3,993	3,853	15.5	16.0	16.4
종업 및 어업숙련근로자	5.0	1.6	212	71	3.5	3.2	2.8
기능원 및 관련 기능근로자	9.0	8.0	1,286	1.252	11.9	11.1	10.5
장치, 기계조작원 및 조립원	9.3	9.4	1,576	1,753	14.2	13.2	12.7

자료: 정보통신정책연구원.

일본의 통상산업성과 앤더슨 컨설팅이 공동으로 조사·발표(1999년)한 디지털화·정보화에 따른 고용변화 보고서에 따르면, [표 5-10]에서와 같이 e-비즈니스 및 경제의 확대로 전 산업에 걸쳐 과잉 고용된 인력이 해소되어 고용인구가 감소(163만명)하는 현상이 발생하지만, 동시에 감축량을 상회하는 규모로 고용도 창출(249만명)되어 결과적으로 순고용이 증가(86만명)하게 되었다.

[표 5-10] 정보화에 따른 고용증감(일본)

고용창출	IT 및 전자상거래 관련 신직종 창출 IT산업의 성장에 따른 고용증대 숙련 전문노동에 대한 수요 확대	249만명
고용감소	중개산업의 고용감소 기업 내의 정보화에 따른 고용감소	163만명
순고용창출	고용창출 - 고용감소	86만명

자료: 정보통신정책연구원.

우리나라의 경우에 [표 5-11]과 같이 전 산업에서 정보통신산업의 종사자는 2000년 약 125만 7천명이며, 2005년에는 약158만 8천명에 달하였다. 2000~2005년 동안 정보통신산업 종사자의 평균성장률은 4.8%이며, 반면 전체 취업자의 증가율은 1.96%에 달하였다.

[표 5-11] 정보통신산업 종사자수의 변화추이 및 전망(우리나라)

(단위: 1,000명)

구 분	1995	2000	2005	2000~2005 평균성장률
정보통신 직업종사자	868	1,257	1,588	4.8%
컴퓨터 전문직	127	205	298	7.7%
중저급 컴퓨터 관련직	115	191	265	6.8%
전자 및 통신기술직	168	152	160	1.0%
생산, 조작 및 정비직	352	545	642	3.3%
기타 정보통신 관련직 및 관리직	106	164	223	6.4%
전산업 취업자	20,434	20,781	22,898	1.96%

자료: 정보통신정책연구원.

제 2 절 물가·임금 및 소득격차·산업구조

1. 물 가

전통경제학에서 물가는 총수요와 총공급의 상호작용에 의하여 결정된다. 총수요가 경기를 주도하는 경우에는 물가와 경기는 같은 방향으로 움직이기 때문에 물가와 실업률은 서로 반대 방향으로 움직이는 것이 보통인데, 이것이 필립스곡선이 담고 있는 내용이기도 하다. 그러나 미국경제를 볼 때 1995년 이후부터는 실업률이 6% 이하로 떨어지는 동시에 물가상승률은 2%대로 매우 안정적인 모습을 보이고 있다. 우리나라의 경우에도 1990년대 중반 이후 물가가 이전보다 안정화되는 추세를 발견할 수 있다.

이와 같이 디지털경제시대에서 물가가 안정적으로 유지되는 원인을 몇 가지로 나누어 생각해 볼 수 있다.14)

첫째, 정보통신산업에서의 가격하락 추세를 들 수 있다. 특히 디지털상품은 생산량이 증가함에 따라 평균비용이 지속적으로 하락하는 규모의 경제효과가 큰 부문이기 때문에 디지털상품의 가격인하가 경제 전체의 물가를 안정시키는데 기여하였다는 것이다. [표 5-12]와 [표 5-13]에서와 같이 미국과 우리나라에서 IT산업의 생산자물가는 기술혁신에 따른 제품가격의 하락, 경쟁도입에 따른 효율적인 경영 등으로 지속적인 하락 추세를 보이고 있다. 이는 해당 산업 및 경제 전체의 물가안정에 기여하고 있다.

14) 정보통신정책연구원, 「디지털경제에서의 기업 및 산업구조와 정책 연구」, 2000.

[표 5-12] IT산업과 타 산업의 가격변화(미국)

(단위: %)

구 분	1994	1995	1996	1997	1998
IT산업	-1.4	-4.5	-8.1	-7.1	-8.0
비IT산업	2.3	2.5	2.5	2.3	1.8
전체산업	2.1	2.1	1.8	1.9	1.2

자료: 미상무성(2000); 정보통신정책연구원(2000).

[표 5-13] IT산업과 타 산업의 가격변화(한국)

(단위: %)

구 분	1993	1994	1995	1996	1997	1998	1999
IT산업	-0.8	-2.7	-4.2	-1.5	-3.3	-4.5	-5.5
전체산업	1.5	2.7	4.7	3.2	3.9	12.2	-2.1

자료: 정보통신정책연구원.

둘째, 전자상거래가 활성화되면서 검색비용과 거래비용의 절감, 경쟁의 촉진, 또는 사업과정의 간소화로 인한 효율성의 향상을 통해 가격인하 효과를 얻을 수 있다. 미국의 경우에는 [표 5-14]에서 보는 바와 같이 동일 상품에 대한 온라인시장의 가격이 오프라인시장의 가격보다 항상 저렴하다고 일괄적으로 말할 수는 없지만, 우리나라의 경우에는 인터넷 쇼핑몰의 컴퓨터 및 가전제품의 가격이 대형할인점에 비해 10~20% 정도 저렴한 것으로 조사되고 있다.[15]

15) 전자신문, '인터넷 가전제품 가격경쟁력 대형할인점 압도', 전자신문. 2000. 7. 29.

[표 5-14] 온라인시장과 오프라인시장의 가격비교

연구대상	연 구 자	분석방법	분석결과
가격수준	Bailey(1998)	책, CD, 소프트웨어의 가격비교	온라인시장의 가격이 오프라인시장의 가격보다 더 높고, 더 가격차이가 나타남
	Brynjolfsson(1999)	책, CD의 가격비교	온라인시장의 가격이 오프라인시장의 가격보다 더 낮음
	Smith et al(2000)	책, CD의 가격비교	온라인시장의 가격이 오프라인시장의 가격보다 더 낮게 나타나고, 온라인시장에서의 가격차이도 오프라인시장보다 크지 않음

자료: Smith, Bailey and Brynjolfsson(2000).

셋째, 전자상거래가 활성화되면서 유통업체와 같은 중간조직에서 발생하는 비용이 절감됨으로써 전반적인 가격인하를 개대할 수 있는 것이다. 전자상거래의 활성화는 유통업체와 같은 중간조직을 축소시켜 줄 뿐만 아니라 유통업체가 줄어들지 않는다고 해도 유통업체 간의 경쟁을 심화시켜 결과적으로 유통마진의 감소로 인한 가격인하효과를 가져올 수 있다. 전자상거래가 가격인하를 가능하게 해 주는 가장 큰 요인은 기업간의 전자상거래를 통해 조달, 재고비용을 절약하고 효율적인 SCM(supply chain management)을 형성하여 생산원가를 낮출 수 있기 때문이다.16)

앞으로 한나라의 경제가 더욱 디지털화·정보화되고, 정보통신산업이 경제에서 차지하는 비중이 커질수록 인플레이션 억제효과도 커질 것으로 전망된다.

16) Goldman Sachs(1999, 2000)는 미국의 경우 기업 간의 전자상거래는 평균 5.4%의 생산비용 절감을 실현하고, 전체 물가(GDP deflator)의 3.4% 인하를 전망하였으며, 가격이 인하된 상품이 중간재로 사용되어 다른 상품의 생산원가를 절감시키는 파급효과를 고려할 경우에 평균 13%의 생산비용 절감을 실현하고 전체 물가의 8% 인하를 전망하였다.

2. 임금과 소득격차

디지털경제에서는 임금 및 소득격차가 확대될 것이라는 견해와 확대시키는 효과가 크지 않을 것이라는 견해가 상존하고 있다.

먼저 디지털경제에서는 임금 및 소득격차가 확대될 것이라는 견해로는 첫째, 디지털경제의 확산에 따른 기술 및 지식 중심의 성장은 고학력·고숙련근로자에 대한 수요를 계속 확대시킬 뿐만 아니라 정보에 대한 접근을 불평등하게 하는 정보격차(digital divide)를 발생시켜 임금 및 소득격차를 더욱 확대시킬 우려가 있다는 것이다. 둘째, 전문적인 지식이 중요시되는 정보통신기술 생산산업(IT producing industry)의 급성장으로 정보통신기술 생산산업부문에 투입되어야 하는 고숙련노동력이 늘어날 뿐만 아니라 정보통신기술 사용산업부문(IT using industry)에서도 정보통신기술을 활용할 수 있는 전문가의 필요하게 된다. 이에 따라 정보통신기술 생산산업이나 정보통신기술 사용산업에 종사하는 근로자들의 임금은 상승으로 인해 소득격차가 확대될 수 있다.[17)]

반면 디지털화 · 정보화가 임금 및 소득격차를 확대시키는 효과가 크지 않다는 견해로는 기술의 급격한 변화시기에는 신기술에 적응할 수 있는 유연한 노동력에 대한 수요가 급증하지만 기술이 확산되고 성숙될수록 기술의 비교우위는 감소하게 된다는 것이다. 이 경우에 고학력·고숙련 노동력의 공급이 늘어나게 된다면 임금격차는 줄어들 수 있다는 것이다. 예를 들면, 정보통신기술의 확산, 제조업에서의 일괄생산방식으로 20세기 초반 고학력노동자에 대한 수요가 늘었지만 고학력 노동자의 공급이 더 빠

17) 미국의 경우에 정보통신기술 생산산업이든 정보통신기술 사용산업에 종사하는 근로자들의 임금과 전체 근로자의 평균임금과의 격차는 지속적으로 확대되고 있다는 것이다. 즉, 1997년 정보통신기술 생산산업의 근로자 평균임금은 약 5만 3,000달러였는 데 비해 전체 근로자의 평균임금은 3만 달러 정도였으며, 특히 소프트웨어 및 관련 서비스산업의 근로자 평균임금이 가장 높은 5만 9,000달러 수준이었다. 그리고 정보통신기술 사용산업의 평균임금은 산업전체의 평균임금보다 약 12.6%가 높았는데, 이 중에서도 증권 및 상품 중개업(11만 3,000달러)과 지주회사, 투자회사(7만 1,000달러) 등에서 가장 높은 임금이 지급되었고, 부동산 및 기타 사업서비스는 3만 달러 이하의 가장 낮은 임금이 지급되었다.

르게 늘어나면서 학력별 임금격차는 줄어들었다는 경험이 있다.

결국 기술혁신이 어느 정도의 속도로 진행되는가 또는 근로자가 그 기술변화에 얼마나 적응하느냐에 따라 상대적 임금격차가 확대될 수도 있고, 줄어들 수도 있다.[18)]

3. 산업구조

디지털경제에서의 산업구조의 특징을 살펴보면 다음과 같다.

첫째, 디지털경제에서는 정보가 부가가치를 형성하는 주된 생산요소가 됨에 따라 정보를 관리하고 유통하는 정보통신산업이 GDP에서 차지하는 비중이나 정보통신산업에서의 종사자들이 계속 증대되어 간다.

둘째, 디지털경제에서의 정보의 디지털화와 양방향 네트워크화는 산업 전반에 걸쳐 규모의 경제와 범위의 경제를 실현하여 생산성 향상으로 연결되고, 다양한 정보가 음성·영상·데이터 등의 형태로 쉽게 공유되어 시장에서의 경쟁강화 되는 방향으로 바뀌어진다.

셋째, 한편에서는 새로운 산업이 나타나는 동시에 다른 한편에서는 기존 산업 간의 영역이 허물어지면서 산업간 분화와 융합이 활발히 진행되는 가운데 기업과 소비자 간의 직접연결, 재택근무, 소비패턴의 변화 등으로 산업질서 자체가 구조적으로 바뀌어 나아가고 있다. 최근 활발한 이업종 간의 전략적 제휴 및 M&A는 이러한 변화를 반영한 것이다.

특히 디지털정보의 혼합가능성으로 기술이 통합되어 하나의 시스템기술로 전환되면서 산업의 융합화 현상이 발생하고 있다. 즉, 방송의 쌍방향화, 영상과 통신 및 엔터테인먼트의 결합, 내구재의 디지털화 및 네트워크 시스템의 정착 등은 전통적인 방식의 산업분류를 무의미하게 한다.

넷째, 기업조직과 생산방식, 경영전략의 측면에서도 산업경제와 디지

18) 1990년대 중반 이후 미국의 임금격차 확대속도가 다소 둔화되고 있는데, 이를 컴퓨터 혁명이 어느 정도 성숙단계에 이르렀다고 보는 견해도 있지만, 지금까지의 변화는 향후 모든 경제 및 사회 부문에서 이루어질 급격한 디지털화의 서막에 불과하다고 생각하는 입장에서는 소득격차가 계속 확대될 것으로 예상하고 있다.

털경제는 차이를 보이고 있다. 산업경제시대의 기업은 원자재의 조달, 상품생산, 분배 등의 생산활동이 하나의 회사 내에서 이루어지는 일괄 생산방식으로 소품종 대량생산체제를 통해 이윤을 극대화하였다. 반면, 디지털경제에서의 기업들은 핵심 역량을 가진 사업부문만을 직접운영하고 다른 부문은 아웃소싱하는 형태가 증가하고 있으며, 다품종 소량생산방식을 취하여 소비자들의 기호에 더 밀착된 생산과 마케팅을 하는 능력이 중요해진다. 특히, 인터넷을 통한 전자상거래가 확산됨에 따라 금융, 유통시스템 등도 혁신적인 변화를 경험함으로써 산업구조의 변화는 더욱 가속화되어 가고 있다.

다섯째, 디지털경제에서는 정보통신서비스의 수요가 증가하고, 제조업 제품의 소프트화가 진전되면서 경제의 서비스화 현상이 두드러지게 나타난다. 왜냐하면, ① 생산비용이나 유통의 편리성 등으로 인해 정보관련 제품을 중심으로 과거 물적 재화 형태로 제공되던 제품들이 점차 디지털화되어 서비스의 개념으로 변화하게 될 것이다. ② 제품에 지식과 정보를 체화하여 고부가가치화하는 제조업 지원서비스의 중요성이 확대되면서 제조업의 서비스화가 강화된다. ③ 제조업 지원서비스 부문이 외주화되어 독립되면서 제조업이라는 개념이 제품의 직접 생산과 관련된 부문만으로 한정되고 있다라고 하는 이유 때문이다.

중요개념

- 디지털경제
- 마찰없는 경제
- 생산부문
- 생산성 역설
- 정보격차
- 정보노동
- 정보부문
- 정보통신기술 사용산업
- 정보통신기술 생산산업
- 정보통신산업
- 제1차 정보부문
- 제2차 정보부문
- 지식산업
- X-비효율

연습문제

1. 매클럽은 지식산업을 어떻게 분류하고 있는가?
2. 매클럽은 어떤 사람을 지식노동자라고 하였는가?
3. 매클럽은 국가경제의 정보화 정도를 어떻게 측정하고 있는가?
4. 포랫은 국가경제의 정보화 정도를 어떻게 측정하고 있는가?
5. 포랫은 2차 정보부문이 1차 정보부문보다 상대적으로 높은 비중을 차지하고 있다고 하였는데, 그 이유는 무엇 때문이라고 보고 있는가?
6. 존셔는 국가경제의 정보화를 진행시키는 요인이 무엇이라고 보았는가?
7. 존셔의 2부문 경제성장모형을 설명하라.
8. 벨, 매클럽, 그리고 포랫 등은 정보노동자를 어떻게 정의하고 있는가?
9. 디지털경제에서의 생산성의 향상과 생산성의 역설에 대해 설명하라.
10. 디지털경제에서의 고용과 실업에 대해 설명하라.
11. 디지털경제에서의 경제성장에 대해 설명하라.
12. 디지털경제에서의 물가에 대해 설명하라.
13. 디지털경제에서의 임금과 소득격차에 대해 설명하라.
14. 디지털경제에서의 산업구조에 대해 설명하라.

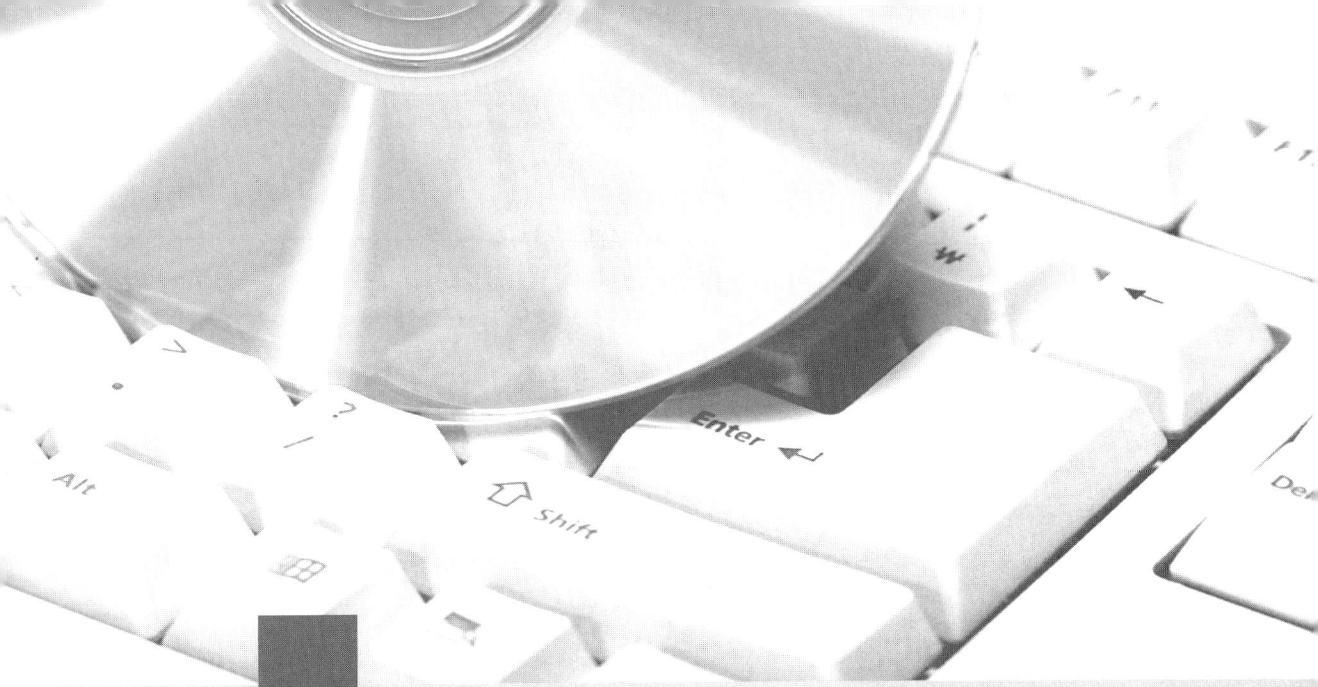

PART 2 부문별 디지털경제

제 6 장 디지털경제의 기업과 산업정보화

제 7 장 디지털경제의 정보산업화

제 8 장 디지털경제의 노동과 고용

제 9 장 디지털경제의 전자상거래와 e-비즈니스

제10장 디지털경제의 전자무역

제11장 디지털금융과 전자화폐

제12장 디지털경제의 쟁점사항 및 문제점

제2부에서는 제1부의 디지털기술과 총론적 디지털경제에 이어 디지털경제를 구성하는 많은 부문들 중에서 특히 중요하다고 생각되는 분야를 심도 있게 살펴본다.

제6장에서는 먼저 기업과 산업의 정보화에 대한 개념 및 효과를 살펴보고, 정보통신기술이 전통산업에 도입 · 응용됨에 따라 산업구조는 어떻게 변화하고, 어떠한 경제적 효과를 얻게 되는가를 살펴보자.

제7장에서는 정보의 산업화란 무엇을 의미하며, 산업의 정보화와는 어떻게 다른가를 살펴보고, 정보산업화의 결과로 나타나게 되는 정보통신산업의 개념과 분류, 정보통신산업의 현황, 정보통신산업의 규제와 경쟁논리, 그리고 정보통신관련 정보정책 등을 살펴본다.

제8장에서는 먼저, 노동시장에서 야기 될 수 있는 몇 가지의 사항들을 살펴보고, 그러한 노동시장의 특징들이 노동시장에 관련된 경제주체, 노동시장의 주요변수, 기타 노동문제 등에 어떠한 영향을 미치는가를 살펴본다.

제9장에서는 e-비즈니스를 통해 거래되는 상품과 거래유형은 어떤 것들이 있는가? e-비즈니스를 통한 거래에서 전자결제시스템은 어떠한 것들이 있는가? e-비즈니스를 통해 소비자와 생산자가 얻게 되는 이점은 무엇인가? 그리고 21세기에 관심이 집중되고 있는 m-commerce와 t-commerce란 무엇인가를 살펴보자.

제10장에서는 전자무역은 기존의 전통적인 무역과는 어떠한 차이점을 갖고 있는가? 전자상거래와 전자무역은 어떠한 관계를 갖고 있는가? 전자무역의 특징 및 경제적인 효과를 살펴본다.

제11장에서는 디지털금융시대가 도래하게 된 원인과 디지털금융의 발전과정을 살펴보고, 전자상거래의 확산에 따른 새로운 지급결제수단으로서 사용하게 될 전자화폐란 어떠한 화폐란 말하는가?

제12장에서는 디지털경제이기 때문에 야기되는 비효율적인 측면과 디지털경제의 확산을 저해하는 요인들은 무엇들이 있는가? 여기에서는 정보과잉, 국내정보격차, 국제적 정보격차, 정보화에 따른 빈부격차, 사생활침해와 사이버범죄 등을 살펴본다.

제 6 장

디지털경제의 기업과 산업정보화

먼저 기업과 산업의 정보화에 대한 개념 및 효과를 살펴보고, 정보통신기술이 전통 산업에 도입·응용됨에 따라 산업구조는 어떻게 변화하고, 어떠한 경제적 효과를 얻게 되는가를 살펴보자. 그리고 기업의 정보화와 함께 산업의 정보화로서 농·수·축산업, 제조업, 유통업, 관광업, 그리고 금융업의 정보화 등을 살펴본다.

제 1 절 기업과 산업정보화의 개요

1. 기업과 산업정보화의 개념 및 차이점

1.1 기업과 산업정보화의 개념 및 효과

원래 기업과 산업의 정보화란 상품(재화와 서비스)의 생산활동에서 차지하는 정보활동의 비중이 증대되는 것을 의미하였다.[1] 상품의 생산은 이용 가능한 생산기술을 이용해서 원재료, 자본, 노동 등의 조합을 통해 부가가치를 더한 새로운 상품을 만드는 과정이라고 할 수 있다. 이러한 생산과정에서의 정보란 곧 생산기술 그 자체였다. 다시 말하면 지금까지 이용 가능했던 생산기술에 새로운 정보를 추가함에 따라 새로운 생산기술이 발생하고, 그 새로운 생산기술에 의해 생산요소의 투입량이 감소하여 부가가치를 높이는 것과 동시에 생산의 효율성을 향상시키는 것을 의미하였다.

그러나 기업과 산업의 정보화는 기존의 기업활동과 산업구조에 정보통신기기 및 정보통신기술(디지털기술)[2]을 접목함으로써 해당 기업과 산업의 생산성 향상은 물론, 신기술과 신상품의 창출을 통해 기존의 산업이 고부가치산업으로 재도약하는 기반을 마련해 준다는 측면에서 매우 중요한 혁신의 요소로 인식되고 있다. 기업과 산업의 정보화는 정보시스템의 도입에 의해 기업 내부와 기업 외부를 유기적으로 연결하는 네트워크를 구축

1) 기업(firm)은 상품(재화와 서비스)을 생산·판매하는 각각의 회사를 말하며, 산업(industry)은 동종 또는 유사한 상품을 생산·판매하는 기업의 군(set)을 의미한다.

2) 정보기술은 Information Technology(IT)를, 정보통신기술은 Information Communication Technology (ICT)로 Information Technology(IT)와 Communication Technology의 합성어를 말한다. 한편 Information Technology(IT)와 Communication Technology의 원천기술이 디지털기술이기 때문에 본서에서는 편의상 정보기술, 정보통신기술, 디지털기술 등을 혼용하여 사용하기로 한다.

함으로써 경영의 효율화를 달성하는 것을 의미한다.[3] 다시 말하면, 기업과 산업의 정보화는 단순한 업무의 정보화뿐만 아니라 기업내 정보화, 기업간 정보화 등 다양한 차원에서 이루어진다. 정보화의 초기단계에서는 조직내 개인업무의 정보화를 통해 업무의 효율성을 높이는 수준에서 정보화가 이루어지지만 정보화의 수준이 향상될수록 전사적 자원관리(ERP), 지식경영 등과 같은 기업 내 정보화는 물론, e-비즈니스로 발전하게 된다. e-비즈니스란 인터넷과 IT를 이용하여 구매－제조－유통－판매－서비스로 이어지는 비즈니스의 전과정을 재조정하여 경영활동의 효율성과 생산성을 높이며, 새로운 사업기회를 창출하는 계획적으로 조직된 혁신활동을 의미한다.[4] e-비즈니스에 대한 자세한 내용은 제 9 장을 참조하자. 이와 같이 어떤 기업과 산업에 정보화가 진행되는 경우는 [표 6-1]에서와 같이 정보화의 효과를 기대할 수 있다.

---

3) 기업과 산업측면에서 볼 때 정보화란 정보시스템의 도입·활용에 의해 기업내부와 기업외부를 유기적으로 연결하는 네트워크를 구축함으로써 경영의 효율화를 달성하는 것을 의미한다. 여기에서 정보화를 위한 수단으로 기업내 및 기업 간을 연결하기 위해 정보시스템을 필요로 하는데, 인터넷이 일반화되기 이전의 정보시스템이란 일반적으로 IT(information technology)기기의 활용(예를 들면, 사무자동화, 공장자동화)을 의미한다.

IT화란 기업과 산업에 IT(information technology)를 효과적으로 접목시키는 것을 의미하는데, 기업과 산업에 IT를 접목하기 위한 필요한 수단이 IT기기와 IT기술이다. 다시 말하면, 기업과 산업의 IT화란 기업내 및 기업 간에 IT기기와 IT기술을 도입·활용함으로써 경영의 효율화를 달성하려는 것을 말하며, IT화의 방법론으로써 e-비즈니스를 의미한다.

디지털화란 원래 아날로그상태의 정보를 전자기기에 인식하고 저장할 수 있는 디지털정보로 변환하는 것을 의미하다. 하지만 디지털화 역시 궁극적으로 IT화와 같이 기업과 산업에 IT(information technology)를 효과적으로 접목시키는 것을 의미하는데, 디지털화라고 할 때는 IT기기보다는 IT기술을 강조하는 개념으로 사용되고 있다.

이와 같이 정보화, IT화, 디지털화는 구별되지만 인터넷기술의 발전에 따라 정보화라는 용어는 고전적이고 전통적인 의미를 지니는 데 반해, IT화와 디지털화라는 용어는 디지털경제와 함께 부상하는 정보기술을 강조하는 신세대적인 의미로 사용되고 있지만, 큰 맥락에서 정보화, IT화, 디지털화를 동일한 의미로 사용한다.

4) 산업자원부·한국전자상거래진흥원, '2003 e-비즈니스백서', 2003. 1.

[표 6-1] 산업의 정보화 효과

산업부문		정보화 내용	정보화 효과
제 1 차 산 업	농 림 수산업	컴퓨터활용 자동화증대 농산물유통EDI 농산물직거래시스템	생산성 향상 생산체제 안정화 소득향상 기여 기술농업의 구현
제 2 차 산 업	제조업	생산공정 합리화(FA) 최적마케팅전략 연구개발 제품판매의 정보증대	이업종간 경쟁강화와 협동체제형성 수요의 변화에 따른 공급결정 생산성 증대, 제품의 고품질화 생산과정의 유연성 경쟁력강화, 납기의 단축
제 3 차 산 업	유통업	유통정보시스템 타업종간 네트워크 진전	경쟁의 다양화와 다중화 도매업·소매업의 기능변화 상거래관련 원가절감 인력 및 비용의 절감 주문 및 판매에 따른 오류최소화 주문 및 결제기간의 단축
	금융업	온라인화 확대 이업종간 네트워크 진전	점포기능의 강화 이업종(금융업)과의 경쟁격화
	운송업	유통경로의 네트워크화 관리·집배 부문의 시스템화	이업종의 참여확대 운송의 최적화 협동체제 구축
	출판업	OA 및 FA 확산 유통의 네트워크화 진전 DB구축확대 제작공정합리화	타매체 산업과의 경쟁격화 이업종과의 유대강화 경쟁심화 업무영역확대

1.2 기업과 산업정보화의 차이점

산업의 정보화는 기업의 정보화와 전혀 다른 상이한 개념이 아니다. 기업의 정보화는 산업의 정보화를 위한 기초이며 동시에 산업의 정보화는 기업의 정보화를 발전적으로 유도하는 힘을 가진다. 하지만, 모든 기업의 정보화가 개별적으로 최적을 이룬다고 해서 산업의 정보화가 최적의 상태로 이루어지는 것은 아니다. 양자는 다음과 같은 차이점을 통해 보다 명확히 구분될 수 있다.

첫째, 기업의 정보화가 개별기업을 중심으로 한 기업 내에서의 정보통신기술의 활용에 초점을 두는 반면, 산업의 정보화는 특정한 기업군간의 정보통신기술의 활용에 초점을 둔다.

둘째, 기업의 정보화가 단위 기업의 전산화를 뛰어넘는 기업업무개선과 조직혁신을 지향한다면, 산업의 정보화는 단위 기업 및 기관간의 연결의 효율성을 넘어 경제전반의 혁신과 관계된다.

셋째, 기업의 정보화가 순수 민간부문의 영역이라면, 산업의 정보화는 민간과 공공부문을 포괄하는 중간영역이다.

넷째, 기업의 정보화가 개별기업 활동의 효율화를 통한 경쟁력제고에 초점을 둔다면, 산업의 정보화는 기업 간의 협력과 거래의 효율화에 기초한 산업전반의 경쟁력제고에 중점을 둔다. 요컨대, 산업의 정보화에 있어서는 하나의 기업에서 수행되는 특정 업무정보가 해당 기업의 테두리 내에 국한되기보다는 해당 상품의 생산 및 판매에 이르기까지 기업 간 정보공유의 효과를 극대화하는 데에 더 큰 가치를 둔다.

2. 전통산업의 IT화

정보통신기술(IT)이 전통산업에 도입·활용될 때 전통산업의 산업구조는 어떻게 변화하며, 경제적 효과는 어떻게 나타나는가를 살펴보자.[5)]

2.1 IT활용과 산업구조의 변화

인터넷과 이를 이용한 전자상거래가 경제주체의 활동에 변화를 가져오고 있다. 정보통신기술의 활용이 모든 산업으로 확산됨에 따라 풍부한 지식과 정보가 저렴한 비용으로 활용되고 있으며, 그 결과 기업과 기업, 기업과 소비자, 민간부문과 공공부문 간의 거래관계는 물론 산업의 가치사

5) 한국전산원, 「2002 국가정보화백서」.

슬이 변화하여 산업구조가 이전과 다른 형태로 재구성되고 있다. 예를 들면, 거래 및 검색비용의 감소로 구매자와 판매자의 직접적인 거래가 가능해져서 기존의 중개기능이 가치사슬에서 배제될 수 있다. 또한 거래 및 검색비용의 감소는 기존의 수직통합된 산업구조를 해체시키게 한다.

뿐만 아니라 정보통신기술의 활용으로 거래의 투명성이 제고되고, 낮은 진입장벽으로 산업구조가 더욱 경쟁적으로 변화하는 것은 물론, 중간유통자의 감소로 거래비용이 감소되고 새로운 형태의 비즈니스가 나타나고 있다. 우리나라에서도 정보통신산업(IT 사용산업, IT 생산산업)의 성장과 정보화의 진척에 따라 전통산업에 정보통신기술의 활용이 증대하고 있다. 주요 산업에서의 기업간 전자상거래의 증가, 인터넷을 통한 새로운 유통채널 및 중개자가 등장하고 있으며 그 과정에서 산업구조가 서서히 변화하고 있다. 또한 정보통신기술의 활용은 산업구조의 변화와 함께 경제 전체의 효율성 증대를 초래함으로써 국내경제의 저효율·고비용구조를 개선시키고 구조조정을 촉진시킬 것으로 기대하고 있다.

2.2 IT활용에 따른 경제적 효과

정보통신기술을 이용한 기업간 거래는 이전부터 존재하고 있었다. MRP(Manufacturing Requirement Planning)나 ERP(Enterprise Resource Planning)를 확대하여 구매기업이 필요한 중간재를 공급자에게 직접 연결해 주는 EDI(Electronic Data Interchange)가 대표적인 경우이다. EDI를 통해 기업간 중간재 거래를 전산화함으로써 참여 기업은 상당한 거래비용을 절감시킬 수 있다. 그러나 이러한 성과에도 불구하고 EDI는 전용회선을 사용해야 함으로 전용회선을 설치하고 운영하는 데 많은 비용이 드는 한계를 갖고 있기 때문에 EDI를 통해 혜택을 보는 기업은 대부분이 대기업이었다. 따라서 폐쇄적이고 고비용인 전용회선에 기초한 EDI는 정태적이고 쌍무적인 관계(static and bilateral relationship)를 유지하는 한계를 가지고 있다.

그러나 인터넷을 통해 XML(eXtensible Mark-up Language)과 공통적인 브라우저의 사용은 이러한 문제들이 해결됨에 따라 어떤 기업과도 비용

부담이 없이 접속할 수 있게 되었다. 개방적인 인터넷에 기반을 둔 기업간 거래시장은 거래를 동태적이고 다자적인 관계(dynamic and multilateral relationship)로 전환시키고 있다. 지금까지의 거래는 주로 전화나 팩스를 이용했기 때문에 기업간 거래시장과 비교할 때 많은 시간과 인력이 소요되고 정확성도 낮았다. 특히, 기업간 전자상거래시장은 주문·발송에서 대금결제에 이르기까지 거래와 관련된 모든 과정에서 혜택을 제공하고 있다고 한다.[6] [표 6-2]는 기업 전자상거래를 통해 얻게 되는 구매자와 공급자의 혜택을 나타내고 있다.

[표 6-2] 기업간 전자상거래가 구매자·공급자에게 주는 혜택

구매자가 받은 혜택	공급자가 받은 혜택
- 조달비용의 절감 - 조달사이클의 감소 - 공급자와의 원활한 의사소통 - 새로운 공급자의 개발	- 고객관리비용의 감소 - 판매비용의 감소 - 시장출시기간의 단축 - 새로운 시장개발

자료: CommerceOne. Business-to-Business E-marketplaces Collaboration & E-commerce, 2000.

2.2.1 상품구매비용의 절감

구매자는 구매 승인절차, 거래한도, 공급자선별, 대량구매를 규정한 구매S/W를 사용한 구매과정분석으로 구매비용을 절감시킬 수 있는 혜택을 얻는다. 즉, 잦은 구매, 대량구매, 비효율적인 구매가 이루어지고 있는 부서, 공급자의 성실성·정확성 등의 수행능력에 대한 정보확보와 분석, 그리고 그에 대한 대응으로 구매비용을 절감시킬 수 있다.

각 산업들은 정보통신기술을 활용함으로써 구매자는 조달의 효율성을 제고하고, 이를 통해 조달비용을 절감할 수 있다. 제한된 정보를 포함하고 있는 전통적인 카탈로그와 검색엔진을 가진 전자상거래시장을 활용하여

6) 미국 화학과 의약산업의 경우에서는 전화를 사용한 판매비용이 575달러가 소요되는 데 비해 기업간 전자상거래시장을 이용한 경우는 비용이 10달러까지 감소하는 것으로 분석되었고, 중소기업의 경우는 종이를 사용하는 거래비용이 100달러 소요되는 데 비해 기업간 전자상거래시장을 이용한 경우에는 10달러까지 감소하는 것으로 분석되었다(Federal Trade Commission, 2000).

구매자는 최선의 상품을, 최선의 공급자로부터, 최선의 가격으로 구매할 수 있는 것이다. 어떤 산업의 경우에는 전자상거래를 위한 전문직원의 고용에 따른 고용비용이 증가하겠지만, 전자상거래를 통한 편리하고 신속한 구매는 기업으로 하여금 재고량을 감소시키고 자금운영의 여유를 제공해 준다. 또한 온라인거래는 RFP(Request For Proposal)접수와 발주자와의 신속한 통신을 자동화해 준다. 특히 시장이 분할되어 있는 경우에는 전자상거래는 검색비용을 크게 절감해 준다.

정보통신기술의 활용한 전자상거래는 1) 주문처리비용을 절감하고 구매과정에서의 실수를 줄임으로써 구매자는 물론 공급자에게도 혜택을 제공해준다. 2) 구매자는 주문 제품의 제고 여부를 신속하고 편리하게 확인할 수 있고, 다수의 공급자로부터 거래제의를 받고 유리한 조건으로 계약을 할 수 있다. 3) 직원들이 구매자의 상품구매에 따른 통제비용을 절감뿐만 아니라 공동구매를 가능하게 하여 대량구매를 통해 비용을 절감시킬 수 있다. 4) 구매자와 공급자에게 주문접수, 물류 및 선적, 주문처리과정의 확인, 대금청구 및 과금, A/S 등 구매 이후의 처리과정에서도 혜택을 제공한다.

2.2.2 상품공급비용의 절감

공급자는 정보통신기술의 활용으로 고객발굴비용 및 판매비용 등의 절감을 실현할 수 있다. 시간과 공간의 제약을 받지 않는 시장의 확대는 더 많은 생산 및 판매기회를 제공하고 고객정보관리 등의 기법을 사용하여 구매자에 대한 정보를 분석하여 맞춤판매와 연계판매로 판매를 확대시킨다. 정보통신기술의 활용으로 공급자는 시장의 크기와 효율성을 확대 할 수 있다. 정보통신기술의 활용으로 공급자가 갖는 핵심적인 혜택은 저렴한 비용으로 새로운 고객을 찾는 것이다.

전자상거래시장은 새로운 시장을 개척하여 매출을 증대시킬 뿐만 아니라 이전에 사용되지 않은 채 버려졌던 상품을 활용하여 투자의 생산성을 향상시킨다. 전용회선 서비스나 운송배달업의 경우에서 보듯이 새로운 시장은 네트워크나 공급망(트럭)의 가동률을 향상시켜 준다.

전자상거래시장은 공급자로 하여금 정보통신기술의 활용으로 주문과정의 정확성 제고, 제품개발단계의 단축 등으로 개발비용과 판매비용의 절감, 효율적인 재고관리로 거래비용을 절감하고 효율적인 경영을 실현할 수 있다. 전자상거래를 통해 공급자는 구매자가 무엇을, 얼마나, 언제 원하는가를 더 빨리, 정확하게 파악할 수 있다. 이러한 능력은 효율적인 재고관리와 그에 따른 비용절감으로 연계된다.[7] 재고량의 감소는 생산원가의 절감을 통한 가격경쟁력의 확보, 투자재원의 조달, 생산설비의 효율적 운영 등의 효과를 동시에 실현한다. 또한 공급자는 온라인을 통해 구매제안서를 보다 쉽고 저렴하게 접수하고 처리할 수 있다. 인쇄, 저장 등 기존의 카탈로그 운영보다 온라인을 통한 카탈로그 운영은 비용감소는 물론, 정보의 신속한 업데이트를 가능하게 한다. 모든 계약업무의 자동화로 수요전망은 물론, 소비자의 신용 파악을 통한 불량·우량 소비자의 선별을 용이하게 해 준다.

7) 기업간 전자상거래로 인한 비용절감의 효과는 미국의 경우에 산업별로 최소 3%에서 최고 40% 수준에 이르는 것으로 분석되고 있다. 우리나라의 경우에도 부품공급업체가 다수 존재하고 있는 전자 및 자동차 산업의 비용절감효과가 30% 내외에 이르고 있는 반면, 조달과 판매망의 제한이 상대적으로 큰 조선, 중공업, 철강산업의 비용절감효과는 약 5~8% 수준으로 분석되고 있다.

제 2 절 기업의 정보화

1. 기업정보화의 개념 및 필요성

오늘날 컴퓨터와 통신망의 결합으로 이루어진 정보통신기술의 비약적인 발전에 의해 나타난 정보혁명의 진원지는 역시 기업이라고 할 수 있다. 이윤창출이 기업의 본질적인 활동목적이라고 할 때, 성공적인 기업운영의 핵심은 효율적인 생산과 관리를 통해 경쟁우위를 확보하는 데 있다. 기업 성패의 관건은 경쟁기업에 비해 보다 더 양질의 제품과 서비스를 더 낮은 비용으로 생산하여 소비자에게 제공하는 데 있다. 이때 기업에의 정보통신기술의 도입·활용은 기업활동의 여러 영역에서 효율성과 생산성의 증대에 중요한 역할을 하는 것으로 기대되고 있다.

기업의 정보화란 '개별기업이 정보통신기술의 도입·활용에 따라 기업의 업무개선과 조직혁신을 통해 생산성 및 경쟁력의 향상'을 의미한다.[8] 다시 말하면 기업의 정보화는 디지털경제시대의 기업의 중요한 변화요인이 되고 있는데, 특히 임금상승, 기술력의 부족으로 어려움을 겪고 있는 기업들은 정보화를 통해 비용절감, 생산성 향상 등의 경영혁신이 가능하고, 판로확대를 통하여 기업의 경쟁력을 향상시킬 수 있다. 이와 같이 기업의 경쟁력은 토지, 노동, 자본 외에 지식과 정보라는 새로운 생산요소에 의해 결정되고 있으며, 기업경영의 패러다임도 과거에 효율과 조직을 앞세

---

8) 전산화는 단순히 조직 내에 컴퓨터 및 관련기술의 사용이 확대되는 과정을 의미하는 반면에, 정보화는 조직에서 정보의 중요성이 인식되고 정보요구가 급증하면서 정보통신기술의 사용이 확대되고 결과적으로 의미 있는 정보의 유통이 확대되는 과정을 말한다. 오늘날 조직의 정보화는 전산화를 전제로 한 것이기 때문에 양자 간에 혼용이 있을 수 있지만, 정보화는 전산화의 개념을 포함하는 동시에 그 이상의 개념이다. 이와 같이 전산화와 정보화의 개념을 구별해야 하는 이유는 전산화가 반드시 정보화를 보장하지 못 한다는 데서 연유한다.

운 '규모의 경제'에서 다양한 기술과 노하우를 필요로 하는 '영역의 경제'로 바뀌고 있다. 이른바 디지털경제시대에서의 지식·정보의 힘은 대·중소기업 또는 온·오프라인 기업의 구분이 없이 기업의 경영에 필수적인 도구가 되고 있다.

기업의 정보화는 기업으로 하여금 경영혁신을 통해 합리적이고 과학적인 경영을 할 수 있도록 하는 수단을 제공해 주며, 정보화를 통해 기민성과 유연성을 발휘하게 하여 경쟁우위를 확보할 수 있도록 한다. 이것을 효과적으로 활용하는 기업만이 무한경쟁에서 살아남을 수 있는 것이다.

2. 기업정보화의 영향

기업의 정보화는 기업의 업무수행에 영향을 미치고 조직구조에 변화를 초래한다.[9]

2.1 업무수행의 변화

먼저 기업의 정보화가 직무수행의 변화에 미치는 영향을 살펴보자.

첫째, 조직구성원들의 자율성과 책임이 증대한다. 정보통신기술의 이용은 다양한 지식과 기술을 필요로 할 뿐만 아니라, 정보통신기술을 도입하는 이유 자체가 복잡하고 불확실한 상황에 효율적으로 대응하기 위한 것이기 때문에 업무의 자율성이 증대된다. 한편 개별 구성원이나 팀별로 직무수행의 결과에 대한 책임이 강화된다. 그런데 정보통신기술의 활용이 반드시 자율성과 책임을 증대시키는 것은 아니라는 상반된 결과를 제시하는 경우도 있다.

둘째, 조직구성원들의 업무에 따른 권한이 강화된다. 기업구성원들의 권한은 직위로부터 자동적으로 주어지기보다는 전문지식에 의존하게 될

9) 유홍준·이정환, "정보사회와 기업," 1998.

여지가 크고 따라서 직책보다는 업무의 내용에 따라 실질적인 권한을 갖게 된다.

셋째, 조직구성원들의 업무수행에 따른 시·공간적 영역이 확대된다. 조직구성원들의 업무수행에 정보통신기술을 활용하면 그들은 시간적·공간적 제약을 받지 않고 업무를 수행할 수 있게 된다. 시장상황에 밀착된 업무수행 및 재택근무가 확대되고 근무시간의 자율적 선택의 기회가 확대된다.

넷째, 조직의 참여와 민주적 업무수행이 강화된다. 기업내부 통신망을 이용한 커뮤니케이션의 증대는 자유롭고 신속한 상호작용의 빈도를 높일 수 있으며 구성원들의 활발한 의사결정 참여를 통해 보다 민주적이고 업무 중심적인 직무수행이 이루어지는 결과를 낳기도 한다.

다섯째, 상사의 역할이 변화한다. 기존의 관료제적 기업구조에서 상사가 수행하던 지시와 감독 업무는 체계적으로 프로그램화된 정보통신기기에 의해 많이 대체된다. 따라서 상사의 직무는 고객에 봉사하는 구성원들의 업무를 조정하고 지원하는 촉진자(facilitator)의 역할로 변화한다.

2.2 조직구조의 변화

다음은 기업의 정보화가 조직구조에 미치는 영향을 살펴보자. 미래에 조직들이 살아남고 경쟁력을 갖추기 위해서는 조직구조와 관행에 대한 전반적인 재설계가 불가피하다고 지적되고 있다. 다시 말하면, 디지털경제시대에서는 기업의 경우에 새로운 관리관행과 조직구조가 필요하다는 것인데, 기존의 기능적 중심의 위계구조를 탈피하고 수평적 조직화를 통해 구성원들의 자발적이고 창의적인 참여를 높이고 이를 통해 근로인력의 질적 향상을 도모하려는 것이다.

첫째, 기존의 관료제적 위계구조가 탈관료제적 유기적 조직구조로 변화한다. 지금까지는 관료제적 위계구조가 조직구조의 효율성을 초래하는 자연스러운 형태로 여겨져 왔다. 다시 말해 기능별로 분화된 계층구조를 통해 수많은 조직구성원들의 상호의존적인 업무를 조정하는 것이 생산적이었다. 이것은 정보통신기술이 발달하지 않은 상황에서 계층구조를 통해 더 적은 커뮤니케이션을 조정하는 것이 효율적이었던 것에 기인한다. 그러나 경쟁격화와 고객욕구의 세분화는 관료제적 의사결정의 비효율성을 노출하게 되었고, 정보통신기술의 활용에 의해 보다 시장 지향적인 유기적 조직구조로의 변화가 이루어지고 있다. 기능별 구조의 수직적 위계와 프로젝트 중심의 수평적 의사소통경로가 결합된 매트릭스(matrix) 조직이나 프로젝트 중심의 팀제구조는 기업 내 정보유통의 개방성을 증대시키고 조정활동이 용이하게 되어 유연한 활동이 가능한 강점을 갖는다. 이는 고객의 고품질에 대한 요구나 사이클타임의 단축에 적절한 조직구조인 것이다. 더불어 기업 내 인적자원을 능률적으로 활용하는 셈이 되고, 시장환경의 변화에 대한 신속한 대응이 가능하다고 평가된다. 그런데 이러한 유기적 조직구조가 제대로 작동하기 위해서 필수적인 점은 프로젝트 팀에 권한과 책임이 위임되고 자율성이 부여되어야 한다.

둘째, 라인의 권한이 강화된다. 유기적이고 수평적인 기업구조의 등장은 제품과 서비스의 생산과 판매에 직접 종사하는 라인기능의 권한이 강화된다. 고객의 변화하는 요구에 따라 시장에 민첩하고 유연하게 적응할 필요가 있는 상황에서는 의사결정과정에서의 지나친 분석과 그로 인한 지연 자체가 부정확한 결정 못지 않게 비용을 증가시키고 성공적인 기업활동에 방해가 된다. 따라서 라인부문에 총체적 생산·품질·고객관리의 기능이 부여되는 방향으로 진전되며, 간부들은 라인조직을 지원하는 보조적인 역할을 하게 된다.

셋째, 기업의 평가 및 보상체계에도 변화가 초래된다. 기업은 정보의 수집과 처리, 응용능력을 높이 평가하여 급료에 반영하며 연봉제를 통해 능력급의 임금체계를 확대하고 있다. 한편 정보통신기술의 도입에 따른 조직변화는 승진제도에 과거와 같은 직책승진이 아닌 직무승진을 확대하고 있다. 우리나라에서 팀제 조직개편의 주요 목적 중의 하나는 승진적체 해소를 위해 직급과 직책을 분리하기 위한 것이다. 따라서 팀제는 직책의 세분화를 줄이고, 직책보다는 어떤 직무를 담당하는가에 따라 권한이 결정되는 제도이다.

넷째, 조직의 통제체계가 변화한다. 모든 조직은 구성원들의 행위와 업무수행을 통제한다. 전통적 조직은 공식적인 관료제적 규칙에 의한 통제와 권위의 위계구조에 따른 통제를 특징으로 한다. 하지만 기업의 정보화가 이루어진 경우에는 통제방식이 점점 더 고객통제, 동료통제, 자동화된 컴퓨터통제로 바뀌고 있다. 이러한 변화는 통제지향적인 관리계층에 대한 필요성을 줄임으로써 중간관리자의 비중을 감소시킨다. 기업들은 이제 자율적 작업팀을 만들고 고객정보시스템과 연결되어 고객만족에 대한 조사결과에 근거하여 업무를 평가하는 통제체계를 활용하고 있다.

그런데 정보통신기술의 이용에 따른 조직의 통제방식에 대한 변화가 조직권력과 의사결정의 집권화를 초래하는지 반대로 분권화를 초래하는지에 관해서는 상반된 연구결과가 있다. 하나는 최고경영층이 모든 근로자의 업무수행을 컴퓨터의 연결을 통해 시·공의 제약 없이 점검할 수 있게 되므로, 신속하고 광범위한 통제력을 갖게 되어 힘과 의사결정이 고위층에 집중된다는 주장이다. 반면에 복잡하고 다양한 정보수집과 처리가 기본적으로 하위층의 자율적 업무수행과 맞물리기 때문에 분권화된 조직구조가 형성된다는 주장도 있다.

이러한 기업의 정보화는 대부분 긍적적인 측면과 부정적인 측면을 동시에 수반하게 되는 데, 개별기업에서의 정보통신기술의 도입·활용은 소비자에 대한 서비스를 향상시키고 생산성과 효율성을 높이며, 새로운 상품과 서비스, 직종을 창조해 낼 수도 있지만, 반면에 기존 기술의 소유자들이 실직 당하게 되고, 지적재산권 소유의 불명확성에 따른 새로운 범죄를 유발하는 등의 문제를 낳을 수 있다.

3. 우리나라의 기업정보화 현황[10)]

기업의 정보화수준을 정보화성숙모형[11)]을 통해 살펴보면, [표 6-3]에서

10) 한국전산원, 「국가정보화백서 2005」.

11) 정보화성숙모형은 정보화조직에 기여하거나, 정보화를 통하여 조직의 형태가 이상적으로 발전하여 가는 과정을 단계화한 것인데, 정보화성숙모형을 기능정보화단계→업무정보화단계→기업내 정보화단계→기업간 정보화단계→지식정보화단계 등으로 구분하고 있다.

와 같이 국내기업의 평균적인 정보화의 성숙수준은 전체 기업의 51.1%가 차지하고 있는 기업내 정보화단계인 것으로 나타났다. 대기업은 기업 간 정보화단계와 기업내 정보화단계가 각각 48.1%과 42.1%로 분포하고 있어 기업간 정보화의 기반 마련과 함께 지식정보화단계에 진입하고 있음을 알 수 있다. 반면에 중소기업은 기업내 정보화단계가 58.6%, 업무정보화단계가 32.5%로 분포하고 있어 개별 업무단위의 정보화수준에서 기업내 업무 프로세스를 통합하는 수준으로 발전하고 있는 것으로 분석되고 있다.

[표 6-3] 기업정보화수준 평가결과

(단위: 점)

연 도	2001	2002	2003	2004
대기업	57.92	58.46	58.63	59.62
중소기업	39.88	41.57	42.00	44.55
업종전체	49.84	50.92	51.20	51.30

규모별로 보면, 대기업의 평균정보화수준은 59.62점, 중소기업의 평균 정보화수준은 44.55점으로 2002년에 대비 각각 0.99점, 2.55점 상승하였으며, 대기업에 비해 중소기업의 상승폭이 큰 것으로 나타났다. 업종별로는 금융업이 59.15점, 유통·서비스업이 52.90점, 제조업은 48.93점, 건설업은 42.67점으로 나타났으며, 이는 2003년도에 비해 건설을 제외하고는 모든 업종에서 정보화수준이 소폭 상승한 것이다. 동종 업종 내에서 대기업과 중소기업의 정보화수준을 보면, 대기업 군에서는 금융업과 유통·서비스업이 제조업과 건설업에 비해 상대적으로 높은 수준을 나타났다. 중소기업 군에서는 금융업종이 타 업종에 비해 높은 수준을 나타냈다.

한편 [표 6-4]와 [표 6-5]에서 업종별 정보화격차를 살펴보면, 금융, 유통·서비스업종의 정보화격차는 줄어든 반면, 제조업과 건설업의 정보화격차는 오히려 증가하여 제조업, 건설업, 유통·서비스업, 금융업 순으로 정보화격차가 큰 것으로 나타났다. 이는 제조업의 경우에 대기업들의 정보화 향상이 중소기업들과의 격차 폭을 증가시킨 것으로 보이며, 건설업은 국내

건설경기 약화에 따른 정보화 의지도 상대적으로 감소되면서 정보화수준이 하락한 것으로 분석된다. 반면, 금융업 및 유통·서비스업 분야의 정보화격차는 큰 폭으로 개선되었다. 이는 고객과의 관계변화에 민감한 금융업 및 유통·서비스업 분야에서 보다 다양한 방식의 투자를 진행하고 있는 것으로 분석된다. 세부업종별로는 은행·증권업의 정보화수준이 가장 높았으며 보험·기타 금융업이 다음을 차지하고 있다.

대기업과 중소기업의 정보화격차 폭의 감소는 상대적으로 규모가 작은 기업들의 약진에 힘입은 것으로 분석된다. 대기업 중에서도 매출액 5천억 이상 기업의 정보화수준 향상 폭은 미미하였으나, 매출액 1백억원 미만 기업 등 상대적으로 규모가 작은 기업들의 정보화수준 향상이 두드러지게 나타났다. 이는 정부의 중소기업 정보화와 관련된 사업의 성과에 힘입은 것으로 보인다.

[표 6-4] 우리나라의 기업규모·업종별 정보화수준

구 분	제 조					건 설	금 융		유통/서비스			
	전기전자	기계금속	석유화학	목 재 비금속	섬 유 식음료		은행증권	보험기타	도소매	운수	통 신 서비스	기 타 서비스
대기업	61.87	62.19	63.65	60.28	59.12	54.03	62.90	64.68	57.78	56.77	61.02	61.01
중 소 기 업	43.13	46.16	45.11	41.58	44.34	38.25	54.79	45.73	49.02	46.26	51.21	46.83

[표 6-5] 우리나라의 기업규모·업종별 정보화격차

구 분	제 조		건 설		금 융		유통/서비스		전 체	
	2003	2004	2003	2004	2003	2004	2003	2004	2003	2004
대기업(A)	55.86	61.23	50.64	54.03	62.80	63.50	60.10	59.82	58.63	59.62
중소기업(B)	41.69	44.19	39.15	38.25	45.17	51.43	41.80	47.52	42.00	44.55
정보화격차 (A－B)	14.17	17.04	11.49	15.78	17.63	12.06	18.30	12.30	16.63	15.07

제 3 절 산업별 정보화

동종 또는 유사한 상품(재화, 서비스)을 생산·판매하는 기업의 군(set)으로 정의되는 한 나라의 산업은 제1차 산업(농업, 수산업, 축산업), 제2차 산업(제조업), 제3차 산업(무역업, 관광업, 유통업, 금융업) 등으로 분류되는데, 여기에서는 주요 산업별 정보화의 필요성 및 효과를 살펴보자.

1. 농·수·축산업의 정보화

1.1 농·수·축산업 정보화의 의의 및 필요성

우리나라의 농업은 그 동안 국제화·개방화 시대를 맞아 해외 선진농업과의 경쟁력 향상이 중요한 과제로 등장하게 되었으며, 이를 위하여 정부에서는 농업의 구조개선정책과 기술개발을 통한 기술농업의 구현을 가장 중요한 과제로 추진하고 있다. 농업은 자연환경의 영향을 많이 받고 생산속도가 느려 타산업에 비하여 생산성이 낮은 특성을 갖고 있으며, 이러한 점에서 기계화·자동화를 통한 생산성의 증대는 해외농업은 물론 타산업과의 경쟁력 향상을 위해서 매우 중요한 과제라고 할 수 있다.

우리나라의 농수산업 정보화는 세계무역기구(WTO)의 다자간 협상에 따른 농수산업의 전면적인 대외 개방 등과 같은 농업 여건의 변화 속에서 우리 농업의 경쟁력을 강화하기 위해서 추진되고 있다. 산업화 과정에서 우리 농업은 토지·자본과 같은 생산요소의 부족으로 불리한 여건에 놓여 있지만, 지식기반사회에서는 농가호수의 감소, 농업인력의 고령화 등 농업의 어려움을 지식·정보를 활용하여 극복함으로써 타산업과의 경쟁에서 우위를 확보할 수 있다. 또한 지식·정보중심의 사회에서는 도시와 농촌의 정보격차가 곧바로 소득과 생활의 격차로 이어지기 때문에 농촌의 정보화를 통하여 도시와 농촌 간의 정보격차를 해소하고, 농가소득의 증대를 통해 농어촌 주민들의 삶의 질을 향상시켜야 할 필요가 있다.

앞으로 지식농업시대의 진입에 대비하여 신속·정확한 기술 및 농업정보를 농민에게 전달할 수 있는 전달매체를 개발하고 데이터베이스를 구축하여 농업정보의 질을 높이고 실질적인 정보를 제공해야 한다. 그리고 생산자, 시장, 소비자 등을 초고속정보통신망으로 연계하여 농가가 생산단계로부터 소비단계에 이르기까지 각종 농업정보를 신속하게 입수하여 활용할 수 있도록 해야 한다. 또한 농업분야에서 이용가능한 정보통신기술의 적극개발과 농민에 대한 컴퓨터교육도 적극 실시해야 할 것이다.

1.2 농·수·축산업 정보화의 구축 및 효과[12)]

1.2.1 농수산물 종합유통정보시스템의 구축

농수산물의 유통비용을 줄이고 생산자를 보호하기 위해서는 유통정보의 제공이 필수적이다. 우리나라는 2001년부터 전국 22개 공영도매시장의 시장별·가격대별 출하물량, 집중출하시기의 가격·물량·변화추이와 대형유통업체 판매가격정보, 전자경매를 실시하는 도매시장을 중심으로 경매정보를 실시간으로 제공하는 출하지원시스템과 주산지를 중심으로 한 산지의 재배의향, 재배면적, 생산·출하량, 출하시기 등을 제공하는 산지유통정보시스템을 구축하여 필요한 정보를 제공하고 있다.

1.2.2 기관별 전문콘텐츠의 확충

1) 농업기술·경영정보 DB의 구축: 농촌진흥청과 대학 및 관련 연구기관이 개발한 새로운 농업기술을 농업인이 전문연구기관을 방문하지 않

12) 한국전산원, 「2002 국가정보화백서」.

고도 농가에서 인터넷을 통해 필요한 정보를 검색·이용할 수 있도록 농업전문기술DB를 지속적으로 확충하여 활용하고 있다. 또한 농가별 경영진단과 컨설팅을 지원해 줌으로써 실질적인 농가소득을 증대시킬 수 있다.

2) 가축개량의 정보화: 가축개량 종합정보시스템의 구축을 통해 축산정보화의 핵심으로서 축산기술연구소의 국가단위유전능력평가정보, 가축사양관리 및 질병예방정보, 한우개량부의 한우능력검정정보, 등급판정소의 도체등급판정정보, 종축개량협회의 혈통정보 등 가축개량기관들의 전문 DB를 구축하였으며, 국가단위 가축개체식별 운영체계S/W를 개발하여 보급하고 있다.

3) 동식물 검역정보시스템의 구축: 최근 해외 농축산물의 국내 유입이 증가하면서 외국의 가축 전염병 및 식물의 외래 병해충이 증가하고 있는데, 이를 방지하기 위해 수의과학검역원을 중심으로 식품의약품안전청, 관세청, 보건환경연구원 등과 협조하여 우리 국토를 하나의 농장으로 규정하여 해외 가축질병 정보를 사전에 확보하고 국내의 가축질병 발생 및 확산을 모니터하여 국내 가축질병을 예방할 수 있는 가축질병 검역정보시스템을 구축하여 축산농가를 비롯한 도축장, 가공장, 보세창고 등에 제공하고 있다. 또한 해외병해충의 유입을 차단하기 위한 통계정보, 검역접수 및 처리현황 등을 제공하는 식물검역정보시스템을 구축하였다.

4) 수산어업의 정보화: 수산종합정보시스템의 구축으로 수산시험연구·기술, 어선등록, 어업인허가, 원양어업 등 수산업의 경쟁력을 강화하고 어업활동에 필요한 지식과 정보를 현장에서 활용할 수 있는 수산정보를 제공하고 있다.

5) 기타(종자·농촌용수·산림자원관리)의 정보화: 종자관리 종합정보화 사업 등을 통해 국내에서 유통되는 종자의 기초자료 및 화상정보 DB, 바코드를 통한 종자제고관리 등 종자보관·관리의 전산화시스템을 구축·운영하고 있다. 이와 함께 농촌용수자원 정보시스템의 구축으로 용수수급상황과 가뭄발생에 대한 실시간 자료의 생산과 수집이 가능해짐에 따라 가뭄과 홍수 등의 재해를 예방할 수 있게 되었다. 또한 식물자원, 임산물정보 등 각종 산림자원의 종합정보DB를 구축하고 산림지리정보시스템을

활용한 산불방지시스템을 구축할 예정이다.

1.2.3 농업기술 개발 및 보급의 정보화

1) 농수축산의 바이오인포매틱스(Bioinformatics): 21세기의 디지털 정보시대에 생물자원 및 게놈연구 정보를 체계적으로 DB화하여 제공할 수 있는 생물자원정보화기술은 연구의 효율성과 경쟁력을 높이는 데 매우 중요하다. 특히, 우리나라의 주곡인 벼의 게놈 연구는 농촌진흥청 농업생명공학연구원을 중심으로 대학과 공동으로 DB화하여 인터넷을 통해 정보를 제공하고 있다.

2) 농업기상정보 시스템: 일반 기상정보는 기상청에서 제공하고 있지만, 일조시간, 일사량, 증발량, 결로 등의 농업기상정보는 그 동안 시·군 농업기술센터에서 수작업으로 수집하여 제공하였는데, 이제는 시·군 농업기술센터에 농업기상관측 시스템과 자동관측S/W가 보급됨에 따라 농업기상정보를 실시간으로 수집·제공하고 있다.

3) 토양의 정보화: 농업토양환경정보의 DB화를 통해 토양의 물리·화학적 특성과 지번별 토지이용상태, 지목별 적성등급, 토양검정가료 등 필지별 통양환경정보와 토양환경 통계분석에 관련된 정보를 제공하고 있다.

1.2.4 원격교육

1) 원격영농상담시스템을 이용한 기술보급: 농업정보는 다른 오락정보와 달리 농업인이 새로운 기술을 자신의 영농현장에 실천으로 옮길 때에만 의미가 있다. 이에 따라 농촌진흥청에서는 농업인이 자신의 애로사항을 전문가와 상호토론을 통해 신속히 해결할 수 있는 원격영농시스템을 구축하였는데, 원격영농시스템의 주요 서비스 내용은 원격상담 및 교육, 즉시상담, 새기술 소개 및 최신 연구동향 세미나 등이다.

2) 사이버 농·어업교육 시스템: 농업기술·경영능력의 향상을 위한 인터넷상의 교육훈련 비중이 증가하고, 농업인 중심의 상호토론이 가능한 사이버 농업교육시스템이 필요함에 따라 원격농업전문교육시스템을 구축·

운영하고 있다. 원격농업전문교육시스템은 우수한 멀티미디어기술을 이용한 고추, 오이, 토마토 등 양질의 교육 콘텐츠 제작과 이용자 중심의 기술개발로 농업인 및 관련 종사자의 평생직업 능력개발을 도모하고, 농업인의 기술경쟁력 강화에 기여할 것으로 기대한다.

1.2.5 농업용 S/W

영농의 과학화와 합리화 측면에서 농업용 S/W의 이용은 매우 중요하게 인식되고 있지만, 다른 산업분야와 달리 정형화되지 못하고 개발자와 개발기관의 특성에 따라 다양하게 존재하고 있다. 아직까지 우리나라의 농업용 S/W시장이 안정적이지 못하여 이윤을 목적으로 하는 민간업체의 개발참여는 일부 분야에 국한되어 있고 주로 농림부, 농촌진흥청, 각 도 농업기술원 등과 같이 공공기관을 중심으로 이루어지고 있다. 앞으로 농업용 S/W의 이용을 활성화하기 위해서는 개발된 S/W에 대한 지속적인 유지보수와 관리가 필요하고, 이용자에 대한 교육도 꾸준히 이루어져야 한다.

1.2.6 농수산물의 전자상거래

농수산물의 전자상거래는 디지털정보시대의 농수산물 유통에 있어서 하나의 바람직한 방법으로 제시되고 있다. 농림부, 농촌진흥청, 그리고 지방자치단체는 홈페이지를 구축하여 농수산물의 전자상거래를 실시하고 있으며, 향후 농수산물의 전자상거래는 더욱 확대될 것으로 예상된다.

2. 제조업의 정보화

2.1 전통 제조업의 위상변화와 과제

2.1.1 전통 제조업의 위상변화

우리나라는 2000년도를 기점으로 정보통신관련 상품의 수출비중이 전통주력산업 제품을 추월하였다. 그러나 전통 제조업은 아직도 국내의 무역수지에 큰 영향을 미치고 있기 때문에 전통 제조업에 정보통신기술을 접목할 때 고부가가치산업으로 도약할 수 있는 잠재력을 보유하고 있다.[13) 국내 제조업은 외형적으로 볼 때 선진국수준의 경쟁력을 확보하고 있는 것은 사실이지만, 여전히 구조적인 취약성과 문제점은 안고 있는 것도 사실이다. 즉, 고비용·저효율의 산업구조로 인한 경쟁력유지 곤란, 중국의 급부상 및 우리 해외시장의 잠식, 그리고 국내 산업의 공동화 심화, 부품·소재 등 중간재와 기계류 등 자본재산업의 낙후로 인한 수입유발적인 장치산업 위주의 경직적 산업구조, 기존 기술인력의 노령화(평균연령 37~39세) 및 만성적인 인력난, 경직적 요소시장 및 생산요소의 고비용구조 등이 경쟁력 향상에 걸림돌로 작용하고 있다.

21세기에 접어들면서 우리나라를 둘러싼 경제환경은 급변하고 있다. 즉, 국경 없는 무한경쟁의 전개와 국가경쟁력의 강화를 위한 세계 각국의 정책경쟁 심화, 개방 및 자유화 추세 심화, 세계 경제통합의 급속한 진행, 글로벌 기준의 제정 및 제도의 투명성 강화 움직임, 정보혁명의 급속한 진전과 함께 정보·지식사회의 전개 및 지식기반산업의 부상 등이 그것이다. 특히 전통 제조업의 제품·공정·유통 등 모든 부문에 걸쳐 정보통신기술과 결합되는 'e-Manufacturing' 현상이 세계적으로 확산되고 있다.[14) e-메뉴팩처링이란 협의의 개념으로는 제품의 생산과정에서 정보통신기술을 활용하는 것, 즉 제조기술이나 생산정보화를 말하며, 광의의 개념으로는 정보통신기술을 이용하여 제품의 기획 및 개발, 구매와 조달, 생산, 유통과 물류, 판매와 AS 등 제조업의 전체 비즈니스 과정을 혁신하고 통합하는 것이라고 할 수 있다. 따라서 광의의 e-매뉴팩처링은 제조업의 전체 영

13) 1960년대 초부터 본격적인 공업화를 시작한 이래 지금까지 정부·기업·근로자가 각고의 노력을 한 결과, 현재 국내 주요 제조업의 생산규모는 세계적 수준에 도달하게 되었는데, 조선산업은 세계 1~2위, 반도체 디램부문은 세계 1위, 전자산업은 세계 4위, 자동차 및 석유화학은 5~6위, 섬유와 신발은 5~7위의 수준이다.

14) 제조업의 환경변화에 대응하여 제조업의 경쟁력강화를 위한 IT를 통한 제조업지원은 시기별로 제품개발은 1980년대 2차원 CAD에서 1990년대 초 3차원 CAD, 1990년대 말 디지털 모형화(mock-up)로 발전하고 있으며 제조시스템은 유연생산스시템(FMS: Flexible Manufacturing Systems), 컴퓨터통합생산시스템(CIM: Computer Integrated Manufacturing), 지능형생산시스템(IMS: Intelligent Manufacturing Systems)을 거쳐 e-매뉴팩처링(e-Manufacturing)으로 확대 발전하고 있다.

역에서 경쟁력을 향상시키는 제조업 정보화의 개념과 같게 된다. 이러한 e-매뉴팩처링의 도입이 필요한 이유는 결국 제품 수명주기 단기화라는 제조업의 경영환경 변화와 함께 소비자의 수요패턴의 변화 때문이라고 할 수 있다.

2.1.2 전통 제조업의 과제

전통 제조업의 위상변화는 제조업체로 하여금 다음과 같은 사항을 추구하도록 요구하고 있다.

첫째, 제품간 경쟁이 치열하게 전개됨에 따라 제품의 고품질화가 절실히 요구되고 있다. 또한 최근에 주목을 받고 있는 기업이미지와 관련해서 고품질에 대한 요구가 증대됨에 따라 소비자가 만족할 수 있는 제품 및 서비스를 경제적으로 생산하기 위해서는 사내의 모든 부문을 종합화할 필요성이 대두되어, 이른바 종합적 품질관리의 중요성이 강조되기에 이르렀다.

둘째, 시장경쟁의 점증과 함께 고객취향의 다변화로 생산물의 다양성에 대한 요구가 증대되고 있다. 이는 고도경제성장기의 생산방법이었던 소품종 대량생산시대에서 소비자의 욕구의 다양화로 인한 고객수요의 개별화에 대응하는 다품종 소량생산시대로 이해할 수 있는데, 19세기 말부터 20세기 내내 이루어진 물질적 풍요의 추구는 이제 그 기본적인 욕구의 충족이 달성됨에 따라, 소비자들의 정신적 안정이나 상품의 질적인 충족에 대한 욕구가 고조되어, 소비자의 행동양식도 각자의 개성과 감성을 존중하는 방향으로 바뀌어감에 따라 제품 및 서비스에 대한 요구도 획일성에서 다양화로 나가고 있다.

셋째, 납기의 단축화가 요구되고 있다. 최근에는 어떤 상품이 개발단계를 거쳐 상용화단계에 이르렀을 때는 이미 상품으로서의 가치를 상실한다는 말이 나올 정도로 제품의 수명이 단축되어가는 경향이다. 또한 정보시대는 시간이 돈이나 생산성, 품질, 기술혁신과 마찬가지로 하나의 중요한 전략무기로 대두되는 시대이다. 시간을 어떻게 관리하여 활용하느냐가 전략적 중요성을 지니게 되었음을 의미하는 말이다. 따라서 납기시간(lead time)을 가능한 길게 잡아 생산의 평준화를 꾀하였던 과거의 총괄생산계획에서 벗어나 납기시간을 단축시키고 소비자가 원하는 시기에 즉각적으로 제품을 공급할 수 있는 적시생산방식(just in time production)개념을 생산과정에 도입해야 할 필요성이 커지고 있다.

넷째, 생산과정에서의 고도의 유연성(flexibility)이 요구된다. 소비자의 욕구가 다양화됨에 따라 과거의 소품종대량생산방식으로는 더 이상 소비자의 다양한 욕구에 부응할 수 없게 되었으며, 제품수명과 납기의 단축현상에 따라 준비작업(set up)시간이 많이 걸리는 종합생산방식도 효율성이 떨어지게 되었다. 따라서 여러 종류의 제품을 생산하면서도 동시에 작업시간을 단축시켜야 하는, 즉 공간적인 유연성과 시간적인 유연성을 동시에 필요로 하게 되었다.

2.2 전통 제조업의 IT화

전통 제조업이 접하는 상황이 소비자의 욕구의 다양화, 제품수명주기의 단축, 고품질의 요구 등으로 변화함에 따라 기존의 생산과 마케팅 시스템으로는 효과적으로 대응하기 어렵게 되었다. 이에 대응하여 제조업은 다품종소량생산, 고부가가치 제품의 개발, 소비자 욕구를 수용한 제품의 개발, 비용절감을 통한 경쟁력 강화 등의 노력으로 활로를 개척해야 한다.

전통 제조업의 정보통신기술의 활용, 즉 전통 제조업의 IT화란 우리 경제의 중추를 이루고 있는 주력 전통 제조업에 정보통신기술을 효과적으로 접목시킴으로써, 고부가가치화 촉진 및 새로운 성장동인을 창출하고 21세기 디지털경제에 부합하는 디지털화된 첨단 산업구조로 전환시키는 것을 의미한다.[15] 전통 제조업의 IT화 혹은 e-매뉴팩처링이란 전통 산업에 e-비즈니스를 도입하여 전통 산업을 활성화시키는 것으로, 그 대표적인 활성화의 형태가 B2B를 접목시키는 것이다. 전통 제조업의 IT화는 다음과 같은 단계로 이루어진다.

15) 한국전산원, 「2002 국가정보화백서」.

첫 번째는 정보통신기기를 도입하는 단계인데, 전통 산업 혹은 여기에 속하는 기업(굴뚝 산업)이 컴퓨터와 정보통신기기를 도입하는 단계이다.

두 번째는 기업내 정보화의 단계인데, 정보통신기기를 업무에 이용하여 기업 내부의 생산성을 높이고, 기업 내부의 정보를 공유하면서 기업을 정보화하는 단계로서 공장자동화와 사무자동화가 이루어지는 경우를 말한다.16)

세 번째는 폐쇄된 네트워크를 이용하여 기업간 정보공유가 이루어지는 단계이다. 굴뚝 기업이 EDI와 같은 설비를 이용하여 하청기업과 수·발주하거나 거래를 하는 단계를 말한다.

네 번째는 인터넷과 같은 공개된 네트워크를 이용하는 단계인데, 이 단계에서는 우선 기업과 소비자 간의 전자상거래가 이루어지면서 인터넷을 활용하는 단계이다.

다섯 번째는 인터넷 전자상거래가 기업과 기업 간의 거래에도 이용하는 단계인데, 이 단계에서는 이른바 기업간 전자상거래(B2B)가 기업거래의 주류를 이루는 단계이다.

여섯 번째는 전자상거래가 동종 및 이종뿐만 아니라 국내외의 거래에 활용하는 단계인데, 이 단계에서는 전자상거래가 가지는 글로벌화가 충분히 발휘하는 단계이다.

---

16) 전통 제조업은 주로 기존의 기계화에 의한 생산체제를 정보통신기술의 활용에 의한 생산체제로 전환함에 따라 생산부문에서의 정보투입의 비중이 증대(공장자동화)될 뿐만 아니라 사무부문에서도 정보통신기기의 활용(사무자동화)이 진전되고 있다.

대표적인 공장자동화로는 로봇(robot), 캐드(CAD: computer-aided design), 캠(CAM: computer-aided manufacturing), 킴(CIM: computer-integrated manufacturing) 등을 들 수 있는데, 오늘날의 로봇은 컴퓨터화된 프로그램에 의해 다양한 기능을 자동적으로 수행할 수 있도록 만든 기계를 뜻한다. 컴퓨터지원설계(CAD)는 컴퓨터와 복잡한 그래픽 소프트웨어를 이용하여 디자인 및 설계를 하는 것을 말한다. 컴퓨터이용제작(CAM)은 컴퓨터를 이용하여 상품을 제조하는 것을 말한다. 캠 시스템 내에서 기계는 자체에 내장된 마이크로프로세서나 외부에 있는 컴퓨터의 제어에 따라 움직이게 된다. 컴퓨터통합생산(CIM)은 캐드-캠의 체계가 보다 더 발전하여 나온 생산자동화 체계로 제품의 기획, 디자인, 부품의 공급, 제조, 제품의 출하 등을 포함한 생산의 모든 측면을 통합하기 위하여 컴퓨터와 커뮤니케이션 기술을 사용하는 것이다.

한편 사무자동화는 워드프로세서 외에도 자료의 처리와 관리, 계산, 일정 및 계획작성, 개인과 집단 간의 커뮤니케이션, 업무흐름의 관리와 같은 사무작업의 전반적인 영역에 걸쳐 자동화가 일어나는 것을 의미한다.

3. 유통업의 정보화

3.1 유통업의 환경변화

우리나라의 도·소매업자는 대부분 점포규모, 종사자규모, 판매액규모 등 모든 측면에서 영세성을 면치 못하고 있으며 소매업의 경우 가족중심의 운영을 주로 하는 '생업형' 소매업체가 대부분을 차지하고 있는 실정이다.

소매업체는 재래식시장으로부터 최근에 생겨나고 있는 양판점, 편의점 등에 이르기까지 다양한 형태가 존재하고 있는데, 이를 크게 대규모 소매점(백화점, 쇼핑센터, 할인점), 슈퍼마켓, 편의점으로 구분하고 있다. 그밖에 농협, 수협, 축협 등의 수퍼마켓 및 연쇄점, 연금매장 등 공공법인에 의해 운영되는 특수매장 등이 있는데 특히 이들 특수매장은 본래의 설립목적을 벗어나서 취급상품이나 고객에 대한 제한이 없이 운영해옴으로써 여타 소매업체에게 큰 위협이 되어오고 있다.

도매업체는 주로 중간상의 역할에 그치는 형태가 대부분이며 대다수가 사업규모가 영세하고 전문성이 결여되어 경쟁력이 매우 미약한 실정이다. 특히 각 제품마다 독점적으로 상품의 공급권을 갖는 대리점이 도매상의 역할을 하기 때문에 동종업자 간에 경쟁은 없으며 오히려 상호협조하는 관계에 있다.

제조업체는 자사의 대리점에게 한 회사의 제품에 대한 공급독점권을 부여하는 대신 밀어내기식의 제품판매방식을 채택하고 있는데, 이로 인해 대리점은 무리한 매출확대를 강행하게 되고 이 과정에서 무자료거래를 비롯한 불법거래를 자행함으로써 국내유통업의 건전한 발전에 큰 장애를 주고 있다. 이와 같이 국내유통시장은 대기업체인 제조업체에 의하여 대부분 수직적으로 통합된 상태로 유지되어 왔으며 이에 따라 유통시장은 공급자위주의 시장(seller's market)이 될 수밖에 없었다. 동일 또는 유사상품시장을 놓고 제조업체 간의 경쟁은 과다할 정도로 치열하였지만 유통업체 간의 경쟁은 거의 전무하였다.

한편 디지털경제시대의 도래는 각 경쟁주체의 경제활동에 직접, 간접적으로 많은 영향을 미치게 되며 특히 사회의 정보화 및 산업의 정보화가 가속화되어 가고 있다. 이러한 내적요인은 결국 국제화, 개방화와 같은 외적요인과 결합하여 유통업체가 당면하는 시장여건에도 큰 변화를 가져온다. 이러한 유통분야의 환경변화는 대략 다음과 같이 요약할 수 있다.

첫째, 수입자유화와 유통시장의 개방을 들 수 있다. 1980년대 후반의 국제수지 흑자 발생은 외국과의 통상마찰을 야기시켜 선진국, 특히 미국으로부터의 국내시장 개방압력이 거세지게 되었고 이에 따라 외국상품에 대한 수입자유화 조치가 계속 이루어져 이제는 주로 농산물 중 일부 수입금지 품목을 제외하고는 대부분 수입이 자유로이 허용되고 있다. 이러한 수입자유화 물결은 우리나라 경제의 국제화, 개방화 추세에 따라 국민생활에 보다 광범위하게 영향을 미치게 되었다. 이러한 수입자유화와 함께 국내유통시장의 대외개방은 외국상품, 특히 국내에서 지명도, 선호도가 높은 외국상품의 국내시장 진출을 용이하게 하여 국내소비자들에게 보다 다양한 상품선택의 기회를 제공하게 된다. 이와 같은 수입자유화 및 유통시장개방으로 인한 수입상품의 국내시장진출은 국제경쟁력이 약한 국내상품의 국내시장기반을 크게 위협할 뿐만 아니라 낙후되어 있는 국내유통업 자체에도 심대한 영향을 미치게 되었다.

둘째, 인력난과 함께 인건비 증가를 들 수 있다. 인건비가 증가함에 따라 단순노동에 대한 수요가 감소하게 되었는데, 이는 유통정보시스템에 대한 수요가 증가하는 결과를 가져왔다.

셋째, 교통난을 들 수 있다. 차량의 보급이 증가하면서 곳곳에서 교통난이 가중되고 있으며 또한 상품을 집·배송하는 데 필요한 인력을 구하기가 점점 어려워지고 있다. 따라서 보다 효율적인 운송체계, 나아가서는 효율적인 물류체계가 요구되고 있다. 효율적인 운송체계를 위해서는 거래업체간의 정보통신시스템의 구축 및 활용이 뒷받침되어야 할 것이다.

넷째, 토지가격의 급상승으로 유통업에 있어서 규모의 경제를 실현하기가 점차 어려워지고 있다. 따라서 좁은 공간을 어떻게 활용하여 상품을 효율적으로 매장에 진열할 것인가 또는 창고에 보관할 것인가 하는 것이 중요한 문제로 부각되고 있다. 이를 위해서는 보다 광범위하게 상품판매에 관한 정보를 수집·분석하는 것이 필요하다.

다섯째, 국민들의 정보화에 대한 인식이 점차 높아지고 있으며 정부와 기업의 정보통신수요도 계속 증가하는 추세에 있다.

3.2 유통업의 IT화

유통업의 환경변화 속에서 유통업체는 정보통신기술을 이용하여 효율성을 증대시키고 경쟁력을 강화하기 위한 방안을 강구해야 할 필요성이 대두되고 있다.

최근 우리는 국내의 백화점이나 대형슈퍼에 진열되어 있는 상품마다 바코드(bar-code)가 부착되어 있음을 쉽게 발견할 수 있다. 그리고 그 곳에서 물건을 살 때마다, 종업원들이 바코드를 기계에 읽히고 그를 통하여 빠르게 물건값을 계산해 내는 것을 경험하곤 한다. 만일 이와 같은 장비들이 백화점이나 대형슈퍼에 설치돼 있지 않다면, 그 많은 구매자들의 물건값을 어떻게 신속하게 계산하여 손님이 기다리지 않게 할 수 있을까? 이는 유통업의 정보화에 의해 해결할 수 있다.

유통업의 정보화는 유통 관련 기업들이 기업내 활동과 기업 간의 활동에 새로이 정보통신기술을 이용하여 기업내 업무와 기업간 거래의 효율성을 증대시킬 수 있는 상태로 변화하는 것을 의미한다. 유통업의 정보화가 이루어지기 위해서는 개별기업, 업계, 국가가 모두 유통정보기술을 이용할 수 있게 하는 유통정보시스템으로 바뀌어야 한다. 현재 사용되고 있는 유통정보시스템으로 가장 대표적인 것은 POS(point of sales)시스템이며 그밖에 EOS(electronic ordering system) 및 유통 VAN(value added network) 등을 들 수 있다.

3.2.1 판매시점관리(POS)시스템

유통업의 정보화는 기본적으로 소비자와 직접 접촉하는 소매점의 정보화에서 출발한다. 소매업의 정보화는 구체적으로 POS시스템의 도입과 이용으로 이루어지는데, POS시스템(point of sales system)이란 상품의 판매시점에서 상품에 관련된 모든 정보를 신속·정확하게 수집하고 컴퓨터로 집계·분석하여 발주·매입·재고관리·배송 등에 필요한 정보를 필요한 시점에 즉시 제공하는 시스템을 말한다.[17] 다시 말하면, 판매가 일어나는 판매시점마다 데이터가 중앙컴퓨터에 입력되어 현재의 판매실적이나 재고상태가 신속하게 관리됨으로써 이들 정보가 본사의 판매정책이나 공장의 생산계획에 신속하게 반영될 수 있게 함은 물론 고객에 대한 서비스 향상과 그날그날의 결산도 신속·정확하게 할 수 있는 시스템이다. 이와 같은 POS 시스템은 컴퓨터와 통신기술의 발전과 함께, 발생되는 데이터를 현장에서 즉시 처리할 수 있는 바코드 시스템[18]이 개발되면서 가능하게 되었다.

POS시스템의 운용에 따라 소매점은 이를 통해 단기적으로는 체크아웃처리시간의 단축, 계산대에서의 오등록 방지, 점포 내 업무처리인력의 절감, 대고객서비스의 향상 등의 효과를 얻을 수 있으며 장기적으로는 불량재고의 삭감, 판매사이클의 단축, 효율적인 상품진열, 보충발주의 간소화 등의 효과를 얻을 수 있다. 우리나라에서 POS시스템을 도입한 유통업체 점포 수는 [표 6-6]과 같이 2001년 총 23,904개 사에 이르고 있으며 이들 점포에 운영되고 있는 POS터미널 수는 82,086대에 이르고 있다.

---

17) POS시스템을 지칭할 때 협의와 광의의 두 가지 개념이 사용되고 있다. 협의의 POS시스템은 판매시점 정보관리시스템으로서 어떤 상품이 언제, 어디에서, 얼마나 팔렸는지를 파악할 수 있도록 상품이 판매되는 시점에서 판매정보를 수집하여 관리하는 시스템이다. 이 경우 POR(매입시점정보관리), POO(발주시점정보관리), POD(배송시점정보관리)와 같은 수준으로 판매시점의 정보만을 관리하는 것을 의미한다. 광의의 POS시스템은 점포자동화(store automation)를 실현시키는데 소매업경영의 종합정보시스템으로 인식되고 있다. 이 경우 판매정보만이 아니라, 매입, 발주, 배송, 재고 등 소매업체 내에서 발생하는 모든 정보를 종합적으로 관리하는 것을 말한다.

18) 바코드 시스템은 다양한 폭을 가진 바(bar: 검은 막대)와 스페이스(space: 흰 막대)의 배열로 정보를 표현하는 부호(code) 또는 부호체계인데, 바코드로 정보를 표현하는 일과 표현된 정보를 해독하는 일은 바코드 장비를 통하여 바로 가능함으로, 바코드는 기계어(machine language)의 일종이라고 할 수 있다. 바와 스페이스는 그 폭에 따라 하나 또는 여러 개의 2진수 비트(bit), 즉 0과 1로 바뀌게 되고, 이들의 조합으로 문자가 형성되어 컴퓨터가 처리할 수 있는 유용한 정보가 되는 것이다.

[표 6-6] 연도별 POS시스템 보급 추이

(단위: 개점, 대)

연 도	점 포 수	터미널수
1995	8,101	
1996	11,670	39,146
1997	14,905	52,813
1998	16,214	57,412
1999	18,310	64,214
2000	21,544	75,907
2001	23,904	82,086
2002	26,904	90,072
2003	29,904	102,088
2004	32,014	124,742
2005	35,271	153,842

자료: 한국전산원, 「각 연도 국가정보화백서」.

3.2.2 상품보충발주(EOS)시스템

EOS(electronic ordering system)는 매장에 진열되어 있는 상품을 보충하기 위해서 보충해야 할 수량을 휴대용데이터 단말기에 입력하여 이 데이터를 송신단말기를 통해 송신함으로써 수발주를 행하는 상품보충발주시스템을 말하는데, 소매업체에서 EOS를 도입함으로써 기대할 수 있는 효과는 발주업무의 표준화에 따른 비용절감 및 발주데이터의 관리 및 활용이 용이하다는 점 등을 들 수 있다. 이를 구체적으로 살펴보면 다음과 같다.

첫째, 발주업무를 표준화함으로써 발주누락 및 오류를 감소시킬 수 있다.

둘째, 발주작업이 누구나 쉽게 할 수 있도록 자동화됨에 따라 매입담당자가 도매상과 발주업무 이외의 보다 심도 있는 상담을 할 수 있는 여유가 많아지며 신속한 발주에 의한 리드타임 단축으로 점포 내의 재고수준을 감축시킬 수 있다.

셋째, 점포로부터의 발주데이터를 컴퓨터에 직접 입력할 수 있으므로 데이터를 집계, 분류하여 필요에 따라 배송센터의 재고를 점검한 뒤 발주하는 등 일련의 발주업무를 합리적으로 신속, 정확하게 처리할 수 있게 된다.

넷째, 점포로부터의 발주데이터를 본부(또는 정보시스템업자)에서 컴퓨터로 관리하게 되므로 납품시 매입데이터와의 대조가 가능해진다.

다섯째, 본부의 컴퓨터에 각 점포의 발주데이터 및 매입데이터가 직접 입력됨으로써 본부에서는 매입데이터를 종합, 분석하여 매입을 위한 정보로 활용할 수 있게 됨에 따라 고도의 매입업무관리가 가능해진다는 점 등을 들 수 있다.

3.2.3 유통VAN

유통VAN은 유통업체 간의 컴퓨터를 이용한 데이터통신에 있어서 서로 다른 기종 및 통신방식을 사용하는 데 따라 발생하는 제반 문제점을 해결하여 유통업체간의 데이터 교환을 가능하게 하는 정보통신망을 말한다. 이러한 정보통신망을 이용할 수 있는 정보통신서비스는 여러 가지가 있지만 최근에는 EDI(electronic data interchange)가 대표적인 예로 떠오르고 있다. EDI(전자문서교환)는 기업간 또는 기업 내의 거래문서를 표준형태의 컴퓨터간 전송에 의하여 교환하는 시스템이다.

유통업체에서 EDI를 도입·활용하게 되는 이유는 첫째, 기업업무의 효율화, 신속화의 필요성이 증대하고 있으며, 둘째 제반 외부정보가 경영에 있어 의사결정에 점차 큰 영향을 미치게 됨에 따라 효율적인 네트워크 구성에 대한 수요가 증대하고 있고, 셋째 외부적인 요인으로서 EDI관련 기술의 발전과 기업내 전산화가 진전되고 있는 점 등이다. 한편 기업이 EDI를 이용하여 얻을 수 있을 것으로 기대되는 효과는 상거래관련 원가의 절감, 데이터 작성 및 송수신과정에 따른 오류의 최소화, 인력 및 비용의 절감, 주문사이클 및 결제기간의 단축 등을 들 수 있다.

4. 무역업의 정보화

최근 전자상거래, 특히 인터넷을 이용한 전자상거래는 자유무역원칙을 내건 WTO체제하에서 국가경쟁력의 제고라는 명제와 결부되어 더욱 중요한 이슈로 부각되고 있다. 이에 따라 미국 등 선진국에서는 이미 수 년 전부터 정부, 학계, 기업 등이 전자상거래의 정착을 위해 다각적인 노력을 기울이고 있다. 특히 WTO, OECD, UNCTTRAL, APEC 등의 국제기구들도 잇따라 전자상거래의 국제규범화와 관련하여 활발한 움직임을 보이고 있다. 현재 미국, 유럽 등 선진국의 경우 중소기업들이 자신의 취약한 홍보와 마케팅 능력을 보완하기 위해 인터넷을 이용하는 경우가 기하급수적으로 증가하고 있다. 이러한 경향은 국가간 거래로 크게 확산될 것이고 결국에는 국제간 무역거래에서도 전자상거래가 차지하는 비중이 엄청나게 증대할 것이다. 이에 따라 국내에서도 인터넷을 이용한 수출을 지칭하는 '사이버무역 또는 인터넷무역, 전자무역'의 시대가 열리고 있다. 이는 인터넷을 통해 전세계에 흩어져 있는 해외바이어와 각종 상품정보를 주고 받으며, 수출계약을 체결하는 등 무역업무 전반에 걸쳐 인터넷을 이용하는 것이다. 특히 해외영업망이 없는 중소기업들이 내수침체의 어려움을 헤쳐나가는 데 있어 전자무역은 계약 및 수출절차 소요시간의 단축과 수출에 따른 부대비용의 절감 등 여러 가지 이점이 있어 기업들로부터 각광을 받고 있다.

무역업의 IT화, 즉 무역업에 정보통신기술을 활용하는 대표적인 것이 전자무역이라고 할 수 있는데, 이에 대한 자세한 내용은 제10장에서 설명한다.

5. 관광업의 정보화

5.1 관광업의 환경변화

21세기 정보사회에서 관광은 어떠한 영향을 받으며 또한 어떠한 역할을 하게 될 것인가? 인류역사의 진전과정을 통해서 보듯이 인간은 양질의 생활을 추구하고 더 넓은 시야와 안목을 가지려고 노력해 왔으며, 이러한 욕구의 변화는 우리가 처해 있는 정치·경제·사회·생태학적 진전에 의해서 가일층 확대되어 왔다.

오늘날 관광산업은 가장 빠르게 성장하는 산업이며 단일산업으로서는 세계 최대의 산업으로 부상하고 있다. 관광산업의 성장잠재력은 경제발전에 따른 국민소득의 증가, 여가시간의 증대(주 5일 근무제), 교통수단의 발달, 취미생활의 다양화, 지식과 교육수준의 향상, 인간다운 생활의 추구, 문화교류, 세계무역과 정보교류의 증가 등에 기인하는 것으로 볼 수 있다. 지난 1980년대에는 관광산업이 최대의 성장산업으로 부각되면서 각국은 관광산업을 국가전략산업으로 적극 육성하기에 이르렀으며, 1980년대 전반에 걸친 유럽의 장기실업사태는 각국의 정부로 하여금 고용창출원으로서의 관광산업의 중요성을 인식하는 계기가 되었다. 게다가 세계무역에 서비스의 비중이 커지게 되면서 관광산업은 국제수지균형에 중요한 역할을 하는 것으로 인식되기에 이르렀다. 1990년대 이후에도 관광산업의 발전은 가속화되어 여행 및 관광관련 산업이 전세계적으로 규모가 가장 큰 산업일 뿐만 아니라 세계에서 고용창출효과가 가장 큰 산업으로 부각되었다.

이와 관련하여 세계관광평의회(WTTC: world travel and tourism council)의 「여행 및 관광관련 산업에 대한 연구보고서」에 따르면, 1994년도 여행 및 관광관련 산업의 규모는 전세계적으로 2억 4백만명의 직·간접 고용을 창출하였는데 이는 전체근로자 9명 중 1명이 관광관련 산업에 종사하는 것을 의미한다. 다시 말하면 여행 및 관광관련 산업은 전체산업 평균에 비해 2배나 많은 취업기회를 만들어 내고 있으며 또한 2005년경에는 3억

4천8백만 명의 고용을 창출하였다. 선진 각국은 이와 같은 관광산업의 성장잠재력과 중요성을 일찍부터 인식하고 관광산업을 환경산업, 정보통신산업과 함께 21세기의 3대 주요산업으로 집중 투자하고 있다. 세계관광의 발전과정을 1950년 이후 10년 간격으로 살펴보면 [표 6-7]과 같다.

[표 6-7] 세계관광의 규모

연 도	관광객(백만명)	성장률(%)	관광수입(10억불)	성장률(%)
1950	25.3	-	2.1	-
1960	69.3	10.6	6.9	10.6
1970	165.8	15.5	17.9	6.6
1980	286.0	1.0	105.3	26.4
1990	455.9	6.9	264.1	19.3
2000	686.0	6.6	473.4	3.5
2001	684.1	-0.3	459.5	-2.9
2002	702.6	2.7	474.2	3.2
2003	691.0	-1.7	514.4	8.5
2004	759.0	9.8	544.0	7.7
2005	808.0	5.5	–	–

자료: WTO World Tourism Barometer(2006. 1), Tourism Highlights 2005, Compendium of Tourism Statistics 1993-1997.

국제관광이 등장하기 시작한 1950년에는 국제관광객수가 불과 2,500여만 명에 불과하였으나 1960년에는 6,900만명, 1970년에는 1억 6,000만명, 1980년에는 2억 8,400만명, 1990년에는 4억 5,800만명, 2005년에는 8억 800만명으로 증가되었다. 국제관광수입에 있어서는 1950년에 불과 20억 달러에 불과하였던 것이 1960년에는 70억 달러, 1970년에는 180억 달러, 1980년에는 1,030억 달러, 1990년에는 2,650억 달러, 2004년에는 5,440억 달러를 기록하였다. 이와 같은 세계관광산업의 성장에 맞추어 우리나라의 관광산업은 중요한 외화획득원으로서 고도경제성장에 큰 밑거름이 되었으며 지난 2000년에는 외래관광객 입국이 532만 명을 돌파하였고, 여행수입도 66억 달러에 달하여 세계 20위권의 관광대국으로 성장하였다.

5.2 관광정보화의 필요성

관광은 외화획득 이외에도 일명 굴뚝 없는 공장으로서, 환경파괴 위험이 없는 녹색산업인 관광산업이 성장하기 위해서는 정보화가 절대적으로 필요한데, 관광부문에서 정보화의 필요성은 두 가지 측면으로 나누어 볼 수 있다.

첫째, 정보사회로의 변화를 들 수 있다. 컴퓨터와 통신기술의 발달과 확산은 가정과 이웃, 사회, 국가와 국가를 서로 그물처럼 연결하여 소위 전자공동체(electronic community)화가 되어가고 있다. 아울러 사회가 더욱 다양하고 빠르게 변화하면서 소비자의 가치관과 행태도 더욱 다양화되고 수요도 개변화되면서 한층 더 섬세한 형태, 섬세한 내용의 관광정보제공을 요구하게 되었다. 또한 장거리 여행수요가 증가하고, 패키지 여행에서 개별여행으로 여행패턴이 변해감으로써 관광정보의 수요도 다양해지고 더욱 풍성한 정보를 요구하게 되었다.

둘째, 관광업의 경쟁력 강화를 위한 전산정보의 필요성이다. 우리나라의 관광업은 2007년 현재 일반여행업(10,578), 관광숙박업(709), 관광객이용시설업(163), 국제회의 기획업(158), 카지노업(16), 유원시설업(207), 관광편의시설업(1,425), 기타(79) 등 총 13,339개 업체에 달하고 있다. 여행분야만 살펴보더라도 선진국의 경우 대부분 사내조직은 기업형태의 조직을 갖추어 경영과 자본의 분리, 기능별 조직의 분화가 이루어져 업무의 효율성, 전문성, 생산성 향상을 기하고 있다. 그리고 관련기업(호텔, 운수업, 광고업 등)을 두어 상품의 기획, 판매, 홍보, 수송 등의 관련 업무가 하나의 기업그룹에서 이루어짐으로써 원가관리, 품질관리, 서비스에서 대외경쟁력을 제고시키고 있다. 반면 우리나라는 소수 여행사를 제외하고는 기업형 여행사가 없고 여행사 업무가 영업부 중심으로 영위되는 특징을 가지고 있어 영세성을 벗어나지 못하고 있다.

구미 각국 관광업계가 사무자동화(OA)와 컴퓨터 예약시스템(CRS) 등

현대적 여행기법의 도입으로 종래보다 업무에 능률과 생산성을 기하고 경비절감과 경쟁력 제고에 크게 기여하고 있다. 수요자에게 보다 많은 여행정보를 신속하게, 보다 다양한 예약기능을 제공함으로써 고객확보와 경영합리화를 통하여 경쟁력을 높일 수 있을 것이다.

5.3 관광업의 IT화

최근 국내관광업계의 정보화 중에서 주요한 변화사항은 PC통신망에 관광지, 교통, 숙박 등 여행정보의 증가와 함께 관광관련 업계의 인터넷 웹사이트 증가를 들 수 있다. 즉 [표 6-8] ~ [표 6-11]에서 보는 바와 같이 국내항공사, 호텔업계, 여행사, 그리고 지방자치단체 등이 인터넷 웹사이트를 통해 관광정보서비스를 제공하고 있다.

[표 6-8] 국내항공사 인터넷 정보서비스 웹사이트

항 공 사	사이트명	웹사이트
대한항공	Korean Air	www. koreanair. co. kr/
아시아나항공	Asiana Airlines	www. asiana. co. kr/

[표 6-9] 국내호텔업계 인터넷 정보서비스 웹사이트

업체명	사이트명	인터넷 주소
하얏트	Grand hyatt seoul	www.travelweb.com
힐튼	Hilton Hotel	www.koreaweb.com/hilton.html
롯데	Hotel Lotte	www.hotel.lotte.co.kr
쉐라톤워커힐	Sheraton walker hill	www.walkerhill.co.kr
신라	The shilla	www.shila.samsung.co.kr
웨스틴조선	Hotels & Resorts	www.westin.com
캐피탈	Capital Hotel	www.koreaweb.com/capital.htm
올림픽파크텔	Seoul Olympic Parktel	www.koreaweb.com/olympic.htm
남설악	-	www.wisedb.com/corp/YONGma/YONG-hot.html
세종	Sejong	www.sejong.co.kr/yl.htm
뉴스타	Newstar Hotel	www.newstar.co.kr
노보텔엠배서더	노보텔앰배서더	www.ambassadors.co.kr

[표 6-10] 국내여행사 인터넷 정보서비스 웹사이트

업체명	사이트명	인터넷 주소
코오롱관광	코오롱관광	www.kolontour.com
알파관광	알파관광/여행사	www.koreainterad.com/koreanjournal.htm
(주)온누리여행사	온누리여행사	www.interpia.net/～onnuri
아주관광	Aju Tours	www.ajutours.com
(주)세진여행사	세진여행사	www.ko.co.kr/saejintourclub/home.htm
선경항공여행사	선경항공여행사	www.cntg.co.kr/sunkyungtravel/index.html

[표 6-11] 국내 지방자치단체 관광정보 관련 웹사이트

업 체 명	사이트명	인터넷 주소
한국관광공사	Korea tour	www.knto.or.kr
서울특별시	City of seoul	www.metro.seoul.kr
부산광역시	pusanpia	www.iworld.net/~net1019/index1.html
대구광역시	대구지역안내	www.yeungnam.ac.kr/region/taegu/taegu.html
강원도	강원도관광안내	do.kangwon.ac.kr
태백시	고원관광휴양도시 태백	bora.dacom.co.kr/~taeback
춘천시	cyber city of chunchon	www.hallym.ac.kr/~neuro/silver/chunchon.html
춘천시	춘천시청	www.chunchon.kangwon.kr/
경기도	경기도청	Provin.kyonggi.kr
수원시	수원시	city.suwon.kyonggi.kr
과천시	과천시청	city.kwachon.kyonggi.kr
충청남도	충청남도청	ots.rgv.net/chungnam
논산시	논산시청	ns.nonsan.chungnam.kr
경상북도	경상북도청	www.yeungnam.ac.kr/region/kyungbuk.html
경주시	경주관광여행정보	www.touch.co.kr/market/
진주시	진주지역안내	base.gsnu.ac.kr/local/index.html
청주시	청주지역정보센터체인스	icc107.chains.or.kr
전라북도	전라북도 종합정보	www.chonbuk.org
정읍시	정읍시 종합정보	www.chonbuk.org/chongup.htm
김제시	김제시 종합정보	www.chonbuk.org/kimje.htm
익산시	익산시 종합정보	www.chonbuk.org/iksan.htm
전주시	전주시 종합정보	www.chonbuk.org/chonju.htm
남원시	남원시 종합정보	www.chonbuk.org/namwon.htm
전라남도	전라남도 도청	www.prvin.chonam.kr
순천시	순천시 종합정보	salab.sunchon.ac.kr

6. 금융업의 정보화

6.1 금융업의 환경변화

1990년대 이후 국제금융시장은 세계화·정보화라는 거대한 환경의 변화 속에서 구조적으로 급속한 변화를 맞이하고 있다. 이러한 구조적인 변화로서는 자본시장의 자유화, 정보통신기술의 발달 등으로 각국의 금융자유화 및 금융혁신이 신속하게 다른 국가에 파급되는 금융시장의 세계화(globalization)현상, 선진국가들의 지속적인 금융규제의 완화 추세, 그리고 금융기관이 업무영역규제의 완화 및 철폐로 국제금융시장에서의 자금조달과 운용이 직접금융방식으로 바뀌는 금융의 증권화 현상 등을 들 수 있다. 즉, 국제금융시장은 금융규제의 완화, 금융의 증권화 및 세계화 등 금융의 효율화을 증대시키는 방향으로 자유화 및 통합화의 경향으로 진전되고 있다. 이러한 금융의 자유화, 세계화 및 증권화 현상과 더불어 정보통신시장의 개방으로 국제금융기관간의 금융서비스 경쟁은 심화되고 있으며, 이에 따라 국제금융기관들이 금융서비스의 경쟁력 강화를 위해 고객의 요구에 부응할 수 있는 새로운 금융상품 및 금융기법을 끊임없이 개발해 내고 있다. 나아가 미국, 일본 등은 우위를 점하고 있는 금융산업에 대하여 개도국에 대해서도 개방압력을 가중시키고 있다.

이러한 전면적인 금융시장의 개방은 모든 경제적 국경이 허물어지고 지구촌 전체가 하나의 마당에서 치열한 경쟁을 벌여야 하는 세계화시대가 본격적으로 열리게 됨을 뜻한다. 이제 국내은행이 세계의 마당에서 선진국들의 은행과 경쟁하여 살 길은 바로 금융의 IT화(금융의 디지털화)이다. 이제까지 국내은행은 경쟁력이 낙후된 실정을 감안할 때, 개방압력에 대한 효율적인 대응과 금융환경의 변화에 부응하기 위해 금융의 세계화전략으로서의 금융혁신과 정보통신시스템의 개발 등 금융의 IT화(금융의 디지털화), 즉 디지털금융에 승부를 걸어야 한다.

6.2 금융업의 IT화

디지털경제시대에서는 모든 정보를 정보통신수단에 의해 송수신한다고 하는 인식을 바탕으로 하고 있으며, 정보의 디지털화에 따라 가장 큰 영향을 받은 부분은 금융산업일 것이다. 이러한 정보의 디지털화에 따라 금융산업, 특히 은행산업에서 발생하는 혁신은 디지털뱅킹(digital banking)의 출현이다. 과거 은행고객들은 영업시간 내에 은행창구에서만 모든 일을 처리해 왔으나, 자동화기기인 현금자동지급기(CD: Cash Dispenser)와 현금자동입출금기(ATM: Automated Teller Machine)이 보급됨으로써 창구를 거치지 않고도 신속한 입·출금이 가능해졌다. 여기서 한걸음 더 나아가 은행의 컴퓨터와 고객(기업 또는 개인)의 단말기(PC, 팩시밀리, 전화 등)를 정보통신망에 연결하여 고객이 사무실이나 집 등 자신의 생활공간에서 하루 중에 언제라도 제반 은행업무를 처리할 수 있는 디지털뱅킹이 가능해졌다. 뿐만 아니라 모바일뱅킹의 확산은 시간, 공간, 장소를 초월하여 금융업무를 처리할 수 있게 되었다. 금융업의 IT화에 대한 보다 자세한 내용은 제 11장에서 살펴본다.

금융의 IT화가 금융거래의 당사자에게 미치는 영향을 살펴보면, 개인이나 기업 등 고객에게 자금의 조달 및 운영의 자유가 확대되고 있는 가운데 고객의 금융기관에 대한 요구가 다양화되며, 이것은 고객이 금융기관을 선택하는 기준이 단순히 금융상품이나 융자조건의 우열에만 있지 않고, 정보통신서비스의 제공까지도 포함하는 종합적인 평가에 달려있다는 것을 의미한다. 그리고 금융의 IT화가 금융기관의 업무에 미치는 영향으로는 고객의 효율적인 자금의 관리·운영에 도움이 되는 현금관리서비스(CMS)와 고객에게 거래판단정보 및 거래지원정보 등의 유익한 정보를 제공할 수 있으며, 금융의 국제화는 정보통신기술의 발달을 배경으로 각지의 금융시장이 고객과 실시간으로 연결되어 24시간 중단 없이 거래할 수 있게 되었다. 금융시장의 이용자에게는 재정거래와 리스크 헷지거래, 다시 말하면, 포토폴리오 믹스(portfolio mix)의 변경이 즉각적으로 이루어지고 있어 시간적인 제약으로부터 벗어날 수 있다.

금융부분에서는 1980년대 초 국가기간전산망 구축계획의 일환으로 정보화사업이 추진되기 시작한 이후 금융기관 본·지점간 온라인네트워크와 CD공동망, 타행환공동망 등의 금융공동망 구축사업이 성공적으로 완료되어 전국이 1일 결재권화 되고 대고객서비스의 시간적·공간적 제약이 크게 완화되는 등 다른 부문에 비해 상대적으로 정보화가 빠르게 진전되어 왔다. 1990년대 후반부터는 인터넷, 모바일기기 등 다양한 전달매체를 이용하는 전자금융서비스가 개발되어 빠르게 확산되고 있다. 특히 인터넷뱅킹은 그 편의성과 비용상의 이점 등으로 대표적인 금융서비스의 전달매체로서 자리를 잡았으며, 최근 들어서는 모바일뱅킹이 공간 및 이동성 제약 해소 측면에서의 우월성을 바탕으로 점차 부각되고 있다. 증권 및 보험 분야에서도 인터넷을 이용한 온라인 증권거래, 온라인보험 등 정보화를 위한 노력이 지속되고 있다. 이와 같은 금융정보화의 진전으로 소액지급수단에 의한 지급결제 가운데 [표 6-12]에서 보는 봐와 같이 어음, 수표, 지로 등의 장표방식지급수단의 이용은 지속적으로 감소하고, 전자방식지급수단의 이용은 계속 증가하고 있는 추세를 보이고 있다.

[표 6-12] 소액지급수단별 결제규모 추이(일평균)

(단위: 천 건, 십억 원, %)

		2000	2001	2002	2003	2004	증감률
건수	장표방식[1)]	5,014	5,377	5,867	5,843	5,219	-10.7
	전자방식[2)]	5,527	7,524	12,301	13,037	14,432	5.4
	합 계	10,540	12,901	18,168	18,880	19,651	0.4
금액	장표방식[1)]	23,156	19,699	22,107	21,314	15,047	-29.4
	전자방식[2)]	7,406	8,386	12,271	13,597	13,765	1.2
	합 계	30,562	28,085	34.379	34,912	28,811	-17.5

자료: 한국은행 '2004년도 지급결제제도 운영관리상황 보고서'

주: 1) 어음, 수표, 지로 일반계좌이체.

2) 자금이체(지로 일반계좌이체 제외), 신용카드, 직불카드, 체크카드, 선불카드 및 전자화폐.

금융의 IT화에 따른 장·단점 및 파급효과는 무엇인가? 금융의 IT화, 즉 금융의 디지털화에 따른 이점으로는 고객의 편의성을 증가시키고, 금융기관의 자금결제기능을 더욱 강화하며 사무처리 누락의 제거와 사무의 효율화, 신상품개발 등에 의한 고객서비스의 향상, 수익관리의 강화와 리스크 판단의 신속화, 디지털금융거래의 추진, 그리고 시스템 개발의 상품화 등을 들 수 있다. 반면 금융의 디지털화에 따른 단점으로는 컴퓨터와 네트워크의 사고, 장애, 컴퓨터범죄 등의 정보통신시스템 리스크를 증대시키며, 금융기관업무에 있어서 정보화 의존도의 증가는 각종 금융리스크를 발생시키고 있다. 또한 CD의 증가와 CD제휴 네트워크 확대 또는 펌뱅킹에 의한 타행지점 즉시자금 이동시스템의 보급은 대량자금 유출 가능성(유동성 리스크)을 높일 수 있다.

중요개념

- 공장자동화
- 기업의 정보화
- 버추얼(virtual)
- 사무자동화
- 산업의 정보화
- 소호(SOHO)
- 유통VAN
- 인터넷 뱅킹
- 전자금융
- 컴퓨터이용제작(CAM)
- 컴퓨터지원설계(CAD)
- 컴퓨터통합생산(CIM)
- 펌뱅킹
- 홈뱅킹
- CRM
- e-비즈니스
- EDI
- EOS
- e-Transformation
- POS

연습문제

1. 기업과 산업정보화의 개념 및 효과, 차이점을 설명하라.
2. 전통산업에 정보통신기술이 도입·활용됨에 따라 전통산업의 산업구조는 어떻게 변화하는가?
3. 전통산업에 정보통신기술이 도입·활용됨에 따라 전통산업이 갖게 되는 경제적인 효과를 설명하라.
4. 기업 간의 전자상거래가 구매자 및 공급자에게 주는 혜택을 설명하라.
5. 기업의 정보화에 따른 기업의 조직구조는 어떻게 변화되는가?
6. 기업의 e-비즈니스는 무엇을 의미하는가?
7. 전통 제조업의 IT화 단계를 설명하라.
8. 유통업의 IT화 기술은 어떤 것들이 있는가?
9. 금융업의 IT화에 대한 장단점 및 파급효과를 설명하라.

제 7 장

디지털경제의 정보산업화: 정보통신산업

정보의 산업화는 정보 그 자체가 시장거래의 대상이 되고 정보의 수요도 증가함에 따라 정보의 수집, 교환, 축적, 전달 등 정보와 관련된 각종 활동이 하나의 독립된 산업(정보통신산업)으로 형성되어 가는 과정을 말한다. 따라서 정보의 산업화는 정보통신산업이 발전되어가는 과정을 의미한다. 이러한 정보통신산업은 정보통신서비스를 제공하는 국가의 기간산업일 뿐만 아니라 부가가치산업으로서 각국의 경제성장에 중요한 역할을 담당하고 있다. 여기에서는 정보의 산업화란 무엇을 의미하며, 산업의 정보화와는 어떻게 다른가를 살펴보고, 정보산업화의 결과로 나타나게 되는 정보통신산업의 개념과 분류, 정보통신산업의 현황, 정보통신산업의 규제와 경쟁논리, 그리고 정보통신관련 정보정책 등을 살펴본다.

제 1 절 정보통신산업의 개요

제 6 장에서 살펴본 바와 같이 산업의 정보화란 산업(기업)이 디지털기술에 기반을 둔 정보통신기술을 도입·활용함에 따라 상품(재화와 서비스)의 생산과정에서 판매과정까지 효율화를 달성하여 생산성을 높이려고 하는 것을 의미한다. 다시 말하면 산업의 정보화는 산업(기업) 내의 정보통신기술의 도입·활용과 대체로 동의어라고 할 수 있다. 반면, 정보의 산업화란 '정보 그 자체가 시장거래의 대상이 되고 정보의 수요도 증가함에 따라 정보의 수집, 축적, 교환, 전달, 분배 등 정보와 관련된 각종 정보활동들이 하나의 독립된 산업으로 형성해 가는 과정'을 말한다. 다시 말하면, 정보제공업과 새로운 정보매체의 출현을 통해 다양한 정보를 제공해주는 정보통신서비스산업과 정보통신서비스의 공급매체로서의 정보통신기기산업이 발전하는 등 정보통신관련 산업의 비중이 증가하는 현상을 정보의 산업화라고 부른다.

디지털기술에 기반을 둔 정보통신기술은 정보의 수집·처리·제공을 위한 수단이기 때문에 정보통신기술의 도입 및 활용이 정보의 산업화라고 할 수 없다. 따라서 산업의 정보화와 정보의 산업화 간에는 큰 차이가 존재하며, 정보화라는 현상과 정보통신산업(정보를 생산·활용하는 산업)의 발전과는 다른 차원에서 논의되어야 한다.

정보의 산업화라는 측면에서 우리의 사회생활에서 정보는 필수불가결한 요소로서 존재하게 되고, 미디어의 혁신적 발전을 통해 정보통신시장이 출현 및 확대되어 가고 있다. 예를 들면 신문·서적 등의 활자미디어가 등장하였고, 전신·전파의 이용에 의해 전기통신, 방송이라는 시장이 출현하였으며, 컴퓨터의 발전은 정보처리시장이 형성될 수 있도록 하였다. 최근에는 기존 미디어의 정보전달방향이 한쪽방향이었던 것에 비해 뉴미디어(멀티미디어)는 양방향성을 갖고 있는 것이 특징이다. 이와 같이 새로운 기술이 새로운 미디어를 만들어 내고, 이 미디어를 이용한 정보통신시장의 출현 및 확대되어 감에 따라 정보의 시장화가 촉진되어 정보의 산업화가 이루어지게 된다.

다시 말하면, 정보의 산업화는 산업의 정보화가 어느 단계에 도달하면 정보 그 자체가 상품이 되어 사업화되어 가는 것이다. 또한 산업의 정보화로 인하여 기업의 설비투자 중 정보화 투자가 증가되어 정보통신산업 그 자체가 전 산업 내에서 차지하는 비중이 점점 커지는 결과를 초래하여 정보의 산업화를 촉진시키는 것이다. 산업의 정보화가 주로 생산에서의 효율성 추구에 그 목적이 있다면, 정보의 산업화는 사회전반의 제고는 물론 사회구성원의 질적 생활향상을 가져오게 한다. 개인소득이 늘어나고 생활양식과 가치관의 변화가 일어남에 따라 다양한 고품질의 정보를 공급받으려는 욕구가 증대되며, 이러한 욕구가 기술발전의 뒷받침을 받아 실현될 때 다양한 정보제공업과 새로운 정보매체의 출현 등으로 요약될 수 있는 정보의 산업화가 일어나게 된다.

1. 정보통신산업의 개념과 분류

정보통신의 범위가 지속적으로 확대되어 가고 있으므로 엄밀한 의미의 정보통신의 개념 정의는 매우 어려운 작업이다. 여기서는 정보통신이란 협의로 볼 때, '사용자에게 다양한 정보를 제공할 수 있게 하기 위한 주요 수단으로써, 사용자가 일반적으로 가장 많이 접촉하는 정보통신단말기를 활용하는 활동'이라고 파악한다. 반면 광의의 개념은 '정보의 생산, 가공, 처리, 전달 등의 활동을 효율적으로 수행하기 위하여 정보처리기술과 통신기술을 이용하는 일체의 활동' 으로 파악한다.[1] 이와 같이 광의적인 측면

1) 최근 들어 정보통신이라 함은 대용량집적회로(very large scale integrated circuit)와 광섬유의 등장에 따른 정보처리기술(컴퓨터기술)과 통신기술의 통합으로 고도화된 텔레커뮤니케이션(telecommuni-

에서 정보통신을 정보활동에 필요한 정보처리 및 통신업무로 파악할 때, 정보통신활동은 결국 컴퓨터를 사용한 정보처리기술과 전신, 전화 등에 의한 통신기술의 결합의 결과로 발생하는 컴퓨터와 통신의 융합활동으로 볼 수 있다.

이와 같은 정보통신활동은 컴퓨터, 반도체, 통신 등 정보통신관련 기술의 비약적인 발전으로 정보통신의 대상, 기능 및 이용기기들도 날로 변화하고 있는 실정이다. 산업사회로부터 정보사회로의 이전에 따른 이들의 변화 가운데 가장 주목할 만한 것은 정보처리기기와 통신기기의 결합 현상이다. 산업사회에서는 정보처리를 주로 개별컴퓨터에 근거한 단독작업이라고 한다면, 정보사회에서는 정보처리기기인 컴퓨터와 통신기기가 하나의 시스템으로 상호결합되어 나타날 뿐만 아니라, 기존의 통신망이 더욱 확장, 개선되어 종합정보통신망(ISDN)의 구축으로까지 진전되고 있다. 이에 따라 정보통신의 대상이 종전의 음성 및 문자정보로부터 영상정보까지를 포함하게 되고, 정보통신의 기능도 단순한 정보전달기능으로부터 정보의 축적, 유통, 변환기능까지 수행할 수 있게 되었다.

[표 7-1] 정보통신산업의 범위

1960년대	1970-1980년대	1990-2000년대
전기통신 (음성) 통신, 방송, 컴퓨터 구분	정보통신 (음성+데이터) 통신과 컴퓨터의 융합	멀티미디어통신 (음성+데이터+영상) 컴퓨터·통신·방송의 융합

자료: 정보통신부.

따라서 이를 산업측면에서 본다면 정보통신산업 역시 [표 7-1]과 같이 포괄하는 범위도 넓어지고 있다.[2] 1960년대의 전기통신, 1970-1980년대의

cation)을 의미하는데, 텔레커뮤니케이션은 거리의 제한을 극복하여 음성, 자료, 영상 등의 정보를 거의 즉각적으로 교환하고 처리하는 것을 말한다.

2) 과거에는 정보통신산업이라는 개념보다는 전기통신산업이라는 개념이 폭넓게 사용되어 왔으나 1980년대초부터 급속히 진전되기 시작한 컴퓨터와 통신의 결합으로 인해 정보통신산업이라는 개념이 보다 보편화되고 있다.

정보통신을 걸쳐 1990~2000년대에 문자·음성·영상·그래픽 등이 하나의 네트워크를 통해 전달되는 통신, 방송, 컴퓨터의 영역구분에서 하나의 형태로 융합되는 모습을 보인다.

1.1 OECD의 정보통신산업 개념 및 분류

OECD 회원국들(1998년)은 정보통신산업을 '전자적인 수단을 통해 정보를 확보하고(capture), 전달하고(transmit), 표현(display)하는 산업과 정보를 창출하는 컨텐츠산업'으로 정의하고 있다. 이와 같은 정의하에서의 [표 7-2]와 같이 정보통신산업은 제조업과 관련된 정보통신산업, 서비스업과 관련된 정보통신산업, 그리고 컨텐츠산업 등의 3가지의 경우를 포함한다.

[표 7-2] OECD의 정보통신산업 분류

정보통신산업	정보통신기기산업	· 사무기기, 회계 및 컴퓨터 기계 제조업 · 통신망과 케이블 제조업 · 전자밸브와 튜브 등 전자부품 · TV, 라디오, 유선통신 제조업 · 오디오 비디오 재생, 녹화기기 제조업 · 전자계측기기 및 장비 · 산업공정 조절 장비 제조
	정보통신서비스산업	· 각종 기계, 기기, 설비의 도매 · 사무소 기기 및 설비의 임대 · 정보통신 · 컴퓨터관련 서비스
	컨텐츠산업	· 온라인음악 · 게임 · 영화

첫째, 제조업과 관련된 정보통신산업(정보통신기기산업)은 '정보의 전송 및 표현을 포함한 정보의 처리 및 통신기능을 실현시킬 목적으로 생산·제작하거나, 탐지, 계측 그리고/또는 물리적 현상의 저장 혹은 물리적 처리의 제어를 위한 전자적 처리를 이용하고, 또는 위에서 정의한 생산물의

사용을 목적으로 사용되는 주요 구성물' 들을 포함하는 재화를 생산·제조하는 경우의 제조업 중 정보통신산업으로 분류되는 것이다.

둘째, 서비스업과 관련된 정보통신산업(정보통신서비스산업)은 정보처리 및 전자적 수단에 의한 통신의 기능을 수행하는 통신방송산업은 물론 정보통신관련 재화의 도매업과 임대업을 포함한다.

셋째, 컨텐츠산업은 컨텐츠의 제작 및 판매를 주요 활동으로 하는 산업인데, 컨텐츠(communication product라는 용어로 표현하고 있음)를 정보통신관련 재화와 서비스에 의해 전자적으로 전시, 저장 및 전송되는 내용물(예를 들면, 이미지, 음향, 텍스트 등)로 정의하고 있으며, 이들은 CD, 디스켓, 마이크로칩, 마그네틱테입, 컴퓨터 등의 매체를 이용하여 저장되거나 전송된다.

1.2 우리나라의 정보통신산업 개념 및 분류

우리나라의 경우 정보통신산업에 대한 주무부처인 정보통신부에서 시행하고 있는 분류를 살펴보면 [표 7-3]과 같다. 이와 같이 정보통신산업이 어떠한 형태로 분류되든 간에 정보사회와 디지털경제에서 국가정보유통의 기반구조를 형성한다는 측면에서 그 중요성이 더욱 부각되고 있다. 정보통신산업은 도로, 항만, 교통시설과 더불어 사회간접자본의 성격을 지니고 있어, 각 국은 정보유통의 새로운 기반구조로서 정보통신산업을 육성하기 위해 국가차원에서 적극적으로 나서고 있다. 미국의 NII(National Information Infrastructure), 일본의 신사회자본, EU의 TEN(Trans European Network), 우리나라의 초고속정보통신망이 바로 국가차원의 정보통신기반구축의 프로젝트들이다. 정보통신산업은 타 산업 및 사회부문 발전의 핵심적인 요인으로 다른 산업에 대한 파급효과가 크다. 제조업은 물론이고 유통업, 금융업, 관광업 등의 산업뿐만 아니라 행정, 교육, 의료, 재난방지, 환경과 같은 부문에서도 정보통신산업이 정보유통의 인프라로서 다른 산업의 경쟁력을 높일 수 있는 기간산업으로 중요성이 매우 크다는 것이다. 이제 정보통신산업은 기존의 사회구성과 인간관계를 재구성하면서, 21세기 정보사회와 디지털경제를 구축하는 기간산업이자 국가경쟁력과 국민생활의 삶의 질을 결정짓는 핵심요소로 부각되고 있다.

[표 7-3] 정보통신부의 정보통신산업 분류

<table>
<tr><td rowspan="15">정보통
신산업</td><td rowspan="4">정보통신
기기산업</td><td>통신기기</td><td>· 유선통신기기 · 무선통신기기</td></tr>
<tr><td>정보기기</td><td>· 컴퓨터 본체 · 컴퓨터 주변기기
· 네트웨크저장장치
· MediaPlayer · 생체인식기
· 정보기기부품
· 기타 정보기기</td></tr>
<tr><td>방송기기</td><td>· 지상파방송수신기기
· 유선방송송수신기기
· 위성방송송수신기기
· 방송국용기기
· 방송기기부분품</td></tr>
<tr><td>부품</td><td>· 능동부품 · 수동부품
· 기구부품 · 기타 부품</td></tr>
<tr><td rowspan="4">정보통신
서비스산업</td><td>기간통신서비스</td><td>· 유선통신서비스 · 무선통신서비스</td></tr>
<tr><td>별정통신서비스</td><td>· 설비보유 재판매
· 설비미보유재판매
· 구내통신서비스</td></tr>
<tr><td>부가통신서비스</td><td>· 데이터 네트워크 서비스
· 인터넷 접속 및 관련서비스
· 부가통신응용서비스
· 온라인정보처리
· 기타 부가통신서비스</td></tr>
<tr><td>방송서비스</td><td>· 지상파방송서비스
· 유선방송서비스 · 위성방송서비스
· 프로그램 제작 공급</td></tr>
<tr><td rowspan="4">소프트웨어
및
컴퓨터관련
서비스</td><td>패키지소프트웨어</td><td>· 시스템 소프트웨어
· 개발용 소프트웨어
· 응 용 소프트웨어
· 기타 패키지소프트웨어</td></tr>
<tr><td>컴퓨터관련서비스</td><td>· 시스템통합
· 시스템관리 및 유지보수
· 자료처리 · ASP
· 정보보호서비스
· 기타 컴퓨팅서비스</td></tr>
<tr><td>디지털콘텐츠
개발서비스</td><td>· 정보용 디지털콘텐츠 개발서비스
· 오락, 게임용디지털콘텐츠 개발서비스
· 디지털출판물
· 디지털영상물 개발서비스
· 기타 콘텐츠</td></tr>
<tr><td>데이터베이스 제작
및 검색서비스</td><td>–</td></tr>
</table>

2. 정보통신산업의 일반적 특징

정보통신산업은 정보통신망의 구축과 운용에 소요되는 정보통신기기 산업분야에 미치는 직접적인 파급효과뿐만 아니라 정보통신망의 질적인 향상으로 고질의 정보를 신속하고 정확하게 전달할 수 있게 됨에 따라 국민생활의 삶의 질을 향상시키고 기업의 경쟁력 강화, 기업활동의 활성화, 마케팅과 경영관리의 효율화, 사업경영부문에서의 생산성 향상, 연구개발의 활성화, 새로운 사업기회의 창출 등 기업활동에 커다란 파급효과를 미치게 된다. 또한 정보통신산업은 사회·경제발전을 효과적으로 달성하기 위한 기반구조의 역할을 담당하고 있을 뿐만 아니라, 경제의 서비스화가 진전되고 있는 오늘날 정치·경제·문화활동 등에서 중추적인 신경역할을 담당하고 있다.

이와 같은 정보통신산업이 다른 산업과 구별되는 특성은 다음과 같다. 첫째, 정보통신산업은 통신을 매개로 정보를 공급해 주는 서비스업과 소프트웨어와 하드웨어의 생산을 위한 제조업분야가 서로 혼재되어 있는 특별한 분야이다.

둘째, 정보통신산업은 디지털사회 및 경제를 구현하는 데 있어서 그 기반산업으로서, 전산업에 걸쳐 기술개발을 통한 산업구조의 고도화 및 국제경쟁력을 함양하여 생산의 생산성을 높이고, 가정·행정·교육 등에서 생활의 질을 향상시키며 자원을 절약하고 에너지를 절약하는 데 크게 기여하는 등 사회·경제 전반의 효율성을 증진하는 데 기초가 된다. 따라서 정보통신산업은 앞으로의 주거구조의 변화, 부가가치제고 및 수출증대에 커다란 영향을 미치게 된다.

셋째, 정보통신산업은 가격인하와 기술혁신을 매우 급속하게 야기시키며, 타 산업에 대한 기술파급효과가 크고 기술인력에 대한 의존도가 높은 고도의 기술지향적인 산업이다.

넷째, 정보통신산업은 새로운 서비스와 상품이 끊임 없이 개발되고, 소비자의 다양한 욕구에 부응하는 매우 역동적이며 경쟁적인 산업구조를 갖고 있다.

다섯째, 정보통신산업에서 생산된 제품들은 라이프사이클이 짧아 연구개발에 대한 위험부담이 크고 기술혁신을 도모하기 위하여 막대한 연구개발투자를 필요로 하는 자본집약성이 강한 산업이다.

여섯째, 정보통신산업은 기술 및 자본집약적 산업인 동시에 지식집약적인 산업이기 때문에 타산업에 비하여 제품단위당 부가가치가 높은 고부가가치산업이다.

이와 같이 정보통신산업은 디지털사회 및 경제를 구현하는 기반산업으로서 산업전체에 파급효과가 크며 그 자체로도 고부가가치산업이어서 국내산업의 성장을 주도하게 된다. 그러나 정보통신산업의 성격상 제품의 라이프사이클이 짧고 고도의 기술 및 자본집약적 산업이며, 빈번한 기술혁신이 필요하기 때문에 기술수준이 미흡한 국가들은 집약된 산업육성책과 개별기업의 기술혁신의지 및 기술개발전략이 수반되어야 한다.

3. 정보통신산업의 현황

우리나라의 경우에 정보통신의 중요성을 인식한 이래 정부 주도하의 1980년대 정보통신정책은 결실을 거두었으며, 1990년대 들어 민간참여 및 투자확대로 질적인 향상으로 이어지고 있다. 산업 전 분야에 걸쳐 신기술이 시장을 지배하고 있는 가운데 정보통신분야의 기술혁신은 서비스의 다양화를 촉진시키고 있으며 고기능 신제품개발을 확대시키고 있다. 정보통신산업은 앞에서 설명한 바와 같이 정보통신서비스산업, 정보통신기기산업, 소프트웨어산업으로 대별되며, [표 7-4]에서 보는 바와 같이 정보통신서비스산업, 정보통신기기산업, 소프트웨어산업의 성장이 각각 12.0%, 11.6%, 32.7%씩 증가할 추세를 보여주고 있다.

[표 7-4] 정보통신산업의 성장추이

(단위: 조 원, %)

구 분	정보통신서비스	정보통신기기	소프트웨어	전 체
1996	14.8	42.0	2.7	59.4
1997	17.2	55.0	5.3	77.5
1998	17.0	65.7	5.6	88.3
1999	20.4	75.5	7.3	103.2
2000	29.8	105.9	10.7	146.4
2001	38.3	99.1	14.7	152.1
2002	43.0	127.7	18.2	188.9
2003	41.6	141.6	18.4	201.6
2004	42.9	164.9	18.6	226.4
2005	44.6	165.9	20.6	231.0
평균성장률	12.0%	11.6%	32.7%	18.8%

자료: 한국전산원, 「국가정보화 백서 각호」.

한편 우리나라는 정보화의 진전과 발맞추어 전화보급률 및 PC이용의 확대에서 비롯된 국내정보통신산업의 성장은 단말기수요의 증대와 시스템기기의 기능향상으로 매년 큰 폭으로 성장하고 있다. 이러한 증가추세는 계속되어 1993년에 세계 8위의 전화시설 보유국에 진입하였던 우리나라는 2000년 1월에 100인당 전화보급률은 53.2대로 세계 18위 수준이다. 정보통신서비스, 정보통신서비스의 제공에 필요한 기기를 제조하는 정보통신기기산업, 그리고 소프트웨어산업을 포함한 전체 정보통신산업의 규모는 [표 7-5]에서와 같이 1996년에 약 59조원, 2001년에는 148조원, 그리고 2005년에는 233조원 정도로 성장할 전망인데, 이는 GDP성장률을 능가한 증가율로서, 정보통신산업이 국가경제성장에 주도적인 역할을 하였음을 알 수 있다.

[표 7-5] 정보통신산업의 GDP 비중

(단위: 조원, %)

구 분	정보통신산업(A)	GDP(B)	비중(A/B)
1996	59.4(-)	448.6(-)	13.2
1997	77.5(30.5)	491.1(9.0)	15.7
1998	88.3(13.9)	511.0(4.0)	17.2
1999	103.2(16.9)	529.5(3.0)	19.4
2000	148.2(43.6)	578.7(8.5)	25.6
2001	150.1(1.2)	622.1(3.8)	24.1
2002	188.9(25.8)	684.3(7.0)	27.6
2003	201.6(6.7)	724.7(3.1)	27.8
2004	229.6(13.8)	778.4(4.6)	29.4
2005	233.2(1.5)	798.3(2.0)	29.2
평균성장률	17.1	5.0	22.9

주: ( )는 증가율.
자료: 한국전산원, 「국가정보화 백서 각호」 및 한국은행, 「조사통계월보 각호」.

제 2 절 정보통신산업의 규제와 경쟁

1. 정보통신산업의 규제근거

정보통신산업 중에서 정보통신서비스산업은 지금까지 선진국뿐만 아니라 우리나라에서도 전통적으로 독점체제가 불가피함에 따라 정부의 규제가 따라야 하는 산업으로 인식되어 왔다. 다시 말하면 정보통신서비스산업은 그 동안 국가기반적 하부구조의 형성 및 자연독점적인 성격으로 말미암아 보다 직접적이고 강력한 정부규제하에서 성장해 왔다. 공익적 성격의 자연독점산업에 대한 이러한 정부규제는 시장진입억제나 초과이윤억제와 같이 소위 제약정책(constraint regulation)으로 불리우는 독점유지정책으로서, 이용자 편익의 증대와 사회적 후생의 극대화를 지향한다는 면에서 대체적으로 그 정당성을 인정받아 왔다. 이와 같이 정부규제는 정부의 가장 강력한 공공정책의 하나로서 후생과 형평을 증진시키려는 목표를 갖고 있다. 구체적으로 독점규제는 불완전경쟁시장의 폐해를 방지하고 경쟁적인 시장구조를 유도하여 자원배분의 효율성을 증진시키는 목적을 갖고 있다. 이를 위해 시장구조는 물론 행태와 성과를 규제하여 완전경쟁적 시장성과를 유도하는 정책을 실시한다. 또한 불공정한 거래질서와 부당한 기업형태를 억제하여 경제사회의 이상가치인 공정성과 형평성을 증진시키는 목표를 갖고 있다. 정부규제는 진입과 가격에 대한 규제를 주로 하는 경제적 규제(economic regulation)의 형태로 나타나는데, 경제적 규제의 원래 취지는 진입규제를 통해 한 기업의 독점적 지위를 보장해 주고 그 대신 그 기업이 독점가격을 책정할 경우를 대비해 경제적 이윤이 0이 되는 수준의 가격을 설정함으로써 사회적 후생을 극대화하려는 데 있다.

2. 정보통신산업의 환경변화와 경쟁도입의 근거

2.1 정보통신산업의 환경변화

정보통신산업의 산업정책적 측면에서의 두드러진 환경변화는 [그림 7-1]에서와 같이 기술주도(technology-push)에서 시장주도(market-pull) 전략으로 이전되고 있다는 점이다.

첫째, 최근의 첨단 정보통신기술의 급속한 발전으로 유선통신이 위주인 기존의 정보통신산업에서 유·무선이 통합된 산업으로 변화되어가고 있으며, 방송과 통신이 융합화되고 이에 따라 음성이나 문자위주 등의 단일 미디어통신에서 음성·문자·영상이 혼합된 멀티미디어 시대로 전환하고 있다. 이와 같은 기술환경의 변화로 인하여 기업의 기술개발 및 산업활동의 불확실성이 높아짐에 따라 여러 유형의 전략적 제휴나 M&A 등이 활발히 진행되고 있다. 이는 곧 원천기술의 우월적 지위를 전략적으로 이용하는 기술패권주의로 이어지고 있어 우리나라와 같은 원천적 기술력이 낮은 후발산업국가에게는 경쟁력 상실을 가져오고 있다.

둘째, 급속한 기술의 발전 및 변화와 더불어 통신서비스에 대한 소비자의 욕구가 다양화·고도화되고 있다는 점이다. 이는 기업 및 생활환경의 고도화, 정보화에 따른 음성, 데이터, 영상 등이 복합된 서비스에 대한 욕구가 증대하고 저렴한 가격의 고품질서비스 이용이 가능한 경쟁환경을 선호하게 되는 결과를 낳았다.

셋째, 이와 같은 소비자욕구를 충족시키기 위해서는 기존의 단순한 정보전달기술들이 결합되는 경향이 뚜렷이 나타나고 있다. 그 중 대표적인 것들이 컴퓨터와 통신기술의 융합, 유·무선통신의 결합, 통신과 방송의 융합 등으로 요약될 수 있으며, 구체적으로는 이용자의 편리성과 효율성 증진에 효과적인 이동통신과 멀티미디어기술의 활용형태를 취한다. 컴퓨터와 통신기술의 결합현상을 살펴보면, 컴퓨터와 통신망을 이용한 정보의 유통과 활용증대로 정보사회로의 발전을 가속화하고 있으며, 초고속정보통신망을 포함한 통신망의 광대역화로 통신과 방송이 융합되는 현상을 보이며, 멀티미디어화의 진전으로 미디어간 상호영역구분이 불명확해지고 있다.

이와 같은 산업환경의 변화는 정보통신산업 내에 존재하던 정부에 의한 자연독점적인 산업구조에서 규제완화조치를 통한 경쟁의 도입을 추진하는 방향으로 패러다임의 변화가 실현되고 있다.

[그림 7-1] 정보통신산업의 패러다임의 변화

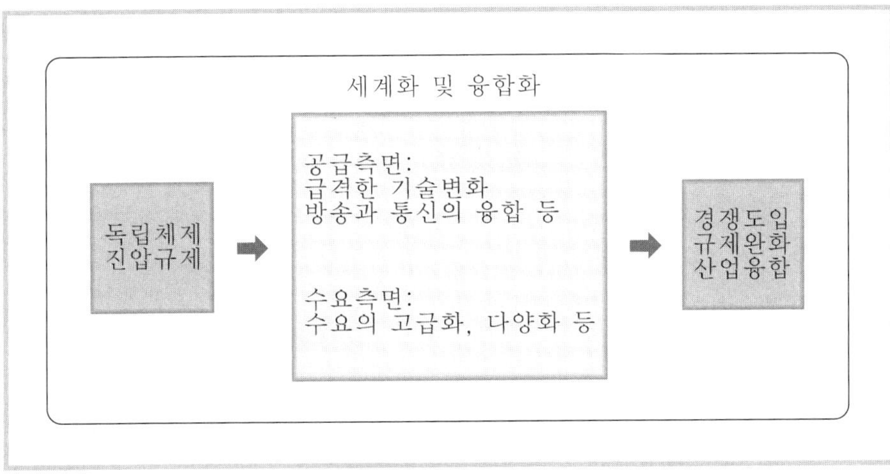

2.2 정보통신산업정책의 변화

정보통신산업에서 나타나고 있는 정책패러다임의 변화는 전통적인 의미의 산업정책과는 다른 새로운 산업정책으로 나타나고 있는데, 이는 다음과 같은 3가지 측면으로 특징지어진다.

첫째, 최근 선진국에서는 규제중심의 산업정책을 지양하고 민간의 활력을 극대화하기 위해서 규제완화와 시장자유화를 중심으로 한 구조조정을 추진하고 있다. 이와 같은 통신선진국들이 규제완화를 추진하고 있는 배경에는 ① 통신기술의 급속한 발전으로 서비스가 다양화되고, 고객의 다양한 욕구가 나타남에 따라 정부의 시장조정기능의 약화, ② 정보통신산업 분야에서 급속히 나타나고 있는 기술혁신을 최대로 이용하고 정보통신산업과 관련산업의 국제경쟁력 제고, ③ 방송과 통신의 융합화 현상에 대응하고 경쟁의 이점을 활용하여 고도의 전기통신과 정보기술서비스를 이용자에게 제공하는 것 등이다.

둘째, 정보통신산업의 하드웨어와 소프트웨어 기술의 개별적인 발전이 가능해짐에 따라 각각의 특성에 맞는 정책의 발굴이 필요하게 되었다. 하드웨어의 경우 디지털기술의 진전에 따라 디지털용 하드웨어의 신제품이 등장하면서 정보, 통신, 방송, 가전제품 간의 상호 결합이 촉진되고 있다. 이러한 경향하에서는 이용자의 다양한 욕구를 겨냥한 제품의 출현이 가능하고, 다양한 기술적 원천을 소유한 국가, 기업이 유리한 국면을 맞고 있다. 소프트웨어의 발전은 창의적 아이디어에 의하여 진행되고 있으며 이러한 아이디어가 사용자와 직접 연결, 이용되면서 제품의 확산이 이루어지고 있다. 이러한 하드웨어, 소프트웨어의 개별적 발전이 상호 영향을 주면서 기술발전에 상승작용을 함에 따라 제품의 수명주기가 짧아지고 있으며 기술개발, 상품화, 사용자의 욕구변화에 대응하여 연구개발과 상용화를 동시에 수행하는 기술들이 등장하고 있다.

셋째, WTO 체제하에서의 정부의 기술정책에 불가피한 변화가 예상된다. WTO 체제의 출범으로 기술개발과 관련된 국책연구개발과 기업보조금의 범위가 제한받게 되는 것은 향후 기술정책을 변화시키는 주요 원인이다. WTO체제하에서는 연구개발에 대한 보조금을 제품개발에 지원하는 것을 전면 금지시키고 있으므로 앞으로는 장기적인 비전하에서 전략적인 분야를 선택하며, 다양한 원천기술을 확보할 수 있도록 집중적으로 지원하고 정보통신산업의 변화하는 특성에 맞추어 기술기반을 강화하는 기술정책의 변화가 필요하다. 또한 다양한 원천기술을 확보하고 다양한 제품을 개발해 나가는 산·학·연의 역할에 대한 적절한 조정과 협동연구의 효율성 증진이 필요하다.

제 3 절 정보통신관련 정보정책

정보정책을 편의상 국내정보정책(국가정보화와 지역정보화를 달성하기 위한 정책)과 국제정보정책으로 분류하여 살펴본다.

1. 국내정보정책

1.1 국내정보정책의 개념 및 정의

정보정책이 어떠한 정책인가를 생각할 때 먼저 일반적으로 우리들이 말하는 정책의 구체적인 예를 들어보자. 경제정책이라고 할 때 한 국민경제의 안정화(물가안정, 완전고용, 국제수지균형, 지속적인 경제성장, 공정한 소득분배)를 달성하기 위한 정부의 모든 활동을 연상하게 된다. 재정정책은 정부지출과 조세의 변화를, 금융정책은 통화량과 이자율의 변화를, 산업정책은 산업의 성장·발전을, 문화정책은 문화의 고유성의 유지 및 발전을 위한 여러 가지의 정부정책 집합체를 의미한다. 다시 말하면, 상식적으로 무슨 무슨 정책이라고 하는 경우 그 정책의 앞에 붙은 용어와 관련된 정부의 모든 활동을 의미한다. 이와 같은 맥락에서 생각할 때 정보정책의 경우에는 정보에 관련된 정부의 모든 활동이라고 생각하는 것이 자연스럽다. 그러나 문제는 이때 정보가 무엇을 의미하는가에 따라 정보정책의 범위가 다르다는 것이다.

예를 들면 “정보화에 의해 발생되는 긍정적인 영향을 더욱 촉진하고 부정적인 영향을 극복하기 위해서는 정보화에 관한 다양한 규제나 유도 등이 필요한데 이처럼 정보화에 대응하는 다양한 정책"을 총칭해서 정보정책(information policy)으로 보는 견해가 있다. 또한 정보정책을 "과학기술이나 통신 같은 특수한 분야에 국한 된 것이 아닌 국민과 국가경제생활 전체를 망라하는 정책"으로 이해하면서 "정보통신분야에 관련된 정부의 모든 활동을 의미하기도 한다." 이와 같은 개념은 포괄성으로 인해 정보정책의 영역 및 범주설정이 어려운 한계를 지닌다.

반면에 "정보의 계획, 창출, 생산, 수집, 배분, 확산과 처리를 포함하는 정보의 활동주기(life cycle)를 움직이고, 관리하는 일련의 법률, 규제, 명령, 지침, 사법적 해석"을 정보정책으로 보는 견해도 있다. 그리고 정보정책을 "정보처리와 저장을 통한 창출로부터 파괴에 이르기까지 정보생산 사슬(chain)의 모든 단계와 관련된 정책"으로 정의하기도 하며, 정보의 경제적 측면을 강조하면서 "정보의 생산, 유통, 소비의 구조에 관한 정책군(政策群)의 총체"로 이해하기도 한다. 또한 정보정책을 "정보의 모든 하드웨어 및 소프트웨어를 대상으로, 정보이용자들의 적절한 정보활용을 보장하고 정보제공자들의 효율적인 정보생산, 유통 및 거래를 장려하기 위한 정부의 일괄적이고도 동태적인 의사결정과정 및 행위로 보고 있다."

이러한 정보정책의 개념이 내포하고 있는 적용범위를 요약하면 다음과 같다. (1) 컴퓨터, 통신시설, 컴퓨터 및 통신망, 그리고 이들에 의해서 저장, 가공, 전송되는 정보 및 응용프로그램 등 정보의 모든 하드웨어 및 소프트웨어를 대상으로 하는 개념이다. (2) 또한 정보는 시민들의 공정하고도 보편적인 접근을 보장해야 하는 공공재로서의 성격과 상거래로서 재산가치를 지닌 경제재로서의 성격을 동시에 내포한다. (3) 정부의 정보정책결정 범위는 모든 민간부문 및 공공부문 데이터 및 정보, 그리고 국내부문과 국제부문의 정보유통에 관한 행위를 공히 포괄하는 집합적인 개념이다. 이러한 개념는 정보처리과정의 측면만을 지나치게 강조하여 정책범주를 좁게 보고 있으며 다른 분야와의 연관성을 간과하는 난점을 지닌다.

이와 같이 정보정책의 개념정의와 범주는 아직까지 일의적으로 확립되어 있지 않다. 실제적으로 정보정책이 정보를 취급하고, 정책을 다루며, 인식의 사회적 상황에의 의존성, 이해방법의 미개발 등으로 인해 완전한 정의를 찾기 어렵다. 다만 정책분류의 측면에서 정보정책을 두 가지 측면으로 파악할 수 있다. 즉 기능적 측면에서 경제, 사회, 교육 등 제반 분야를 포함하여 정보사회 실현이라는 당위적 목표를 달성하기 위한 정부활동으로 볼 수 있으며, 다른 측면에서 각 분야의 정책목표를 달성하기 위한 수단적 의미를 지닌 하위정책으로 볼 수 있다.

1.2 국내정보정책의 범위와 내용

우리나라의 경우에 정보통신정책현상에서 비쳐진 것을 토대로 정보정책을 네 가지 범주에서 살펴볼 수 있다.[3] [표 7-6]에서 보듯이 정보정책은 통신망을 중심으로 한 전기통신정책으로부터 태동하여 컴퓨터 및 통신기술의 혁신과 응용확산 그리고 정책수요의 변화에 의해 양적 확대와 질적 심화를 보이며 재정의되고 범위도 확장되면서 정보화정책으로 진화되고 있다.

[표 7-6] 정보정책의 내용

구 분	전기통신정책 >	정보통신정책 >	정보정책 >	정보화정책
시 기	1983~	1987~	1991~	1995~
범 위	최협의	협의	광의	최광의
구성요소	통신위주	컴퓨터+통신+소프트웨어	컴퓨터+통신+소프트웨어+컨텐트	전반적 내용
정책영역	전송망	정보통신산업	정보기반구조	국가사회 정보화
구체적 프로젝트	국가전산화사업	국가기간전산망 사업	초고속정보통신망 구축사업	정보화촉진 기본계획
관련법률	전기통신기본법	전산망보급확장 및 이용촉진에 관한 법률	정보통신연구 · 개발에 관한 법률	정보화촉진 기본법

자료: 한세억(1998).

3) 한세억, "정보정책의 현상과 실제에 관한 연구," 「정보사회와 정보화정책」, 1998.

다시 말하면, 정보정책은 컴퓨터 및 통신기술의 발달과 결합에 의해 고도화, 다양화되고 있다. 즉, 정보정책은 고정된 설계가 아니라 집행과정을 통해서 지속적으로 수정되고 변화되어 왔음을 알 수 있다. 이로 인해 정책은 집행과정에서 발생하는 여러 요인들의 영향을 받아 재해석되고 변질되며 이로 인해 정책목표의 수정이 불가피해지며 변화된 정책목표는 다시 집행과정에 영향을 주면서 진화되고 있음을 알 수 있다. 이러한 맥락에서 정보정책은 의미와 내용에 따라 [표 7-7]에서와 같이 네 가지로 살펴볼 수 있다.

[표 7-7] 정보정책의 의미와 범주

의 미	정 책	정책의 의미와 내용
최 협 의	전기통신	전기통신에 국한된 정책으로 통신망 중심의 정책을 의미함. 여기서는 전신, 전화가 주류를 이루며 의사전달 매체로서 기능하는 통신미디어에 관한 통신고유의 정책분야와 서비스 및 요금구조와 이용제도 등을 포함함.
협 의	정보통신	통신망 소프트웨어를 포함하는 것으로 정보산업과 관련한 정책으로 볼 수 있음. 여기서는 전기통신분야를 구성하는 요소간 상호 유기적이며 조화가 이루어짐.
광 의	정 보	기존의 정보통신정책에 사회, 조직 및 개인적 측면이 포함되는 것임. 여기서는 음성, 문자, 영상 등 여러 유형의 정보를 동시에 빠른 속도로 언제, 어디서나 송·수신할 수 있는 물리적 통신망을 비롯하여, 정보기기 및 소프트웨어 그리고 사회인프라인 제도, 문화 등도 포함.
최 광 의	정 보 화	국가사회의 정보화를 위해 추진되는 정책을 총칭하며 가장 포괄적인 의미로 사용.

첫째, 최협의의 의미에서 정보정책은 전기통신정책에 국한된 정책으로 통신망 중심의 정책을 의미한다. 여기서는 전신, 전화가 주류를 이루며 의사전달매체로서 기능하는 통신미디어에 관한 통신고유의 정책분야와 서비스 및 요금구조와 이용제도 등을 포함하며 주로 통신기반구조에 초점을

둔 정책이다.

둘째, 협의의 의미에서 정보정책은 통신망과 소프트웨어를 포함하는 것으로 정보통신산업과 관련한 정보통신정책으로 볼 수 있다. 여기서는 전기통신분야를 구성하는 요소간 상호 유기적이며 조화가 이루어진다. 그리고 정보정책이 산업 및 행정활동의 효율화, 문화적 생활수준의 향상에 기여하며, 국가발전에 필수적인 수단으로 인식되었다.

셋째, 광의의 의미에서 정보정책은 정보통신산업뿐만 아니라 기존의 정보통신정책에 사회, 조직 및 개인적 측면이 포함되는 것이다. 여기서는 음성, 문자, 영상 등 여러 유형의 정보를 동시에 빠른 속도로 언제, 이디서나 송·수신할 수 있는 물리적 통신망을 비롯하여, 정보기기 및 소프트웨어 그리고 사회인프라인 제도, 문화 등도 포함한다.

넷째, 최광의의 의미에서 정보정책은 정보화정책을 의미한다. 정보화는 사회 전반적인 변화를 초래하는 것이며, 이와 관련된 전략과 방안 등은 매우 다양한 분야에 걸쳐 이루어지고 있다. 정보화정책은 국가사회의 정보화를 위해 추진되는 정책을 총칭하며 가장 포괄적인 의미로 사용된다.
이러한 개념을 [그림 7-2]와 같은 관계로 나타낼 수 있다.

[그림 7-2] 정보통신관련 정보정책

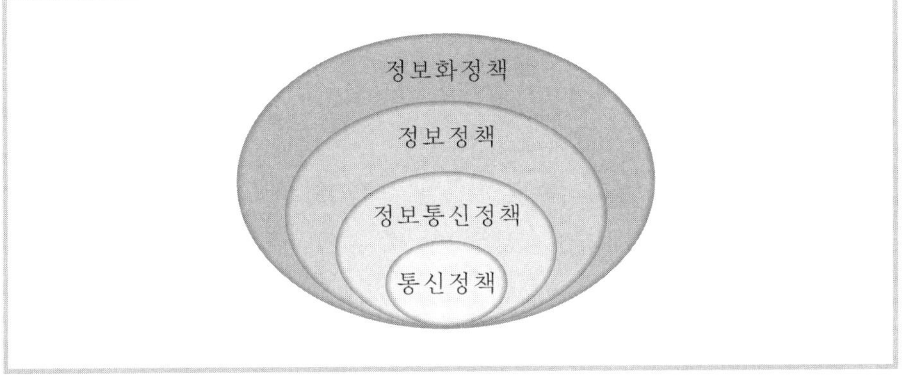

2. 국제정보정책

2.1 국제정보정책의 개념 및 의의

국제정보정책(international information policy)은 국내정보정책의 연장선상에서 이해될 수 있다. 다만, 추가하여 고려해야 할 점은 국제정보정책에는 국제정보의 유통에 따른 시장개방이나 세계정보통신기반의 구축에 따른 국가간 협력의 문제 등 국제적인 정책영역이 고유하게 존재한다는 점이다. 그러나 정보의 특성상 점차로 국내외의 정책공간의 구분이 없어지고 있으며, 정보통신기술의 발달 및 새로운 부가통신서비스의 개발로 사업영역간의 구분이 무의미해지는 것이 세계적인 추세이다. 어떤 한 나라의 정책은 그 나라뿐만 아니라 즉각 다른 나라 기업의 투자, 자금조달 형식을 변화시키고 세계금융, 외환시장을 통한 자금이동 및 환율 등에 영향을 미치는 등 국가간의 상호의존도는 매우 깊어지고 있다. 또한, 서비스시장의 대외개방이 거론되지 않았던 GATT체제하에서는 정보통신기기의 무역이 국제적 활동의 중심이 되었지만 WTO체제하에서 자유화정책의 확산에 따라 국제적 통신서비스시장의 참여를 위해 관련 기업들의 세계시장전략도 다채롭게 펼쳐지고 있다.

현재 세계무역기구(WTO)의 기본통신협상그룹에서 논의되고 있는 기본통신서비스협상도 지금까지 각국의 고유권한이었던 국내정보통신산업에 대한 규제방식의 문제가 다자간 서비스교역자유화 규범설정의 맥락에서 공개적으로 논의되는 것이며, 세계교역활성화를 위해서는 정보통신관련 법제도 및 규제제도가 국내외 할 것 없이 투명하고, 합리적이며, 무차별적이어야 한다는 쪽으로 공감대를 형성해 가고 있다. 이러한 현실을 감안할 때 국제정보정책과 국내정보정책을 구분하는 것은 점점 더 무의미해지고 있으며, 이를 통합하여 고려하지 않고서는 정보정책의 효율성과 일관성을 유지하기가 어려운 시점에 와 있다고 하겠다.

그러나 국제정보정책의 의의 및 중요성은 다음 세 가지의 맥락에서 살펴볼 수 있다.

첫째, 정보처리와 통신의 융합현상에 따라 컴퓨터 이용이 독립형(stand-alone)에서 네트워크(network)형으로, 기업내 이용에서 기업간 이용으로, 국내적 이용에서 국제간 이용으로 그 범위와 공간이 확장되고 있어 이에 대한 일괄된 정책질서와 규범의 정립이 절실히 요구되고 있다는 점이다.

둘째, 지금까지의 전기통신분야의 주요한 이슈는 적절한 '정보의 전달'을 보장하는 데 있었으나, 전기통신, 컴퓨터, 소프트웨어 간의 상호의존관계가 확대됨에 따라 정보를 어떻게 활용할 것인가 하는 문제와 정보활용에서 파생되는 문화적 파급효과가 중요한 사회적 관심으로 부각되고 있다.

마지막으로, 경제적인 측면에서도 정보가 경제활동을 효율적으로 기능하게 하는 불가결한 수단이 되고 있을 뿐만 아니라 정보 그 자체가 주요한 최종생산재가 됨에 따라 정보의 경제적·사회적 유통에 대한 적절한 거래질서와 규범에 대한 관심도도 높아지고 있다는 점이다. 요컨대 정보문화적 관점, 정보경제적 관점, 국제정보유통의 측면에서 정보정책 및 국제정보정책의 의의 가 부각되고 있으며, 거꾸로 국제정보정책의 기축은 이러한 세 가지 측면을 모두 고려한 것이 되어야 한다고 볼 수 있다.

2.2 국제정보정책의 결정메커니즘

지금까지 국제정보통신에 관한 주요한 정책결정사항이나 원칙들은 선진 7개국의 G-7과 경제협력개발기구(OECD: Organization for Economic Cooperation and Development) 내의 정보통신정책위원회(ICCP: Information, Computer and Communication Policy), 세계무역기구(WTO)의 기본통신협상그룹(NGBT: Negotiating Group on Base Telecommunications)을 중심으로 이루어져 오고 있다.[4] 특히, 이러한 국제기구에서 세계정보통신정책의 방향

4) 지역적인 사항과 연계해서는 아·태경제협력체(APEC: Asia-Pacific Economic Cooperation)의 정보통신분과위원회(WGT: Working Groups on Telecommunications), 정보통신네트워크나 표준화와 관련된 기술적인 운영사항과 관련해서는ITU(International Telecommunications Union)를 중심으로 많은 결정들이 이루어지고 있다. 특히, APEC은 지역내 정보통신협력 및 발전문제에 매우 적극적, 선도적인 자세와 활동을 보이고 있다. 1995년 5월 서울에서는 제1차 APEC 정보통신장관회의를 개최, 아·태정보

및 기조를 정하는 핵심 주체들은 G-7 등 통신선진국가들이다. 즉, 세계정보통신정책은 미국, 독일, 일본 등 선진 7개국을 주축으로 한 G-7에서 그 기본 골격이 논의되어, 구체적인 활동계획은 OECD에서 구체화하는 형식을 취하고 있다.

또한, 기본통신시장개방과 관련된 주요한 골격은 WTO의 기본통신협상그룹에서 이루어지고 있는데, 여기에서도 정보선진국가들이 서로의 공감대를 중심으로 분위기를 주도하고 있다. 따라서 세계정보정책의 의사결정에서 OECD/ICCP, G-7, WTO/NGBT 등이 핵심적인 역할을 한다고 할 수 있다.

2.2.1 OECD/ICCP와 정보통신

OECD내 ICCP는 세계정보통신 정책토론의 핵심장소의 한 축을 이루고 있다. 이 위원회의 주요활동 및 연구분야는 (1) 정보기술과 경제, (2) 정보하부구조와 전기통신정책, (3) 정보기술과 사회, (4) 국제정보유통분야이다. 이러한 분야에서 이 위원회가 하는 기능은 (1) 회원국간 정보통신시스템 및 서비스분야에서 기술의 발달과 응용에 관한 경험을 교환하며, (2) 기술발전의 분석과 그 발전의 주요 의미에 대해 회원국정부에 주의를 환기시키며, (3) 국가 및 국제적 차원에서의 정보통신정책의 발달을 용이하게 하며, (4) 회원국간 적절한 협력과 정책조정을 촉진하는 것이다.

현재 ICCP위원회가 초고속정보통신기반의 발달과 연관하여 진행중인 주요 연구분야로는 (1) 범세계적 초고속정보통신기반 / 정보사회의 구현(GII/GIS), (2) 정보통신기술의 발전에 따른 생산성, 고용창출의 효과와 영향분석 등이 있다. 이와 같이 OECD/ICCP는 세계정보통신정책의 방향을 정하는 학문적·연구적 토론의 장으로서 주요한 기능을 하고 있다.

2.2.2 G-7과 정보통신

G-7 정보통신각료회의는 G-7 국가들이 정보통신이라는 주제를 가지고

통신기반(APII: Asia-Pacific Information Infrastructure)의 기본 원칙과 행동지침을 마련한 바 있다.

모이는 최고위회의 인데, 이들은 1995년 2월 벨기에 브뤼셀에서 정보사회를 위한 G-7 정보통신각료회의의 개최를 필두로 세계정보통신기반과 정보통신 규제 및 경쟁정책에 관해 깊이 관여하고 있다. 특히 브뤼셀 각료회의에서 논의된 주제는 다음과 같은 세 가지이다.

① 규제구조 및 경쟁정책,
② 초고속정보통신기반의 개발과 상호접속의 문제,
③ 초고속정보통신 기반의 응용: 사회적 관습 및 문화의 측면.

또한 이 각료회의에서는 범세계적인 정보사회를 구축하기 위한 8가지 기본원칙을 설정하였다.

① 역동적이고 공정한 경쟁의 촉진
② 민간투자의 장려
③ 융통성 있는 규제원칙
④ 통신망에의 상호공개접속의 제공
⑤ 보편적 서비스의 보장
⑥ 이원적인 정보사회가 되는 것을 피하기 위해 모든 사람에게 공정한 참여의 기회보장
⑦ 문화 및 언어의 다양성 존중
⑧ 후진국에의 각별한 관심을 포함한 범세계적인 협력의 필요성 인식

상기한 정보사회로의 발전의 8가지 원칙 중 몇 가지 정도는 후진국입장을 반영하는 형태를 취하고 있으나, 그 핵심기조는 미국의 고어부통령이 1994년 3월 세계전기통신연합(ITU: international telecommunications union)에서 밝힌 바 있는 미국 GII의 5대 원칙을 그대로 수용·확인하고 있다는 점은 주목할 만하다. 즉, 향후 G-7 정보통신각료회의는 GII구축을 위한 각국의 협조방안 논의라는 명분 아래 미국의 주도로 시장개방 및 통신망 상호접속의 문제가 초미의 관심사로 등장할 가능성이 있다. 또한 정보사회의

구현 및 세계정보통신기반의 구축을 위한 선진국의 공세가 가속화될 것으로 예상되며, 이 과정에서 이에 소외된 통신후진국들과의 무역마찰 및 일방적 정보화의 추진에 대한 반발 및 마찰가능성이 존재하고 있다. 이러한 환경하에서 G-7회원국은 아니지만 OECD 회원국으로서의 한국의 입장 및 국제전략의 설정이 과제로 등장하고 있다.

2.2.3 WTO/NGBT와 정보통신

WTO체제는 기존의 상품교역의 규범이었던 GATT체제에 서비스교역의 다자간규범을 포함한 UR협상이 1994년 4월 최종타결, 서명되면서 1995년 1월부터 발효하기 시작한 세계무역에 관한 최고의 국제기구이다. 협상당사자들은 최종협정 타결시 정보통신서비스 분야에 관해서는 별도 논의의 장을 마련하여 계속해서 후속논의를 하기로 합의를 보았는데, 그것이 이른바 기본통신협상그룹(NGBT: Negotiating Group on Basic Telecommunication)이다. 즉, 기본통신 무역의 점진적 자유화를 위한 자발적 협상그룹인 NGBT는 1994년 4월 UR협정 최종서명 직후인 5월 6일에 첫모임을 가진 이후 지금까지 10차례 이상의 회의를 가지면서 시장개방에 대한 각국의 양허안을 놓고 활발한 논의를 계속하여, 결국 1997년 2월 15일에 성공적으로 타결되었다.

기본통신협상그룹에서 논의된 주요 쟁점은 시장진입 장벽제거 및 규제완화의 문제로서, 구체적으로 사업자수의 제한폐지, 외국인 투자허용확대, 서비스제공 설비구축 자유화 등을 의미하며, 기본통신서비스시장 개방과 직결되어 있는 문제들이다. 우리나라의 통신사업의 경우에는 종전에 (1) 전화사업(시내, 시외 및 국제전화)에는 외국인 참여가 불허되고, (2) 이동전화의 경우에만 33%까지 참여가 허용되어 있었다. 특히 시외·국제전화사업은 (1) 독점 또는 제한적 경쟁으로 대외경쟁력의 확보가 미흡하며, (2) 물가안정 차원의 요금억제 및 승인체계로 사업자의 신축적 사업운영이 제약되고, 원가와 요금의 현격한 괴리가 있는 등 많은 시장구조적 문제점이 존재하고 있었기 때문에 기본통신협상의 타결 이후 시장개방과 관련하여 중요한 정책과제로 부각되고 있다.

이상에서 살펴본 바와 같이 세계정보통신정책의 주요 정책결정의 장을 OECD/ICCP, G-7/G-7 정보통신각료회의, 그리고 WTO/NGBT로 요약할 수 있다. 이 중 OECD와 G-7이 세계정보통신 기반구조라든지 세계정보공동체(Global Information Community)의 구축문제를 심도 있게 논의하는 장이라면, WTO/NGBT에서는 정보통신시장의 개방문제와 관련된 문제를 놓고 협상을 하고 있다.

중요개념

- 고도통신서비스
- 국내정보정책
- 국제정보통신정책
- 기본통신서비스
- 멀티미디어통신
- 산업의 정보화
- 전기통신
- 정보의 산업화
- 정보통신
- 정보통신산업

연습문제

1. 정보의 산업화는 결국 무엇을 의미하는가?
2. 정보의 산업화와 산업의 정보화는 어떠한 차이점을 갖고 있는가?
3. OECD는 정보통신산업을 어떻게 정의하고 있는가?
4. 우리나라의 경우에 정보통신산업을 어떻게 정의하고 있는가?
5. 정보통신산업을 어떻게 분류되는가?
6. 정보통신산업은 다른 산업과 비교할 때 어떠한 특성을 갖는가?
7. 정보통신산업을 규제해야 한다는 근거를 설명하라.
8. 정보통신산업에 경쟁을 도입해야 한다는 근거를 설명하라.
9. 정보정책의 범위와 내용을 설명하라.
10. 국제정보정책이란 어떠한 정책을 말하는가?
11. 국제정보통신에 관한 주요한 정책의 의사결정 및 원칙들은 주로 어떤 국제기구에서 이루어지는가?

제 8 장

디지털경제의 노동과 고용

디지털경제시대에서의 노동시장은 어느 시장 못지않게 많은 변화를 경험하게 되는데, 여기서는 먼저, 노동시장에서 야기 될 수 있는 몇 가지의 사항들을 살펴보고, 그러한 노동시장의 특징들이 노동시장에 관련된 경제주체, 노동시장의 주요변수, 기타 노동문제 등에 어떠한 영향을 미치는가를 살펴본다.

제 1 절 노동의 공급

1. 노동시장의 확대와 노동력의 다양화

디지털경제에서의 노동시장은 시간적·지리적으로, 또한 노동력의 구성이라는 측면에서 확대되는데, 그 의미는 다음과 같다. 먼저, 이러한 현상은 디지털사회 및 경제의 특징 중의 하나로서 "거리의 소멸"이라는 현상과 관련이 있다. 즉, 갑이라는 근로자가 속한 노동시장은 특정지역에 한정되지 않고, 보다 넓은 지역과 관련되어 있다. 이는 근로자들로 하여금 보다 넓은 노동시장에서 구직활동을 할 수 있게 됨을 의미한다. 근로자들이 시·공간적으로 보다 넓은 노동시장에서 구직활동을 할 수 있다는 것은 노동력을 필요로 하는 기업의 입장에서 보면, 기업도 노동력을 충원할 때 해당지역이나 한 국가의 노동시장에 국한하지 않고 보다 넓은 지역의 노동시장에서 근로자를 충원할 수 있으며, 그 결과 대체로 보다 양질의 노동력을 저렴한 비용으로 충원할 수 있게 된다.

디지털경제에서의 정보화는 근로행태를 변화시킬 뿐만 아니라 노동력의 구성이라는 측면에서 노동시장을 확대시키는 요인이 된다. 긴 생산라인에서 많은 근로자가 동시에 작업을 해야 했던 산업경제에서의 근로행태는 매우 경직적이었다. 즉, 대부분의 근로자가 정해진 시간에 일정한 장소에서 일정한 시간동안 생산에 참여해야 한다는 경직적인 근로행태이었다. 따라서 그러한 근로행태에 적응할 수 있는 근로자들만이 노동시장에 참여할 수 있었으며, 그러한 근로행태에 적응하지 못한 근로자들은 노동시장에 전혀 참여하지 못하거나, 참여해도 제2차적인 노동력으로 참여할 뿐이었다. 하지만 더 이상 경직적인 생산구조가 지배적이 아닌 디지털경제시대에서의 근로행태는 근로장소나 근로시간이 보다 신축적이므로 이전에 비하여 더욱 다양한 노동력이 노동시장에 참가하게 된다. 하루 중 또는 일주일 중 일정한 시간에 집단적으로 노동력이 공급되어야 할 필요성이 감소되기 때문에 탄력적인 근무제(flexible hours)가 확대될 수 있다는 점이다.

노동현장의 정보화는 근로시간과 근로장소를 보다 탄력적으로 변화시킴으로서 노동공급에 영향을 미치게 된다. 긴 작업장과 대량생산으로 특징되는 산업경제에서의 근로시간과 근로장소는 상대적으로 비탄력적(일정한 시간과 일정한 장소)이었다. 일정한 생산라인에 거의 동시에 모든 근로자가 투입되어야 생산이 가능했기 때문이다. 하지만 정보화가 이루어진 디지털경제의 생산방식은 산업경제의 생산방식과는 크게 다르다. 예를 들면, 우리는 이미 재택근무의 확산, 원격근무센터(위성사무실, 근린사무실), 이동원격근무 등의 개념에 익숙하다. 이러한 근무형태는 노동시장에 단시간근로자(short time worker), 시간제근로자(part time worker), 여성근로자의 참가를 확대시키는 요인이 될 수 있다.

결론적으로, 디지털경제에서의 근로자들은 노동을 공급하는데 따른 시간이나 장소의 경직성이 더 이상 제약조건이 되지 않고 신축적(근로자가 원하는 시간과 장소)으로 노동을 공급할 수 있게 됨에 따라, 그러한 경직성이 노동공급결정에서 제약이 되었던 많은 근로자(주부, 학생, 노인)로 하여금 노동시장의 참여에 따른 고정비용의 부담을 갖지 않고 노동시장에 참여할 수 있도록 하는 효과가 있다.

2. 고용량의 변화

디지털경제에서의 정보화가 산업측면에 미치는 영향을 살펴보면, 크게 정보의 산업화와 산업의 정보화로 요약할 수 있다. 정보의 산업화란 정보 그 자체가 시장거래의 대상이 되고 정보의 수요도 증가함에 따라 정보의 수집, 축적, 교환, 전달, 분배 등 정보와 관련된 각종 활동이 하나의 독립된 산업(정보산업 또는 정보통신산업)으로 형성되어 가는 과정을 말한다. 따라서 디지털경제에서는 정보산업 또는 정보통신산업이 1차, 2차 및 서비스산업과 함께 하나의 독자적이고 중요한 산업으로 형성되어간다. 이에 따른 정보노동력의 고용이 반드시 증가한다고 할 수 있다.

반면 산업의 정보화란 정보통신기술이 각 산업(1차, 2차 및 서비스산업)에 도입·활용되어 감에 따라 각 산업의 효율성이 증대되어 생산성의 향상을 가져오는 과정[1]이라고 파악할 때, 이러한 정보통신기술의 발전은 모든 산업에 무차별적으로 영향을 미칠 것으로 판단된다. 이에 따라 노동력의 고용은 증가할 것인가 아니면 감소할 것인가? 산업의 정보화는 정보관련산업이 아닌 산업(1차, 2차 및 서비스산업)이 정보화됨을 의미하는데, 그 정보화의 큰 핵심을 노동시장의 관점에서 보면, 노동절약적인 효과로 나타날 것이기 때문에, 그러한 산업에서 다른 요인이 발생하지 않는 한, 상대적으로 고용감소는 불가피할 것이다. 하지만, 그러한 고용감소적인 대체효과만 있는 것은 아니다. 즉, 기업의 비용절감과 그에 따른 상품가격인하는 매출액의 증가를 경험할 수 있게 되는데, 이러한 경우 보다 많은 노동력의 고용이 가능하게 된다. 따라서 산업의 정보화에 다른 고용기회의 순(純)증감 여부는 노동절약에 따른 고용감소효과와 비용절감에 따른 고용증가효과 중에서 어느 효과가 큰가에 따라 결정된다.

3. 구직비용의 감소와 노동공급의 증가

디지털경제시대에서의 근로자들은 직장을 선택하는 데 보다 많은 정보를 접할 수 있기 때문에 근로자들은 이전보다 다양한 직장을 선택할 수 있고, 구직과정에서 비용을 절감시킬 수 있다. 예를 들면, 인터넷을 통한

1) 개별기업 차원에서 볼 때 정보통신기술의 투자에 대한 생산성 증가는 실증분석에서 입증되고 있지만, 거시경제적인 측면에서 정보통신기술이 생산성에 미치는 효과를 분석한 연구들을 살펴보면, 아직까지 그 효과가 분명히 드러나지 않고 있다. 즉, 정보통신기술에 대한 투자가 충분히 이루어지고 있음에도 불구하고 경제 전체적인 차원에서의 생산성 증가는 확실히 나타나지 않는 소위 생산성 역설(productivity paradox)의 현상을 보이고 있다.

다양한 취업기회를 파악할 수 있고, 구직정보를 보다 쉽게 접할 수 있기 때문에 구직과정에서 구직비용을 절감시킬 수 있으며, 다양한 고용의 선택기회를 제공해 주는 효과가 있게 된다.

전통경제학의 노동공급이론이 암묵적으로 근로자들의 기회에 대한 완전한 정보를 전제로 하고 있지만, 현실적으로 근로자들은 자신의 조건에 맞는 근로기회에 대한 정보는 매우 부족하였다. 즉, 어떤 지역의 어떤 직장이 어떤 근로자를 요구하는가에 대한 정보를 산업경제에서 구하는 데는 많은 비용이 필요하였다. 또는 어떤 자격증을 원하는지, 어떤 근로조건(임금, 노동시간, 부가급여 등)을 제공하는가 등에 대해 근로자들은 자신의 노동공급결정과 관련하여 많은 정보를 필요로 한다. 이러한 정보의 획득은 디지털경제에 비해 산업경제에서는 쉬운 일이 아니었다.

그러나 디지털경제에서의 정보화는 이러한 정보의 부족을 완화하여 근로자들로 하여금 보다 다양한 고용의 선택기회를 갖게 해 준다. 예를 들면, 근로자들은 인터넷을 이용하여 아주 저렴한 비용으로 자신의 적성과 능력에 맞는 직업을 선택하는 데 필요한 정보를 쉽게 구할 수 있다. 이와 같이 노동공급결정과 관련하여 구직비용의 감소는 다른 조건이 동일하다면, 근로자들에게 직업과 관련한 불확실성을 제거시키거나 감소시켜서, 노동공급을 증가시키는 요인이 된다.

4. 인적자본의 중요성

디지털경제에서는 산업경제에서보다 상대적으로 인적자본의 중요성이 증가하게 된다. 다시 말하면 디지털경제시대에서는 근로자가 몇 시간의 일을 했는가의 문제보다 얼마나 효율적으로 일을 했느냐가 중요하다. 왜냐하면, 디지털경제는 산업경제에서와 같이 긴 생산라인에서 다른 근로자들과 함께 일정한 양의 근로시간에 제품을 생산하게 되는 모습은 더 이상 일반적인 생산구조가 아니기 때문이다. 그러한 단순작업의 비중은 점차 감소되고, 지식, 정보, 아이디어 등의 가치가 돋보이는 경제구조를 갖게 된다는 점이다.

지식, 정보, 아이디어 등을 산출케 하는 인적자본이 중요한 디지털경제에서는 당연히 노동력에 대한 교육과 훈련의 중요성이 강조된다. 인적자본이 중요한 디지털경제에서 기업의 이윤수준 또는 기업의 가치는 실물자본의 양과 질만이 아니라, 노동력에 내제되어 있는 인적자본의 내용도 중요한 역할을 하게 된다. 특히, 디지털경제에서는 기계나 장비 등 소위 실물자본은 전혀 없거나, 있어도 미미할 정도이고, 중요한 자본이 인적자본으로 구성된 기업들을 많이 볼 수 있다.

인적자본의 중요성이 강조되는 경제구조에서는 노동력구성의 이원화 현상이 발생할 수 있다. 즉, 디지털경제시대에서의 노동력은 상대적으로 높은 수준의 인적자본을 보유한 근로자들과 그렇지 않은 근로자들로 구성된다는 점이다[2]. 이러한 노동력구성의 이원화현상을 “중간부문의 축소(declining middle)”라고 표현하기도 한다. 즉, 고임금근로자와 저임금근로자로 양극화되는 과정에서 중간부문의 근로자들은 축소되어간다는 것이다. 그 과정에서 사회적으로 바람직하지 않은 측면은 저임금근로자부문이 상대적으로 확대되어 간다는 점이다.

5. 인적자본의 투자증대

디지털경제시대에서 노동자들은 과거 농업경제나 산업경제에서와는 달리 일반적으로 보다 높은 수준의 기술과 지식을 보유한 숙련노동자가

---

2) 카스털스(Castells)는 디지털경제시대의 노동자가 중심노동자와 주변노동자 등으로 분류되어 있으며, 산업별로는 ① 지식·정보집약산업의 정신노동자, ② 생산집약산업의 숙련육체노동자, ③ 원재료채취에 종사하는 단순노동자, ④ 노동시장에서 소외된 노동자라는 네 가지의 국제적 분업을 이루고 있다고 보았다. 여기서 고급정신노동에 종사하는 사람은 전 세계적인 정보통신망을 잘 사용해서 그 효율을 높이고, 단순노동에 종사하는 사람들의 직장은 정보화과정에서 자꾸 없어지는 악순환이 가속화되어 간다는 것이다. 또는 라이시(Reich)는 미래사회에서 직업군을 ‘일상적 생산노동직’, ‘반복적 대인서비스직’, ‘상징분석서비스직’ 등으로 분류하고, 그 중 정보사회에서 핵심적인 직업은 ‘상징분석서비스직’이라고 주장하였다.

되어야 한다. 다시 말하면, 대부분의 근로자가 디지털경제에서의 노동력을 공급하기 위한 기본조건은 고도의 인적자본을 보유해야 한다는 점이다. 그러한 높은 수준의 인적자본을 보유하기 위해서는 상대적으로 많은 교육과 훈련을 받아야 한다.

따라서 디지털경제의 노동시장에서는 산업경제와 비교할 때 교육과 훈련의 중요성이 더욱 강조되는 경제사회가 될 것이다. 노동과 결합되는 다른 생산요소는 이제 더 이상 자본만이 아니다. 지식·정보라는 생산요소와 노동과의 결합은 생산과정에서 매우 중요한 과정이 된다. 어떤 노동력이 디지털경제에서 적절하게 평가받기 위해서는 정보라는 요소와 자본재(정보와 결합된 자본재)와 보완적인 인적자본을 보유하고 있어야 한다. 보완적인 노동력이 되기 위해서는 상당한 정도의 숙련된 기술을 필요로 하는데, 이는 궁극적으로 노동자들이 농업경제나 산업경제에서 보다 많은 교육과 훈련에 투자해야 함을 의미한다.[3)]

기업의 경우에는 인적자원이 경쟁력의 바탕이 된다는 인식하에 공격적으로 노동자의 재훈련을 실시하거나 조직의 아웃소싱을 단행해야 한다. 사실, 기술발전의 속도를 고려해 보았을 때, 신기술과 관련된 교육과 훈련은 지속적으로 이루어져야 하며, 따라서 직업생활 전반에 걸쳐 교육과 훈련, 즉 평생교육이 더욱 필요해지고 있다. 따라서 기업 내에서의 노동자의 재훈련은 그 중요성이 더욱 커지고 있다.[4)]

한편 각국의 정부 역시 정보통신인력의 양성이 경제발전에 필수적임을 인식하고 기존의 학교교육체계의 개혁, 교사훈련, 컴퓨터와 인터넷 등 교육의 하부구조에 대한 지원, 고등교육의 저변확대 등 다양한 노력을 기

3) 인적자본이 중요한 사회에서 근로자들이 인적자본의 축적에 관심을 갖는 것은 당연하고 필요하다. 인적자본의 축적과정에서 근로자들이 자발적으로 선택하는 교육 및 훈련이 중요하지만 동시에 무시할 수 없는 과정이 현장에서 경험을 하면서 지식 및 기술을 습득하는 학습효과(learning-by-doing)에 의한 인적자본축적이다. 이러한 인적자본의 축적은 임금체계와 관련이 있다.

4) 미국의 Motorola사는 skill upgrading의 필요성에 대응할 수 있도록 직업과 훈련을 통합시키기 시작한 대표적인 사례이며, IBM 역시 노동자들이 작업중에도 훈련을 할 수 있도록 'Desktop University' 프로그램을 만들었다. Federal Express는 개인의 능력을 지속적으로 개발할 수 있도록 사내에 평생교육과정을 마련, 총비용의 3%를 직원훈련비로 투자하고 있다. Menasha라는 제조업체의 경우는 skill-based management process를 만들어, 그들이 현재 어떤 기술을 보유하고 있으며, 어떤 기술을 필요로 하며, skill upgrading을 위해서는 얼마만큼의 비용이 소요되는가, 어떤 방법을 통해 이것을 수행해야 하는가를 파악할 수 있도록 프로그램을 만들었다.

울이고 있다.

요약하면, 디지털경제에서의 근로자들은 노동공급결정에서 인적자본축적을 위한 교육과 훈련이라는 측면에서 산업경제의 근로자들에 비하여 상대적으로 신중하게 고려하여 의사결정을 하여야 한다. 즉, 어떤 인적자본을 획득하기 위해 어떤 교육과 훈련에 어느 정도의 투자를 해야 할 것인가에 대한 효율적인 의사결정을 해야 함을 의미한다.

제 2 절 노동에 대한 수요

디지털경제시대에서 일반인들의 중요한 관심사의 하나는 정보화의 진행과정과 그 결과 자신들의 일자리가 보장될 것인가의 문제이다. 이러한 문제는 오래 전에 경제발전과정에서 농경경제에서 산업경제로 진행되면서 인류가 경험했던 문제이다. 즉, 산업화는 노동의 생산성을 향상시키고 소득의 증대를 통해 복지를 크게 향상시킬 수 있다는 희망과 동시에, 산업화는 근로자들의 일자리를 빼어간다는 문제에 대하여 사람들은 걱정하였다. 이미, 일부 학자들은 정보화의 진행결과 디지털경제시대에서 대량실업이 발생할 수 있다고 경고하기도 한다.[5] 정보화가 노동의 수요, 즉 고용기회에 어떠한 효과를 미칠 것인가의 문제에 대하여 다음과 같은 조건부적인 예측이 가능하다.

거시적인 측면에서 보면, 정보화의 결과는 (1) 새로운 직종이 창출되기도 하고 일부 직종이 소멸하기도 한다. (2) 기존의 직업에서의 노동력의 필요성이 증가하기도 하고 감소하기도 한다. 결국, 디지털경제의 정보화가 노동에 대한 수요에 미치는 영향은 단정적으로 말할 수 없다는 사실이다.

1. 일자리의 창출과 소멸

먼저, 디지털경제에서의 정보화의 진전은 새로운 직업을 창출하여 일자리를 만드는 효과가 있을 수 있다. 우리는 이미 정보화가 매우 다양하고

5) 정보사회 이전부터 기술진보에 따른 일자리의 변화문제는 오랫동안 중요 주제였다. 예를 들어, 산업혁명 초기에 기계가 노동력을 대체하는 현상이 나타나자, 기계를 대규모로 파괴하는 경우도 경험하였다. 프리만과 소테(C. Freeman and L. Soete (1987)), *Technical Change and Full Employment.*

많은 직업수요를 창출해오고 있음을 보아왔다. 그리고 정보화과정에서 새로운 상품이나 서비스의 개발이 폭발적으로 발생하고 있음을 경험하고 있다. 그러한 새로운 상품이나 서비스의 개발은 해당부문에서 생산에 필요한 노동력이 필요하게 된다. 따라서 그러한 부문에서 노동력의 고용기회가 창출되고 증가하게 된다. 보다 구체적으로 정보통신기술을 가능하게 하는 기계 및 장비의 생산을 위한 고용증가, 정보화에 따른 소프트웨어의 수용증가에 따른 고용증가, 정보화된 기업과 사회의 운영에 필요한 노동수요의 증가 등이다.

반면, 디지털경제에서의 정보화는 기존의 직업이 소멸되어 일자리가 없어지는 효과도 상존하고 있다. 다시 말하면, 기존의 상품이나 서비스 중에서 정보화된 결과 그 필요성이 없어지고 더 이상 생산이 되지 않는 경우가 발생할 수도 있다. 이 경우 해당부문에서의 노동고용은 더 이상 존재하지 않게 되어, 고용기회의 감소와 실직이 발생하게 될 것이다.

이상의 두 효과 중 어느 효과가 지배적인가에 따라 고용기회는 증가할 수도 있고 감소할 수도 있다.

예를 들면, 전자상거래의 확산은 제품과 서비스를 생산하고 배달하는데 필요한 노동력의 구성을 변화시킨다. 온라인 뉴스서비스가 기존의 전통적인 뉴스서비스를 대체하게 되면, 신문의 인쇄나 배달에서의 노동수요는 점차 감소하고, 컨텐츠 구성이나 컴퓨터 조작 등에서의 노동수요가 증가하게 된다. 온라인으로 뉴스를 유통시키게 되면 프린터 프레스를 배치하거나 트럭을 운전하거나 뉴스가판대를 지키는 노동자들은 할 일이 없어진다. 이제 그들의 역할은 컴퓨터 서버를 프로그래밍하고, 관리하고 유지하는 일을 하는 새로운 노동자가 수행하게 될 것이다. 이것은 온라인 판매가 기존의 상점판매를 대체하게 되는 소매분야에도 적용된다. 오늘날 슈퍼마켓은 몇백명의 직원이 관리하는데, 창고인력은 새로운 상품을 상점으로 받고 상품이 떨어지지 않도록 관리한다. 판매원은 고객에게 상품의 특성을 설명해주고 상점에 없는 상품의 이용가능성을 체크해 주고 특별주문을 받기도 한다. 출납원은 상품을 포장하고 계산한다. 사무직원들은 재고와 판매패턴을 체크한다. 이외에 다른 근로자들은 청소 등 여러 가지의 일들을 한다. 하지만, 인터넷을 통한 소매는 물리적인 상점이나 판매를 위한 많은 직원을 필요로 하지 않는다. 가상 소매업자들은 소프트웨어를 프로그램하고 개발하고, 컴퓨터 서버와 네트워크를 유지하고 작동시킬 정보통신기술을 가진 인력을 필요로 한다. 이들은 또 웹사이트를 유지할 그래픽 디자이너, 고객서비스 인력, 마케팅 직원 등을 필요로 한다. 물론, 상품을 소비자에게 전달하기 위해서 창고직원과 유통인력은 계속 필요하겠지만, 다른 인력들은 더 이상 필요치 않다(전자상거래시대의 유망직종은 부록 I 를 참조).

이와 같이 디지털경제에서의 전자상거래의 발전으로 경제가 필요로 하는 '노동력의 질'이 변화하고 있으며, 특히 소프트웨어 어플리케이션과 컴퓨터 하드웨어 같은 컴퓨터기반 정보통신시스템을 연구, 디자인, 개발, 수행, 지원 혹은 관리할 수 있는 정보통신인력에 대한 수요가 증가하고 있다. 특히, 전자상거래를 지원하기 위한 인터넷/인트라넷의 유지와 개발, 보안디자인, 웹페이지 디자인 등에 대한 수요가 커지고 있다. 또한 비즈니스가 인터넷과 결합함에 따라 일을 수행하려면, 인트라넷, EDI, 데이터 마이닝 등 기본적인 정보통신기술을 필요로 하고, 그만큼 그 분야에서 노동에 대한 수요가 증가한다.[6]

2. 동질적인 노동력의 변화

노동력의 질이 동질적이라는 전제하에 기존 직업의 생산공정에서 노동력의 필요성이 감소 또는 증가되어 해당부문에서 노동수요가 변하게 되는 과정을 기초적인 경제이론을 사용하여 설명해보자. 정보화가 노동수요에 미치는 효과를 살펴보기 위해 생산요소가 정보화(또는 정보)와 노동의 두 개로 구성된다고 가정하자. 정보화가 기술진보의 한 형태로 볼 때 정보와 노동은 생산과정에서 서로 대체적이거나 보완적일 수 있다. 정보화가

6) 전자상거래시장이 상대적으로 가장 성숙한 미국을 대상으로 한 OECD의 분석에 의하면, 고용증가를 예상하는 산업으로는 소프트웨어 및 컴퓨터서비스산업, 컨텐츠산업, 인터넷서비스산업, 운송업 등이며, 고용이 감소할 것으로 예상되는 산업으로는 인쇄출판산업, 여행업, 우편산업, 소매업, 금융업, 은행업 등이다.

진행됨에 따라 정보의 생산과 소비는 증가하고, 정보가격은 하락할 것이기 때문에 정보화에 따른 노동수요는 정보가격의 인하가 고용에 미치는 효과가 된다.

첫째, 생산과정에서 두 요소(정보와 노동)가 일정한 비율로 결합이 되어야만 제품을 생산할 수 있는 정보와 노동이 보완적인 관계를 갖고 있는 경우를 생각해보자. 디지털경제에서의 정보화에 따른 정보가격의 인하는 정보를 더욱 많이 사용하려 할 것이고, 그 결과 동일하게 노동 역시 추가 고용이 발생하게 된다. 다시 말하면, 정보가격의 인하는 생산물의 생산비용을 감소시키고, 생산비용의 감소는 생산물의 가격을 인하하는 효과가 있고, 그 결과 소비자들은 그 생산물을 더욱 사용하려 하게 된다. 이와 같이 매출액의 증가는 보다 많은 생산요소를 고용하도록 유인하는데 그 과정에서 노동에 대한 수요도 증가하게 된다. 이러한 경로를 통하여 어느 정도 노동수요가 증가할 것인가의 문제는 상품에 대한 가격탄력성과 매출액의 증가에 따른 노동의 수요탄력성에 달려 있다.

둘째, 생산과정에서 두 요소(노동, 정보)가 서로 대체적인 관계를 갖고 있는 경우를 생각해보자. 이는 어느 한 요소가 다른 요소의 역할을 대신할 수 있는 경우이다. 예를 들어 생산과정에서 동일한 생산량을 생산하는데 정보의 사용을 늘려서 노동력의 사용을 절감할 수 있는 경우이다. 이와 같이 생산요소가 서로 대체적인 생산관계를 갖는 경우, 요소가격의 변화에 대하여 산출량효과와 대체효과 중 어느 효과가 지배적인가에 따라 고용이 증가하기도 하고 감소하기도 한다.

정보의 가격이 하락하는 경우에 기업은 다음과 같은 반응을 보이려 할 것이다. 기업의 반응 중의 하나는 동일한 생산량을 생산하고자 할 때, 두 요소 중 상대적으로 저렴해진 생산요소를 더욱 사용하려는 대체효과이다. 다음으로는 생산요소의 가격인하가 제품생산의 제조원가를 떨어뜨리고 그 결과 보다 많은 상품의 판매가 가능하게 된다. 즉, 보다 저렴한 가격으로 상품을 공급하여 매출액의 증가가 가능하게 되는데, 이러한 매출액의 증가는 보다 많은 생산요소의 투입을 필요하게 한다. 이에 따라 노동의 고용이 증가하게 되는데, 이러한 경로를 통하여 노동의 고용이 증가하게 되는 것을 산출량효과(output effect) 또는 규모효과(scale effect)라고 말한다.

정보의 가격이 인하하면, 그 결과 노동을 정보로 대체하는 대체효과가 규모효과보다 큰 경우에 노동수요는 감소한다. 하지만 그 반대로 정보의 가격이 인하하면, 제품의 가격이 하락하고 그 결과 매출액이 늘어 추가로 노동수요가 발생하는 규모효과가 대체효과보다 크다면 노동수요는 증가한다.7)

3. 노동력 구성의 변화

이상의 내용은 노동력의 질이 동질적이라는 것을 전제로 한 고용효과를 설명한 것이다. 노동력의 구성이 이질적인 경우라고 가정한다면 다음과 같은 점을 추가로 논의할 수 있다. 노동력 구성의 이질성은 여러 가지 관점에서 구분할 수 있지만 여기에서는 숙련도에 따라 숙련노동력과 미숙련노동력으로 구분하여 정보화에 따른 효과를 논의한다.

노동수요행태에 대한 지금까지의 실증분석결과는 일반적으로 다음과 같은 점을 지적하고 있다. "생산과정에서 자본과 미숙련노동과는 대체관계를 갖고, 자본과 숙련노동과는 보완적인 관계를 갖는다는 점이다." 이와 같은 맥락에서 정보화를 기술진보의 한 형태로 본다면, 정보화는 숙련노동력에 대한 수요를 증대시킬 것이고, 미숙련노동에 대한 수요를 감소시키게 된다. 결론적으로 정보화에 따른 노동수요의 구성은 숙련노동에 대한 수요증가와 미숙련노동에 대한 수요감소로 나타날 수 있다.

1990년대 이후의 기술변화, 특히 컴퓨터 관련 기술의 확산에 따른 기술변화로 컴퓨터나 기계가 생산과정이나 사무과정을 대신하게 되면서, 대부분의 국가에서 전문기술을 보유하고, 교육수준이 높은 노동자들에 대한 수요는 증가하고 기술수준이 낮은 노동자에 대한 수요는 감소하였으며, 기

7) 노동수요에 있어서 규모효과와 대체효과에 대한 이전의 연구를 살펴보면, 예를 들어 워드프로세서의 도입과 사무직의 고용, 또는 은행에서의 현금자동지급기의 사용과 은행원의 고용 등에 대한 것이다. 이러한 예에 대한 실증연구결과 두 경우 모두 대체효과보다 규모효과가 큰 것으로 분석하고 있다. 최강식(1997), '기술진보와 노동시장의 변화'.

술과 교육수준에 따른 임금격차는 커지는 현상이 나타났다. 즉, 사무직이나 생산직 같은 단순직종은 점차 소멸하고, 높은 수준의 기술을 요구하는 직업이 새로이 창출되고 성장하는 경향이 있다. 정보화, 특히 전자상거래의 확산은 이러한 경향을 더욱 가속화시키고 있다. 하지만 이러한 노동수요를 충족시킬 만한 인력의 부족으로 국가와 기업은 경제성장과 경쟁력을 위협받고 있으며, 노동자들은 경제가 필요로 하는 기술을 갖추지 못함으로써 실업, 고용기회의 감소, 임금삭감 등의 문제에 직면해 있다.

4. 채용비용의 감소

디지털경제에서의 노동수요와 관련하여 여기서 추가로 논의할 사항은 채용비용에 대한 것이다. 채용과정이 지역이나 시간에 제약을 받지 않고 인터넷을 통하여 전세계를 대상으로 상시로 노동을 채용할 수 있다는 점이다. 노동비용은 단순히 임금만에 의해서 결정되지 않고, 임금 외의 다른 비용들이 포함된다. 그것들은 채용 및 훈련비용, 법정, 비법정복리비를 포함하는 부가급여, 해고비용들을 포함한다.[8)]

정보화의 결과 다양한 채용방법 및 형태의 발전은 채용비용이라는 측면에서 노동비용의 감소를 의미할 수 있다. 노동을 수요하는 기업의 관점에서 노동비용의 감소효과는 다른 조건이 동일하다면 노동수요에 정(正)의 효과를 줄 것이다.[9)]

8) 임금 외의 다른 비용들의 대부분이 근로자가 얼마나 일을 하느냐와는 관계없이 지불되어야 하는 비용, 즉 고정적인 비용이 된다. 이러한 점을 반영하여 그러한 비용을 준노동비용(quasi-fixed cost of labor)이라고 부르기도 한다.
9) 국가마다, 산업마다 약간의 차이를 보이지만 일반적으로 임금 외의 기타 노동비용이 약 20% 내외인 점을 고려한다면 채용비용의 감소가 노동수요결정에 미치는 효과를 짐작해볼 수 있다.

제 3 절 노동시장의 구조

1. 노동시장의 경쟁성

일정한 조건하에서 시장구조가 경쟁적일수록 시장구성원의 후생 또는 복지는 극대화된다는 것은 경제학의 기본원리인데, 이는 그 시장에서 자원이 효율적으로 사용된다는 것을 의미한다. 따라서 특별한 사유가 없는 한 우리는 많은 시장구조가 가능한 한 (완전)경쟁적이 되기를 희망하고 정부의 경제정책목표 중의 하나는 시장구조가 경쟁적 구조에 가깝게 운영이 되도록 유도하는 일이다. 여기서는 정보화가 노동시장을 경쟁적으로 변화시킬 것인가에 대해 살펴보자.

먼저 경쟁적인 노동시장이란 어떠한 모습을 갖고, 어떠한 조건을 충족되어야 하는가를 이해해야 한다. 논의에 앞서서 경제학에서 언급되는 경쟁적 생산물시장의 조건들을 먼저 기억하면 도움이 될 것이다.[10] 그 조건들을 그대로 노동시장에 적용하면 많은 수의 노동수요자와 공급자, 노동수요자와 공급자는 모두 시장임금을 주어진 것으로 받아들이는 것 등이 될 것이다. 따라서 노동시장이 경쟁적인가의 여부를 판단하기 위해서는 (1) 노동시장이 경쟁적인 조건을 만족하고 있는가, (2) 현재의 노동시장이 경쟁적인 시장이라면 그 결과는 어떠한 모습으로 나타나는가를 확인해 보면 된다. 후자의 논리를 사용한다면, 희소한 노동이라는 자원이 효율적으로 분배되었는가의 여부, 노동수요자와 공급자가 현재의 임금과 고용조건에 만족하여 변화를 바라지 않고 있는가의 여부 등으로 판단할 수 있다. 경제

10) 그 조건들은 (1) 다수의 수요자와 공급자가 존재한다. (2) 상품의 공급자와 수요자는 가격수용자이다. (3) 상품의 품질은 동질적이다. (4) 공급자들은 시장에 자유롭게 진입하고 퇴출할 수 있다. (5) 수요자와 공급자는 서로 완전한 정보를 갖고 있다.

학자들은 생산물시장과 마찬가지로, 노동시장이 경쟁적 시장의 조건을 만족하거나 또는 결과적으로 효율적인 노동시장의 모습을 갖는 경우는 그다지 많지 않다고 보고 있다. 즉, 노동시장은 많은 경우에 경쟁적이라기 보다는 수요독점적이거나 공급독점적인 상태가 일반적이라는 점이다.[11)]

노동시장에서의 정보화는 노동의 수요자와 공급자가 보다 많은 정보를 갖게 될 수 있게 됨에 따라 다음과 같은 측면에서 노동시장을 경쟁적으로 변화시킬 수 있다.

첫째, 장기적인 측면에서 근로자들은 모든 직업에 대한 정보—특히, 직업전망 등—를 보다 정확하고 저렴하게 접할 수 있기 때문에 어떠한 직업을 선택할 것인가의 문제와 그에 따른 교육 및 직업훈련에 어떻게 투자할 것인가에 대하여 합리적인 판단을 내릴 수 있게 된다. 즉, 직업의 선택이라는 것이 상품을 구매하는 것과 같이 순간적으로 행해질 수 있는 것이 아니고 장기적인 준비과정이 필요하고, 또한 직업을 한번 선택하게 되면 그 선택을 수정하기 위해서는 많은 비용이 필요하게 되는데(때로는 직업의 전환이 사실상 불가능한 경우가 많다), 선택을 하기 전에 직업에 대한 충분한 정보가 주어진다면 보다 합리적인 선택을 할 수 있게 될 것이다. 그 결과 노동시장의 궁극적인 기능인 "희소한 노동력의 효율적인 배분"이라는 역할을 보다 성공적으로 수행할 수 있게 된다.

둘째, 단기적인 관점에서 보면, 예를 들어 'A'지역에 거주하는 근로자가 자신이 선택할 수 있는 직업 및 직장에 대한 정보가 이제는 특정(즉, A)지역에 한정되지 않는다는 점이다. 근로자는 정보화된 노동시장에서 세계의 보다 많은 지역에서 본인에게 적합한 직업을 구할 수 있다. 인터넷을 통해 전국(또는 세계)의 대부분의 지역에 공고되는 구인광고를 볼 수 있으며, 그 직업의 고용조건에 대해서도 이전보다 쉽게 알 수 있다. 구인광고에는 고용조건에 대하여 명시적으로 밝히는 경우가 많으며 그렇지 않다면 전자우편을 통하여 쉽게 정보를 요청할 수 있게 되었다.

한편 노동을 필요로 하는 기업의 입장에서 보면 노동시장의 한 구성

11) 노동시장에 대한 지금까지의 연구를 종합한다면 노동경제학자들은 노동시장은 수요독점적요인이 상당히 중요하다고 생각하는 것으로 보인다. 에렌버그와 스미스(Ehrenberg and Smith), *Modern Labor Economics*, pp. 410-412.

원으로서 노동시장의 효율적 기능과 관련하여 다음과 같은 측면에서 디지털경제는 산업경제와 차이점이 존재한다.

첫째, 디지털경제는 산업경제와 비교해 볼 때, 개별노동자들의 특성에 대해 보다 정확한 정보를 얻을 수 있게 될 것이다. 또는 기업체가 원하는 특성 및 생산성을 가진 근로자를 저렴한 비용으로 채용할 수 있게 될 것이다. 또한 디지털경제의 생산구조는 대규모 생산설비하에 대량의 근로자들이 집합체를 이루어 생산활동을 했던 산업경제의 생산구조와는 다르게 된다. 산업경제의 생산구조하에서는 노동력을 필요로 하는 기업의 입장에서 개별근로자들의 생산성을 파악하기는 쉬운 일이 아니다. 반면에 디지털경제에서는 비교적 소규모의 생산구조가 상대적으로 증가하는 것이 특징인데, 그 결과 고용주는 경쟁적 노동시장의 형성에 필요한 정보를 이전보다 훨씬 많이 쉽게 획득할 수 있게 된다. 그러한 요인은 노동시장을 경쟁적으로 유도하는 역할을 하게 될 것이다.[12)]

둘째, 디지털경제는 산업경제와 비교할 때, 상품이나 서비스시장이 더욱 경쟁적이 되어감에 따라 노동력을 고용하는 기업들은 그에 따라 파생수요(derived demand)인 노동수요도 경쟁적으로 된다. 경쟁적인 원리에 따라 의사결정을 하지 않는 기업은 경쟁적인 원리에 따라 노동력을 수요하는 기업과 경쟁에서 뒤처지게 될 것이다.

디지털경제에서는 노동의 이동성이 증대된다. 정보화에 따라 다양한 고용정보의 확대에 따라 근로자들은 보다 활발한 노동유동(labor turnover)을 경험하게 된다. 디지털경제시대 이전에 근로자들의 이동을 감소시켰던 정보적, 지리적인 이동제약조건이 완화됨에 따라 노동의 이동성은 증가하게 된다. 보다 자유로운 이동은 노동시장을 경쟁적으로 만들고 노동이란 자원의 배분을 보다 효율적으로 만들 것이다. 하지만 정보화의 진전은 노동시장을 경쟁적으로 변화시키는 요인들만 있는 것은 아니다. 그 반대의

12) 노동을 수요하고 고용하는 기업의 입장에서 근로자의 질적인 특징과 업무수행시의 근무자세에 대한 정보의 부족은 효율임금(efficiency wage)이라는 보상체계를 기업들이 사용하도록 한다는 이론은 잘 알려져 있다. 그 효율임금은 임금수준이라는 측면에서 정보의 부족이라는 점이 없었더라면 노동시장에서 결정될 균형임금보다 높게 책정된다. 그 결과 경쟁적 노동시장에서 결정될 고용수준보다 적은 고용이 이루어지고 실업을 발생시킨다. 즉, 정보의 부족은 경쟁적인 임금보다 높은 임금율과 경쟁적인 고용기회보다 적은 고용기회를 만들게 된다.

효과가 존재할 수도 있는데, 그 대표적인 것이 대부분의 근로자들에게 숙련된 기술을 요구하기 때문에 그러한 기술을 습득하기 위해서 과거에 비하여 상대적으로 장기간의 교육 및 훈련을 필요로 한다는 점이다. 이는 노동자들의 노동공급결정 및 노동이동에 장애요인이 될 수 있고 그 결과 노동의 이동성을 억제하는 효과가 발생할 수 있다.

2. 노동시장의 유연성

디지털경제에서 노동시장의 유연성이 어떻게 변화할 것인가를 고용, 노동시간 및 임금 등의 측면에서 살펴보자. 먼저, 디지털경제에서 근로자들의 자유로운 직장선택과 직업이동이 확대되면 고용의 유연성을 크게 하는 효과가 있다. 우리가 자주 들어 왔던 것과 같이 단순히 근로자들을 기업이 쉽게 해고시킬 수 있다고 고용의 유연성이 높아지는 것이 아니다. 쉬운 해고는 고용의 유연성에 대한 반쪽일 뿐이고, 반대로 쉽게 채용이 되어야 한다. 다시 말하면 노동수요와 공급의 유연성이 개선되어야 고용의 유연성이 향상된다. 노동수요의 측면에서 경쟁성의 증가는 기업의 노동수요의 유연성을 증대시킨다. 또한 산업경제에서 노동자의 자유로운 이동을 감소시켰던 여러 가지 요인들의 제거 및 완화는 노동의 이동성을 증대시킨다. 즉, 노동자들의 자유로운 이동에 필요한 각종 구직정보의 증가와 그러한 정보를 보다 저렴하게 구할 수 있게 되면 근로자들은 보다 쉽게 이동할 수 있으므로 노동공급의 유연성도 증가한다.

디지털경제에서 보다 탄력적인 생산구조는 다양한 근로형태의 직종을 창출하게 되고, 그러한 직종들은 시장의 상황에 따라 노동시간을 용이하게 조정할 수 있는 특징들을 갖는다. 따라서 노동시간의 유연성도 증가할 것이라고 생각할 수 있다. 이와 같이 고용이나 노동시간의 유연성을 증대시키는 과정은 최근에 노동시장에서 경험하고 있는 현상이 부분적으로 잘 말해주고 있다. 예를 들어, 일정기간 계약으로 고용되는 것이 점점 더 일반화되어 가고 있고, 변형근로제, 교대근무와 같은 시간제고용도 점점 늘어나고 있다.

그러나 임금의 유연성에 대한 논의는 간단하지 않다. 그 이유는 임금의 유연성에 관한 한 서로 상반되는 효과들이 발생되기 때문이다. 기본적으로 디지털경제에서는 경쟁시장원리에 충실해야만 경쟁력을 유지할 수 있게 되므로, 임금 역시 시장원리에 따라 책정되고 시장상황에 따라 신축적으로 변하게 되는데, 이 점은 산업경제에서와의 차이가 될 것이다. 반면, 매출액의 변화와 같은 노동시장에 대한 충격에 대해 고용이나 근로시간 등의 수량적인 조정이 디지털경제시대 이전보다 유연할 수 있다면 임금의 조정을 통한 충격흡수의 필요성은 감소하게 된다. 이러한 효과가 지배적이라면 노동시장에서 임금의 유연성은 증대될 필요성은 감소된다.[13)]

13) 개별기업의 관점에서 본다면 임금, 노동시간 및 고용조정 중에서 어떠한 조정방법을 선택하느냐 하는 것은 기업마다 다를 수 있다. 예를 들어 근로자가 보유한 기업고유의 인적자본(firm-specific human capital)이 중요한 기업은 고용조정보다는 임금이나 노동시간조정을 선호할 수 있다.

제 4 절 노동과 관련된 쟁점사항

1. 고용관계의 변화

노동자와 사용자 간의 노동력의 수급에 관한 고용계약도 여러 가지 측면에서 변화를 경험하게 된다. 산업경제에서의 고용관계의 중요한 특징은 근로자의 고용이 대규모화되었다는 점이다. 이러한 대규모화된 고용관계는 종종 정보의 비대칭성과 계약강제집행의 불가능성 때문에 명시적인 계약보다 암묵적인 계약이 일반적이다.

대규모생산방식의 고용관계에서 경험하는 것들 중의 하나는 노사가 서로 상대방에 대한 정보가 부족하다는 사실이다. 특히, 사용자들은 생산성과 관련된 근로자들의 특성이나 근무태도 등에 대하여 정확한 정보를 갖기가 어렵다. 그 결과 도덕적 해이(moral hazard)나 역선택(adverse selection)과 같은 정보의 비대칭성하에서 발생하는 현상(이에 대한 자세한 설명은 보론Ⅱ을 참조)이 나타난다. 산업경제에서는 이러한 정보의 비대칭성을 감소시키거나 해소시키기 위한 방향으로 고용관계나 노동계약이 발전하게 되었다. 예를 들어 사용자들은 근로자들의 도덕적 해이를 최소화하기 위하여 가능한 한 근로자들의 임금을 성과에 연계시키려는 성과급방식이나, 근로에 대한 보상을 후일로 연기하는 이연지불(deferred payment)방식을 택하려 하였다. 이러한 이연지불은 암묵적인 업무수행채권(performance bond)의 역할을 하게 된다. 즉, 근로자가 업무수행을 하면서 최선을 다하지 않고 태만한 근무자세를 보일 때 해고를 당함으로써 후일 지불받게 될 보상을 잃게 된다는 의미에서 저당잡힌 채권의 역할을 하게 된다는 의미이다. 산업경제에서는 정보의 비대칭성이 상대적으로 심각했기 때문에 발생할 수 있었던 임금지급방식이었던 것이다.

결론적으로 노사가 상대방의 행위 내용에 대한 정보를 서로 비대칭적으로 갖고 있으며 정보획득비용이 막대하므로(사실상, 정보획득이 불가능하므로), 고용관계에서는 크게 두 가지의 특징을 형성하고 있다. 첫째, 명시적으로 상대방의 행위에 대한 내용을 규정하지 않고 묵시적으로 서로가 인지하고 있는 것으로 전제하는 계약이 일반적인 고용계약의 형태 — 묵시적 계약 — 가 되었다는 것이다. 둘째, 그러한 정보의 부족하에서 고용관계의 중요한 구체적인 내용 중의 하나는 근로자들의 동기유발문제이다. 산업경제에서는 고용주들은 근로자들이 자신의 직무를 최선을 다하여 수행하도록 하는 근로동기를 유발시키기 위한 방안이 중요한 인적자원관리의 숙제였던 것이다.

디지털경제시대에서의 고용관계의 중요한 특징은 (1) 소규모사업장의 증가, (2) 상대방에 대한 정보의 인식 등은 산업경제구조하에서 발생했던 정보의 부족문제가 완화된다. 즉, 고도로 정보화된 디지털경제에서는 노사가 서로 상대방에 대한 정보를 보다 용이하게 획득 가능하게 됨으로써 산업경제의 대량생산체제하에서 노사가 서로 상대방에 대한 정보가 부족함으로써 발생했던 고용관계가 더 이상 필요 없게 된다. 또한 디지털경제에서는 상대적으로 소규모의 기업이 지배적인 기업형태가 되거나, 최소한 산업경제에서 경험한 것과 같은 대규모기업이 지배적인 기업형태가 되지는 않을 것이다. 소규모사업장의 증가라는 현상은 다음과 같은 과거의 경험에 비추어 노동시장에 미치는 효과가 클 것이다. 농업경제에서 산업경제로 변화하면서 대규모의 생산방식과 기업이 출현하면서 노동시장의 여러 가지 구조, 특히 고용관계에 급격한 변화를 주었다. 디지털경제는 정보화에 따른 소규모 기업의 비중증가는 그 동안의 산업경제에서 지배적이었던 고용관계를 크게 변화시킨다. 따라서 고용관계, 즉 노동계약에서 정보의 비대칭성 때문에 발생하는 문제를 해결하고자 사용되었던 내용들은 그 의미나 가치가 퇴색하게 된다.

요약하면, 일반적으로 디지털경제에서 고용관계의 특징으로 무엇보다도 중요한 것은 동기유발적인 요소(임금체계)의 완화일 것이다. 많은 학자들은 보다 적극적으로 다음과 같은 내용의 고용관계를 예측하고 있다. 그 내용은 근로자의 경영참가, 즉 근로자에 대한 권한부여(empowerment), 작업장참여, 경영의 의사결정에의 참여, 주식보유에 의한 동기부여 등이다.[14) 노동자가 경영에 참가하는 유형은 노동자대표가 이사회에 참가하는 고위수준(전략적 수준), 단체교섭이나 노사협의회에 참가하는 중위수준(기능적 수준), 품질관리 또는 자율작업팀 등을 포함하는 하위수준(작업장 수준) 등으로 구분할 수 있다. 일종의 분배참가제도인 종업원지주제도도 이미 대다수의 선진국에서 널리 확산되고 있는데, 이러한 종업원지주제가 기업의 생산성이나 이윤에 미치는 효과는 대체로 긍정적이다.

2. 임금문제

먼저, 디지털경제에서의 임금격차에 관한 문제를 살펴보자. 디지털경제에서 근로자들 간의 임금격차는 산업경제와 비교할 때 다음과 같은 변화를 경험하게 된다. 디지털경제의 노동시장에서는 숙련노동자들에 대한 수요의 증가가 임금격차를 크게 한다는 점이다. 즉, 비교적 정보화에 앞선 나라들의 경험을 통해 보면 정보화 또는 기술발전은 숙련노동자들의 수요가 공급을 초과하여 숙련노동자들에 대한 고임금을 형성하고, 그 결과 고임금과 저임금간의 임금격차가 심화된다는 것이다.

다음은 디지털경제의 임금체계에 관한 문제이다. 기업의 사용자들은 정보의 부족 또는 비대칭성으로 인한 도덕적 해이(moral hazard)문제를 해결하기 위한 방법 중의 하나로 성과급이라는 보상방법을 사용한다.[15) 성과

14) 조우현, "노동경제학－이론과 개혁정책－," 법문사, 1998, p. 365.

15) 성과급제도란 노동자의 작업능률과 그 임금소득률을 비례시키는 임금제도이다. 즉 작업의 성과 또는 마련된 개수에 따라 지급되는 임금제도이다. 이 제도에는 여러 방식이 있다. 첫째, 단위임률에 성과를 곱하여 임금을 산출하는 것이며 단가도급제도 또는 단순성과급이라고도 한다. 둘째, 한 작업단위당의 표준작업시간을 정하고 노동자가 마련한 작업단위수를 표준작업시간에 환산하여 이것에다 정해진 시간임률을 곱하여 산출하는 것이며 시간도급제도라고 한다. 셋째, 복률성과급제도인데, 이는 테일러가 제창한 차별적 성과급제도가 그 대표적인 것이다. 이것은 노무자의 과업을 설정하고 과업 이상의 능률을 발휘한 자에게는 고율의 임금을 산출하고 과업 미만의 자에게는

급의 기준을 생산구조에 따라 노력의 수행정도에 기준할 수도 있고, 산출물에 기초할 수도 있다. 디지털경제에서 성과급적인 임금체계의 필요성이나 타당성에 대하여 다음과 같은 점들이 논의되어야 한다.

첫째, 정보화에 따른 정보의 부족문제의 완화는 성과급여체계에 영향을 미칠 수 있다. 전반적으로 (다른 조건이 동일하다면) 정보부족문제의 완화는 성과급에 대한 필요성을 감소시킬 수 있다.

둘째, 경쟁적 원리의 확산은 임금을 성과에 연계시키는 성과급여체계의 필요성을 크게 한다.

셋째, 정보화라는 기술의 발전은 근로자들의 개별적인 (또는 단체의) 성과측정을 용이하게 함으로써 성과급여체계의 사용을 확대시키는 효과가 있다.

넷째, 생산과정에서 자본의 비율이 높을수록 성과급여체계가 더욱 확산될 수 있다. 정보라는 생산요소를 인적요소가 아닌 광의의 자본재의 하나로 이해한다면, 정보화의 진전은 성과급여체계를 확대시킬 수 있다.

다섯째, 디지털경제에서의 성과급여체계가 적절치 않을 수 있다는 점이다.

근로자들이 작업 및 근로경험에서 지식 및 기술을 습득하는 학습효과에 의한 인적자본축적과정과 관련이 있다. 이러한 현장에서의 학습효과는 산업경제에서 보다 디지털경제에서 더욱 중요하다. 그 과정에서 작업현장에서 고참근로자와 신참근로자 간의 교류 및 교육이 매우 중요하다. 성과급제하에서는 고참과 신참근로 자간의 관계는 협조관계이기보다는 경쟁관계가 되어 그러한 현장훈련이 어렵게 된다.[16] 이러한 관점에서 현장훈련이 중요한 인적자본축적경로가 되는 디지털경제에서 성과급여체계는 그 타당성이 감소된다. 끝으로는 만일 성과급의 임금체계가 확산된다면, 성과급의 기준을 투입노동력의 수준과 질에 기초할 것인가, 아니면 투입결과 나오는 산출물에 기초할 것인가의 문제이다. 만일 디지털경제에서 근로자의 투입

저율로 임금을 산출한다. 또 작업이 과업 이상의 경우 단가도급이 아니라 시간도급의 방법에 의하는 「스탠다드 아워 프랜」이라는 것도 있고 일급보증부 성과급제도라고 하는 성과급제에 저율의 일급을 주는 것도 있다.

16) 박기성, "숙련인력의 형성과 활용," 1994, 한국노동연구원.

노동력의 질과 수준에 대한 정보가 충분해진다면 투입노동력에 기초하는 성과급이 확산될 수 있다. 그 이유는 노동력투입의 결과 생산되는 산출물은 사용자와 노동자의 통제가 불가능한 요인들에 의하여 영향을 받기 때문이다.

3. 노조 및 노사관계

디지털경제에서의 노조는 대체로 그 조직과 영향력이 감소될 것으로 예측되고 있는데, 그 이유는 다음과 같다.

첫째, 산업 또는 생산구조상의 변화를 들 수 있다. 전통적으로 노조는 대규모사업장이 존재하는 기업에서 보다 쉽게 조직되고, 그 활동이 왕성한 것으로 평가되고 있다. 디지털경제시대 이전의 경제구조에서는 산업구조상 그러한 사업장을 가진 기업들이 디지털경제에서의 경우보다 많다는 것은 추가의 설명이 필요 없다. 또한 그러한 기업들에서 왕성한 노조의 조직과 활동이 있었다. 물론 소위 디지털경제시대가 도래 이전부터 제조업보다 서비스산업이 증가하면서 노조의 영향력은 감소되고 있었다. 이러한 추세는 노조조직과 활동이라는 측면에서 획기적인 변화가 없다면, 디지털경제시대에서는 더욱 진행될 것으로 예측할 수 있다.

둘째, 고용된 노동력 구성의 변화이다. 디지털경제에서는 여성과 청년들의 노동시장참여가 증가되는데, 이들은 일반적으로 노조의 참여에 소극적인 근로자들이다. 그 이유는 노조 및 그 활동의 참여 결과의 비용과 편익을 평가하였을 때, 이들 노동력은 다른 그룹에 비해 편익이 적거나, 비용이 크기 때문이다. 편익이 적은 이유는, 예를 들어 여성들의 경우 미래에 노동시장에 참여할 기대기간, 또는 해당직업을 지속적으로 유지하는 기대기간이 동일한 조건의 남자근로자보다 적기 때문이다. 보다 근본적으로, 노사 간의 상대방에 대한 정보부족 — 또는 비대칭적인 정보구조 — 이 노조의 존재를 필요하게 하는 요인들 중의 하나라고 볼 때, 디지털경제에서의 그러한 정보부족의 정도완화는 노조의 필요성을 감소시키는 원인이 될 수 있다. 즉, 디지털경제에서 노사간 서로에 대한 정보의 부족이 완화될 수 있을 것이고, 그 결과 노조서비스의 편익이 감소되어 그 수요가 감소되는 현상을 경험하게 된다.

디지털경제에서는 근본적으로 근로자들의 평균적인 고용기간이 감소된다는 사실은 모든 근로자들에게 노조가입 및 활동의 기대편익을 감소시키게 된다. 이러한 편익의 감소는 현재 한국에서 일반적인 기업별 노조하에서는 매우 크다. 하지만 실직자들이 노조에 가입할 수 있다면 그 편익은 감소하지 않을 수 있다. 따라서 실직자들이 가입이 용이한 산업별 또는 직업별노조에 대한 수요는 증가할 수 있다.

디지털경제에서 노사 간에 정보의 부족문제가 완화된다면 노사분쟁의 발생빈도 및 지속기간은 축소될 수 있다. 잘 알려진 대로 노사분쟁 — 예를 들어, 파업 — 의 중요한 원인은 노사 서로 간에 정보의 부족 때문이다.[17] 파업의 이론에 의하면, 정보의 부족문제가 심각할수록 파업의 발생이나 지속기간은 길어진다고 예측된다. 따라서 디지털경제에서 노사 상대방에 대한 정보를 보다 쉽게 획득하고 관리할 수 있다는 점은 파업의 빈도나 지속기간을 축소하는 효과가 있을 수 있다. 이와 같은 맥락에서 디지털경제에서의 고용관계가 근로자의 경영참가를 확대시킨다면 그러한 참가의 확대는 정보의 비대칭성을 완화시켜 노사분쟁을 감소시킬 것이다.

4. 실업문제

디지털경제에서 경험할 실업문제는 산업경제와 비교할 때 다음과 같은 특징을 갖을 수 있다. 기본적으로 실업의 크기는 고용기회와 노동시장 참여(경제활동참여)의 상대적 증가율의 차이에 의하여 결정된다. 다시 말하면, 노동수요와 노동공급의 증가문제인데, 노동공급의 증가요인은 적지

17) 정보의 부족 또는 비대칭성이 노사분쟁의 중요한 원인이라는 것은 일찍이 파업의 이론을 초기에 정립하고자 했던 힉스(Hicks, Jr.)에 의해서 지적되었다.

않지만, 노동수요가 증가할 것인가의 문제는 불확실하다. 디지털경제에서 정보화의 진행결과 노동수요가 이전에 비하여 증가할 수도 있고 감소할 수도 있는데 이는 다양한 요인에 의하여 영향을 받는다. 만일 노동공급이 노동수요보다 큰 폭으로 증가한다면 기본적으로 고용기회의 부족에 따라 실업문제가 심각해 질 수 있다.

또한 디지털경제에서의 실업문제는 다음과 같은 관점에서 산업경제에서의 실업문제와 비교할 수 있다. 실업률의 크기는 실업의 발생률과 지속기간에 의하여 결정이 된다. 즉, 실업의 크기는 기본적으로 고용기회의 크기에 의하여 결정이 되고, 다음으로는 실업자들이 경험하는 실직기간에 의하여 결정된다. 실직기간은 단순히 고용기회의 많고 적음만의 문제는 아니다. 디지털경제에서 실업의 지속기간이라는 측면에서 다음과 같은 특징을 경험할 수 있다. 디지털경제에서 정보획득이 쉽고, 구직정보의 풍부함은 실업지속기간을 축소시키는 효과를 줄 수 있다. 즉, 산업경제에 비하여 상대적으로 어느 곳에 어떠한 일자리가 있다는 정보를 쉽게 획득할 수 있다는 점은 실직기간을 축소시키는 효과가 있다. 하지만 디지털경제에서는 실업기간을 증가시키는 그 반대의 효과도 존재한다. 고도의 디지털경제시대에서 자신의 기술이 더 이상 불필요해진 근로자의 경우 새로운 직업훈련을 받아야 하므로 직업훈련을 받아야 하는 만큼 직업을 전환하는 데 필요한 기간이 길어지는 효과가 있다. 즉, 디지털경제에서 실직을 한 근로자들에게 요구되는 직업훈련의 양은 산업경제에서 직업을 전환하는 데 필요한 직업훈련의 양보다는 많아지고, 따라서 실업의 지속기간은 길어지는 효과가 있을 수 있다.

5. 노동통제

디지털경제에서 기업들의 인적자원관리방식으로 근로자들의 업무수행에 대해 보다 정확하고 통제적인 방법을 이용할 수 있다. 그 결과 근로자들은 산업사회에 비해 더욱 심한 노동통제를 경험하게 되는데, 그 방법은 크게 두 가지의 기준이 있다.

첫 번째의 방법은 노동력의 투입이 일정한 기준 및 목표를 만족시켰는지의 여부이다. 고도의 정보통신기술은 근로자가 작업장에서 어떤 강도로 노동력을 투입하고 있는가에 대한 정확한 감시를 가능하게 한다.[18]

두 번째의 방법은 노동력 투입결과 산출물을 기준으로 감시를 하는 것이다. 작업결과의 측정을 전자화하고 축적하여 근로자들의 생산성을 비교하거나, 생산기준 및 목표에 도달하였는가를 정확하게 판단하여 근로자들의 근무태도에 대한 자료로 이용하여 임금, 승진 등에 이용하는 것이다. 예를 들어, 사무자동화는 노동생산성을 향상시키는 목적으로 많은 작업장에서 활용되고 있지만 그것은 동시에 근로자의 감독강화라는 측면이 있다.

6. 고용의 불안

앞에서 언급한 디지털경제에서 노동시장의 유연성이 크다는 사실은 개별근로자의 입장에서 보면 고용의 불안을 의미한다.[19] 디지털경제에서 고용의 안정(employment security)을 감소시키는 것은 소위 시장 또는 경쟁논리의 확산과 비정규직의 증가이다. 무엇보다도, 디지털경제에서 경쟁적 논리는 근로자들의 해고의 관행에서도 노동시장의 유연성이라는 관점에서 적극적으로 적용될 것이다. 근로자들의 평균적인 근속기간은 단축되고 현재의 고용상태가 지속될 가능성(확률)은 산업경제에서의 근로자들이 경험했던 것보다 낮다. 다음으로 고용의 불안은 해고확률이 높아진다는 측면 이외에도 비정규직근로자(단시간근로, 임시근로, 파견근로)의 증가라는 측면에서도 일어난다.[20] 정보화가 앞선 나라들에서 그러한 비정규직 근로의

18) 특히, 컴퓨터기술과 통신기술과의 결합은 그러한 감시체제에 새로운 장을 열게 한 주요 물적 자원으로 지적되고 있다. 정보화는 작업현장에서의 노동강도나 집중도만을, 즉 생산현장에서의 도덕적해이문제만을 완화시키는 것이 아니다. 정보통신기술을 이용하면 근로자의 채용전의 경력에 대한 정보도 쉽게 획득할 수 있다.

19) 고용안정(employment security)과 직업안정(job security)을 구분하는 경우도 있으나, 아직 국내에서는 그 개념에 대한 정리가 돼있는 것 같지는 않다. 본 교재에서는 그 차이를 구별하지 않고 고용안정이라고 한다.

비중이 커지고 있다는 것은 잘 알려져 있다.

7. 노동정책

디지털경제에서의 노동정책은 어떠한 문제에 중점적으로 관심을 갖고 있어야 하는가? 노동정책의 목적은 노동시장이 노동이라는 생산요소를 효율적으로 배분하는 일을 도와주는 일인데, 여기서는 몇 개의 예를 통해 디지털경제에서의 노동정책의 방향을 살펴본다.

무엇보다 노동시장과 관련된 노동법을 디지털경제의 노동관행에 맞추어 개정하는 일이다. 디지털경제에서는 고용형태가 다양화되는데, 그 예는 시간제근로, 계약직근로, 재택근로, 파견근로제 등이다. 이러한 근로행태는 산업경제의 근로행태를 기준으로 제정된 여러 노동관계법으로 관리하기에는 적절하지 않다. 예를 들어 최근에 일반화되고 있는 재택근로에 대해 근로기준법 내에서 법적 장치가 없는 점은 재택근로의 도입 및 활성화에 장애가 되고 있다.[21] 근로계약상에서 다양한 근로행태에 맞는 고용조건(임금, 근로시간, 휴일, 복지문제, 퇴직금)을 명확하게 할 수 있도록 하거나, 산업경제의 관점에서 보면 비정규적인 근로형태의 근로자들에게 최소한의 사회적 안전망을 제공하도록 각종 사회보험제도를 개선시켜나가야 할 것이다.

다음으로는 노동시장의 관점에서 노동시장의 정보, 즉 구인구직정보를 제공하는 일과 근로자들에게 교육 및 직업훈련을 제공하는 두 가지의 정책 중 후자에 대한 비중을 확대해야 한다. 산업경제에서 중요한 문제였던 정보의 부족은 디지털경제에서 상대적으로 완화되는 반면에 근로자들에게 고도의 디지털경제에서 적응할 수 있도록 하는 직업교육 및 훈련이 상대적으로 더욱 중요하게 된다. 또한 근로자들의 중요한 학습경로가 현장에서

20) 정보사회에서 이러한 근로형태를 비정규직이라고 부른 것은 더 이상 적절하지 않을 수도 있다. 왜냐하면, 그러한 근로형태는 산업사회에서는 비정규직근로이지만 정보사회에서는 정규직근로가 될 수 있기 때문이다.

21) 어수봉·유경준·강순희, "21세기 노동시장정책," 1997, 한국노동연구원.

의 경험과 고참과 신참근로자들 간의 의사소통이라는 점을 고려하여 그러한 현장에서의 학습효과를 크게 할 수 있는 방안, 특히 임금체계에 관한 합리적인 정책이 필요하다.

보 론 I 전자상거래시대의 유망직종

구 분	임 금	필요경력	직 무
창업컨설턴트	25만달러	경영학석사학위, 컨설팅회사근무자	프로젝트를 위한 사업사례분석, 사업방향제시
어플리케이션 개 발	15만달러	로켓 사이언티스트, 천체물리학자, 순수과학연구자, 소프트웨어 엔지니어, 프로젝트 디렉터	소프트웨어프로그램, 온라인 비즈니스 도구개발
주문이행 전 문 가	6만~10만달러	로지스틱스, 운송업, 트럭운송업, 군수물자조달, 경비업무자, 중개인	소비자에게 물품전달
소 비 자 행동컨설턴트	10만달러	심리학자, 작가, 저널리스트, 디자이너, 잡지편집장	전자상거래에서의 소비행태, 소비성향 등을 분석
중 개 인	20만~2백만달러	금융중개인, 고용중개전문가, 협상전문가, 세일즈맨	새로운 사업기회와 직원발굴
네트워크 보안전문가	10만달러	정보기관직원, 정보통신보안관리자	컴퓨터시스템보안
전자상거래 사업분석가	6만~10만달러	회계사, 감사역, 주식중개인, 경영인	회계, 수치계산
Internet Architect	10만달러	웹마스터 및 디자이너와 관련된 데이터베이스 구축	전자상거래 웹사이트디자인, 컨셉 고안
Product Manager	6만달러	이벤트관리, SAP프로젝트 매니저, IT프로젝트 매니저, TV, 잡지, 라디오프로듀서	전자상거래 웹사이트관리 (환경, 상품)
프로그램	5만달러	프로그램밍학위 또는 SOL, Java, Corba, 네트워크운영체계-윈도우 NT와 Unix-에 대한 skill, TCP/IP에서의 커뮤니케이션 경력	컴퓨터프로그램밍 작업

자료: OECD(1999).

보 론 II 불확실성과 정보

현대사회에 살고 있는 모든 사람들이 공통적으로 직면하고 있는 가장 두드러진 현상은 불확실성이라고 말할 수 있다. 이러한 불확실성하에서 문제가 되는 것은 경제주체 간에 정보의 편중현상을 들 수 있다. 다시 말하면 모든 경제주체들은 경제적 거래나 계약을 체결하고 이행하는 과정에서 거래의 한쪽이 다른 쪽보다 더 많은 정보를 갖고 있는 것이 일반적이다. 이와 같이 거래당사자 간에 보유한 정보가 다른 경우를 비대칭적 정보의 상황이라고 한다. 여기에서는 비대칭적 정보의 상황에서 일어날 수 있는 역선택, 도덕적 해이 등을 살펴본다.

1. 불확실성

현대사회에 살고 있는 모든 사람들이 공통적으로 직면하고 있는 가장 두드러진 현상은 불확실성(uncertainty)이다. 불확실성이란 현실세계에서 의사결정의 결과에 무작위성(randomness)이 존재하는 상황을 말한다. 따라서 의사결정이 두 가지 이상의 결과를 가져오는 경우에는 항상 불확실성이 존재한다고 말할 수 있다. 이러한 현실세계의 상태 중에서 어떠한 측면을 주로 고려하는가에 따라 불확실성은 여러 가지로 분류된다.

첫째, 불확실성이 경제적 거래과정에서 외생적으로 발생하느냐 아니면 내생적으로 발생하느냐에 따라 외생적 불확실성과 내생적 불확실성으로 구분된다. 외생적 불확실성은 기술적 불확실성이라고도 하는데, 이러한 불확실성은 흔히 경제체제에서 외생적으로 주어지는 소비자들의 선호, 부존

자원 및 기업의 생산기술 그리고 그 외 외생적인 경제여건에 존재하는 모든 불확실성을 총칭한다. 예를 들어, 기계가 고장날 가능성이 있는 경우에 기업의 생산활동에는 불확실성이 존재하게 되며 만약 소비자의 선호나 농산물의 수확이 미래의 날씨와 관련된 경우에는 날씨와 관련된 외생적 불확실성이 존재한다고 말할 수 있다. 그리고 정부의 정책과 관련한 불확실성으로서 이른바 정책 불확실성(policy uncertainty)도 이 범주에 속한다고 할 수 있다. 이것은 경제정책이 경제의 각 분야에 미치는 영향과 관련된 불확실성을 말한다. 이러한 종류의 불확실성은 흔히 위험분담계약이나 보험계약을 통해 어느 정도 제거될 수 있지만 이것을 완전히 제거하는 것은 현실적으로 거의 불가능하다.

내생적 불확실성은 시장 불확실성이라고도 하는데, 이러한 불확실성은 다른 경제주체와의 경제적 거래과정에서 그들이 어떠한 속성을 가지고 있거나 어떻게 행동할지 모르기 때문에 발생하는 불확실성을 말한다. 예를 들어, 상품의 구매자는 자신이 구입하고자 하는 상품의 품질에 관하여 정확하게 알지 못하는 경우가 일반적이며 고용자는 피고용자의 생산성을 정확하게 알지 못하는 경우가 일반적이다. 또한 기업의 주주들은 과연 전문경영자가 자신들을 위해 최선의 노력을 다할지 알 수 없으며 지주는 소작인이 자신을 위해 열심히 노력하는가를 완벽하게 감독할 수 없는 경우가 일반적이다. 그리고 환자들은 자신의 주치의가 과연 적절한 처방을 내리고 있는지 정확하게 알 수 없으며 소송의뢰인은 자신의 변호사가 과연 자신을 위해 최선을 다하여 법률적 대응을 잘 하고 있는지 정확하게 알 수 없는 경우가 보편적이다.

한편 내생적 불확실성과 외생적 불확실성은 항상 분리되어 존재하는 것은 아니며 경우에 따라서는 양자가 혼합되어 존재할 수도 있는 것이다. 예를 들면 흡연에 따른 결과란 흡연에 영향을 미치는 본인의 내적인 상태와 질병에 대한 민감도와 같이 외생적으로 주어진 신체적 조건의 복합적인 산물인 것이다.

둘째, 불확실성이 영향을 미치는 범위가 특정개인에 국한된 것인가 아니면 사회 전반에 걸쳐 있는가에 따라 개인적 불확실성(individual uncertainty)과 사회적 불확실성(social uncertainty)을 구분하기도 한다. 개인적 불확실성은 오직 개개인이 직면하게 될 자신에게 고유한 불확실한 상태를 말한다. 예를 들면 교통사고를 당할 가능성이나 질병에 걸릴 가능성 또는 직장에서 해고당할 가능성 따위는 개개인에게 고유한 불확실성에 속한다. 반면에 사회적 불확실성 또는 총체적 불확실성(aggregate uncertainty)이란 경제 전체가 직면할 불확실성을 말한다. 예를 들면 경기가 호황일 가능성 또는 지진이 일어날 가능성 등은 경제 전반에 걸쳐 발생하는 불확실성에 속한다고 할 수 있다. 이것은 불확실성의 고유한 성격과 관련된 것은 아니지만 불확실성에 대한 대처방법이나 그 결과로서 시장균형의 성격에 차이를 가져올 수 있다는 점에서 중요한 의미가 있다.

이와 같이 경제주체가 직면하게 될 결과에 존재하는 무작위성에 일정한 확률을 부여할 수 있다면 이러한 상황은 위험을 내포하게 된다. 따라서 무작위성이 존재한다 하더라도 그것과 일정한 확률분포를 연계시키지 않고 개인의 의사결정 나아가서 시장경제의 균형의 문제를 다루는 경우는 불확실성하의 문제라고 말할 수 있다.

불확실성이 점차 증가됨에 따라 이에 비례해서 보다 정확한 정보에 대한 요구도 점차 증가하고 있다. 개인의 일상적인 상품의 구입결정, 자산의 매입과 매각결정 등은 물론 기업의 고용에 대한 결정, 그리고 생산 및 투자 결정에 있어서 정확한 정보를 필요로 하고 있다. 따라서 모든 경제주체들은 텔레비전, 라디오, 신문과 잡지를 비롯한 각종 매체를 통해 그리고 전문가의 조언이나 발달된 컴퓨터 시스템을 이용하여 정보를 획득하고 처리하여 의사결정과정에 반영함으로써 불확실성을 제거하거나 축소하여 보다 유리한 결과를 얻기 위해 노력하고 있다. 바로 이러한 이유로 인해 정보를 필요로 하게 된다. 따라서 정보(information)란 미래의 불확실성을 축소하거나 제거함으로써 경제주체의 후생을 증대시킬 수 있는 모든 가능한 신호(signal)들의 집합이라고 할 수 있다.

2. 비대칭적 정보

모든 경제주체들이 동질적인 정보를 보유하고 있다면 정보를 이용해서 투기적인 이익을 얻거나 자신에게 유리하도록 시장가격을 조작할 수 있는 기회는 있을 수가 없다. 흔히 누구나 접할 수 있는 TV나 신문 등을 통해 얻게 되는 정보를 공적정보라고 할 수 있는데, 공적정보를 대칭적 정보 또는 동질적 정보라고도 한다. 반면 경제주체들이 자신만이 보유한 특별한 정보를 사적정보라고 하는데, 사적정보를 비대칭적 정보라고 한다. 비대칭적 정보의 상황은 경제적 거래의 쌍방 가운데 어느 한쪽이 다른 쪽보다 우월한 정보를 가지고 있는 경우를 말한다. 예를 들면 보험시장에서 보험회사와 피보험자 간의 관계, 상품의 품질에 관해 판매자와 구매자 간의 관계, 노동시장에서 고용자와 노동자 간의 관계는 비대칭적 정보로 인해 쌍방 간의 계약에 여러 가지 문제가 제기되는 경우가 있다. 이와 관련해서 발생하는 경제문제로 역선택, 도덕적 해이 등의 문제로 인한 자원배분의 효율성문제가 발생하게 된다.

2.1 감추어진 특성과 감추어진 행동

모든 경제주체들은 경제적 거래나 계약을 체결하고 이행하는 과정에서 거래의 한쪽이 다른 쪽보다 더 많은 정보를 갖고 있는 것이 일반적이다. 이와 같이 거래당사자들이 보유한 정보가 다른 경우를 비대칭적 정보(asymmetric information)의 상황이라고 한다. 이러한 비대칭적 정보의 상황은 다시 다음과 같이 두 가지 형태로 구분할 수 있다.

첫째, 거래당사자나 거래상품의 특성을 한쪽만 알고 있는 경우로서 이러한 '비대칭적 정보'의 상황을 '감추어진 특성'(hidden characteristics)의 상황이라고 한다.

둘째, 어느 한 당사자의 행동을 다른 쪽에서 관찰할 수 없는 경우에도 '비대칭적 정보'의 상황이 발생하는데 이 때는 '감추어진 행동'(hidden action)의 상황으로 구분한다.

이러한 비대칭적 정보의 상황은 상품시장, 노동시장, 금융시장을 막론하고 발생할 수 있다. 예를 들면, 중고차시장에서 중고차를 매입하는 사람은 중고차의 품질에 대해 알지 못하고, 노동시장에서 고용자는 노동자의 생산성에 대해 알지 못하며, 보험시장에서 보험회사는 보험가입자의 운전습관이나 건강상태에 대해 알지 못하고, 금융시장에서 은행은 대출받는 사람의 자금사정이나 신용상태에 대하여 알지 못하기 때문에 발생하는 '비대칭적 정보'는 '감추어진 특성'의 전형적인 예들이라 할 수 있겠다.

반면, 감추어진 행동은 거래관계자 모두에게 영향을 미치는 한쪽 당사자의 행동을 상대가 관찰하거나 통제할 수 없는 경우를 말한다. 예를 들어, 중고시장에서 매입자가 중고차의 품질을 믿지 못하여 망설이는 경우에 판매자가 판매 후 1년 내에 중대한 고장이 있으면 수리비를 부담하는 품질보증을 해 주었다고 하자. 실제로 고장이 나면 이것이 거래당시 중고차의 상태가 좋지 않기 때문에 발생한 문제인지 아니면 매입자가 품질보증을 믿고 거칠게 차를 몰았기 때문에 발생한 문제인지 알기 어렵다. 노동자의 경우에도 고용이 결정되고 보수가 정해지면 자연히 근무를 태만히 할 가능성이 있다. 노동자의 생산성이 낮게 나타났을 때 이것이 외부적인 요인에 의한 것인지 혹은 근무태만에 의한 것인지 알기 어렵다.

마찬가지로 의료보험에 가입하지 않았다면 병원을 찾지 않을 감기 등의 경미한 증세에도 많은 보험가입자가 병원을 찾는다. 만약 이것이 예상하지 않고 보험료를 책정했다면 보험회사는 손해볼 가능성이 높다. 또한 은행으로부터 어떻게든 대출을 받은 사람의 경우에는 은행이자만을 갚을 수 있는 안정적인 투자보다는 큰 돈을 벌 수 있지만 파산의 가능성도 높은, 투기에 가까운 투자를 할 가능성이 높다. 사전에 전혀 예상하지 못한 행동의 변화가 발생할 수 있는 것이다.

'감추어진 특성'과 '감추어진 행동'을 구별하기 위해서는 '비대칭적 정보'의 대상이 변경가능한 것인가를 판단하면 쉽다. 운전습관이나 질병 유무 등은 보험에 가입하기 이전에 결정된 것이며, 보험가입에 의해 영향을 받지 않으므로 '감추어진 특성'에 해당한다. 반면 보험에 가입한 이후 과거와 달리 좀더 거칠게 차를 운행한다거나, 의료보험에 가입한 이후 사소한 증상에도 병원을 찾는 등의 행위는 변경이 가능하므로 '감추어진 행동'에 해당된다. 이와 같은 두 상황의 차이 때문에 '감추어진 특성'과 관련된 경제문제에서는 주로 '감추어진 특성'을 밝히는 방법이 주관심사가 된다. 어떻게 하면 운전습관이나 질병 유무, 혹은 노동자의 생산성을 파악하여 각 특성에 맞는 거래나 계약을 할 수 있는가의 문제, 즉 정보의 전달이 분석의 대상이 된다. 반면 '감추어진 행동'과 관련된 경제문제에서는 원하는 대로 상대방의 행동을 유도할 수 있는 동기부여의 방법이 주관심사가 된다. 어떻게 하면 보험에 가입한 이후에도 그 전과 같이 조심스럽게 운전하도록 할 수 있을까의 문제인 것이다.

2.2 역 선 택

일상적으로 자주 접하게 되는 비대칭적 정보의 상황에서는 상품을 사고팔 때 품질에 관한 정보의 차이, 보험시장에서의 보험회사와 피보험자 간에 사고위험에 대한 정보의 차이, 노동시장에서 고용자와 노동자 간에 노동자의 능력에 관한 정보의 차이, 금융시장에서 채권자인 은행과 채무자인 기업과 개인 간의 채무불이행의 위험에 대한 정보의 차이 등 이루 헤아릴 수 없을 정도로 많다. 이러한 경우에는 정상적인 거래가 이루어지기 어렵고 여러 가지 형태의 문제가 발생하게 된다. 이는 정보를 많이 가진 측의 감추어진 특성으로 인해 발생하는 문제로서 흔히 역선택(adverse selection)의 문제라고 한다.

다시 말하면 시장에서 거래되는 상품의 품질에 차이가 존재하고 오직 거래의 한쪽 당사자만이 그 품질을 알고 있을 때, 시장에서는 저질의 상품만 거래되는 결과를 역선택이라고 한다. 정보가 잘 알려져 있다면 자발적인 거래에 의해 상호이익을 실현할 수 있음에도 불구하고 불완전하고 비대칭적인 정보 때문에 거래의 가능성 줄어들게 되어 효율적인 자원배분을 달성할 수 없으므로 역선택의 문제는 매우 중요한 분석의 대상이 되는 것이다.

예를 들면 보험시장에서 보험회사가 보험가입자에 대한 사고위험성의 정도에 따라 보험료를 책정하는 것이 바람직할 것이다. 그러나 보험회사는 일반적으로 보험가입자에 대한 사고위험성의 정도를 정확히 파악할 수 없기 때문에 보험회사는 사고위험성이 높은 보험가입자나 사고위험성이 낮은 보험가입자에게 똑같은 보험료를 징수할 수밖에 없다. 이 경우 자신이 사고위험성이 높다고 생각하는 사람들이 보험가입을 선호하게 될 가능성이 있는 것이다. 이 때 보험회사가 지불해야 하는 보상금액은 증가하게 되므로 손실을 보지 않으려는 보험회사는 보험료를 올리게 될 것이나 높은 보험료하에서는 사고위험성이 높은 사람만이 보험에 가입하려 하는 역선택 현상이 발생하게 될 것이다.

또한 금융시장에서는 어떠한 '비대칭적 정보'가 발생하는가? 은행은 대출된 자금이 회수되지 못하는 경우에 손실을 보게 된다. 대출자금의 회수 가능성은 기업의 신용이나 자금용도 등에 따라 다를 것이다. 편의성 수익률은 높지만 부도의 가능성이 높은 용도에 투자하는 위험기업과 부도의 위험은 없어 안전하지만 수익률이 낮은 안전기업이 있다고 하자. 문제는 은행의 입장에서 위험기업과 안전기업을 구분하기가 쉽지 않다는 것이다. 물론 투자용도를 알고 있는 기업 스스로는 자신이 안전기업인지 위험기업인지 알 수 있기 때문에 '비대칭적 정보'의 상황이 되는 것이다. 따라서 대출자금의 회수가능성을 사전에 알 수 없다면 은행은 같은 이자율을 부과할 수밖에 없고, 이 경우 수익률과 부도의 가능성이 동시에 높은 곳에 투자하려는 기업들이 더 많이 대출자금을 원하게 될 가능성이 있다. 이에 따라 대출자금의 회수가능성이 줄어들게 되어 은행의 비용은 증가하게 된다. 이 비용을 보전하기 위해 이자율을 인상하면 더욱 위험한 투자만을 일삼는 위험기업들에 대한 대출비율이 증가하여 오히려 비용이 더 빠른 속도로 증가할 가능성이 있다.

지금까지 우리는 정보가 비대칭적일 때 발생할 수 있는 역선택현상에 대해 살펴보았다. 역선택현상 때문에 사회적 후생이 증대되는 파레토우월(Pareto superior)한 배분이 있음에도 그를 실현하지 못하므로 사실상 모든 사람이 손해를 보게 된다. 그렇다면 역선택을 극복하여 후생을 증대시키는 방법은 없을까? 그러한 방법들로 선별(screening), 신호발송(signaling), 규제(regulation)에 의한 강제집행, 평판(reputation) 등을 차례로 살펴보자.

첫째, 역선택은 근본적으로 '비대칭적 정보' 때문에 발생하므로 정보가 없는 쪽에서 겉으로 드러난 자료를 이용하여 간접적이고 부정확하나마 정보를 얻고자 노력하게 된다. 이러한 노력을 선별이라고 한다. 예를 들면 자동차보험의 경우 25세를 기준으로 보험료가 다르게 산정된다. 이는 평균적으로 26세 이상의 운전자가 25세 이하의 운전자보다 사고위험성이 낮다는 통계에 따른 것이다. 물론 25세 이하의 운전자가 오히려 26세 이상의 운전자보다 더 조심스럽게 운전하는 경우도 있겠으나 평균적으로는 26세 이상 운전자의 사고위험성이 낮다는 것이다. 26세 이상이면 '고위험유형'일 가능성이 20%, 25세 이하이면 '고위험유형'일 가능성이 80%라고 하자. 위와 같은 선별에 의해 26세 이상인 고위험운전자 20%는 고위험자임에도 불구하고 낮은 보험료의 혜택을 받게 되지만 그 이익은 80%의 저위험운전자들이 부담하므로 26세 이상의 저위험운전자들은 큰 부담 없이 보험의 혜택을 누릴 수 있다. 반면에 25세 이하의 '저위험유형'은 보험을 들지 않을 가능성이 있으나 나머지 '고위험유형' 80%는 비록 다른 보험자보다 높은 보험료를 납부하지만 보험의 혜택을 누릴 수 있으므로 보험에 가입하지 않을 때보다 후생이 증대되는 효과가 발생한다. 이처럼 보험자의 '감추어진 특성'과 관계가 있는 나이와 같은 특성을 이용하여 보험자의 성향을 구별해 내는 것을 선별이라 한다.

둘째, 어떤 사람이 판매하는 상품의 품질이 우수하다는 것이 알려지면 더 높은 가격을 받을 수 있으므로 정보를 가진 판매자도 감추어진 특성을 알리고자 하는 동기가 있다. 이 경우 자신의 정보를 구매자에게 알리고자 하는 노력은 구매자에게 일종의 신호를 보내는 것과 같은데 이를 신호발송(signaling)이라고 한다. 즉 정보가 없는 구매자의 입장에서 자신에게 허용되는 모든 정보를 사용하여 품질을 구분하는 것이 선별이라면, 정보를 알고 있는 판매자가 상대적으로 우수한 품질을 간접적으로나마 알리는 방법이 신호발송이다. 이러한 신호발송에 의해 감추어진 특성이 알려지게 된다.

셋째, 정부의 규제에 의해 모든 당사자들을 강제적으로 거래하도록 하는 방안을 강제집행이라고 한다. 보험의 경우 유형에 관계없이 모두 의무적으로 보험에 가입하게 하면, 사고위험성이 낮다고 생각하는 사람에게는 불리하지만 그래도 그러한 보험이 제공되는 것이 역선택에 따라 보험시장이 완전히 무너지는 경우보다는 위험의 정도를 불문하고 이득이 될 수 있다. 보험회사는 평균적인 사고위험성에 따라 보험료를 징수할 때 모든 사람들이 의무적으로 보험에 가입한다면 사고위험성이 낮다고 생각하는 사람이 더 좋은 조건을 찾아 이동할 수 없기 때문에 역선택을 사전에 방지할 수 있다. 현재 자동차보험의 경우 책임보험을 의무적으로 가입하게 하는 것은 사고발생시 피해자를 보상하기 위한 것이 주목적이지만 역선택의 문제도 자동적으로 해결하는 부수적 효과도 있다고 볼 수 있다.

넷째, 정보를 가진 쪽은 한 번의 이익보다는 장기적인 이익을 추구하여 나쁜 품질의 상품은 스스로 가격을 낮춰서 판매하고 대신 좋은 품질의 상품을 고가에 판매할 수 있도록 하는 것이 이익이 될 수 있기 때문이다. 현실에서 고가에 판매하되 고품질을 유지하는 경우에서 볼 수 있듯이 정보를 가진 쪽에서 스스로 정직하게 정보를 전달한다는 평판(reputation)을 만들어 자신도 이익보고 역선택의 문제도 해결할 수 있는 것이다.

2.3 도덕적 해이

경제적 거래관계를 맺고 있는 거래당사자들 중에서 어느 한쪽이 계약조건을 충실히 이행하면서 행동하고 있는지를 정확히 알 수 없기 때문에 발생하는 문제도 많다. 예를 들면 기업의 주주와 경영자 간의 관계에서 경영자의 행동, 지주와 소작인의 관계에서 소작인의 경작행위, 의사와 환자 간의 관계에서 의사의 진료행위, 고용자와 노동자 간의 관계에서 노동자의 행위, 보험회사와 피보험자 간의 관계에서 피보험자의 행동 등과 같은 정보를 가진 측의 행동을 정확하게 감시하고 확인할 수 없기 때문에 문제가 발생하게 된다. 이는 감추어진 행동으로 인해 발생하는 문제로서 흔히 도덕적 해이(moral hazard)의 문제 또는 일반적인 주인-대리인 문제(principal-agent problem)이라고 한다.

도덕적 해이는 원래 미국에서 보험 가입자들의 비양심적인 행위를 지칭하는 용어로 보험을 가입해 놓고 보험금을 타기 위해 일부러 사고를 내는 것을 지칭한 것이다. 이를 일반화하면 이해당사자들이 상대를 배려하지 않고 책임을 다하지 않는 행태를 말한다. 이런 행태의 원인은 어떤 일을 처리하는 대리인이 이 일을 의뢰한 사람이 알지 못한 정보를 이용해 개인의 이익만 생각하기 때문이다. 넓은 의미로는 법과 제도적 허점이 있을 경우 이 허점을 이용해 자기 책임을 소홀히 하거나 집단적인 이기주의를 나타내는 행위이다. 또 권한과 지위에 상응하는 책임을 제대로 지지 않는 경우, 한 집단이 자신들의 이익을 관철하기 위해 사회에 경제적 손실을 입히고 그 피해가 궁극적으로 본인들에게 돌아오는 것도 넓은 의미의 도덕적 해이에 포함된다.

거래관계자 중 한쪽의 행동이 다른 쪽에 영향을 미치는 경우를 대리관계(agency relationship)라고 하는데 행동을 취하는 쪽을 대리인(agent), 영향을 받는 쪽을 주인(principal)이라고 정의한다. 구체적으로 변호사는 의뢰인을 대신하여 의뢰인에게 유리한 판결이 내려지도록 노력할 것을 요구받은 대리인이며, 주인인 환자의 병을 고치도록 요구받은 의사도 대리인의 범주에 포함된다. 또한 민주주의의 사회에서 정부는 주인인 국민을 대신하여 국가를 경영하는 대리인에 불과하며, 현대의 기업 중에서 큰 비중을 차지하는 주식회사에서 회사의 중역이 주인이라면 그 밑의 직원들은 대리인이 되고 또 다른 관계에서는 중역은 다시 주주들의 대리인으로 볼 수 있다.

주인을 위해 임무를 수행하여야 할 대리인은 주인의 이해와는 다른 자신의 독자적인 이해가 있다. 만약 대리인의 이해가 주인의 이해와 상충되었을 때, 대리인은 자신의 이익을 위해 주인의 이익을 포기할 가능성이 높다. 주인이 대리인의 행동을 완전하게 감독하고 통제할 수 있다면 대리인이 자신의 이익만을 추구하지 못하도록 할 수 있기 때문에 이해관계의 상충은 문제가 되지 않는다. 대리인의 행동을 정확히 관찰할 수 있거나 사후적으로 태만했는지 여부를 판단할 수만 있어도 대리인과 합의하에 대리인이 취한 행동에 대해 보수를 결정할 수 있기 때문에 문제가 되지 않는다. 그러나 현실적으로 대리인의 행동을 완전하게 감독하고 통제하는 것이 불가능하거나 비용이 많이 들기 때문에 감추어진 행동에 따르는 비대칭적 정보의 문제가 발생하게 되는 것이다. 이러한 경우 대리인은 자신의 이익만을 추구하게 되는 것이 일반적이다.

예를 들어 의뢰인에게 유리한 판결이 내려지도록 소송을 대리하는 대가로 수임료를 받는 변호사에게 있어서 재판의 결과보다는 수임료가 더 중요하다. 만약 수임료가 소송결과와 관계 없이 정해지면 변호사는 태만할 가능성이 많은데 이는 의뢰인의 이해와 배치되는 결과이다. 이러한 경우에 일반적으로 대리인의 노력이나 성실성에 대하여 관찰할 수도 없고, 사후적인 판단도 불가능하다. 나쁜 결과가 발생했을 때 그것이 대리인의 태만에 의한 것인지, 아니면 대리인이 최선을 다했음에도 불구하고 발생한 현상인지 판단하기 어렵다. 변호사에게 의뢰한 재판에서 패소했을 때, 변호사의 과실에 의한 것인지 아니면 변호사가 최선을 다했음에도 패소했는지 판단할 수 없는 것이다. 의료사고시비가 잦은 것도 대리인으로서의 의사가 취한 행동을 정확히 관찰하기 어렵고 사후적으로도 의사의 잘못 여부를 판단할 수 없기 때문이다.

이와 같이 주인이 대리인의 행동을 감독·통제하지 못하여 대리인이 주인의 이익보다는 자신의 이익을 위해 행동하는 것을 도덕적 해이라고 한다. 그렇다면 주인의 입장에서 대리인이 최선을 다하도록 하는 방법은 없을까? 이처럼 주인과 대리인의 이해가 상충되었을 때 주인의 이해에 맞춰 대리인이 행동하도록 하는 계약이나 거래를 찾아내는 것이 주대리인 모형의 주요 분석대상인데 이것을 유인설계(incentive design)의 문제라 한다. 한편 양쪽의 행동을 모두 관찰할 수 없기 때문에 문제가 발생하는 이른바 이중적 도덕적 해이(double moral hazard)현상이 발생할 수 있으며 역선택과 도덕적 해이의 문제가 동시에 발생하는 경우까지를 생각한다면 비대칭적 정보와 관련된 문제는 매우 복잡한 양상을 띠게 된다.

중요개념

- 경쟁적 노동시장
- 고용의 유연성
- 노동시장의 유연성
- 도덕적 해이
- 역 선 택
- 원격근무센터
- 이동원격근무
- 임금의 유연성
- 재택근무
- 정보의 비대칭
- 탄력적인 근무제

연습문제

1. 디지털경제에서의 노동공급의 측면에서 야기되는 변화를 설명하라.
2. 디지털경제에서의 고용은 어떻게 변화하는가?
3. 디지털경제에서의 근무형태를 설명하라.
4. 디지털경제에서의 노동수요의 측면에서 특징을 설명하라.
5. 디지털경제에서의 정보화가 진행됨에 따라 노동력이 어떻게 변화하는가?
6. 디지털경제에서의 정보화가 진행됨에 따라 노동력 구성이 어떻게 변화하는가?
7. 디지털경제에서의 노동시장의 구조적인 특징으로 노동시장의 경쟁성과 유연성을 설명하라.
8. 디지털경제에서의 정보화가 진행됨에 따라 노동시장이 경쟁적으로 변화할 수 있음을 설명하라.
9. 디지털경제에서의 노동자와 사용자간의 고용관계를 설명하라.
10. 디지털경제에서의 임금문제로 임금격차문제와 임금체계문제를 설명하라.
11. 디지털경제에서의 노조 및 노사관계를 설명하라.
12. 디지털경제에서의 실업문제와 산업사회의 실업문제는 어떠한 차이점을 갖고 있는가?
13. 디지털경제에서의 노동통제에 대해 설명하라.
14. 디지털경제에서의 고용불안에 대해 설명하라.
15. 디지털경제에서의 노동정책은 어떠한 문제에 중점적으로 관심을 갖고 있어야 하는가?

제 9 장

디지털경제의 전자상거래와 e-비즈니스

디지털경제시대에서의 전자상거래에 뿌리를 둔 e-비즈니스는 기관별로 어떻게 정의되고 있는가? 결국, e-비즈니스는 종합적으로 무엇을 의미하는가? 전자상거래의 발전과정과 e-비즈니스가 출현하게 된 배경 및 특징을 무엇인가? e-비즈니스를 통해 거래되는 상품과 거래유형은 어떤 것들이 있는가? e-비즈니스를 통한 거래에서 전자결제시스템은 어떠한 것들이 있는가? e-비즈니스를 통해 소비자와 생산자가 얻게 되는 이점은 무엇인가? e-비즈니스모델이란 무엇을 의미하며, 어떠한 것들이 있는가? 그리고 21세기에 관심이 집중되고 있는 m-commerce와 t-commerce란 무엇인가를 살펴보자.

제 1 절 e-비즈니스의 정의와 출현

1. 인터넷과 e-비즈니스

21세기에 접어들어 인터넷의 급속한 성장은 정치, 경제, 사회, 문화, 교육 등 모든 부문에 걸쳐 엄청난 변화를 초래하고 있다. 이제 인터넷은 정보사회의 핵심기반으로서 등장하고 있으며, 특히 전자상거래가 활성화되기 위한 기반으로 등장함에 따라 기업들은 인터넷과 내부 네트워크를 통합·이용하는 인트라넷(intranet)의 구축에 많은 노력을 기울이고 있다. 이처럼 인터넷에 대한 기대와 가능성이 높게 평가되고 있는 것은 인터넷이 지니고 있는 몇 가지의 주요 특징과 사용자의 광범위성으로부터 기인한다.

첫째, 인터넷은 개방된 표준의 TCP/IP 프로토콜을 사용함으로써 개방형 네트워크를 구축하고 이에 따라 자유스러운 정보의 유통을 가능하게 한다.

둘째, 인터넷은 전세계를 실시간으로 연결하고 있기 때문에 세계성을 확보하고 있다. 즉 인터넷은 현대사회에서 국가 간의 경계 및 지리적 거리감을 해소시켜 나가고 있다. 더욱이 이러한 커뮤니케이션기술의 발달과 산업의 대형화로 인한 세계시장의 등장은 세계 각국 간의 정보의 유통을 급격히 증대시켜 왔으며, 향후 이러한 추세는 더욱 가속화될 것으로 예측된다.

셋째, 인터넷에서는 방대한 양의 멀티미디어 정보 및 자료가 제공되고 있다. 인터넷은 전세계 수천만대의 호스트 컴퓨터와 수억명의 사용자들과 연결되어 있으며, 이들은 인터넷상에 제공되어 있는 정보에 대한 소비자(client 또는 consumer)인 동시에 정보제공자(server 또는 provider)로서의 역할을 하고 있다.

넷째, 인터넷은 기존의 유사한 정보통신서비스와 비교할 때 매우 큰 경제성을 지니고 있다. 현재까지는 인터넷 사용시 기본적인 회선사용료(전용선, 전화선)를 제외하고는 대부분의 정보 및 서비스들이 거의 무료로 제공되고 있다. 또한 전자우편은 물론 인터넷폰, 인터넷팩스 등과 같은 새로운 인터넷 부가서비스를 이용할 경우 국제통신비용을 획기적으로 절감할 수 있다.

다섯째, 기술적 특성상 인터넷은 개방된 표준을 사용하고 있을 뿐만 아니라 다양한 신기술을 실험하는 테스트베드(test bed)로서의 역할을 수행하고 있다. 즉 정보통신 관련 신기술들이 인터넷을 통해 완성되고 이는 다시 인터넷의 서비스 영역을 확장하는 새로운 기폭제가 되고 있다.

여섯째, 인터넷의 사용자가 국내외적으로 급속히 증가하고 있는 것도 인터넷이 미래의 정보통신네트워크로서 주목받고 있는 중요한 이유이다. 정보통신을 이용한 커뮤니케이션 매체에 있어서 결정적 다수(critical mass)의 확보는 중요한 의미를 지니기 때문이다.

이러한 특성을 갖고 있는 인터넷은 단순한 정보통신네트워크로서의 역할뿐만이 아니라 전통적인 상거래의 기존 패러다임을 전환시킬 수 있는 잠재력을 지니고 있는 것으로 판단되고 있다. 특히 멀티미디어 서비스를 제공할 수 있는 월드와이드웹(WWW)의 등장으로 인하여 단순한 학술·연구만을 대상으로 하는 기존의 역할에서 벗어나 인터넷을 상업적인 차원에서 이용하고자 하는 노력이 급격히 확산되고 있다. 이제 인터넷은 새로운 사업의 기회를 제공하는 시장조성의 기능이 더욱 강조되고 있으며, 이는 인터넷을 이용한 전자상거래, 즉 e-비즈니스의 중요성을 부각시키는 계기가 되고 있다.[1)]

1) 지금까지 전자상거래(electronic commerce)라는 용어는 e-커머스, 인터넷상거래, 인터넷비즈니스, e-비즈니스 등의 유사용어와 명확한 구분없이 사용되고 있으며, 사람의 관점과 편의에 따라 특별한 구분없이 혼용되고 있다. 그러나 본문에서 언급한 바와 같이 e-비즈니스라는 용어를 주로 사용하기로 한다.

2. e-비즈니스의 개념 및 정의

디지털경제는 거래를 인터넷 또는 기타 공용의 웹상에 있는 시스템으로 옮기는 e-비즈니스와 그것을 가능케 하는 정보통신기술로 구성된다. e-비즈니스는 디지털경제의 견인차 역할을 수행하는 인터넷이 확산됨에 따라 급속히 발전하고 있는데, e-비즈니스의 뿌리는 전자상거래에서 찾을 수 있다.

초기의 전자상거래는 인터넷과는 별도의 영역인 구조화된 상거래인 EDI, CALS, VAN의 형식이었으나 인터넷의 폭발적인 보급과 확산으로 상업화가 시작되면서 인터넷상의 전자상거래에 대한 논의가 시작되었고, 이는 디지털환경 및 경영, 경제, 지식경영 등과 함께 e-비즈니스를 탄생시켰다. 최근에 정의된 e-비즈니스의 기관별 개념 정의를 살펴보면 [표 9-1]과 같다.

[표 9-1]에서 e-비즈니스의 정의들을 종합해 보면, ① 전통적 비즈니스 방식을 향상, 발전시키고 때로는 대체하기 위해서 인터넷 또는 새로운 정보통신기술을 적용하는 것, ② 정보통신기술, 업무 프로세스, 경영관행들을 포괄하는 것으로 정보의 전략적 사용을 통해 조직의 경쟁력을 향상시키고자 하는 것, ③ 전자상거래는 기업활동 자체에도 영향을 미치게 되는데, 기업간, 기업과 소비자간, 기업 내부의 모든 활동들이 컴퓨터기반 채널 상에서 실행되는 것 등을 의미한다.

따라서 e-비즈니스는 넓은 의미에서 인터넷을 활용한 모든 사업활동을 의미한다. 즉 전자상거래는 기업의 다양한 비즈니스 프로세스 중에서 인터넷을 통해 상품의 단순한 판매와 구매에 한정된 개념이라면, e-비즈니스는 인터넷을 통해 기업의 제품설계, 생산, 유통, 판매, 소비까지 모든 프로세스 전반에 걸쳐 이루어지는 활동을 의미한다.

[표 9-1] 기관별 e-비즈니스의 개념 및 정의

업 체	개념 및 정의
IBM	e-비즈니스란 경쟁우위를 확보하기 위한 조직 전반에 걸친 업무처리 시간, 스피드, 세계화, 생산성 향상, 새로운 고객에의 접근 및 지식공유에 관련된 모든 것을 말한다.
HP	e-비즈니스란 인터넷 기반의 정보인프라를 통해 기업과 협력업체, 고객들이 상호정보를 공유할 수 있도록 하여 이를 기반으로 기업이 비즈니스를 수행하는 진보된 형태의 비즈니스를 말한다.
Bound & King	e-비즈니스란 기술, 프로세스 그리고 경영관행들을 포괄하는 것으로 전자적 정보의 전략적 사용을 통해 조직의 경쟁력을 향상시키고자 하는 것을 말한다.
Gartner Group	e-비즈니스란 네트워크로 연결된 경제의 새로운 규칙이 제공하는 시장기회를 활용하고 가치를 창조하기 위하여 기업의 내부 및 외부 관계를 전환시키는 네트워크로 가능해진 비즈니스의 활동을 말한다.
PwC	e-비즈니스란 전통적 비즈니스 방식을 향상 및 발전시키고 때로는 대체하기 위해서 웹, 인터넷, 새로운 컴퓨팅, 통신기술을 적용하는 것을 말한다.
Arthur D. Little	e-비즈니스란 정보통신기술의 응용을 통하여 기존의 가치사슬과 비즈니스 프로세스를 재설계하고 새로운 것을 창조하는 것을 말한다.
IDC	e-비즈니스란 고객, 공급업체, 그리고 협력업체 등과의 사업운영을 위한 전자적인 연결을 의미한다.
Compaq	e-비즈니스란 기업이 경쟁우위를 확보하기 위해 비즈니스모델의 변환을 실현하는 인터넷 및 인터넷기술의 활용하는 것을 말한다.
Oracle	e-비즈니스란 기업들이 인터넷기술을 활용하여 비즈니스 의 방식을 근본적으로 변화시키는 것을 의미한다. 즉 물리적인 사회에 맞추어져 있던 기업의 모든 것들(프로세스, 조직, 문화 등)을 전자적인 사회에 맞추어 전환하는 것을 말한다.
삼성SDS	e-비즈니스란 인터넷기술을 전략적 도구로 활용하여 다양한 경영활동을 수행함으로써 부가가치를 창출하는 비즈니스, 혹은 고객이 그러한 비즈니스를 행할 수 있도록 정보기술 서비스를 제공하는 비즈니스를 말한다.

소비자의 관점에서 e-비즈니스를 살펴보면, 소비자와 기업이 인터넷이나 기타 온라인 네트워크를 이용하여 상품의 조달·구입, 대금의 지불·결제 등과 같은 상행위를 실행하는 것이다. 인터넷쇼핑몰 절차는 출점자가

인터넷의 쇼핑몰에 출점하고 소비자 개인이 그 인터넷의 쇼핑몰을 통해 쇼핑하고 원하는 제품을 문의, 의뢰 또는 주문한 후 소비자 신용카드, 전자화폐 등으로 결제하려 할 때 정부 또는 은행 등의 인증시스템에 의해 결제가 이루어지게 되며 이 과정이 끝나면 유통업자나 배송시스템에 의해 제품이 배달되는 과정을 말하고 있다.

기업의 관점에서 e-비즈니스는 광의의 관점에서 보아 기존의 전자문서교환(EDI)을 확대 해석하며, 소비자와 기업을 포함하고 기업간 거래의 주종을 이루는 형태로서 앞으로 본격적인 e-비즈니스의 시대에 주요 이슈로 부각될 것이다. 기존의 EDI를 확대 해석하고 데이터베이스를 공유하면서 개인 간과 기업 간의 상호 통신교류 및 자금의 이전을 가능하게 하는 거래로 발전될 것이다. 특히 이 분야는 기존의 CALS(광속상거래)를 바탕으로 한 표준과 기업 전체 라이프사이클의 활동반경을 전자적으로 구성하며, 궁극적으로 국내외 전체 산업활동을 정보화하는 것으로 확대될 것이다.

e-비즈니스의 경제에 대한 영향은 그 금전가치를 초월하여 크게 확산되고 있다. 기업은 전자상거래를 이용함으로써 보다 유익한 정보제공, 새로운 서비스의 개발, 시장프로세스의 원활화, 비용절감 등을 통하여 자기의 경쟁력을 강화하려 하고 있다. 또한 인터넷에 의해 고객은 어느 장소에서나 손쉽게 가격이나 제품정보를 입수할 수 있기 때문에 기업에 있어서의 가격경쟁은 강화되어 진다.

e-비즈니스의 주요 이점은 아마존, e-트레이드, 오토바이탈 등과 같은 e-비즈니스 소매업체에 의해 활용된 B-to-C(기업과 소비자 간의 전자상거래)에서 가장 잘 나타난다. 이러한 기업은 전통적 서점, 증권거래, 자동차 판매점 업무의 인터넷 버전을 만들어냈다. e-비즈니스는 지리적 제약이나 실제 점포를 운영하는 비용이 들지 않기 때문에 소비자의 요구에 따라 거의 무한대의 컨텐츠를 제공할 수 있으며, 실시간으로 반응이나 변경이 가능하다. 지금까지의 전통적 소매나 카탈로그 판매와 비교하여 이 새로운 사업은 비용구조를 바꾸기 시작했다. 이러한 e-비즈니스의 발전에 의해서 기존의 오프라인 기업도 전자상거래를 무시할 수 없게 되었고, 그 다수는 스스로 온라인 쇼핑몰을 운영하기 시작하였다.

e-비즈니스는 단순히 실제 점포를 대체하는 것뿐만 아니라 기존시장의 확대는 물론 아예 새로운 시장을 창출하기도 한다. e-비즈니스는 비용절감 이외에도 인터넷 기반의 기업은 보다 많은 정보와 선택권, 그리고 시간의 절약이라는 부가가치를 얻을 수 있다.

결론적으로 e-비즈니스란 전체 거래활동에 대하여 전자상점, 사이버 쇼핑몰 등과 같이 인터넷을 활용한 고객(수요자)과 공급자 그리고 금융기관과의 거래행위를 전자상거래로 보고, 기업간 거래, 기업과 정부 간의 거래행위로 확대하여 적용할 수 있다. 최근에 e-마켓플레이스가 주요 이슈로 등장하면서 기존 전자상거래 영역뿐만 아니라 네트워크를 통한 모든 경제활동 영역을 e-비즈니스라고 말한다.

3. e-비즈니스로의 발전

3.1 전자자금이체(EFT)

1970년대에 보안 사설 네트워크를 통한 은행 간의 전자자금이체(EFT: electronic funds transfer)가 소개됨에 따라 금융시장의 판도에도 많은 변화가 있었다. 전자자금이체는 전자적으로 제공된 송금정보로 전자결제를 최적화시키는 것이 목표였다. 오늘날 어디서나 쉽게 접근이 가능한 장소, 즉 슈퍼마켓, 편의점, 음식점, 등 다양한 장소에서 보편적으로 사용하는 신용카드와 은행계정에서 직접 결제되는 직불형태 등이 모두 여기에 포함된다. 은행의 자동화된 시스템, 회사 간에 연결된 컴퓨터 네트워크를 통해서 매일 많은 금액의 전자자금이체가 이루어지고 있다.

3.2 전자문서교환(EDI)

1970년대 후반부터 1980년대 초기까지 전자문서교환(EDI)과 전자우편 같은 전자메시징기술은 기업 내에 광범위하게 활용되었다. EDI는 전자거래를 구현함에 있어 거래행위의 실천적 수행이라는 측면에서 그 중요성이 특히 강조되며 이용자와 공급자 간을 직접 연결하는 수단일 뿐 아니라, 나아가 CALS/EC라는 전자상거래가 일반화되기 위한 다양한 절차상의 문제들을 해결하는 수단으로 부각되고 있다.

특히 정보화의 추세와 함께 전세계적인 시장개방의 움직임으로 이제 기업은 국가차원의 시장보호를 기대하기 어렵게 됨에 따라 전세계적인 경쟁에서 살아남기 위하여 스스로의 경쟁력을 제고하기 위한 노력을 필사적으로 기울여야만 하게 되었다. 이러한 환경하에서 EDI를 통한 생산성과 효율성 향상은 개인, 기업과 국가의 경쟁력을 향상시키기 위한 중요한 수단으로 인식되었고 북미, 유럽 각국 및 일본 등의 선진국과 싱가폴 등의 신흥선진국들을 비롯한 세계 각국은 전략적 차원에서 국가 전반에 걸쳐 EDI를 활용하게 되었다.

이러한 EDI의 개념은 이미 기존의 많은 연구에서 정의되었는데, 국제자료교환협회(international data exchange association)에 의하면 EDI란「구조화된 데이터(structured data)를 합의된 문서표준(agreed message standards)에 의해서 작성하여 한 컴퓨터시스템으로부터 다른 컴퓨터 시스템으로 전자적 수단을 통하여 전달하는 것」으로 정의하고 있다.

이때, '구조화된 데이터'는 정형화된 형식에 맞추어 구성·조합한 데이터를 의미한다. '합의된 문서표준'이란 사용자간 문서방식의 불일치를 줄이거나 제거함으로써 정보서비스시스템 간에 이루어지는 문서교환을 용이하게 하기 위하여 마련된 문서작성의 표준화된 메시지를 의미한다. 현실적으로 두 개 이상의 다른 정보서비스시스템 간의 사용문서는 문서의 구성, 내용 등에 있어 차이가 있게 마련인데, '한 컴퓨터시스템으로부터 다른 컴퓨터시스템으로' 의 의미는 상이한 시스템 간의 차별성을 극복하여 시스템과 시스템 간의 문서교환을 의미하는 것으로 자료입력비용의 감소, 서류작성업무의 감소, 기록의 정확성을 꾀할 수 있다. 이는 EDI의 이점을 최대한 누리기 위하여 필수적인 것이며, 여기에 EDI 표준 및 EDI 사용자 소프트웨어 등의 필요성이 존재한다. 또한 '전자적 수단' 이란 우편 발송 등 통상적인 문서전달방식과 달리 전자적 통신수단을 활용하는 것을 의미

한다

한편 우리나라 무역자동화법에 의하면 EDI란「업무를 컴퓨터 등 정보처리 능력을 가진 장치 간에 전기통신설비를 이용하여 전자문서로 전송처리 또는 보관하는 방식」이라고 정의하고 있다. 이를 간단하게 풀이하면 EDI란 기업이나 기관간의 전자적 문서교환방식을 의미하며 기존의 수작업, 인편형식의 문서교환방식을 전자적으로 대처하여 정보처리에 소요되는 노력을 절약하고 따라서 거래비용 및 서류작성비용 감소와 시장의 투명성을 증대시킴으로써 생산성과 효율성을 증대시키는 새로운 문서교환방식을 의미한다.

이러한 정의들을 종합하여 보면 결국 EDI란,「정보통신시스템을 이용한 서비스로, 거래 당사자 간의 자유의사에 의해 법적 효력을 갖춘 표준화된 문서를 교환하여 상거래나 업무를 처리하는 것」을 의미한다,

이와 같이 정의된 EDI는 흔히 CALS/EC나 E-MAIL 등과 혼용되기도 하지만 다음과 같은 점에서 구별된다. 먼저 CALS(Commerce At Light Speed)란 실례로, 제조업의 전순환과정과 이를 운영하는 운영지원과정을 연결시키고, 이들 과정에서 사용하는 각종 데이터를 표준을 통해 디지털화하여 컴퓨터에 의한 통합 및 자동화를 시키는 개념이다. 이에 대해 EDI는 기업 또는 공공기관의 거래서식을 정형화된 일정한 표준양식과 코드체계를 이용하여 컴퓨터와 컴퓨터 사이의 직접통신에 의해 교환하는 시스템을 의미하며 CALS의 중요한 수단이 될 수 있다.

한편 EC(electronic commerce: 전자상거래)는 상거래를 위한 거래상대방과의 사업관계를 증진시키기 위해 여러 기업들의 사업활동절차를 전략적으로 연계할 목적으로 정보통신기술을 활용함을 의미한다, 즉 전자상거래는 전자메일, 바코드, 데이터베이스, 멀티미디어시스템, EDI를 포함한 상위의 개념이다. 그리고 EDI와 E-MAIL과의 차이점은 E-MAIL의 경우에는 표준화된 문서의 형태로 보관하기 위해서는 수작업에 의한 재입력을 해야하는 번거로움이 있지만 EDI는 거래와 동시에 자동입력이 되어 재입력에 따른 오류, 비용을 제거할 수 있는 것이다.

3.3 광속상거래(CALS)

CALS는 1985년 '컴퓨터에 의한 병참지원(Computer Aided Logistic Support)'에서 출발하여 조달업무, 제품수명주기 관리, 기업통합 등의 개념이 추가되면서 1994년에는 '광속상거래(Commerce At Light Speed)'로 확대·발전되어 왔다. 이러한 CALS 개념의 변천과정은 [표 9-2]와 같다.

CALS는 1982년 미국에서 국방예산과 운영유지비의 절감을 위해 컴퓨터기술을 이용하고자 한 것이 출발점이었는데, 이는 시대의 변화와 함께 그 개념도 다음과 같이 변화 및 발전하였다.

첫째, 처음에는 군에서 군수물자의 지원을 위한 전산화(computer-aided logistic support)라는 개념으로 시작되었다. 이는 초기에 군수물자의 지원을 위해 디지털정보의 통합과 정보의 공유를 통한 신속한 자료처리환경을 구축하는 개념이었다.

둘째, 군수물자의 조달 및 지원을 위한 전산화(computer-aided acquisition and logistic support)라는 개념으로 발전하였다. 이 단계는 무기체계의 군수물자획득뿐만 아니라 지원과정을 포함하는 총체적인 군수물자관리의 개념으로 확장된 것이다. 기술정보를 한번만 입력해도 데이터베이스를 통해 서로 다른 기관이나 업체들이 공유함으로써 재입력할 필요 없이 여러 번 사용할 수 있어 혁신은 물론 상당한 비용절감을 가져오는 개념으로 발전되었다.

셋째, 그 후 생산·조달·운영지원의 통합정보화(continuous acquisition and life-cycle support)라는 개념으로 군사뿐만 아니라 민간, 산업분야로 확산되었다. 이 단계의 CALS는 제조업의 산업정보화에 가장 가까운 의미로서 제품의 발주·수주 및 구매 절차로부터 생산과 유통·폐기까지의 전체 수명주기(life cycle)를 관리할 수 있는 체계를 지원해 주며, 제품에 대한 총체적인 관리를 통해 모든 산업에 적용할 수 있음을 의미하는 개념으로 발전하게 되었다.

넷째, 최근에는 광속상거래(commerce at light speed)의 의미로 발전하고 있다. 이 개념은 통신에 의한 정보전달과정에 주목하고 각국의 초고속

정보통신망구축계획 및 인터넷 사용의 확산과 더불어 전세계를 연결하는 초고속통신망의 기반환경이 실용화단계에 도달함으로써 광속과 같이 초고속 전자상거래의 의미로 활용되고 있다.

[표 9-2] CALS 개념의 변천과정

업무영역 / CALS어원	부품/소모품의 보급	자재 조달(구매)	제품개발, 설계 및 제조	상거래, 물류 및 자금결제
Computer-Aided Logistic Support 군수물자의 지원을 위한 전산화	○			
Computer-Aided Acquisition and Logistic Support(1988) 군수물자의 조달 및 지원을 위한 전산화	○	○		
Continuous Acquisition and Life-Cycle Support(1993) 생산·조달·운영지원의 통합정보화	○	○	○	
Commerce At Light Speed(1994~현재) 광속상거래 (전자거래 및 결제의 속도화/효율화)	○	○	○	○

3.4 전자상거래(EC)

3.4.1 전자상거래의 개념 및 발전

전자상거래(EC: electronic commerce)라는 용어에 대해서는 아직까지 통일된 개념이 정립되어 있지 않지만, 일반적으로는 "기업, 정부기관과 같은 독립된 조직간 혹은 조직과 개인 간에 다양한 전자적인 매체를 이용하여 상품이나 서비스를 교환하는 방식"이라고 정의할 수 있다.[2] 최근에는 정보통신기술을 활용하여 기업의 생산, 판매, 조달 등 모든 경영활동을 효율화하는 경영혁신전략 수단 또는 전자적 기술과 수단을 활용하여 가상공간에서 이루어지는 모든 거래를 총칭하는 e-비즈니스의 개념으로 이해되고 있다.

2) 한국전산원, 『CALS/EC 도입·확산을 위한 정부의 역할』, 1996, pp. 12-13.

원래 전자상거래라는 개념은 1989년 미 국방성의 프로젝트를 수행하는 과정에서 처음으로 사용되었으며, 1993년 미 연방정부의 구매/조달 프로그램에서 이 용어를 채택하면서 확산되기 시작하였다. 당초에는 인터넷과는 무관하게 정보통신기술에 의해 종이문서 없는 환경을 달성하기 위해 제안되었으며 주로 EDI와 같은 기업 간의 거래(business-to-business interactions)에 한정되어 사용되었다.3) 그러나 1993년 월드와이드웹, 즉 웹(WWW: world wide web) 기술의 출현으로 인한 인터넷의 대중화 및 확산으로 전자상거래는 기업간 거래뿐만 아니라 기업과 개인 간의 거래(business-to-consumer interactions)로 그 적용범위가 [표 9-3]과 같이 확대되고 있다.

[표 9-3] 전자상거래의 범위

영 역	내 용
계 약	잠재고객과 잠개기업 간의 최초 계약체결
정보교환	사전 및 사후 판매지원 (제품 및 서비스내역서, 제품 사용에 관한 기술지원, 고객문의 지원)
전자지불	전자자금이체(EFT), 신용카드, 전자수표, 전자현금 등을 활용
유 통	유통관리, 제품출하 추적시스템 등
가상기업	독립된 기업들이 정보기술을 이용하여 기술, 비용, 정보를 공유
기업프로세스의 공유	ERP, 기업과 협력회사가 기업프로세서를 공동으로 소유하고 운영
정보기술	전자우편, 팩스, EDI, EFT, CALS

이와 같이 전자상거래가 인터넷의 등장으로 확산되게 된 것은 인터넷이 별도의 소프트웨어를 구매하고 비싼 통신료를 지불해야 했던 기존의 개인통신망이나 부가가치통신망(VAN: value added network)의 경우와 비교할 때 비용이 저렴하고 손쉽게 이용할 수 있기 때문이다.4) 그러나 새롭게 대두되고 있는 인터넷 전자상거래가 전통적인 전자상거래를 대체하는 것

3) Michael N. Gualtieri. "Turning the EC Vision into Reality," *EDI World*, November 1996.
4) Pushpendra Mohta, "The Internet: Where Businesses Do Business," *EC World*, September 1997, p. 20.

은 아니다. 오히려 시간적·공간적으로 제한되고 한정된 거래상대방과 표준화된 데이터를 비싼 통신비용을 지불해 가며 교환해 왔던 전통적 전자상거래의 문제점을 보완한 것이라고 보는 것이 바람직하다.5)

따라서 일반적으로 전자상거래라고 말할 때에는 인터넷 전자상거래를 포함한 광의의 전자상거래를 의미하며, 이 경우 정형화된 데이터뿐만 아니라 이미지, 비디오, 음성 등과 같은 비정형적인 데이터를 비롯하여 CAD/CAM과 같은 생산 및 기술 데이터 등이 모두 포함된다. 이러한 각종 데이터를 전자적으로 처리하기 위해 전자문서교환(EDI), 인터넷(internet), 전자우편(e-mail), 팩스(fax), 바코드(bar-code), 데이터베이스(database), 전자게시판(BBS), 전자양식(f-forms), 전자지불(electronic payment) 등 다양한 정보통신기술이 통합적으로 활용된다.

전자상거래는 1995년에 인터넷이 비즈니스로 활용·발전하기 전까지 보편적으로 행해지던 전통적인 수단인 전화, 팩시밀리, 전용네트워크, 대면접촉 등에 의해 거래를 대신하는 것을 지칭하는 용어였다. 다시 말하면, 정형화된 전자문서를 주고받는 전자문서교환(EDI), 전자우편(E-mail), Fax, Bar-Code, 전자자금이체(EFT), 파일전송, 전자정보서비스(디렉토리, 카탈로그, 시장통계, 기술적인 문서 등 데이터베이스 서비스), 음성사서함, 이미지시스템, 비디오 메이징 등 그 종류와 형태가 매우 다양하다. 이러한 전자상거래는 정보통신기술의 발전을 통해 기업들의 비즈니스와 관련된 각종 정보를 자동적으로 교환함으로써 비즈니스 방식을 재창조하고 비용절감, 고객만족 등을 통해 궁극적으로 기업의 이윤을 증대시키는 방향으로 발전하고 있다. [표 9-4]는 전자상거래의 발전과정은 나타내고 있다.

전자상거래의 정의는 정보통신네트워크를 통해 기업과 소비자간, 또는 기업 간의 상거래활동을 수행하는 것으로 상거래에 필요한 모든 프로세스를 전자적으로 행하는 것을 말한다. 일반적으로 상거래활동은 돈의 흐름이 수반되는 일상적인 상거래뿐만 아니라 대고객 마케팅, 광고, 조달, 서비스 등까지를 포함하는 광의의 개념을 말하며 전자상거래는 인터넷, 전용선, 컴퓨터 통신망, 케이블통신망 등 다양한 통신네트워크를 이용하는 상거래를

---

5) Ellen Brezniak, "Internet Commerce : Who For Art Thou?," *EC World*, April 1977, p. 6.

말한다. 이러한 전자상거래의 특징은 가격에서의 경쟁력 확보를 가능하게 하며 적극적인 마케팅을 구사하여 기존의 상거래가 갖고 있는 물리적, 시간적, 공간적, 한계를 극복할 수 있다는 것이며, 또한, 네트워크를 통한 온라인 대금결제로 상거래나 수·발주 행위가 편리하다는 점을 들 수 있다.

[표 9-4] 전자상거래의 발전과정과 e-비즈니스의 출현

	주 요 내 용
1970년대	·은행간 전자자금이체(EFT)의 출현 ·송금정보를 전자적으로 제공하는 전자지불 가능성 제시 ·EFT 수단(신용카드)출현
1970년대 후반~ 1980년대 초반	·EDI, E-Mail 등 전자메세징기술 출현 및 확산 ·종이에 의한 작업 감소, 자동화 확산 - 결제, 구매요구서, 선적문서 등의 전자화 - 제고관리, 자금관리 등 업무의 전자적 처리
1980년대 중반	·EC관련 신기술(On-line 서비스)의 확산 ·대화형(interaction) 통신기술의 등장 ·가상사회의 창출, Global Village 개념의 태동 ·Internet 사용에 의한 세계시장에서의 경제교류 가능성 제시
1980년대 후반~ 1990년대 초반	·전자메세징기술의 Workflow 또는 Groupware 기술과 통합
1990년대	· 월드와이드웹(WWW)의 출현으로 쉬운 Internet 사용법 제공 ·EC 활용의 보다 체계적인 수단과 다양한 기업응용 제공 ·범세계시장에서의 동등한 경쟁력 제공
2000년~	·전자상거래의 e-비즈니스로의 진화 ·제반 인트라 기술(인터넷, 전자네트워크, 정보통신기술)의 본격적인 도입 및 이행 단계 ·e-마켓플레이스를 통한 거래형태 ·정보의 흐름과 화폐의 흐름이 동시에 발생 ·전자화폐 사용의 일반화

자료: 중소기업의 전자상거래 전략세미나(1997)의 재구성.

3.4.2 전자상거래의 특징 및 문제점

전통적인 상거래 방식과 비교할 때 전자상거래의 특징은 [표 9-5]와 같다. 결국 전자상거래는 인터넷을 통해 기업과 소비자를 직접 연결함으로

써 거래비용의 절감, 거래시간 및 장소적 제약의 극복, 쌍방향 통신을 통한 고객 만족의 극대화 등 여러 가지 장점을 지니고 있으며, 이것이 전자상거래가 21세기의 새로운 상거래 패러다임으로 정착되고 있는 결정적인 요인으로 작용하고 있음을 알 수 있다.

[표 9-5] 전통적인 상거래와 전자상거래의 비교

항 목	전자상거래	전통적인 상거래
유통채널	· 기업→인터넷→소비자	· 기업→도매상→소매상→ 소비자
거래대상지역 거래시간	· 전세계가 판매 대상 · 24시간 영업	· 일부지역 판매에 한정 · 제약된 영업시간
판매거점·방법	· Cyber Market Space(네트워크) · 정보에 의한 판매	· Market Place(시장, 상점) · 전시에 의한 판매
고객정보 획득	· 온라인으로 수시 획득 · 재입력이 필요 없는 디지털 데이터	· 시장조사 및 영업사원이 획득 · 정보 재입력이 필요
마케팅 활동	· 쌍방향 통신을 통한 1 대 1, 상호작용적 마케팅	· 구매자의 의사에 상관없는 일방적인 마케팅
고객대응	· 고객 불만에 즉시 대응 · 고객 욕구를 신속히 포착	· 고객불만에의 대응 지연 · 고객 욕구 포착이 느림
소요 자본	· 인터넷서버 구입, 홈페이지 구축 등에 상대적으로 적은 비용 소요	· 토지, 건물 등의 구입에 거액의 자금 필요

다시 말하면 인터넷 전자상거래는 인터넷의 다음과 같은 제도적·기술적 특성으로 인해 미래의 전자상거래를 주도해 나가게 될 것이다.

첫째, 인터넷은 LAN들이 상호 연동되어 서로의 필요에 따라 자연스럽게 구성된 컴퓨터통신망으로서 기존 공중통신망의 국가간 연동방식에 비해 훨씬 저가의 전세계적 통신환경(global communications infrastructure)을 제공하며, 국적, 인종, 종사분야 등과 무관하게 누구나 접속할 수 있는 개방형 통신환경을 제공한다. 이는 인터넷을 통해 누구나 전세계적 비즈니스를 수행할 수 있다는 의미를 갖고 있다.

둘째, 인터넷은 원래 학술연구 목적으로 사용되었던 네트워크로서 컴퓨터 전문가 그룹들의 저변이 확보되어 있다. 이는 인터넷이 이미 첨단기술 실용화의 장으로 장착되어 있음을 뜻하며, 여타 정보통신수단에 비해 기술적 우위를 점하고 있다.

셋째, 인터넷은 World Wide Web을 통해 편리한 사용자 인터페이스와 다양한 표현능력을 제공함으로써 보편적인 정보교류의 기반이 확보되어 있다. 즉, 자신의 컴퓨터에 장착된 브라우저를 통해 단순히 마우스 클릭만으로도 세계 각국에 존재하는 각종 정보서버들을 손쉽게 사용할 수 있으며, 이를 통해 각종 정보들을 멀티미디어 방식으로 전달할 수 있다.

넷째, 인터넷은 표준화 혹은 규제정책이 없다. 인터넷 사회(internet society)에서는 기술개발이 곧바로 비즈니스 경쟁으로 연결되며, 이는 여러사람들이 그 기술을 이용함으로써 자연스럽게 표준화환경이 정착되어 있다.

그러나 아직까지 전자상거래에는 해결되어야 할 문제점도 적지 않다. 그 중에 중요한 몇 가지만 들어보면 다음과 같다.

첫째, 거래대상품목의 제한으로, 새로운 거래방식에 따른 소비자의 심리적 불안 때문에 고액 상품의 취급이 곤란하다. 반대로 너무 소액 상품인 경우에는 판매금액에 비해 배달비용이 크므로 판매자가 취급을 꺼리게 된다.

둘째, 아직까지는 수요자 층의 폭이 좁기 때문에 다양한 마케팅전략을 수행하는데 있어서는 제약이 따를 수밖에 없다. 아직까지 인터넷 사용자는 구매력이 약한 학생 등 젊은층이 많고, 여성보다는 남성쪽이 훨씬 더 많은 것으로 나타나고 있다.

셋째, 비밀성과 안전성이 보장되는 전자결제수단의 개발과 거래의 보안 내지 인증의 문제이다. 현재 이러한 문제점들은 국내외의 다양한 전자상거래 시범사업을 통해서 거의 해결단계에 있다. 따라서 인터넷의 확산과 함께 앞으로 전자상거래 시장규모는 기하급수적으로 늘어날 것이라는 것이 일반적인 예상이다.

제 2 절 e-비즈니스의 거래상품과 유형

1. e-비즈니스의 거래상품

인터넷 전자상거래, 즉 e-비즈니스에서 거래대상이 되는 상품은 물리적 상품과 디지털 상품으로 분류할 수 있다.

1.1 물리적 상품

물리적 상품(physical goods)이란 식료품, 의류, 서적 등의 일용품에서부터 보석과 같은 희소한 상품까지 현실세계에서 거래되는 물건들을 말한다. 현재 인터넷 전자상거래를 통해 물리적 상품의 거래가 활발하게 이루어지고 있으며, 앞으로 인터넷이 더욱 보편화되면 물리적 상품의 인터넷 거래는 더욱 활발해질 것이다. 그러나 이러한 물리적 상품의 인터넷상의 거래가 활성화되고 성공하기 위해서는 반드시 물류 및 배달 시스템과의 연계가 원활하게 이루어져야 한다.

물리적 상품의 인터넷상의 거래는 소비자의 입장에서 볼 때 직접 상점 및 백화점에 가지 않고, 인터넷을 통해 쉽게 구매하고 배달시킬 수 있다는 장점을 갖고 있다. 특히 최근에는 소비자들이 여러 곳의 쇼핑몰에 직접 접속하지 않더라도 인터넷 소프트웨어의 일종인 에이전트 프로그램을 이용하여 자신이 원하는 상품을 원하는 가격에 구매할 수도 있다. 생산자는 실제로 존재하는 유형의 상점을 운영하는 것이 아니기 때문에 유지비 등을 줄여 그 만큼의 가격을 낮춤으로써 실제로 거래되는 것보다 더 저렴한 가격으로 상품을 공급할 수도 있다.

물리적 상품의 인터넷상에서의 구매는 이러한 장점도 있지만 단점도 상존하고 있다. 인터넷을 통한 물리적 상품의 구매는 상점 및 백화점에서 소비자가 직접 구매하는 것이 아니라 주문하는 것이므로 소비자에게 상품이 배달될 때까지 시간이 소요된다. 또한 배달과정에서 상품이 손상되거나 분실되는 위험도 따른다. 그리고 실제 상품을 보고, 만져보고, 느끼고 구매하는 것이 아니라 간접적인 정보만을 기초로 하여 구매를 결정하기 때문에 자신이 기대하였던 것과는 다른 상품이 배달될 수도 있다는 단점이 있다. 이러한 단점을 보완하기 위한 방법으로 선구매 후지급방식을 사용하기도 한다.

1.2 디지털 상품

디지털 상품(digital goods)이란 디지털로 생산되고, 디지털로 유통되고, 디지털로 소비되고, 디지털 상태로 저장될 수 있는 모든 상품을 말한다. 우리는 디지털 상품의 실체를 만져볼 수 없고, 단지 컴퓨터를 통해서 내용을 보거나 즐길 수 있다. 인터넷을 통한 주식관련 정보, 인터넷을 통해 구매하는 MP3파일 등이 물리적인 형태를 갖고 있지 않는 대표적인 디지털 상품의 예라고 할 수 있다.

디지털 상품은 소멸되지 않고, 쉽게 수정이 가능하고, 재생산이 용이하다. 최초의 디지털 상품을 생산하는 데 소요되는 비용은 많이 들지만, 똑같은 디지털 상품을 하나 더 만드는 데 필요한 비용(한계비용)은 거의 0에 가깝기 때문에 반복 생산하는 데 비용이 거의 들지 않는다. 예를 들면, 최초에 한편의 영화를 제작하는 데는 엄청난 비용이 소요되지만, 그 영화 한편을 복사하는 데 소요되는 비용은 거의 없다고 해도 과언이 아니다. 디지털 상품은 각종 증권정보서비스, 게임 등 다양한 분야로 확대되고 있으며, 비록 현재는 물리적 상품에 비해 시장규모가 훨씬 작지만, 앞으로는 디지털환경에서 이루어지고 있는 인터넷 전자상거래, 즉 e-비즈니스가 활성화되는 경우에는 디지털 상품의 규모가 더욱더 커질 것이다.

또한 디지털 상품은 디지털컨텐츠상품(digital content goods)과 디지털

서비스상품(digital service goods)으로 구분될 수 있다. 디지털컨텐츠상품이란 상품이 가지고 있는 내용을 소비자가 사용함으로써 가치를 얻을 수 있는 것인데, 게임, MP3음악 파일과 같은 컨텐츠가 대표적인 예라고 할 수 있다. 디지털서비스상품은 상품자체로서 가치를 갖고 있기보다는 다른 서비스를 이용하는 프로세스의 매개체가 됨으로써 가치를 갖게 되는 것인데, 인터넷을 이용한 호텔예약 및 계약, 공연예약 및 계약 등과 같은 여행정보서비스, 주식정보서비스 등과 같은 정보서비스가 여기에 속한다.

2. e-비즈니스의 유형 및 규모

2.1 전자상거래의 유형

인터넷 전자상거래가 세계적인 추세가 됨에 따라 이제는 온라인기업과 오프라인기업이 결합한 인터넷 전자상거래가 적용되는 것이 당연시되고 있다. 따라서 인터넷 전자상거래는 [그림 9-1]과 같이 정부, 소비자, 기업 등 종합적인 네트워크를 형성하는 e-비즈니스로 발전하게 될 전망이다.

2.1.1 기업과 소비자 간의 전자상거래

기업과 소비자 간의 전자상거래(business-to-customer: B2C)는 소비자가 기업에게 또는 기업이 소비자에게 상품이나 서비스를 주문하거나 전달하는 수단인데, 이는 인터넷 쇼핑몰에서 이루어지는 소규모의 거래를 말한다. 이러한 거래는 상품이나 서비스를 제공하는 기업과 이를 이용하는 고객 사이에 초점이 맞추어진 것으로 물리적 상품뿐만 아니라 디지털상품 및 서비스도 거래되며, 거래되는 제품의 유형을 보면 ① 소규모의 물리적 상품, ② 디지털상품과 서비스, ③ 금융(대금결제·이체·계좌관리·증권거래), ④ 교육, ⑤ 방송·오락, ⑥ 티켓예약(여행·음악회) 등을 들 수 있다.

2.1.2 기업과 기업 간의 전자상거래

기업과 기업 간의 전자상거래(business-to-business: B2B)는 기업 간의 거래에 인터넷을 비롯한 컴퓨터 네트워크를 이용하여 상품을 서로 구매하는 활동뿐만 아니라 제품의 설계·광고·주문·납품·대금회수 등에 이루어지는 거래형태를 말한다. 이러한 거래는 상품을 비롯한 원재료 및 부품의 구매활동이 중심을 이루는 형태의 거래로서 전자자료교환(EDI)에서 출발하였으며, 오늘날에는 인터넷·전자우편·공유 데이터베이스·대화형 소프트웨어 등을 사용하여 기업 간에 직접거래가 확대되고 있다. 최근에는 B2B의 거래형태가 e-마켓플레이스로 점점 강화되는 추세이다. e-마켓플레이스는 상품구매와 판매를 위한 기업간 전자상거래의 핵심으로 내부적으로는 비용절감과 외부적으로는 매출확대를 기할 수 있다.

기업과 기업 간의 전자상거래(B2B)는 웹사이트를 통해 구매 또는 판매활동이 이루어지기 때문에 중간상이나 비효율적인 절차를 제거하는데 매우 효과적으로 활용되고 있으며, 주로 이루어지는 거래의 유형을 보면 ① 상품이나 원재료 및 부품 등의 구입과 판매, ② 기업과 금융기관과의 전자자금이체, ③ 금융기관 간의 자금이체, ④ 증권사 간의 주식거래, ⑤ 기업 간의 문서발송 등을 들 수 있다.

2.1.3 기업 내의 전자상거래

기업간 또는 기업과 소비자 간의 전자상거래의 이용확산에 따라 기업경영을 전자화, 온라인화, 자동화시키기 위한 새로운 개념과 기술이 등장하고 있는데, 이를 기업 내의 전자상거래라고 부르고 있다. 이러한 종류의 전자상거래에는 ERP, SCM, CRM 등이 있다. 일반적으로 1996년까지 기업경영에 생산·재고관리기법인 MRP(material requirement planning)가 사용되었는데, 1997년부터 MRP에서 한 단계 발전한 ERP를 사용하게 되었다.

ERP(enterprise resource planning)란 전사적 자원관리기법으로써 기업의 구매관리, 재고관리, 판매관리, 생산관리, 회계관리, 인적관리 등 기능에 따른 기업내부의 자원활용을 극대화하여 생산활동을 향상시키고 업무의 효율화를 위한 대표적인 업무프로세스 혁신시스템을 말한다. 이후 기업 내의 ERP완성을 바탕으로 기업내부의 범위를 넘어 협력회사, 외부기업까지 포함하여 공동의 경영혁신을 꾀하는 SCM(supply chain management)으로 발전하게 되었다.

SCM는 생산에서 최종 판매에 이르기까지 상품의 흐름에 관련된 기업들이 공동으로 상품의 유통과정을 일체화·표준화하여 소비자의 만족뿐만 아니라 기업의 이윤을 극대화하는 경영관리기법을 말한다. 이는 ERP의 한계를 극복하기 위한 것으로 경영효율화는 기업내부뿐만 아니라 외부기업과의 효율적인 거래 및 자원공유 등이 이루어질 때 그 효과가 더욱 극대화되기 때문이다. 그리고 이제 기업은 경영성과의 극대화를 위해 관리대상을 고객에게까지 확대하는 고객관계관리(CRM: customer relationship management) 시스템의 적용을 추진되고 있다. 현재 대부분의 많은 기업들이 각 기업의 경영환경에 적합한 수준에 따라 ERP, SCM, CRM 등의 다양한 경영시스템을 도입하고 있거나 도입을 위한 준비를 하고 있다.

2.1.4 정부와 기업 간의 전자상거래

정부와 기업 간의 전자상거래(government-to-business: G2B)는 회사들과 정부기관들 사이에 이루어지는 모든 업무처리를 의미한다. 특히 정부가 조달물품을 구입할 때 그 내용을 인터넷을 이용하여 공시하면, 기업들이 공급할 물품을 확인하고 거래가 이루어지는 경우를 말한다. 미국의 경우에는 대부분의 주정부가 전자상거래의 활성화를 위해 인터넷을 기반으로 하는 트레이딩 네트워크(trading network)라는 전자문서교환 시스템을 운영함으로써 정부가 기업을 위해 전자상거래 중개자로서의 역할을 수행하고 있다.

2.1.5 정부와 소비자 간의 전자상거래

정부와 소비자 간의 전자상거래(government-to-citizens: G2C)는 정부기관과 소비자인 개별국민 간에 이루어지는 형태의 거래인데, 우리나라의 경우에는 아직 출현하지 않았지만 기업과 소비자 간의 전자상거래 및 정부와 기업 간의 전자상거래가 활성화됨에 따라 정부는 복지급여의 지급, 세금을 비롯한 공과금의 부과 및 납부, 주민등록등본과 같은 정부문서의 발급 등에 활용될 수 있다. 정부와 소비자 간의 거래는 디지털정부(전자정부)의 구현사업으로써 추진되고 있는 디지털행정서비스가 구현되면 다른 전자상거래와 더불어 빠르게 발전하게 될 것이다.

2.1.6 인터넷 사용자 간의 전자상거래

인터넷 사용자 간의 전자상거래(peer-to-peer: P2P)는 people-to-people, person-to-person 등으로 불리는데, 이는 개인과 개인이 중간의 유통과정을 거치지 않고 직접 인터넷을 이용하여 이루어지는 형태의 거래를 말한다. 인터넷 사용자 간의 거래야말로 인터넷의 장점을 가장 잘 살린 비즈니스 모델이다. 각 사용자들의 PC에 있는 mp3·동영상 등의 디지털 파일들을 공유하여 교환할 수 있도록 해 주는 교환형과 온라인 마켓플레이스를 통한 중개형 서비스가 있다. 디지털재화에서부터 특정 지식까지 인터넷을 통해 유통 가능한 모든 컨텐츠가 포함된다.

[그림 9-1] 거래주체에 의한 e-비즈니스의 유형

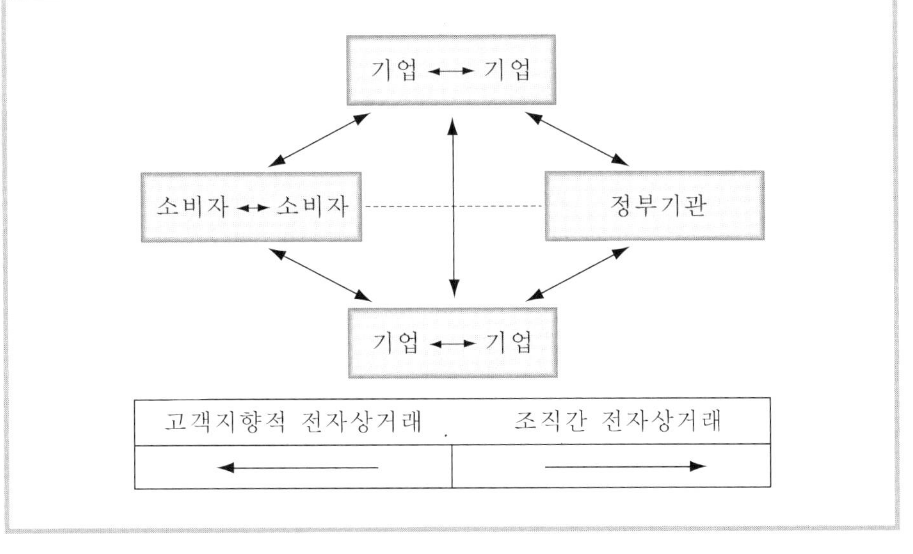

2.2 우리나라 전자상거래의 현황

우리나라의 전자상거래 규모는 [표 9-6]과 같이 매년 큰 폭으로 증가하고 있으며, 총거래 대비 전자상거래의 비율 역시 지속적으로 증가하고 있다. 2005년도의 경우 우리나라의 총거래 규모(1,809조원) 대비 전자상거래 총규모는 358조 원으로 2004년에 비해 14.0%가 증가하였다.

[표 9-7]은 우리나라의 거래주체별 전자상거래 규모를 나타내는데, 전자상거래의 총규모 중에서 가장 큰 비율을 차지하는 전자상거래는 기업과 기업 간의 전자상거래(B2B)이며, 그 다음으로 기업과 정부 간의 전자상거래(B2G), 기업과 소비자 간의 전자상거래(B2C) 등의 순이다. 2005년도의 경우에 전자상거래 총규모(358조)중에서 B2B가 319조(90%), B2G가 29조(8%) 그리고 B2C가 약 8조(2.2%)를 차지 하고 있다.

그리고 [표 9-8]은 우리나라의 소비자들이 전자상거래를 통해 구입한 상품의 비중을 나타내는데, 2005년도의 경우를 보면, 가전·전자·통신기기(18.6%), 의류·패션 및 관련상품(12.0%), 컴퓨터 및 주변기기(11.7%), 생활용품·자동차용품(10.6%), 여행 및 예약서비스(9.7%), 화장품·향수(6.6), 서적(4.8%), 식음료 및 건강식품(4.8), 스포츠·레저용품(4.5), 아동·유아용품(4.1) 순으로 나타났다. 소비자들이 전자상거래를 통해 구매하는 상품의 종류가 다양하며, 또한 일반 생활과 관련된 물품(의류, 화장품)까지 상품구매를 위한 일반적인 수단으로 전자상거래를 활용하고 있음을 알 수 있다.

[표 9-6] 우리나라의 전자상거래 규모

(단위: 조원, %)

구 분	2001	2002	2003	2004	2005
총거래액(A)	1,308	1,386	1,555	1,627	1,809
전자상거래액(B)	119	178(49.5)	235(32.0)	314(33.6)	358(14.0)
전자상거래율(B/A)	9.1	12.8	15.1	19.3	19.8

주: ( )안은 증가율.
자료: 한국전산원, 「국가정보화백서 2005」.

[표 9-7] 우리나라의 거래주체별 전자상거래 규모

(단위: 10억원)

구 분	2001	2002	2003	2004	2005
전자상거래 총규모	118,976	177,810	235,025	314,079	358,450
기업-기업간(B2B)	108,981	155,707	206,854	279,399	319,202
기업-정부간(B2G)	7,037	16,632	21,634	27,349	29,036
기업-소비자간(B2C)	2,580	5,043	6,095	6,443	7,921
기 타	418	427	442	888	2,292

자료: 한국전산원, 「국가정보화백서 2005」.

[표 9-8] 우리나라의 상품별 기업과 소비자간 전자상거래 상위 10개 종목

순위	2004년		2005년	
	품 목	비율	품 목	비율
1	가전·전자·통신기기	18.3	가전·전자·통신기기	18.6
2	컴퓨터 및 주변기기	12.9	의류·패션 및 관련상품	12.0
3	생활용품·자동차용품	11.6	컴퓨터 및 주변기기	11.7
4	의류·패션 및 관련상품	10.3	생활용품·자동차용품	10.6
5	여행 및 예약서비스	7.4	여행 및 예약서비스	9.7
6	화장품·향수	6.6	화장품·향수	6.6
7	서적	4.9	서적	4.8
8	농수산물	4.2	식음료 및 건강식품	4.8
9	스포츠·레저용품	3.9	스포츠·레저용품	4.5
10	아동·유아용품	3.5	아동·유아용품	4.1

자료: 한국전산원, 「국가정보화백서 2005」.

제 3 절 e-비즈니스의 전자결제시스템

1. 전자결제시스템의 요건

e-비즈니스를 위한 전자상거래의 결제, 즉 전자결제란 상품 또는 서비스에 대한 대가를 전자적인 수단을 통하여 지급·결제하는 것을 말한다. 전자결제시스템은 결제수단으로 사용하는 매체를 포함하여 총체적인 결제과정을 의미한다. 현재 신용카드에 의한 대금결제방식이 주로 행해지고 있다. 신용카드를 이용하는 방식은 일종의 신용대출로서 자금의 유동성을 보다 용이하게 확보할 수 있고 상품거래와 더불어 대금결제가 이루어지는 동시이행의 문제가 해결되기는 하지만 네트워크상에서 신용카드 정보가 노출되어 개인이 정보가 유출될 수도 있다.

신용카드 이외에 네트워크에 의한 안전성 상거래를 지원하기 위하여 전자화폐, 전자수표, 전자자금이체 등의 방식이 전자상거래의 주된 대금결제 방식으로 인정되고 있다. e-비즈니스를 위한 전자결제시스템의 요건으로는 다음과 같다.

첫째, 인터넷을 통한 상거래시 구매자와 판매자가 안전하게 대금지불을 할 수 있도록 다양하고도 보다 안전한 결제시스템이 제공되어야 한다.

둘째, 판매자를 가장하여 인터넷 상에서 쇼핑몰을 구축한 다음 구매자의 신용정보 등을 입수하여 이를 악용하는 것도 가능하므로 거래당사자가 서로 정당한 상대인지를 확신할 수 있어야 한다.

셋째, 디지털로 전송되는 거래금액 정보를 불법적으로 변조하는 경우에 대비한 대책이 필요하다. 또한 전자화폐를 복제하여 이 중 사용하는 위험에 대한 대처가 필요하며 부인방지에 대한 대책도 마련되어야 한다.

넷째, 사용자 프라이버시 보호를 위해 개인이 정보 및 익명성이 보장되어야 한다.

다섯째, 소액결제를 지원할 수 있어야 하고 처리비용도 경제적이어야 한다.

2. 전자결제시스템의 유형

e-비즈니스를 위한 전자결제시스템은 결제수단에 따라 [표 9-9]와 같이 신용카드 결제시스템, 전자화폐 결제시스템, 전자수표 결제시스템, 전자자금이체 결제시스템 등으로 구분할 수 있다. 전자상거래에 따른 전자결제에서 가장 큰 문제는 정보보안문제인데, 이에 대한 구체적인 내용은 부록을 참고하자.

2.1 신용카드 결제시스템

신용카드 전자결제시스템은 SET(secure electronic transaction)의 전송표준과 신용카드를 결제의 기반으로 하는 우수한 암호보안기술이 개발됨에 따라 현재 전자결제수단으로 가장 선호되고 있다. 신용카드 전자결제시스템은 전통적인 신용카드 결제과정과 유사하지만, 네트워크상에서 결제정보가 이동하는 점에서 차이가 있다.

2.2 전자화폐 결제시스템

전자화폐는 은행 기타 전자화폐 발행자가 카드 또는 컴퓨터 시스템을 통하여 일정한 화폐가치를 전자기호로 저장하고 그 지급을 보장하는 것으로서 정보통신회선을 통하여 자금결제가 이루어지는 화폐이다. 전자화폐에 의한 결제는 일반적인 전자자금이체와도 구별된다. 전자화폐 시스템의 경우 금전적인 가치가 사용자가 전자화폐를 사용하기 전에 밀 소비자의 IC 카드에 저장하여 대금을 지불하게 된다. 전자자금이체는 금전적 가치가 사용자가 보유하고 있는 컴퓨터 기타 장치에 이전되어 있는 것이 아니라 시스템 자체가 사용자의 예금계좌와 판매자 기타 제3자의 예금계좌 사이에서 가치를 이전시켜 준다는 점에서 차이가 있다.

전자화폐는 IC카드를 이용한 전자화폐와 네트워크를 이용한 전자화폐로 구분되며, 정보전송 방법에 따라 온라인형 전자화폐와 오프라인형 전자화폐, 거래기록의 유지·관리 차원에서 계좌형 전자화폐와 비계좌형 전자화폐, 소지자간 가치이전성을 허용하는 개방형 전자화폐와 폐쇄형 전자화폐로 구분할 수 있다. IC카드를 이용한 전자화폐시스템으로는 Visa Cash Card, Mondec Card 및 국내의 전자현금 등이 있고, 네트워크를 이용한 전자화폐 시스템에는 Digi Cash(E-Cash)가 있는데, 전자화폐에 대한 구체적인 내용은 제12장에서 설명한다.

2.3 전자수표 결제시스템

판매자와 구매자들이 누구에게 어떠한 목적으로든 온라인 결제를 위하여 전자우편을 통해 전자수표를 사용할 수 있고, 전자수표의 수령자는 역시 전자우편을 통하여 은행에 이를 예치할 수 있다. 전자수표는 기존 수표거래시의 특성을 그대로 유지하며 종이수표에 표시되는 모든 정보를 포함한다. 즉, 전자상거래를 통하여 물품구입 후 대금 청구서를 수령한 물품구매자가 자신의 컴퓨터를 이용하여 자신의 은행에 지급 제시하고 전자적 추심과정을 거쳐 판매대금을 회수하는 시스템이다.

전자수표의 사용자는 은행에 신용계좌를 보유하고 있어야 하며, 시스템 고유의 특성상 발행자와 수취자의 신원에 대한 인증이 보안기법을 통해 수반되어야 하므로 이체에 따른 비용이 부가되는 문제가 있다. 전자수표는 큰 액수의 거래 또는 기업간 상거래의 지불수단으로 적합하다. 전자수표의 특징으로는 첫째, 발행 및 지급시 암호화 기법을 도입함으로써 거래의 안정성이 보장된다. 둘째, 공개키를 이용한 저자서명 방식을 채택하고 있기 때문에 수취인이나 수취인의 거래은행에서도 확인이 가능하여 신속하고 다양한 거래를 할 수 있다는 점이다. 전자수표의 유형으로는 E-Check, Net Check, Net Bill 등이 있다.

[표 9-9] 전자결제시스템의 분류

형 태		종 류	개 발 주 체	특 징
신용카드 시 스 템	기 술 력 기반업체	Gree Commerce	First Virtual	카드정보를 사전에 등록하고 전용 회원번호로 네트워크상에서 결제
		Cyber Cash Wallet	Cyber Cash	PC에 저장된 전용소프트웨어가 미리 카드번호를 기억, 암호화된 카드정보는 Cyber Cash의 중개로 네트워크상에서 결제
	카드회사	VISA와 Mastercard	VISA·Mastercard	–
전자화폐시스템		E-Cash	네덜란드 Digcash	네트워크상에서 가상의 돈을 생성하여 결제
		Cybercoin	CyberCash	–
		NetCash	미국 캘리포니아대학	–
전자수표시스템		NetBill	미국 카네기멜론대학	네트워크상의 소비자와 판매자의 계좌를 설정하여 POS처럼 이체
		E-Check	미국 FSTC	카드에 내장된 전자수표와 전자서명방식을 이용
		NetCheque	사우스 캘리포니아대학	DES암호 알고리즘을 이용한 인증 프로토콜에 기반
전자자금이체시스템		Quick Pay	SFNB(CyberBank)	Quick Pay서비스를 제공, 지불대금과 금액만 입력하면 자금이체가 됨

2.4 전자자금이체 결제시스템

전자자금이체시스템(EFT: electronic fund transfer)이란 금융기관에 대한 계좌이체나 자동이체 지시를 컴퓨터 네트워크를 통한 전자적 수단으로 하는 자금이동을 말한다. 전자자금이체를 이용한 결제방식은 현재 홈뱅킹이나 ATM으로도 사용되고 있지만 가상은행을 통한 전자자금이체가 홈뱅킹이나 ATM보다도 편리한 점은 다양한 서비스를 시간과 공간의 구애됨이 없이 제공받을 수 있다는 점이다. 인터넷상에서만 운영되는 전자자금이체 서비스로 최초의 가상은행인 SFNB(security first network bank)를 비롯하여 Intuit사의 Quicken, Microsoft의 Money 등이 있다.[6]

6) SFNB(security first network bank)는 미국의 연방예금보험공사가 승인한 최초의 인터넷 은행인데, Quick Pay라는 자금이체서버를 제공하고 있다.

제 4 절 e-비즈니스의 파급효과

전자상거래는 [표 9-10]에서와 같이 기업들에게는 새로운 기회를, 그리고 소비자들에게는 커다란 이익을 제공해 준다.

[표 9-10] 기업과 소비자의 이익비교

기업들의 새로운 기회	소비자들의 이익
전세계적인 활동	전세계적인 상품 및 서비스의 선택
경쟁력 제고	서비스의 질
맞품형 상품 및 고객화	개별화된 상품과 서비스
공급망 감축 또는 폐지	요구에 대한 신속한 대응
실질적인 비용 절약	실질적인 가격인하
새로운 영업 기회	새로운 상품과 서비스

1.1 범세계적인 활동 / 범세계적인 선택

전자상거래는 지리적인 위치나 국경에 의해 경계지워지는 것이 아니라 컴퓨터 통신망의 범위에 따라 정의된다. 대부분의 중요한 통신망은 그 범주가 세계적인 것이기 때문에 전자상거래는 소규모의 공급업자들도 전세계를 대상으로 활동하고 영업할 수 있도록 해 준다. 이에 따른 소비자들의 이익은 전세계적인 선택의 기회를 갖는다는 것이다. 즉, 소비자들은 지리적인 위치에 상관없이 필요한 상품이나 서비스에 대한 모든 잠재적 공급업자들 중에서 선택할 수 있게 한다.

1.2 경쟁력의 향상 / 서비스의 질

전자상거래는 공급업자들이 “고객들에게 가까이 다가감으로써” 경쟁력을 향상시킬 수 있도록 해 준다. 간단한 예로, 많은 기업들은 판매 전후의 지원체계, 상품정보 전파, 사용지침, 고객의 주문에 대한 신속대응 등과 같은 활동의 수준을 향상시키기 위해 전자상거래 기술을 사용하고 있다. 이에 따라, 소비자들은 보다 개선된 양질의 서비스를 제공받을 수 있다.

1.3 맞춤형 상품과 서비스의 제공 / 개별화된 상품과 서비스

전자상거래를 통해 기업은 개별소비자의 수요에 대한 상세한 정보를 입수할 수 있으며 자동적으로 개별소비자의 요구에 맞추어 상품과 서비스를 제공할 수 있다. 이는 대중시장가격으로 특화된 공급업자가 제공하는 상품에 필적하는 주문상품으로 귀결된다. 하나의 예로 이미 읽은 기사는 제외하고 관심있는 기사에만 초점을 맞추어 접속할 수 있도록 함으로써 개별소비자자들의 취향에 맞게 편집해 주는 온라인 잡지를 들 수 있다.

1.4 공급망 축소 또는 폐지 / 신속한 수요대응

전자상거래는 전통적인 공급망을 급격히 줄일 수 있도록 해준다. 실제로, 도매업자의 창고, 소매업자의 창고 및 소매점 등과 같은 전통적인 유통망을 폐지하고 상품이 제조업자로부터 최종소비자에게 직접 전달되도록 하는 사례가 많이 나타나고 있다.

서류나 카탈로그 및 전화나 우편주문 등을 통해서도 직접유통이 가능하기 때문에 일반적으로 전자상거래의 효과는 이러한 직접유통을 가능케 하는 것이라기보다는 비용과 시간 측면에서 효율성을 높이는 것이라 할 수 있다. 단적인 예는 전자식으로 전달되는 상품과 서비스인데, 이 경우 공급망은 완전히 불필요하게 된다. 이같은 사례는 영화, 비디오, 음악, 잡지, 신문 등의 정보/교육/오락산업(모든 형태의 출판물 포함), 컴퓨터 소프트웨어 개발/판매 등과 관련된 기업들에게 커다란 의미를 가진다. 즉 물류 및 제공비용의 감소에 의해 기업의 효율성을 높일 수 있다. 이에 따른 소비자들의 이익은 공급업자들의 현재 재고상황에 구애받지 않고 그들이 원하는 정확한 제품을 신속하게 구입할 수 있다.

1.5 실질적인 비용절감 / 실질적인 가격인하

전자상거래의 중요한 성과 중 하나는 거래비용의 감소를 들 수 있다. 기업의 기존 영업활동에서 인력활동을 필요로 하는 영업거래비용은 제품의 가격에 반영되어 결국 제품의 가격을 높이는 결과를 가져다 준다. 반면, 전자상거래에 의한 유사한 거래를 행하는 비용은 기존 비용의 몇 % 정도에 불과하다. 따라서 기업과 소비자 간의 직접거래는 중간영업과정이 없어짐으로써 실질적인 비용절감이 가능하며, 고객들에게는 가격인하라는 이익을 가져다 주게 된다.

1.6 새로운 영업기회 / 새로운 상품과 서비스

기존의 상품 및 서비스 시장의 개념을 재정립하는 것 이외에, 전자상거래는 완전히 새로운 상품과 서비스를 공급할 수 있는 기회를 만들어 준다. 통신망 공급 및 지원 서비스, 디렉토리 서비스, 계약서비스(즉, 잠재고객과 잠재공급자들 간의 초기계약 성약) 및 기타 많은 종류의 온라인 정보 서비스 등이 그 예이다.

제 5 절 e-비즈니스모델

e-비즈니스모델은 비즈니스모델을 인터넷상에서 적용하여 기업이 어떻게 돈을 벌 것인가를 보여주는 것이다. e-비즈니스모델은 기존 오프라인의 전통적인 거래방식에서 새로운 거래방식으로서의 전환을 의미한다. 기존의 거래방식은 유통채널, 거래대상지역, 거래시간, 고객정보, 마케팅 활동, 고객대응 등 여러 가지의 측면에서 제약이 있었다. 특히, 유통채널의 경우에 기업→도매상→소매상→소비자로 이어지는 과정이 매우 복잡하고 다단계식 유통채널을 가지고 있으며 거래대상 지역도 오프라인이다 보니 일부 지역에 대해서만이 가능하고 글로벌 마케팅에 대한 제한 사항이 존재한다. 또한 최근에 주요 이슈로 등장한 고객정보 및 고객대응에 대해 많은 시간과 투자가 필요하며 고객의 요구사항을 포착하는데, 어렵고 지연되는 문제점들이 있다.

이러한 문제점들은 e-비즈니스 모델을 통한 정보의 수시 획득과 고객요구에 대한 실시간 대응을 통하여 해결될 수 있으며, 궁극적으로 기업의 이미지 제고, 비용절감, 수요·공급자 간에 인터넷을 활용한 시장의 전자화와 투명성이 증대될 것으로 예상된다.

1. e-비즈니스모델의 개념 및 정의

비즈니스모델이란 기본적으로 기업이 어떻게 수익을 낼 것인가를 보여주는 사업모델인데, 매우 단순한 사업모델로부터 매우 복잡한 사업모델에 이르기까지 다양하다. 비즈니스모델은 일반적으로 ① 거래에 관여한 당사자들과 각각의 역할을 포함해 상품 및 서비스, 정보의 흐름을 나타내는 아키텍처, ② 거래에 참가하는 당사자들에게 주어지는 편익, ③ 수입원에 대한 정확한 묘사가 있어야 한다.

비즈니스모델을 정의하려는 목적은 크게 해당 비즈니스모델이 기술적으로 실현 가능한 것인가와 이 모델이 사업으로서의 가능성이 존재할 것인가로 구분된다. 물론 사업으로서의 가능성 평가는 모델이 기업 내에서도 존재가 가능하기 때문에 반드시 상업적인 사업성으로 연관되지는 않는다. 기업 내부에서의 사업성은 경영합리화, 경영혁신 차원에서 비용절감만으로도 타당성이 인정되기 때문이다.

그러나 단순한 비즈니스모델 그 자체로는 비즈니스모델의 사업성을 알 수가 없다. 그 이유는 사업성이란 사업환경을 비롯해, 고객, 경쟁기업 등 시장에 대한 분석과 사업모델을 추진하기 위한 마케팅전략, 재무전략 등 여러 가지 요소에 의해 결정되고, 사업모델을 누가 어떻게 운영하는가에 따라 시장에서의 호응과 사업성이 결정되기 때문이다. 즉, 경쟁우위가 어떻게 구축되고, 어떻게 시장에서 포지셔닝을 하고 마케팅 믹스는 어떻게 할 것인가 하는 소위 마케팅전략이 비즈니스 모델의 성공가능성을 결정하는 중요 요소이다.

인터넷상에서의 비즈니스모델, 즉 e-비즈니스모델은 인터넷을 통해서 어떤 물건을 누구에게 판매할 것인가를 설명해 주는 사업모델이다. e-비즈니스는 이미 오래 전부터 기업과 기업간 표준을 정하여 거래형태를 해 온 EDI(electronic data interchange)를 비롯해 국제 간의 표준으로 이어온 CALS를 통한 기업(산업)의 정보화와 맥을 같이한다. 따라서 e-비즈니스를 이해하기 위해서는 먼저 한 기업 내에서 뿐만 아니라 동종산업 차원에서 경영혁신, 경쟁력 강화를 위해 추진해 오던 기업경영 프로세스의 자동화, 합리화, 통합화와 관련된 부분 중 소위 정보통신기술을 이해해야만 한다. 반드시 기업의 핵심사업 프로세스나 핵심기능의 지위를 잃어버리고 아웃소싱(outsourcing)의 대상이 될 수 있는 기업의 비즈니스 프로세스나 기능에서부터 분석의 틀을 기본으로 한다.

이러한 기능이나 프로세스는 경영혁신에 따른 구조조정이나 리엔지니어링에 의해 스핀-오프(spin-off)방식으로 기업에서 분리하거나, 시장에서 동일한 기능을 제공하는 독립된 기업에게 아웃소싱하는 것이 보편화되기 시작하면서부터 e-비즈니스모델의 근거를 찾을 수 있다. 기업의 프로세스 중 가장 고정투자비용이 적게 들면서 유지·관리비용이 많이 드는 오프라인 프로세스는 대부분 서비스와 관련한 부분에 속한다. 예를 들면, 재고관리, 주문관리, 고객관리, ARS서비스, 고객서비스, 텔레마케팅, 전산관리, 네트워크관리서비스 등이 속한다. 인터넷의 등장은 이러한 서비스 기능들을 보다 저렴함 비용으로 온라인상에 구축할 수 있게 하였으며, 인터넷은 소비자들이 기업에 접촉할 수 있는 새로운 매체로 등장하여 소위 기업과 소비자 간의 e-비즈니스의 활성화로 이어졌다.

인터넷의 등장은 전통적인 거래프로세스에서의 비즈니스 관행을 혁신시켜 시공간을 초월한 비즈니스 형태, 매우 저렴한 비용으로서 서비스제공, 그리고 24시간 서비스를 가능하게 하였다. 인터넷이라는 매체의 특성을 활용한 e-마켓플레이스의 등장이 바로 이 연장선이며, 기업 간의 e-비즈니스의 본격적인 분야라고 볼 수 있다. 더구나 중소형 기업들도 대기업 위주로 진행되던 ERP, SCM, CRM 등과 같은 대기업 위주로 진행되던 기업의 정보화를 추구하고, 인터넷거래를 통해 대기업과의 네트워크를 저렴하게 구축할 수 있게 됨에 따라 기업 간의 e-비즈니스가 기반을 다지게 되었다. 따라서 e-비즈니스모델의 분석은 지식경영을 위한 전체 기업의 경영혁신 과정과 기업이나 산업의 가치체인을 구성하는 업무활동을 가지고 살펴볼 수 있다.

인터넷상에서의 비즈니스모델, 즉 e-비즈니스모델들은 기존 모델들이 조금씩 변형되고, 여러 모델이 서로 결합되면서 새로운 모델들이 나타나고 있어 e-비즈니스 모델을 구분하는 데에는 일반적으로 ① 비즈니스 참여자 구분에 따라 기업과 소비자간 거래(B2C), 기업과 기업간 거래(B2B), 그리고 소비자와 소비자간(P2P) 거래로 구분되며, ② 사업모델의 주수입원(source of revenue)에 따라 광고형, 수수료형, 이용료형, 회비형으로 구분된다. 또한 ③ 거래에 참여하는 당사자들의 상호작용 형태에 따라 1 대 1(1 to 1), 1 대 다수(1 to N), 다수 대 다수(N to N)로 구분할 수 있으며, ④ 비즈니스

방식에 따라 소매형, 경매형, 역경매형, 포털형, 카탈로그 판매형, 주문판매형 등으로 구분할 수 있고, 마지막으로 ⑤ 순수한 인터넷에서만 가능한 새로운 비즈니스 모델과 기존의 사업모델이 인터넷에 의해 변형된 모델로 구분할 수 있다.

2. e-비즈니스모델의 분류

2.1 Bambury의 분류

e-비즈니스모델을 크게 두 가지로 분류하면 인터넷 고유의 비즈니스 모델(온라인 모델)과 인터넷에 이식된 실제 비즈니스모델(오프라인에서 온라인 모델)로 구분하고 있다. 실제로 인터넷 공간에 이식된 사업모델들은 오프라인과 달리 여러 모델들을 조합하여 시행하기가 용이하기 때문에 실제 추진되는 여러 사업들은 [표 9-11]과 같이 여러 가지 복합 모델이 적용되고 있다. 우편주문사업모델이 인터넷에서는 아마존 닷컴의 사업으로 이식되었다는 것을 보여주고 있다. 또한 부동산중개업이 인터넷에서는 인터넷 도메인의 등록 및 판매업으로 이식되었다는 것을 보여주고 있다.

[표 9-11] 인터넷에 이식된 실제 오프라인 비즈니스모델

오프라인 사업모델	온라인 사업의 예
우편주문사업모델	아마존(Amazon.com)
광고기반사업모델	야후(Yahoo)
회원제사업모델	성인확인서비스
무료이용사업모델	30일간 무료시행
직접마케팅사업모델	스팸메일을 이용한 직접마케팅
부동산사업모델	도메인 등록·판매
인센티브체계모델	옵트-인 기법을 활용한 마케팅

오프라인에서의 온라인모델에 비하여 인터넷 온라인모델들은 인터넷이 실제 세계와 달리 희소성(scarcity)에 기초하지 않고 정보의 풍부성에 기초하여 만들어졌으며 그 성격이 조금 다르다. 순수한 인터넷 사업모델로는 다음과 같이 여섯 가지로 분류하였다.

- 무료정보검색을 기초로 하는 정보검색모델
- 인터넷 이용 편의도모를 목적으로 한 소프트웨어의 다운로드 등 무료 사용을 기초로 하는 쉐어웨어 모델
- 인터넷을 통해 개인과 개인간, 개인과 기관간, 기업과 기업 간의 원활한 정보교환을 추구하는 정보교환모델
- 디지털 세계에서 이미지, 영화, 애니메이션, 오디오, 텍스트, 소프트웨어 등 디지털화 된 모든 정보를 디지털로 보급하자는 디지털 배달모델
- 인터넷 이용 활성화를 위해 정보연계를 관리하는 인터넷 접속서비스 모델
- 웹호스팅 모델

이들 모델 중에는 상용화가 되어 상업적인 사업모델로 변모한 경우 고객확보를 위해 전략적인 유인책으로 무료로 제공하는 서비스로 변환한 경우가 많이 있다.

2.2 Timmerse의 분류

티머스(Timmerse)는 e-비즈니스 모델 아키텍처를 구현하는 데 있어서 가치사슬의 분해와 재결합을 통해 체계적인 접근을 시도하였다. 즉 가치사슬(value chain)상의 요소를 확인하고, 거래참여자의 상호활동(interaction)패턴을 분석하여 가치사슬을 따라 정보를 통합하는 방법을 밝혀 냄으로써 e-비즈니스의 모델을 [표 9-12]와 같이 구분하고 있다. 가치사슬의 분해란 본원적 활동과 지원활동에 속하는 가치사슬상의 요소를 밝혀내는 것이며, 상

호활동패턴이란 1 대 1, 1 대 다수, 다수 대 다수를 의미하며, 가치사슬의 재결합이란 가치사슬상의 여러 가지 단계를 따라서 이루어지는 정보처리 과정을 통합하는 것인데, 이를 통해 가치사슬요소의 조합이 이루어진다. 가능한 e-비즈니스모델 아키텍처는 가치사슬요소 조합과 상호작용 패턴을 연계함으로써 만들어진다. 예를 들면 전자상점(e-shop)모델은 1 대 1 마케팅과 판매모델이며, 전자쇼핑몰은 N 곱하기 e-shop모델이며, 공동브랜드를 가진 전자쇼핑몰은 다수 대 1 대 1 마케팅의 판매모델이 된다.

[표 9-12] e-비즈니스모델의 유형

모 델	B2C	B2B
전자상점(e-shop)	O	
전자구매(e-procurement)		O
전자경매(e-auction)	O	O
전자쇼핑몰(e-mail)	O	
전자장터(e-marketplace)		O
가상커뮤니티(virtual communities)	O	O
가치사슬통합(value chain integration)		O
가치사슬서비스 제공(value chain service provider)		O
공동플랫폼(collaboration platform)		O
정보중개(information brokerage)	O	O
신용서비스(trust and other service)		O

2.2.1 전자상점

전자성점(e-shop)은 가장 기본적인 e-비즈니스모델인데, 이는 기업이나 점포의 웹사이트를 이용한 마케팅 모델이다. 처음에는 기업홍보, 제품광고 등을 위해 사용하다 점차 고객으로부터 주문도 받고 대금도 지불할 수 있는 기능을 가지게 되었다. 판매기업의 입장에서는 기존의 마케팅 채널과 다른 또 하나의 마케팅채널로서 저렴한 비용으로 전세계로 시장을 확대함으로써 수요를 확충하여 매출증대를 가능케 하고, 고객입장에선 전통적 채널보다 저렴한 가격, 폭넓은 선택기회, 보다 많은 정보, 시간과 공간을 초월한 구매에서 대금지불절차까지의 편리함을 제공함으로써 e-비즈니스에 참여하는 동기를 부여한다. 특히 한 번 구매했던 고객의 경우에 고객정보를 DB화하는 것이 가능하여 이를 통해 재구매시 1 대 1 마케팅을 통한 편익을 제공하고 있으며, 소위 데이터베이스 마케팅(DB마케팅)이나 고객관리(CRM)의 가장 기본적 기능을 제공한다. 현재 대부분의 전자상점은 B2C 전자상거래이다.

2.2.2 전자구매

전자구매(e-procurement)는 인터넷을 이용한 입찰공고와 협상을 통해 재화나 서비스를 구매하는 모델로서 전통적인 EDI, VAN, CALS의 연장선에 있는 사업모델이다. 구매자 입장에서는 공급선의 선택 폭이 넓어지고, 저렴한 원가, 보다 나은 품질, 배달 및 구매비용의 절감효과가 있다. 공급자 입장에서는 입찰정보에 대한 접근, 입찰시장의 국제화, 입찰비용 절감, 부분입찰의 가능성, 공동입찰과 같은 입찰의 유연성을 높여준다는 이점이 있으며, 주로 B2B 전자상거래의 주요 모델이다.

2.2.3 전자경매

전자경매(e-auction)는 전통적인 경매시장을 인터넷 공간으로 옮겨, 인터넷이 갖고 있는 장점을 극대화한 사업모델인데, 경매대상이 되는 제품이나 서비스를 멀티미디어 정보로 제공함과 동시에 단순한 경매입찰기능뿐만 아니라 계약, 대금결제, 배달기능까지를 첨가할 수 있는 사업모델이다. 경매제공자의 수입원은 인터넷경매관련 기술플랫폼 판매, 거래수수료, 광고수입이며 경매가 실제로 이루어질 때까지 물리적인 운송이 불필요하며 글로벌 소싱이 가능하다. 경매참여자의 이점은 저가품목의 소량매매가 가능하며 일반 경매보다 낮은 경매비용에 있다.

2.2.4 전자쇼핑몰

전자쇼핑몰(e-mall)은 전자상점(e-shop)을 한 곳에 모은 것으로서 소위 고객들이 믿을 수 있는 저명한 브랜드 아래 '품질 보증, 대금지불보증' 등 기능을 첨부할 수 있다. 일반적으로 전자쇼핑몰은 소비재 위주 종합백화점 식으로 다양한 상품구색을 갖춰 고객에서 서비스를 제공하는 mall of mall 이다.[7)]

2.2.5 전자장터

전자장터(e-marketplace)는 다양한 형태의 사업모델이 존재하며, 기본 오프라인 기업들이 웹 마케팅을 외주하려는 경향이 증가함에 따라 떠오르는 e-비즈니스 사업모델이다. 공급자의 제품 카탈로그를 수요자의 사용자 인터페이스를 통해 제공하는 것이 필수적이며, 브랜딩, 대금지불, 로지스틱스, 주문 등 매매거래절차 모든 단계의 서비스를 추가로 제공하는 것이 가능하다. 장터제공자의 수입원은 회원가입비, 서비스 수수료, 거래수수료가 주가 되며, 광고도 수입원이 될 수 있다. 전자장터에서 취급하는 제품군에 따라 소비재를 취급하는 전자장터와 산업재 또는 특정 서비스에 특화하는 경우에는 산업재를 다루는 전자장터인 e-Steel, Industry.Net이나 VerticalNet와 같은 B2B 전자상거래 허브(B2B hub)형태를 취하게 된다.

2.2.6 가상커뮤니티

가상커뮤니티(virtual communities)모델의 궁극적인 가치는 가상커뮤니티에 참여하는 고객과 파트너들로부터 나온다. 즉 커뮤니티 회원들의 회비가 광고수입과 함께 주수입원이며, 고객의 피드백이나 고객서비스를 통한 관계구축에 기업들이 많이 활용한다.

2.2.7 가치사슬 통합서비스

가치사슬 통합서비스(value chain integrators)는 가치사슬상의 여러 단계들을 묶어서 통합서비스를 제공하는 사업모델로서, 수입원은 컨설팅 비용

---

7) mall of mall. 서비스는 이미 쇼핑몰을 구성하고 있는 대규모 종합쇼핑몰에서 한 업체나 브랜드에게 일정공간을 대여하는 방식이다. 즉 상품자체를 납품하는 것이 아니라 거의 일정한 독자적인 페이지 구성과 홍보가 가능한 서비스 방식이다.

이나 거래수수료이다.

2.2.8 가치사슬서비스 제공

가치사슬서비스 제공(value chain service provider)은 전자지불기능, 물류기능 등과 같이 산업의 가치사슬상의 특정한 기능에 특화하여 온라인으로 서비스를 제공하는 모델로서, 은행들의 전자결제인증 서비스에서부터 생산관리, 재고관리에 이르기까지 가치사슬상의 지원활동이 사업모델의 핵심이다. 수입원은 웹 기반 소포배달서비스 FedEx 혹은 UPS(www.ups.com)의 예처럼 주로 서비스 이용료 또는 커미션에 있다.

2.2.9 공동플랫폼

공동플랫폼(collaboration platforms)의 사업모델은 기업 간에 공동으로 작업할 수 있도록 필요한 도구, 소프트웨어 등을 제공하고 동일한 인터페이스를 기업들에게 제공하는 서비스로서 공동디자인, 공동엔지니어링, 공동프로젝트 컨설팅에 활용된다.

2.2.10 정보중개

정보중개(information brokerage)의 사업모델은 공개된 네트워크인 인터넷상에 구할 수 있는 수많은 정보를 수집, 가공해서 고객에게 제공하는 사업인데, Yahoo와 같은 정보검색사이트에서 이용자정보를 모아 고개의 정보를 DB화해서 판매하는 정보사업이며 주된 수입원은 DB판매, DB이용료, DB상의 광고수입에 있다.

2.2.11 신용서비스

신용서비스(trust and other service)의 사업모델은 인터넷상으로 공증서비스, 인증서비스를 제공하는 사업인데, 수입원에는 확인서비스 수수료, 관련 소프트웨어 판매 등이 있다.

제 6 절 M-commerce와 T-commerce

e-commerce 중에서도 21세기에 관심이 집중되고 있는 것은 m-commerce와 t-commerce인데, m-commerce와 t-commerce는 분명히 e-commerce의 연장 선상에서 파악할 수 있다. 따라서 광의의 e-commerce에 모두 포함되는 개념으로 이해되어야 하지만, e-commerce를 협의적인 측면에서 유선 전자상거래(wired commerce)로 파악할 때 m-commerce와 t-commerce와는 구별된다고 할 수 있다. m-commerce와 t-commerce는 각각 특성을 가지고 발달하고 있는데 IMT-2000과 디지털방송이라는 환경변화에 따라 보다 주목을 받게 될 것이다.

1. M-commerce

m-commerce란 '모바일 전자상거래'(mobile e-commerce)를 의미하는데, 이는 본질적으로 인터넷의 확장이며 기존의 고정된 PC에 의한 전자상거래(e-commerce)의 한계를 넘어 접속 단말기에 있어서 이동성이나 휴대성을 부가한 것이다. 따라서 단말기의 다양성을 감안하면 광의로는 "이동성이 가능한 노트북, 개인휴대용 정보단말기(PDA), 이동전화 등을 단말기로 하고 이동통신망을 활용한 제반 활동 및 어플리케이션"으로 정의되고, 협의적으로는 "전자상거래(e-commerce)의 이동전화로의 확장"을 의미한다고 할 수 있다.[8)]

8) m-commerce은 무선인터넷이 가능한 휴대단말기의 증가에 따라 중요성이 부각되고 있다. 2003년경에는 인터넷 접속이 가능한 휴대단말기가 PC의 대수를 능가할 것으로 전망되고 있는데, 이러한 이동전화의 급속한 보급과 더불어 m-commerce의 활용 및 영역이 확장될 것으로 전망되고 있다.

m-commerce는 특히 이동통신망을 이용한 편리성에 강조점을 두고 있다. 지역적으로 보면 이미 소비자들은 그들의 이동전화를 이용하여 전자화폐(e-cash)뿐만 아니라 뱅킹, 주식시장의 모니터링, 극장예매, 열차표 예매, 게임 등 실로 광범위한 m-commerce서비스를 이용하고 있다. 이와 같이 m-commerce는 기본적으로 최종 이용자뿐만 아니라 잠재적으로 정보통신, IT, 금융부문, 그리고 소매부문과 미디어부문에 이르기까지 산업전반에 지대한 영향을 미질 것으로 전망된다.

m-commerce는 e-commerce의 연장으로서 e-commerce에서 문제가 되고 있는 소비자 보호, on-line과 off-line의 연계, 결재 및 금융관련 표준화 및 보안기능 향상 등의 과제가 마찬가지로 발생한다. 특히, m-commerce가 활성화되기 위해서는 전자지불표준(IC카드형 전자화폐), 서비스표준(공용플랫폼, ERP 등), 문서표준 및 카탈로그표준 등이 이루어져야 한다.

2. T-commerce

t-commerce는 전자상거래(e-commerce)와 대화형 텔레비전(interactive TV)을 융합한 '텔레비전 전자상거래'(television e-commerce)를 의미하는데, 이는 단순하게 보면 단말기를 TV로 한 전자상거래로서 TV시청자를 장래의 수익을 위한 목표로 한 상거래를 말한다. t-commerce는 e-commerce와 m-commerce와는 기술, 이용 행태 및 환경 등에서 많은 차이를 가지고 있기 때문에 비즈니스 모델에 있어서도 차별화된 독특한 형태를 갖는다. 현재 수익성이 있는 t-commerce의 모델로 평가받는 것들로는 (1) 생중계되는 스포츠 경기 온라인 배팅, (2) 생방송 중인 프로그램에 관련된 제품의 구매,[9] (3) 온라인 게임,[10] (4) 기존의 TV광고의 보강 형식을 통한 소비자의 유인,[11] (5) 실제로 높은 판매율을 보이거나 잠재성이 있는 제품 혹은 서비

9) 예를 들면, 음악 프로그램에서 방송 중인 음악이 담긴 CD의 구매.

10) 정액제 혹은 광고 지원을 통해서 운영되거나 아니면 참가자들이 각 게임에 일정 금액을 지불하고 성적에 따라 일정액을 보상받는 형식.

11) 예를 들면, 화면의 광고를 클릭하면 추가정보가 제시되거나 인터넷 TV의 사이트, 전자 프로그램

스에 대한 소매 서비스 등이 포함된다.

t-commerce의 특징은 단말기가 TV이며, TV광고의 규모가 매년 크게 증가하고 있다. TV광고시장은 그 어느 시장보다도 규모가 큰 상거래의 창구이며 커뮤니케이션의 장일 뿐만 아니라 소위 potato couch 미디어이다. TV는 가장 친숙하고 보급이 많이 되어 있으며 무방비상태로 노출되어 있는 미디어인 것이다. 따라서 t-commerce는 충동구매를 야기할 수 있는 가능성이 높다. 그리고 아직은 개인화되지 않은 단지 시간대상으로 개인시청환경이 주어지는 불특정 다수가 접하게 되는 미디어이기 때문에 긍정적인 측면의 시장잠재력 만큼이나 부작용에 대한 우려도 상존하고 있는 영역이다.

가이드의 화면에 배너광고를 삽입하는 형식, 가입자 가구를 선별해서 타켓 광고를 내보내는 형식, 팝업(pop-up)광고와 쌍방향 정보의 결합 등이 해당된다.

부 록 전자상거래의 시스템보안

1. 방화벽(Firewall)

방화벽(firewall)이란 내부 정보시스템과 외부정부 시스템의 연결지점에 설치되어 각 시스템의 보안수준에 따라 적절하게 제어 될 수 있도록 마련된 정보보안시스템을 말한다. 방화벽은 내부의 전산망을 인터넷 등 외부망과 연결하거나 기업내 사설망을 구축할 경우 외부사용자 또는 기업간 사설망의 전자도청으로부터 내부의 중요한 기밀과 정보를 보호하기 위해 구축하는 전자보안시스템이라고 할 수 있다.

따라서 외부의 불법침입으로부터 내부시스템을 보호하고 아울러 내부시스템의 정보가 외부로 유출되는 것을 막아 내부시스템의 보안을 유지하고자 한다면 외부의 접근을 적절히 제어할 수 있는 접근제어 시스템과 내부의 사용자 책임과 권한에 따른 인증제어시스템이 적절한 조화를 이루어 방화벽 이용의 효율을 극대화할 수 있다. 보안이 유지되어야 할 정보와 그렇지 않아도 되는 정보, 즉 개방형 정보와 폐쇄형 정보의 구분은 방화벽의 가치를 부가할 수 있는 부가적 요소가 된다.

2. SSL(Secure Socket Layer)

네트워크 보안표준으로서의 SSL은 인터넷에 접속하는 모든 프로토콜이라 볼 수 있는 TCP/IP를 이용한 정보교환에 있어서 보안과 관련된 안전성을 보장할 수 있는 표준이다. 그러나 SET의 방식보다 표준의 계층으로 볼 때 가장 낮은 단계의 보안을 제공하고 있다. 일반적으로 SSL은 인터넷통신의 양끝에서 TCP를 사용하는 소프트웨어를 소켓(socket)이라고 하는데, SSL은 양 소켓사이의 통신을 암호화함으로서 표면적으로 모든 인터넷 어플리케이션의 보안을 제공하고 있다. SSL은 인터넷 응용과 TCP/IP 통신표준 계층 사이에 존재하는 표준이므로 www를 위한 HTTP(hyper text transfer protocol)뿐만 아니라 Telnet(telecommunication network: 원격접속), FTP(file transfer protocols: 파일전송프로토콜)에도 사용이 가능하다. SSL은 정보의 교환 간에는 인증수단으로 RSA(암호화 알고리즘)방식 등을 사용하고 지급수단으로서 신용카드가 이용될 경우에는 정보의 전송방식에 DES (data encryption standard: 데이터 암호화표준)을 이용하고 있다. Netscape사에 의해 개발되어진 SSL은 특정 응용을 위한 보안표준이 아닌 채널기반보안 즉, 인터넷 보안표준으로서의 의의를 갖는데, SSL을 이용하는 경우 미국이외의 국가에서는 40Bit에 불과한 길이의 키로 암호화가 되므로 암호문이 제3자에게 유출될 가능성도 있다는 단점을 갖고 있다.

3. SET(Secure Electronic Transaction)

1996년 Visa 및 Master 카드사의 주도하에 정보업계의 협력을 통해 제정되어진 정보보안 표준체계가 SET이다. 전자지불 시스템과 관련한 표준으로서 SET는 국내외의 전자상거래에서 인터넷을 이용하여 상품을 구매하는 구매자의 신용카드 정보를 구매자의 전용시스템으로 암호화하고, 암호화되어진 정보를 입력할 경우 판매자의 전용시스템을 통해 카드회사에 정보조회를 할 수 있도록 함으로써 안전하고도 신뢰성 있는 대로 지불하고자 만들어진 정보보안 표준체계이다.

SET의 특징으로는 첫째, 신원의 상호인증, 지급결제중계기관 및 인증기관, 전자서명과 같은 안정장치를 두고 있어 소프트웨어뿐만 아니라 하드웨어 구현에 대한 표준까지 포괄하고 있다. 둘째, SET의 암호화 방식은 복합 암호화방식을 채택하고 있다. 셋째, 전자상거래 결제시스템 중 신용카드기반의 지불에 관한 사항만을 정의하고 있다는 특징이 있다.

SET는 SSL과 같은 단순한 암호화기법이 아니라 전반적인 지불구조를 정의하고 아울러 인증 및 암호화 기술을 연계하고 있는 체계화된 종합적 보안표준이다. SET의 암호화 기술로 현재 가장 많이 사용되고 있는 암호화 방식은 DES와 RSA를 복합적으로 사용한 것이며 여기에 전자서명 등의 관련기술을 적절히 혼합하고 있다.

4. PEM과 PGP

PEM(privacy enhanced mail) 과 PGP(pretty good privacy)는 통신서비스 계층의 전자우편 보안표준으로서 일반적 복합 암호방식(hybrid cryptosystems)으로 구현되고 있다. PEM 과 PGP는 전송정보를 암호화하여 보안을 유지하는 표준이라고 할 수 있다. 즉, 전자우편을 적절한 암호방식을 선정, 암호화함으로서 엽서가 아닌 밀봉된 봉투에 넣어 송신하는 개념이다. 특정한 키가 있어야 만이 내용을 볼 수 있도록 되어 있기 때문에 무결성, 진정성, 부인방지 등의 기능을 지원한다.

5. 전자서명

전자서명(digital signature)은 종이문서에서의 서명과 같이 전자문서에서 정보보안요소 중 무결성, 진정성, 부인방지를 해결하여 전자상거래의 신뢰성과 안전성을 보증하고 있다. 전자서명의 복호문과 원문의 메시지 다이제스트(message digest)가 같다면 원문이 전달되어지는 과정에서 변조되지 않았음(무결성)을 확인할 수 있다. 전자서명을 수신한 사람은 송신자의 공개키로 전자서명을 복호화 한 내용과 원문의 메시지 다이제스트를 비교한다.

이것이 같다면 그러한 전자서명을 만들 수 있는 사람은 송신자뿐이므로 상대방을 확인할 수 있다. 또한 송신자가 나중에 그러한 내용을 보낸 바가 없다고 부인하는 경우, 원문과 전자서명을 동시에 제시할 경우 동일한 원문으로부터 전자서명을 만들 수 있는 사람은 송신자뿐이므로 그 부인을 방지할 수 있다.

6. 전자인증

전자서명을 수신한 사람은 송신한 사람의 공개키로 복호화 함으로서 진정한 내용을 확인할 수 있지만 상호확인이 불가능한 가상공간 내에서 다른 사람의 공개키를 어떻게 알 수 있는지 문제가 된다. 이러한 상대방의 공개키를 확인하기 위한 방법으로서 제시된 것이 인증기관(certificate authority)제도이다. 인증기관은 한 사람의 공개키를 자신의 개인키로 암호화함으로써 그 사람의 공개키를 인정한다. 인증기관은 인증 전에 그 사람을 실제로 확인한 후 그 사람이 제시한 공개키를 인정하는데, 인증기관의 개인키로 암호화한 공개키를 전자인증서(digital certificate)라고 부른다. 전자인증의 경우에 일반적으로 비대칭형 암호방식을 이용, 이를 기반으로 하는 전자인증이 국제표준화가 되고 있다.

중요개념

- 가상커뮤니티
- 가치사슬 통합서비스
- 가치사슬서비스 제공
- 공동플랫폼
- 디지털 상품
- 디지털 서비스상품
- 디지털 컨텐츠상품
- 물리적 상품
- 신용카드 결제시스템
- 전자경매
- 전자상점·전자구매
- 전자쇼핑몰
- 전자수표 결제시스템
- 전자자금이체 결제시스템
- 전자장터
- 전자화폐 결제시스템
- 정보중개
- B2B
- B2C
- CALS
- CRM
- e-비즈니스
- e-비즈니스모델
- EC
- EDI
- EFT
- ERP
- G2C
- M-commerce
- P2P
- SCM
- T-commerce

연습문제

1. 디지털경제에서의 인터넷이 갖고 있는 특징을 설명하라.
2. e-비즈니스란 종합적으로 어떻게 정의될 수 있는가?
3. 전자상거래의 특징과 문제점을 설명하라.
4. 전자상거래의 발전과정과 e-비즈니스가 출현하게 된 배경을 설명하라.
5. 전통적인 상거래와 전자상거래를 비교하라.
6. 전자상거래를 통해 거래되는 상품은 어떠한 것들이 있는가?
7. 디지털 상품이란 어떠한 상품을 말하는가?
8. e-비즈니스의 거래유형에 대해 설명하라.
9. e-비즈니스의 전자결제시스템에 대해 설명하라.
10. e-비즈니스를 통해 기업과 소비자는 어떠한 이점을 얻게 되는가?
11. 비즈니스모델을 인터넷상에 옮겨 활용하는 e-비즈니스모델이란 무엇이며, 그 유형은 어떠한 것들이 있는가?
12. M-commerce와 T-commerce를 설명하라.

제10장

디지털경제의 전자무역

전자무역이란 어떤 형태의 무역을 말하며, 기존의 전통적인 무역과는 어떠한 차이점을 갖고 있는가? 전자상거래와 전자무역은 어떠한 관계를 갖고 있는가? 전자무역의 특징 및 경제적인 효과를 살펴본다. 전자무역이 이루어지기 위한 기본요건은 무엇이며, 전자무역이 성공하기 위해서는 어떠한 전략이 필요한가? 전자무역의 결제시스템으로는 무엇이 있는가?

제 1 절 전자무역의 개요

1. 전자무역의 개념

정보통신기술의 급속한 발달과 활용에 따라 무역의 거래물품, 거래당사자, 활동영역 및 경로, 업무처리방식 등이 급속하게 변화하고 있다. 이제는 종전처럼 사람이 서류를 직접 들고 은행, 수출입관련기관, 세관 등을 일일이 방문할 필요가 없으며 우편, FAX 등을 통해 무역업무를 처리하는 대신 [그림 10-1]과 같이 컴퓨터를 이용한 전자문서교환(EDI)을 통해 빠르고 간편하게 무역업무를 처리할 수 있다.[1)]

세계 각국은 정부차원의 무역절차간소화위원회를 구성하여 불합리한 각종 제도를 폐지 또는 개선하는 무역절차의 간소화작업이 진행되어 왔다.[2)] 예를 들면, 우리나라를 비롯한 영국, 일본, 스웨덴 등에서는 영사송장 및 선적전 검사제도를 폐지하고 사전수입신고제도가 도입되었으며, 표준무역용어의 사용과 함께 운송 및 보험 관련 각종 절차가 대폭 간소화되었다.

국제교역량의 증가 및 관련 분야의 전산화에 따라 무역업무는 거의 자동화되고 있으며, EDI방식을 이용하지 않고서는 무역업무의 처리가 사실상 불가능해질 정도로 국제무역환경은 급속하게 변화되고 있다. 이러한 국제무역환경 속에서 전자무역의 개념이 등장하게 되었다. 무역업무가 전자화방식에 의해 처리되면, 기업의 경우에 무역업무의 처리시간이 단축되

---

1) 무역업무의 처리방식은 1980년대 이후 큰 변화를 겪었는데, 그 변천과정은 무역서식의 표준화(1960년대) → 무역절차의 간소화(1970~80년대) → 무역업무의 자동화(1980~90년대) → 무역업무의 사이버화(2000년)로 발전하고 있다.

2) 1980년대 이후 컴퓨터가 널리 보급되고 정보통신기술의 발달에 힘입어 전세계적인 통신망이 구축되면서 유엔(UN)에서는 1987년 3월 유엔의 행정·상업·운송에 관한 전자문서 교환방식 국제표준을 제정하였으며, 국제표준기구(ISO)에서는 이를 1988년 6월 국제규격 ISO 9735로 등록하였다. 그리고 세계관세기구(WCO), 국제상업회의소(ICC) 등 국제기구들도 관련 규칙을 개정하여 EDI방식의 무역자동화를 적극적으로 뒷받침하고 있다.

고 무역관련 부대비용을 크게 절감시킬 수 있다. 그리고 데이터의 재입력에 따른 오류의 발생을 막을 수 있으며, 기업경영의 혁신 및 고객과의 관계개선에 기여할 수 있다. 한편, 정부에서는 항만 및 내륙운송의 적체를 해소시킬 수 있고, 국내 정보통신산업의 발전을 촉진시키는 데 이바지할 수 있다.

전자무역(electronic trade)이란 정보통신망 및 정보통신기술을 이용하여 세계시장을 대상으로 전개되는 무역활동이라고 할 수 있다. 보다 넓은 의미로 무역 전체의 과정 또는 일부를 인터넷과 같은 정보통신기술을 이용하여 전자적으로 처리함으로써, 시간과 공간의 제약이 없이 보다 편리하고 신속·정확하게 그리고 경제적으로 수행하는 무역거래방식이라고 할 수 있다. 전자무역에서는 수출·입에 관련된 각종 행정 및 상거래 서식을 당사자의 합의에 따라 전자문서의 형태로 바꾸어 통신망을 통해 컴퓨터로 무역업무를 수행한다. 이와 같은 전자무역을 사이버무역, 인터넷무역, 그리고 국제전자상거래라고도 부른다.

[그림 10-1] 전자무역의 개념도

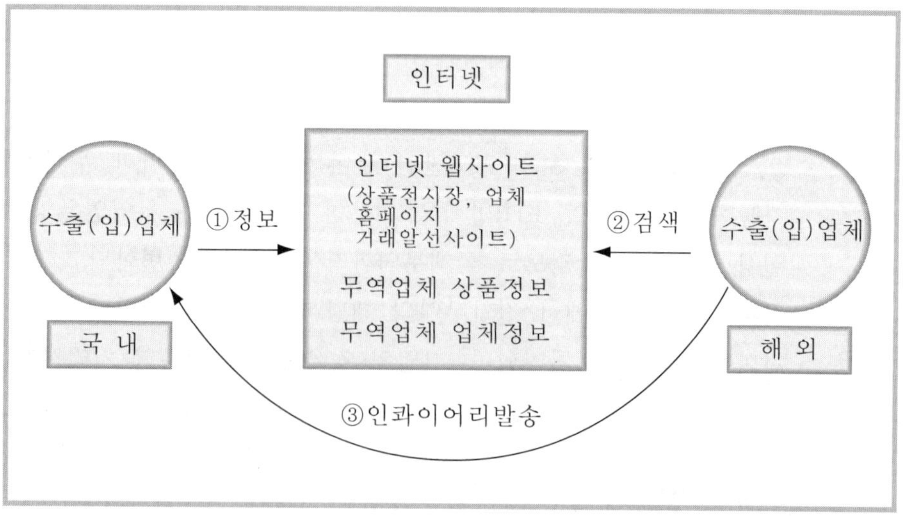

이러한 전자무역은 크게 서비스이동, 서류이동, 물류이동의 3부분으로 구성된다. 여기서 서비스이동이란 무역업무를 수행함에 있어서 인터넷의

도구를 사용하는 것을 말한다. 예를 들어 전자우편, 메일링 리스트, 유즈넷 등을 각각의 무역절차에 이용하는 것이다.

서류이동이란 계약과 동시에 계약서의 이동과 관련 서류의 주고받음을 의미한다. 여기서는 기존의 VAN 중심의 EDI방식으로 거래를 하지만 점차 웹기반의 XML-EDI방식으로 변화하고 있다. 예를 들어 KTnet과 LG전자는 공동으로 웹 EDI서비스를 개발하여 LG전자의 협력업체를 대상으로 내국신용장 업무에 활용하고 있다. 이러한 유형은 KTnet과 외환은행에서도 찾아볼 수 있고, www.exedi.com에 접속하여 자세한 업무 수행여부를 확인 할 수 있다.

물류이동이란 기존의 화물을 운송처리하려면 책자를 이용하거나 전화를 이용하여 업무를 처리하였지만 이제는 인터넷을 이용하여 예약, 스케줄링, 신용장 업무 등을 처리·확인하는 것을 말하며, 즉 화물추적서비스로 현재위치를 정확하게 파악할 수도 있다. 현재의 서비스중인 물류회사는 여러 개가 있지만 대표적으로 Fedex, UPS 등이다. 이러한 3가지 서비스의 흐름이 전자무역의 프레임이다.

2. 전자상거래와 전자무역

전자상거래는 전자무역과 밀접한 관계를 갖고 있다. 왜냐하면, 전자상거래를 '인터넷상에서 수행되는 모든 상거래의 행위와 이를 지원하는 활동들을 포함하는 일련의 행위' 또는 '모든 비즈니스 프로세스를 전산화, 통합화하는 총체적인 거래' 라고 정의할 때, 전자무역은 전자상거래의 일부라고 볼 수 있기 때문이다.

일반적으로 전자상거래와 전자무역 간의 가장 큰 차이는 국내거래 또는 국제간 거래인가에 달려 있다. 기업 내의 전자상거래, 국내소비자와 국내기업 간의 전자상거래, 그리고 국내기업 간의 전자상거래는 국제무역보다도 일종의 유통이나 국내마케팅의 성격이 강하다. 반면, 전자무역은 인터넷, EDI와 같은 정보통신기술에 의해 형성되는 사이버공간을 이용하여 무역이 이루어지는 국가간 기업중심의 전자상거래의 성격이 강하다. 따라서 전자무역이 제대로 이루어지기 위해서는 전자상거래의 일종인 기업 간의 전자상거래(B2B)가 어떠한 방향으로 발전하고 있는가를 정확히 이해할 필요가 있다.

[표 10-1]은 전자무역의 각 단계가 전자상거래의 각 단계와 어떻게 관계를 갖고 있는가를 보여주고 있다. 무역 웹사이트는 B2B의 홈페이지 또는 e-marketplace와 유사한 성격을 갖으며, 오퍼등록과 검색의 진위(무역웹사이트)는 데이터베이스구축과 정보의 신뢰성(B2B), 그리고 계약의 당사자 신원확인(무역웹사이트)은 거래자의 신원확인(B2B)과 유사한 성격을 갖고 있다. 이와 같이 전자무역의 각 단계에 관련된 사항은 B2B의 각 단계와 밀접한 관계를 갖고 있다. 따라서 전자무역은 국가간 기업중심의 전자상거래로 이해 될 수 있다. 이러한 점에서 전자무역이 활성화되기 위해서는 전자무역과 불가분의 관계에 있는 전자상거래가 활성화되어야 한다.

[표 10-1] 기업 간의 전자상거래(B2B)와 전자무역의 비교

구 분	B2B 관련사항	전자무역 관련사항
1	e-marketplace의 활성화	무역웹사이트의 활성화
2	DB구축과 정보의 신뢰성	오퍼등록과 검색의 진위
3	거래자의 신원확인	계약당사자의 신원확인
4	전자서류의 법적지위	인터넷을 이용한 계약의 근거
5	전자지불과 결제시스템	금융기관과의 L/C, 대금지불과 수령
6	구매자에 대한 배달의뢰	운송업계에 대한 선적의뢰
7	배달상태파악	무역업계와 운송업계의 네트워크화

3. 전통적인 무역과 전자무역

전자무역은 전통적인 무역과 비교할 때 [표 10-2]와 같이 국가간의 무역진행순서를 볼 때 정보수집 → 광고마케팅 → 의사교환 → 대금결제 → 물류운송에는 별다른 차이가 없지만, 그 방법이나 수단에는 큰 차이점을 갖고 있다. 먼저, 거래처를 조사, 발굴하거나 마케팅 활동을 하는 방법이 크게 달라지며, 상담 및 계약 체결을 위한 무역상담도 기존과는 전혀 다른 양상을 보이고 있다. 또한, 대금결제에 있어서도 전자화폐 등 전혀 다른 수단이 이용되며, 상품의 운송이나 물류도 항공운송이나 국제운송 등이 활발하게 이용되고 있다.

[표 10-2] 전통적인 무역과 전자무역의 차이

전통적 무역	무역절차	전자무역
거래알선기관의 직접방문	정보수집	국내외 거래알선사이트에서 정보검색
	↓	
카탈로그, 매체광고, 전시회 등	광고마케팅	홈페이지, 유즈넷, 메일링리스트 등
	↓	
국제전화/팩스, 우편, 출장 등	의사교환	전자우편, 인터넷, 국제전화/팩스 등
	↓	
신용장, D/A, D/P 등(은행)	대금결제	무역카드, 전자화폐, 전자자금이체 등
	↓	
포워더, 해운, 항공운송 등	물류운송	온라인 전송, 특급운송 등

어떤 회사의 전자무역의 경우를 살펴보자. 어떤 무역업체가 무역거래알선사이트에 중고자동차를 팔겠다고 오퍼를 띄웠다고 하자. 그런데 1주일만에 전자우편을 통해 중고자동차를 구매하겠다는 반가운 소식이 접수된 것이다. 그 후 주문한 외국의 바이어와 수십만 달러의 거래계약을 체결했다고 하자. 이처럼 상품홍보를 해외 바이어를 직접 만나거나 카탈로그를 제작해 우편으로 보내는 일을 하지 않고도 인터넷을 이용하여 쉽고 저렴하게 무역을 할 수 있게 해 준다.

이와 같이 전통적인 무역은 물리적인 상품의 국제적 거래를 주요 대상으로 삼지만 전자무역은 인터넷과 전자문서교환(EDI) 등의 정보통신기술에 의한 무역자동화, 기업정보시스템 등을 이용하여 전통적인 무역의 활성화를 도모하는 수단을 제공하는 동시에 무역정보, 비즈니스모델, 소프트웨어, 솔루션, 컨텐츠 등을 국제적으로 매매하는 것이라고 할 수 있다. 이러한 전자무역은 전자상거래의 특수한 형태로서 글로벌 기업 간의 전자상거래의 성격을 띠고 있기 때문에 전자무역은 국내거래와 밀접한 관계를 갖고 있다. 기업은 원자재 및 완제품을 조달하고 생산하는 경영활동 전반의 정보를 수출과정과 유기적으로 연계시킬 필요가 있다. 그리고 수출관련 정보를 생산활동에 반영할 수 있도록 기업의 각종 자료를 부문간에 공유하고 서로 활용할 수 있도록 하는 것이 전자무역의 발전에 특히 중요하다고 할 수 있다.

전통적인 무역이 전화와 팩스, 우편을 이용한 무역이라면, 전자무역은 컴퓨터와 인터넷을 이용한 무역이라고 할 수 있다. 또한 시간적, 공간적 제약 없이 무역거래가 일어나는 것도 전통적인 무역과 전자무역의 차이점 중의 하나이다. 즉, 기존에는 제품을 알리기 위해 해외에 직접 나가야 했던 것을 이제는 컴퓨터를 이용해 인터넷에 신제품을 올려 누구든 실시간에 제품 안내를 볼 수 있게 한다.

4. 소호(SOHO)와 전자무역

전자무역은 컴퓨터 한 대만 있어도 시작할 수 있는 소호(SOHO: small-office home office)창업이자 소자본 창업의 범주에 넣을 수 있다. 즉, 최근 가정이나 작은 사무실 등에서도 쉽게 연결 가능한 인터넷 전용선을 사용하여 신속한 서류이동, 저렴한 비용으로 세계 어느 곳과도 정보를 주고받을 수 있기 때문에 창업을 준비하는 사람이라면 아주 매력적인 창업을 위한 도구가 된다. 왜냐하면 기존의 무역방식에서는 소규모의 영세무역업체에게 국제전화나 국제팩스사용료의 부담이 적지 않았지만 지금은 인터넷을 이용한 인터넷폰이나 인터넷팩스를 이용하거나 KTnet를 통한 전자문서교환(EDI)서비스를 이용하면 부담을 크게 줄일 수 있기 때문이다. 또한 많은 자금을 투자하여 해외시장을 개척할 수 없는 중소기업체에게는 전자무역이 디지털경제시대에 살아남을 수 있는 길 중의 하나가 될 것이다.

전자무역을 하고자 하는 소호창업자나 중소기업체는 자신들의 상품을 인터넷에 홈페이지를 만들어 올리거나 무역거래알선사이트에 상품 카탈로그를 만들어 올림으로써 마케팅을 시작할 수 있다. 그리고 수출하고자 하는 상품을 미지의 잠재 바이어들에게 쉽게 알릴 수 있는 거래알선 사이트를 이용한다. 특히 바이어와의 접촉도 e-mail를 통해 빠르게 진행할 수 있다. 또한 수출물품운송은 항공회사(www.koreanair.co.kr)와 해운회사(www.hanjin.com)에서 운영하는 사이트를 방문하여 운송 일정이나 수출물품의 운송에 대한 내용을 확인할 수 있으며 수출화물의 운송을 대신해 줄 운송주선인에 대한 정보도 얻을 수 있다. 한국무역협회가 운영하는 EC21(www.ec21.net)에서는 다양한 무료서비스를 준비하여, 수출업체를 기다리고 있다. 대한무역투자진흥공사(KOTRA)에서 운영하는 무역거래알선사이트인 Silkroad21(www.silkroad21.or.kr)은 직접 해외시장을 개척하고 해외바이어들을 찾는데 많은 자금과 인력을 투자할 수 없는 중소기업체를 위해 수출상품정보를 무료로 제공한다. 또한 한국무역정보통신에서 운영하는 ECPLAZA(www.ecplaza.net)에서도 무역업체를 기다리고 있다.

제 2 절 전자무역의 특징과 효과

1. 전자무역의 특징

인터넷상에서 이루어지는 국제전자상거래를 의미하는 전자무역은 다음과 같은 특징을 갖는다.

첫째, 무역의 방식과 수단이 변화한다. 인터넷을 통해 상품이나 서비스를 사고 파는 전자무역은 시간과 공간의 제약이 없이 전세계를 대상으로 저렴한 비용으로 동시 마케팅, 주문처리, 대금결제, 고객지원 등을 가능하게 한다. 인터넷 전자상거래에서는 컴퓨터 통신망인 인터넷이 구성하는 가상공간(cyber space) 자체가 시장이고 인터넷 이용자가 곧 고객이다. 인터넷으로 무역을 할 경우 신용장 발행, 수출입승인이나 추심, 보험증권 발행, 수출입신고 등 복잡한 무역절차가 모두 사라진다. 게다가 사람이 서류를 들고 왔다 갔다 하지 않고도 집이나 사무실에서 편히 앉아 전화선이나 전용선 등을 통해 인터넷에 접속하여 상거래를 할 수 있다.

수출업자의 경우 인터넷을 통해 자사 제품과 서비스에 대한 홍보를 할 수 있을 뿐만 아니라 국내 및 해외의 신제품이나 거래선에 대한 정보를 신속하게 입수할 수 있다. 또한 전자우편, 인터넷팩스 및 인터넷폰 등을 이용하여 훨씬 저렴하고 효율적으로 거래상담과 계약체결을 할 수 있다. 상품의 주문이나 대금결제 등도 인터넷으로 할 수 있음은 물론 화물의 흐름도 인터넷을 통해 즉시 파악할 수 있다.

전자무역의 등장은 생산자와 소비자 간의 직거래형태로 발전하여 무역의 소매화, 즉 point to point 판매의 형태가 국제거래의 주축으로 자리잡아감에 따라 이에 부합하는 새로운 상품배송시스템이 구축되어 간다. 주문과 동시에 상품을 공급받고자 하는 소비자들의 욕구에 맞춰 현지 생산, 현지 보관, 현지 배달이라는 상품배송시스템과 함께 지능형 수송시스템(ITS: intelligent transport system)이 구축되어 갈 것이다.

둘째, 단일세계시장의 형성에 따른 상품가격의 단일화와 하락을 들 수 있다. 국제무역에서의 인터넷 전자상거래의 가장 두드러진 특징은 새로운 단일세계시장이 형성될 수 있다는 것이다. 이제까지 국가별로 독립적으로 운영되던 시장이 인터넷이라는 거대한 인프라에 의해 One World, One Cyber Market으로 통합되고 있다. 이제 인터넷의 가상공간에 마련된 사이버 마켓에서 누구나 값싸고 좋은 상품이나 서비스를 사고 팔 수 있게 되었다. 인터넷을 통해 전문정보검색엔진을 이용하여 어떤 나라의 어느 기업이 특정 상품을 공급하고 있는지를 쉽고 빠르게 찾아 볼 수 있다. 이 때 그 특정 상품을 필요로 하는 기업과 소비자들 간에는 철저한 시장원리가 적용되어 가장 경제적이고 합리적인 기준에 의한 거래가 이루어지게 된다. 따라서 인터넷에서는 가장 경쟁력 있는 제품이나 서비스만이 살아남을 수 있게 되며, 국경을 넘어 가격구조가 평준화되게 된다. 다시 말하면, 소비자의 정보 네트워크가 국경을 초월하여 전개된다면 전세계적으로 일물일가의 법칙이 형성될 수도 있는 것이다. 또한 사이버 마켓이라는 거대한 시장은 유통비용의 하락으로 전반적인 제품이나 서비스 가격의 하락을 유도하게 된다. 지금까지 수입상들은 해외의 유명브랜드를 낮은 가격에 구입하여 높은 가격으로 국내에서 판매하여 왔다. 그러나 인터넷의 등장은 많은 사람들이 전자무역을 자유롭게 할 수 있게 됨에 따라 보다 활발한 경쟁체제가 도입되어 자연스럽게 가격이 하락하게 될 것이다.

셋째, 국제무역에서 중소기업과 대기업의 차이가 없어진다. 인터넷에 의해 형성된 새로운 단일세계시장인 사이버 마켓에서는 초우량 대기업이나 초대형 다국적기업에 못지 않게 일반 중소기업도 세계시장을 대상으로 영업활동을 펼칠 수 있다. 즉, 전세계를 석권하는 새로운 중소기업형 독점브랜드의 탄생도 예상되고 있다. 창의적이고 진취적인 중소기업은 오히려 인터넷에서 새로운 기회를 발견할 수도 있다.[3] 그동안 국제상품정보와 거

3) 세계 최대의 인터넷 가상서점인 아마존컴(http://www.amazon.com)은 미국 시애틀 근교에 있는 조

래선 확보의 어려움, 국제무역에서 나라마다 요구되는 제도와 절차의 차이에 대한 정보부족, 국제무역절차와 환경 변화에 대한 정보부족으로 대기업에 의존하던 중소기업이 하청관계에서 벗어나 인터넷을 이용하여 독자적인 무역활동을 할 수 있게 된다. 전자무역에서 기존의 대기업만이 누릴 수 있었던 정보와 국외 거점을 통해 얻을 수 있던 이점이 줄어들게 되었고, 따라서 과거보다는 중소기업과 대기업 모두 동등한 위치에서 거래를 수행하게 된 것이다. 다시 말하면, 기업의 규모가 기업활동에서 차지하는 중요성이 점차 감소해진다는 전망이 인터넷 환경에서는 더 확실하다는 것이다. 오히려 여러 나라에서 자재를 조달, 생산, 여러 나라로 판매하는 네트워크를 구축한 중소기업이 변화하는 국제무역환경에 더욱 기동성을 발휘할 수 있게 된다.

넷째, 디지털제품에서부터 물리적 제품으로 확산되고 있다. 전자상거래에서 활발히 거래가 이루어지는 물품은 주로 디지털제품으로, 네트워크를 통해서 그대로 전달할 수 있는 소프트웨어, 디지털로 저장한 서적, 신문, 음악, 사진 등이다. 이러한 제품들은 무역절차의 계약단계에서부터 상품의 전달까지 전 과정이 인터넷을 통해서 이루어질 수 있으므로, 디지털제품은 물리적인 상품과는 달리 상품의 전달에 소요되는 배달비용이 거의 들지 않는다. 그러나 물리적인 상품에 대해서도 교환되는 정보(예: 상품정보, 가격정보, 거래절차정보, 상대방국가나 기업의 정보)가 복잡하고 많을수록 인터넷을 활용한 거래가 크게 증가하고 있다. 이와 같이 전자무역은 디지털상품에서부터 시작되어 점차 물리적 상품으로 확산되어 가고 있다.

다섯째, 정보의 흐름과 물류가 분리된다. 물리적인 상품들은 상품의 물리적인 수송이 요구되며, 여러 기관이 참여하는 통관, 무역절차를 거쳐야 한다. 그러나 무역의 전체과정을 살펴보면 물리적 상품의 이동보다는 무역거래에 관여하는 여러 기관 사이를 오가는 정보의 흐름과 교환의 비중이 훨씬 크고, 이 과정에서 많은 시간의 자체와 비용이 발생한다. 전자무역의 주요한 효과는 적절한 거래상대방을 빨리 찾아서 거래를 성사시킬

그마한 사무실에 본사가 있지만, 미 국회도서관보다 더 많은 2백50만권에 달하는 방대한 서적을 10~40% 할인된 가격으로 판매하고 있으며, 1996년 한해에만 1,600만 달러의 매출을 올렸을 뿐만 아니라 주문자의 44%는 한 번 이상 아마존닷컴을 이용한 단골고객이라고 한다.

수 있다는 데에도 있지만, 그것보다도 무역거래과정을 효율적으로 그리고 신속하게 할 수 있다는 점이다. 즉, 무역거래에는 제조업자, 무역업자, 운송업자, 은행, 관세청, 항만청, 보험회사 등의 많은 기관들이 관여하며, 이들이 주고받는 정보의 양이 많다. 이렇게 여러 기관이 많은 양의 정보를 주고받아야 하는 무역거래에서 인터넷을 이용하면 무역정보의 흐름과 교환을 원활히 할 수 있으며, 더불어 정보의 흐름이 빨라짐에 따라 기존의 무역과정에서는 정보교환과 흐름의 지체 때문에 움직이지 못했던 상품의 이동도 원활히 이루어질 수 있다. 정보흐름의 자체가 해소됨으로써 물류가 정보흐름에 귀속되지 않고 분리되어서 원활히 움직일 수 있는 것이다.

여섯째, 무역중간상의 역할이 달라진다. 기존의 무역중개상이 없어 질 것으로 생각되나, 없어지는 것이 아니라 그 역할이 근본적으로 변하게 된다. 기존의 무역중개상은 폭넓은 유통망을 갖고 있어서 많은 물품을 판매 또는 구매할 수 있는 능력과 많은 자본으로 고가의 물건을 대량으로 구입할 수 있는 능력이 중요하였다. 그러나 전자무역에서 중간상인은 얼마나 많은 정보를 갖고 있는가, 얼마나 효율적으로 무역정보를 수집, 접속, 처리, 분배할 수 있는가 등의 능력이 중요하다. 예를 들면, 소비자가 사려고 하는 기준에 맞는 판매자와 상품을 얼마나 많이 그리고 빨리 제공할 수 있는가의 능력이다. 그리고 장기적으로는 지능형 에이전트(agent) 소프트웨어가 구매자와 판매자를 연결시켜 주는 역할과 화물운송과 통관절차에서 요구되는 정보의 처리까지 중간상인을 대신하게 될 것이다.

일곱째, 거래처 발굴의 효율화와 거래정보를 손쉽게 획득할 수 있다. 인터넷을 이용하면 종전보다 훨씬 더 저렴하고 효율적으로 거래처를 발굴할 수 있다. 종전에는 거래처 발굴을 위하여 한국무역협회, 대한무역투자진흥공사 등 거래알선기관에 찾아가서 정보를 얻거나 각국에서 발행하는 무역업체총람, 제조업체총람, 기업연감 등의 디렉토리 등을 찾아봐야 했다. 또한 해외로 배포되는 인쇄매체나 현지의 광고매체를 이용하여 홍보하거나 한국무역협회 등에서 주관하는 해외시장개척단 또는 국제박람회나 전시회 등에 참가하여 거래처를 발굴해 왔다.

그러나 인터넷에서는 각국의 정부와 무역유관기관, 그리고 개별기업들이 올려 놓은 무역관련 수많은 정보들을 정보검색엔진을 이용하여 손쉽게 찾아볼 수가 있다. 간단한 키워드 입력을 통해 자기가 원하는 업체와 상품을 신속하고도 정확하게 직접 조회 및 검색해 볼 수가 있다.

여덟째, 전세계를 대상으로 한 글로벌 마케팅 활동을 할 수 있다. 전자무역의 종사자들은 전 세계들 대상으로 한 광고 및 마케팅 활동을 최소의 비용으로 수행할 수 있다. 지금까지는 막대한 비용의 소요 및 소비자 분석의 어려움 등으로 인해 세계적인 대기업들만이 세계시장을 상대로 광고 및 마케팅 활동을 할 수 있었다. 그러나 인터넷이라는 새로운 지구촌 전자매체의 등장으로 인해 문자와 그림은 물론 음성과 동화상 등 보다 다양하고 효과적인 방법으로 회사나 제품의 소개할 수 있게 됨에 따라 최소의 비용으로 시간의 제약이나 지면공간의 제약을 해결할 수 있게 되었다. 또한 소비자와 대화가 가능한 대화형 광고를 비롯하여 첨단기법을 활용한 광고도 가능하다.

따라서 향후에는 제품이나 서비스의 개발단계에서부터 인터넷을 활용한 전세계를 대상으로 한 광고 및 마케팅을 염두에 두어야 하며, 전자무역에 적합한 신제품의 개발과 함께 효과적인 주문처리, 고객관리 및 대금회수 등을 위한 내부체제를 갖추는 것이 필요하다.

아홉째, 거래비용의 획기적인 절감을 들 수 있다. 판매자와 구매자간의 상담(언어소통, 정보교환 등)이나 상품에 대한 정보의 취득, 거래성사를 위한 각종 서류의 교환형태도 정형화되지 못한 정보나 의사표시는 전자메일(e-mail)에 의해서 이루어지고, 일정한 포맷을 지닌 정형화된 정보 내지 서류는 전자문서교환(EDI)에 의해 인터넷과 같은 컴퓨터통신망으로 통합·유통되어 가고 있다. 또한 전화와 같은 음성정보는 인터넷폰에 의해, 팩스와 같은 이미지 정보는 인터넷팩스에 의해, 그리고 화상회의와 같은 영상정보도 인터넷화상회의 시스템에 의해 디지털화되어 인터넷으로 흡수되어 가고 있다.

이러한 인터넷 부가서비스는 국제통신비용을 획기적으로 절감할 수 있다는 것이 가장 큰 장점이다. 즉 외국으로 팩스를 보내거나 국제전화를 할 경우에 인터넷 팩스나 인터넷 폰을 이용하면 국가에 따라 다소 차이는 있겠지만 평균적으로 상당부분의 비용을 절감할 수 있다.

열째, 전자지급결제방식을 활용한 무역대금결제방식을 들 수 있다. 무역거래에 있어서 상품공급에 대한 전통적인 대금결제방식으로 개발된 신용장은 인터넷을 통한 전자지급시스템으로 변화될 것이다[4]. 이러한 전자지급시스템에 의한 대금결제는 아직까지 소액거래를 중심으로 이루어지고 있지만 향후 보안문제가 완전히 해결되면 거액거래의 대금결제도 일반화될 것이다.[5] 한편 전자무역에서 전자적인 형태로 대금결제가 이루어지기 때문에 인터넷상에서 외국상품의 구입에 따른 그 거래실적이나 통계가 정확히 잡히지 않는다는 문제가 발생할 수 있다. 이에 따라 관세나 부가가치세 등과 같은 국가기관의 조세수입에도 변화가 올 수 있다.

2. 전자무역의 경제적 효과

기존의 전통적인 무역과 비교할 때 많은 장점을 갖고 있는 전자무역이 활성화되면 어떠한 경제적 효과를 기대할 수 있을까?

인터넷을 이용한 전자무역은 마케팅단계, 협상단계, 계약단계, 물류단계, 결제단계, 그리고 무역의 사후관리 등 무역거래의 각 단계에 있어서 경제적 효율성을 높이고 비용을 절감시킬 수 있다.

첫째, 마케팅단계에서는 해외시장조사, 해외시장의 개척 및 홍보, 거래

4) 최근에 세계 유수의 신용카드회사(VISA, Master)가 컴퓨터 통신업체들(IBM, 마이크로 소프트웨어, 넷스케이프)과 공동으로 전자상거래의 표준안인 SET(secure electronic transactions)를 개발하였는데, 이는 인터넷을 통해 상품을 구매하는 고객의 신용카드번호 등을 고객의 전용 소프트웨어로 암호화하고 고객이 이 정보를 입력하면 판매자가 전용 소프트웨어를 이용하여 카드발행회사에 조회를 하도록 하는 시스템이다.

5) 전자무역의 결제를 위한 선결조건으로는 전자환경에 따른 기본적인 정보보안기술(신빙성의 확보, 무결성의 보장, 부인방지의 기능구비, 기밀성의 유지), 운송서류의 전자문서화, 인증·보안에 대한 글로벌시스템의 구축, 그리고 전자선하증권의 권리이전에 따른 문제해결 등을 들 수 있다. 특히 정보보안기술로 신빙성이란 의사표시가 누구에 의해 이루어진 것인가를 확인할 수 있는 것을 말한다. 거래에서의 무결성이란 의사표시의 내용을 완전하게 하는 것을 말한다. 부인방지란 전자상거래에 있어서 표의자가 전자적으로 일반 의사표시를 행하였다면, 그 전자적 의사표시로 인하여 발생하는 각종 법률적 효과를 계속 유지하도록 강제하는 것을 의미한다. 그리고 기밀성이란 전자적 의사표시의 내용에 대한 비밀이 보장되는 것을 말한다.

처물색 및 신용조사가 인터넷을 통해 이루어지게 됨으로써 무역의 기회가 더욱 확대되는 효과를 가지게 된다.

둘째, 협상과 계약단계에서는 거래조건의 조회 및 협상이 웹을 기반으로 한 EDI나 E-mail을 통해 이루어짐으로써 신속한 협상이 가능하게 된다. 또한 보안과 인증문제가 해결된다면 구태여 구매자를 대면하지 않더라도 웹을 통한 계약이 가능하게 된다.

셋째, 물류단계에서는 물류와 관련된 보험, 통관 등의 절차가 웹 기반의 EDI나 인터넷상에서 이루어짐으로써 보험관련 비용이 절감되고 신속한 통관이 가능하게 된다. 그리고 수출·입 화물추적서비스를 통해 물품의 운송현황을 추적하는 것도 가능하게 된다.

넷째, 결제단계에서는 전자화폐, Trade Card 등이 보편화됨으로써 서로 신뢰에 기반한 결제의 신속화가 가능하게 되고 자금의 원활한 회전이 가능하게 된다.

다섯째, 무역의 사후관리가 인터넷상에서 이루어짐으로써 고객의 불만 해소와 분쟁해결이 보다 신속히 이루어지게 된다.

제 3 절 전자무역의 기본요건 및 성공전략

1. 전자무역의 기본요건

전자무역을 성공적으로 추진하기 위해서는 기업의 수용태세 및 활용능력이 매우 중요하다. 다시 말하면, 전자무역이 성공적으로 이루어지기 위해서는 [그림 10-2]에서와 같이 회사 차원의 정보화전략과 인터넷 마케팅전략이 필요할 뿐만 아니라 하드웨어, 소프트웨어, 통신망, 홈페이지, 전자우편 등의 인터넷 하부구조와 무역실무능력, 인터넷 활용 등의 능력을 갖춘 전문인력 등이 필요하다.

첫째, 회사 전체의 경영전략 차원에서 인터넷 활용전략 및 인터넷을 이용한 해외 마케팅전략을 수립해야 한다. 회사 및 제품 홍보, 거래선 발굴, 국제통신비용 절감 등 구체적인 전자무역의 목표 설정과 함께 회사 전체의 통합마케팅 전략 차원에서 기회선점의 적극적인 자세가 필요하다. 그것은 인터넷이 단순한 컴퓨터 통신망이 아니라 전세계 기업 및 소비자에 신속하게 직접 다가갈 수 있는 사이버 마켓의 근간이기 때문이다.

둘째, 홈페이지의 제작 및 업데이트와 함께 전자우편의 이용을 활성화해야 한다. 인터넷 전자상거래시대에는 홈페이지가 회사 브로슈어나 상품 카탈로그의 역할은 물론 고객지원과 의견수렴의 통로로서 중요한 역할을 한다. 이러한 홈페이지는 많은 비용을 들여 전문업체에 의뢰하여 자체 제작할 수도 있지만, 중소기업의 경우 현재 한국무역정보통신, 중소기업진흥공단 등에서 제공하는 무료서비스를 이용할 수도 있다. 이때 이용자의 접속환경(모뎀 통신속도)을 고려하여 디자인과 내용을 구성해야 하며, 최신 정보로 지속적으로 업데이트해야 한다. 또한 우편, 팩스, 전화로 처리해 왔

[그림 10-2] 전자무역의 기본요건

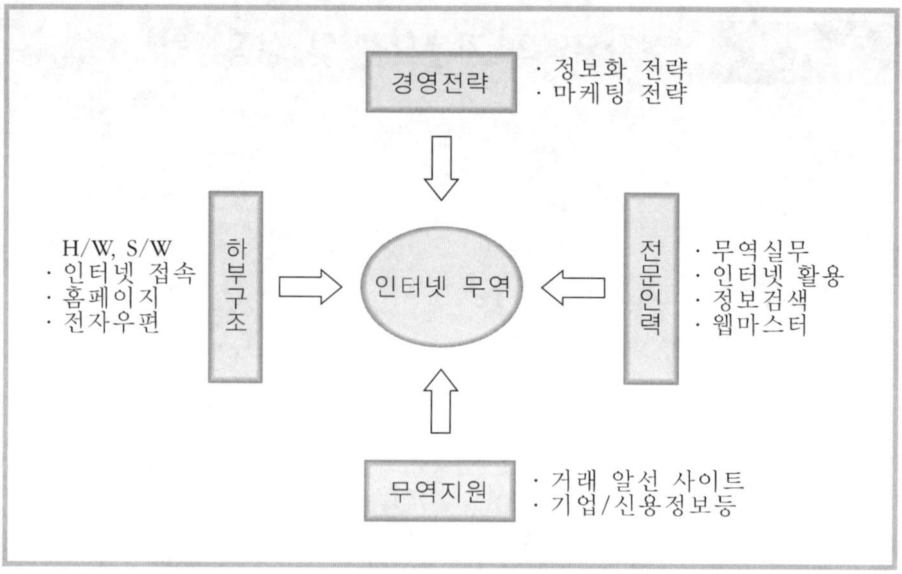

던 각종 의사교환과 거래협상업무를 전자우편을 통해 신속하고 저렴하게 처리할 수 있어야 한다.

셋째, 전자무역에 적합한 신제품의 개발과 함께 효과적인 주문처리, 고객관리 및 대금결제 등을 위한 내부 체제를 갖추어야 한다. 이것은 기업 내부는 물론 외부와의 정보교환과 업무를 인터넷상에서 통합적으로 처리할 수 있는 인트라넷(intranet)의 구축과 함께 업무방식의 혁신을 강화해야 한다는 것을 의미한다.

넷째, 사내에 전자무역을 담당하는 전문인력을 적극 육성해야 한다. 거래선 발굴과 각종 무역 관련 정보의 신속한 입수 및 활용 등을 위해서는 정보검색 능력을 갖춘 인터넷을 잘 아는 실무자의 양성이 매우 중요하다. 이를 위해서는 외부 교육이나 세미나 등에 적극 참여하고 필요하다면 외부전문가의 자문을 받도록 한다. 현재 전자상거래지원센터(ECRC), 민간 연수원 등에서 이러한 전문인력 양성교육과정을 무료 또는 유료로 개설하고 있다.

다섯째, 적극적인 인터넷마케팅 및 웹 프로모션을 해야 한다. 무역거래알선 사이트, 검색엔진, 유즈넷 등에 등록 및 조회하고 명함, 서류, 홍보물 등에도 홈페이지와 전자우편 주소 등을 기재하는 등 온라인 및 오프라인 상에서의 마케팅 활동을 강화해야 한다. 특히 국내 및 해외의 거래알선사이트를 적극 활용해야 한다. 인터넷상의 거래알선사이트를 이용할 경우 업체와 상품에 대한 검색은 물론 오퍼 등록 및 조회 등을 통해 매우 효과적으로 해외 홍보와 거래선 발굴 등을 할 수 있다. 대부분 무료로 이용할 수 있는 국내 거래알선 사이트뿐만 아니라 유료인 해외 거래알선 사이트도 적극 활용할 필요가 있다.

2. 전자무역의 성공전략

국제무역환경의 변화에서도 성공하는 기업은 그들만의 비결이 있다고 볼 수 있다. 우선 원칙에 충실한 기업이 앞서갈 수 있고, 또한 혁신을 통해 성공할 수 있다. 모든 상황에서 일반화되는 전자무역의 모델은 없으며 각자의 위치와 환경에서 주어진 업무에 최선을 다하는 것이 전자무역의 성공에 대한 지름길인 것이다. 전자무역을 통한 기업의 수출량 증가와 비용의 감소라는 두 가지의 효과를 통해 다른 기업들 보다 경쟁력을 확보해야 한다. 우선적으로 전자무역에 성공하기 위해서는 상표이미지제고와 물류 네트워크 구축, 웹사이트의 차별화 등의 전략수립이 매우 중요하게 고려되어야 한다.

인터넷상에서 전자무역을 할 때에 있어서 우선 자사가 무엇을 하고 있으며, 어떤 제품을 취급하고 있는가를 바이어들에게 알려 주는 홍보전략은 다음과 같다.

첫째, 인터넷 무역망사이트를 통해 제품을 적극적으로 홍보해야 한다. 무역사이트 게시판에 거래제의(offer to sell) 내용을 올려 홍보를 하며, 구매의사를 한(offer to buy)바이어들에게 거래제의를 위한 메일(circular letter)을 보낸다. 전세계에 무역거래사이트는 수천 개 이상 운영중이며, 이런 작업들을 하는 데 많은 시간과 노력이 소요되지만 어떤 곳은 한번만 클릭하면 500군데 이상의 무역사이트에 올려주는 곳도 있다.

둘째, 홈페이지 제작과 웹사이트 개설을 통해 상세한 제품 사진(전자카탈로그)과 설명을 관심 있는 바이어들에게 보다 직접적으로 보여줌으로써 홍보 효과를 극대화시켜야 한다. 홈페이지에 전자우편 주소를 함께 게재하여 바이어가 홈페이지에서 개래 제의(inquiry)의 전자메일을 보낼 수 있게 한다. 홍보측면에서 개설된 사이트는 여러 검색엔진을 등록하여 바이어가 인터넷 검색상에서 홈페이지의 개요를 볼 수 있도록 연결시켜 놓아야 한다. 이것은 매우 중요한 요소 중의 하나이다. 즉, 일반 검색을 하여 바로 홈페이지 링크가 원활히 된다면 아주 훌륭한 광고가 될 것이다. 이러한 홈페이지를 통해 대부분 거래 제의를 받기까지는 검색엔진에 지속적인 URL 등록과 사이트 홍보가 있어야 한다. 또한 홈페이지 갱신도 매우 중요한 사항 중의 하나이다.

셋째, 검색엔진을 잘 이용해야 한다. 검색엔진만 잘 이용해도 기대 이상의 효과를 얻을 수 있다. 즉, 인터넷에 올려져 있는 수많은 정보들 중에서 본인이 필요한 정보를 정확하고 신속하게 얻을 수 있다면 무역거래를 하기 위해 절반 이상의 성공을 거두었다고 보아도 된다. 그것은 수입상, 도매업체 관련 정보 및 자료 제공업체 등 귀중한 자료들을 검색엔진에 찾아내어 무역거래에 유용하게 사용할 수 있다. 검색엔진 중에는 무역관련 전문 엔진도 많아 직접 회원을 가입하고 등록을 할 수도 있다.

넷째, 뉴스 그룹을 이용해야 한다. 무역망사이트에 개별적으로 홍보하는 방법보다 뉴스 그룹을 이용하는 것이 홍보 효과가 더 클 수 있다. 왜냐하면 뉴스 그룹은 인터넷 게시판으로 많은 바이어들이 살펴보기 때문이다. 외국 바이어가 뉴스 그룹을 많이 이용하고 있고, 뉴스 그룹들은 그룹별로 참여하는 메일링 리스트도 좋은 방법으로 활용되고 있다.

다섯째, 홈페이지의 제작을 들 수 있다. 홈페이지의 제작을 위해서는 상세한 제품사진 및 자세한 설명을 담고 있어야 한다. 즉, 홈페이지의 제작에는 자기가 원하는 내용으로 구성할 수 있는데, 이러한 홈페이지를 그냥 방치하는 것은 안 만든 것 만 못하기 때문에 자주 검색엔진에 등록을

시켜 주도록 한다.

여섯째, 전세계 수천 개 이상 운영중인 무역알선 사이트에 offer를 자동으로 등록하여 적극적인 제품홍보를 병행하도록 한다. 이러한 홍보야말로 전세계적으로 흩어져 있는 바이어의 접근을 쉽게 할 수 있는 준비를 한 것이다. 무엇보다도 잠재적 바이어의 발굴로 이어지게 하는 것이 중요하며, 이를 위한 다양한 홍보방법이 지속적으로 진행되어야 한다는 점을 강조하고 싶다.

따라서 전자무역에서 성공하기 위해서는 브랜드 이미지 제고와 물류네트워크의 효율적인 관리, 웹사이트의 차별화 전략 등의 수립이 구체적으로 고려되어야 한다. 즉, 전자무역은 무역거래에서 계약 전(前) 단계에서 웹사이트를 통해 자신의 회사나 제품을 확인하기 때문에 바이어는 상품의 성능이나 품질을 확인할 수 없다. 그러므로 바이어는 상표인지도가 높은 상품을 우선 선택하기 때문에 홈페이지를 통해 자사제품에 대한 이미지를 높여야 한다. 또한 전자무역에서 보다 효율적인 운영을 위해서는 세계적인 물류 네트워크를 구축하여 거래를 통한 무역이동의 흐름이 제때에 이루어지도록 최선의 방법을 선택하여야 한다. 그리고 홈페이지의 차별화를 위해서는 전자무역을 하는 사람들을 자사의 홈페이지로 유인하여 기업의 이미지제고와 상품의 신뢰성을 널리 알리는 데 있다. 이들 방법으로는 구매자의 접촉횟수가 많은 유명한 웹사이트에 자사의 홈페이지를 광고하는 것도 좋은 방법이다. 이러한 모든 것은 기업의 합리적인 경영을 위해서는 불필요한 비용을 없애는 데 있다.

합리적인 경영이라는 것은 비용절감이라는 측면과 매우 밀접한 관계가 있다. 전자무역을 준비하는 사람은 외국의 바이어와 전화나 팩스를 자주 교환한다. 이러한 비용을 절감하는 방법은 인터넷으로 생겨난 부가적인 통신매체인 전자메일과 인터넷 폰과 인터넷 팩스의 사용이다.

제 4 절 전자무역의 실무절차와 결제시스템

1. 전자무역의 실무절차

1.1 해외시장조사 및 거래처의 발굴

무역에 있어 제일 먼저 해야 할 일은 해외시장조사 및 거래처를 확보하는 일이다. 물론 팔고자 하는 물품선정을 하지 못했다면 문제가 있지만 어떤 경로를 통해서 어렵게 품목을 선정하였다고 할 때 거래처를 잡지 못하면 아무리 무역을 사업으로 결정하였다고 하더라도 거래 실적을 올릴 수 없다.

따라서 기존의 무역업 종사자이든, 전자무역으로 창업을 한 경우이든 거래처의 발굴과 해외시장동향과 정보에 어두워서는 안 된다. 기존 무역방식은 직접 해외에 물품을 들고 나가 알리는 방법이 있고, 카탈로그를 제작하여 우편으로 보내는 경우가 있다. 또는 수출물품에 대한 편지를 써서 수십 통씩 미지의 바이어에게 보내는 방법을 이용하였다. 이러한 방식은 비용과 시간을 무한정 투자해야 하는 문제점을 갖고 있다. 하지만 전자무역은 바로 이러한 문제점들을 쉽게 해결할 수 있다.

인터넷상에서 해외의 거래처의 발굴과 해외시장정보를 얻을 수 있는 방법은 첫째, 수출물품을 알리고, 회사를 광고할 수 있는 자체 홈페이지를 구축하는 것이다. 둘째, 수많은 거래알선사이트를 이용하는 것이고, 셋째 검색엔진을 활용하여 해외시장정보를 수집하는 것이다.

그리고 기존의 무역협회 등 무역관련 단체를 통해서 거래처의 발굴과 해외시장정보를 얻을 수 있으며, 해외 전시회에 직접 참석하여 거래처를 발굴하는 방법도 있다. 거래알선사이트를 발굴하는 방법은 여러 가지가 있지만 유즈넷을 이용하거나, yellowpage를 이용하거나 거래알선사이트를 이용하는 방법이 있다. 이 부문에서 사용할 인터넷의 도구는 거래알선기관이용, 검색엔진, 유즈넷이용, 메일링리스트 등이 있다.

1.2 거래제의 및 신용조사

해외시장조사가 끝나고 거래처를 발굴하였으면 수입업자에게 거래를 제의한다. 거래제의는 e-메일을 이용하는 방법과 전화나 팩스를 이용하는 방법이 있다. e-메일을 보내는 경우에는 거래처를 알게 된 경위와 회사의 소개, 제품 소개에 대하여 자세하게 보낸다. 거래제의를 받은 수입업자(거래선)는 수출업자와 오퍼(offer)를 주고받는데, 그 내용은 가격, 수량, 인도시기, 보험, 품질, 대금결제조건, 운송방법과 기타 사항에 대한 것이다. 매도인(수출업자)이 매수인(수입업자)에게 보내는 오퍼를 Sealing offer라 하고, 그 반대를 Buying offer라고 한다.

오퍼도 마찬가지로 e-메일, 전화, 팩스를 이용하며, 상대방에게 빠르고 정확한 정보를 제공해야 한다. 이와 동시에 수입업자(거래처)의 신용도를 신용조사기관을 통해 조사한다. 국내에서 수입업자의 신용조사를 위해 이용할 수 있는 기관은 수출보험공사(해외기업)와 신용보증기금(국내업체) 등이 있으며, 개별 거래은행을 이용하여 신용을 조사하는 방법도 있다. 신용조사를 위한 웹사이트 신용보증기금(www.shinbo.co.kr)과 수출보험공사(www.keic.co.kr)를 참고할 수 있다. 이 부문에서는 주로 circuler letter 작성, 바이어 구매력 측정요령, 견본 송부요령들을 익혀서 인터넷의 도구와 병행한다.

1.3 매도계약서의 발송

Seling offer을 통한 Counter offer를 통하여 거래조건의 내용에 대해 수입업자와 동의하다. 수출업자는 거래조건 및 내용에 대해서 offer보다 더욱 자세한 내용을 포함하는 계약서를 작성하여야 하는데, 이것이 매도계약서이다. 매도계약서에는 품질, 양, 가격, 포장, 선적조건, 지불방법, 보험의 7대 조건이 들어가야 하며, 당사자들끼리의 계약이어야 한다. 또한 계약이행에 대한 사항도 들어 있어야 한다. 매도계약서에 대한 참고 사이트는 무역협회(www.kita.or.kr)의 무역자료실에서 무역서식기재요령을 참고하여 작성하면 된다.

1.4 신용장의 개설

신용장 거래조건의 매매계약을 한 경우 수입업자는 거래은행에 신용장 개설을 의뢰한다. 개설은행은 수출업자에게 신용장을 발행한다. 수출업자는 수입업자로부터 받은 신용장을 검토한 후 매도계약서의 계약조건과 다른 경우 수입업자에게 수정을 요구한다. 신용장의 내용이 매도계약서의 조건과 완전히 일치하면 수출품을 확보하기 위한 방안을 강구한다.

1.5 수출물품의 확보

제조업자가 직업 수출하는 경우는 수출물품의 인도일에 맞추어 수출물품의 생산기간과 물량을 확인한다. 그러나 무역업자인 경우는 수출물품을 생산하는 제조업자를 찾아 수출물품을 확보해야 한다. 즉, 제조업자를 찾는 방법으로는 인터넷상에서 거래알선사이트를 방문하야 찾는 방법도 있고, 수출물품과 관련된 협회를 통해 제조업자를 찾는 방법도 있다. 하지만 제조업자를 미리 물색하고 거래제의를 시작하는 것이 유리하다.

수출물품을 확보시에 부족한 자금에 대해서는 무역금융을 이용하거나 수출물품을 제조할 제조업자를 위해 내국신용장을 개설할 수 있다. 이에 대한 자료를 찾아보기 위해서는 각 거래알선사이트(KTNET, KITA, KOTRA, SMIPC)에서 찾아볼 수 있다. 또한 Inno-Net의 중소기업 사이트에서 중소기업체 데이터베이스에서 관련업자를 찾아볼 수 있다. 이 부문에서는 무역금융(어음)에 대한 이해가 필요하다.

1.6 통 관

통관이란 수출업자가 수출물품을 해외의 수입업자에게 보내기 위한 수출신고 및 세관검사 등의 일련의 절차를 말한다. 수출업자는 통관을 위해 수출물품을 보세창고에 반입하고 통관의뢰를 받은 관세사는 EDI를 이용하여 수출물품에 대해서 수출신고서, 포장명세서, 수출승인서 등을 세관에 제출한다, 세관은 제출된 서류를 심사하고 수출물품에 대하여 품명, 가격, 수량 등을 조사한다.

이에 대한 관련 사이트는 우선 통관자동화망 kcis.ktnet.co.kr과 관세에 관련한 사이트는 www.customs.go.kr이다. 또한 관세사와 관련된 자료는 www.custra.co.kr에서 자세한 정보를 볼 수 있다. 이 부문에서는 수출포장, 관세, 통관자동화, 관세환급 등에 대한 이해가 필요하다.

1.7 선적과 보험

수출업자는 신용장에 표기된 운송조건으로 선박회사와 계약을 체결하고 수출물품을 지정된 선박에 선적한 후 선하증권(B/L)을 선박회사로부터 받는다 선하증권은 수출대금 회수시 신용장과 함께 거래은행에 제출한다. 그리고 신용장에 표기된 계약조건에 따라 보험(해상보험)에 들어 선박의 침몰, 좌초 등의 사고로 인한 수출업자의 손실을 보상받아야 한다. 이에 대한 선복수배 및 운송업체 확인은 소량화물인 경우 www.pacifictade.com 또는 KCIS의 복합운송업체, 복합화물터미널(부산, 인천, 광양)이고, 보험부문으로 해상보험은 www.globalmarineinsurance.com이며, 적하보험에 대한 구체적인 내용은 www.ecplaza.co.kr를 참조하고 특히 선하증권에 대하여는 www.bolero.net에서 참고하면 된다.

1.8 수출대금의 회수

수출대금의 회수방법은 ① 선적완료 후 운송회사로부터 받은 선하증권과 수입업자의 거래은행(개설은행)에서 발행한 화환신용장과 그 신용장에서 요구하는 서류를 갖추어 화환어음을 발행하고 그것을 외국환은행에 매입 의뢰하는 신용장 거래대금회수 방법, ② 수입업자가 수출업자에게 직접 외화로 송금하는 방법, ③ 화환신용장이 개설되지 않은 지급인도조건(D/P)과 인수인도조건(D/A)의 추심결제방법들이 있다.

2. 전자무역의 결제시스템

국제무역에서 대금결제는 전통적으로 신용장(letter of credit)방식, 송금(remittance)방식, 추심(collection)방식 및 청산결제(open account)방식이 중심을 이루어 왔다. 그러나 최근 정보통신기술의 발달에 따라 전자상거래상의 대금결제를 전자결제시스템으로 처리하기 위한 노력이 계속되고 있다. 전자결제란 상품이나 서비스에 대한 가치를 전자적 수단을 통해 지급 및 결제하는 것인데, 전자결제수단으로는 신용카드, 전자화폐, 전자수표, 그리고 전자자금이체 등이 이용되어 왔다.

그러나 전자결제수단들은 현실적으로 보안상의 문제 등으로 인해서 아직까지 인터넷에 의한 완벽한 결제시스템으로 정착되지 못하고 있으며 앞으로 해결해야할 과제로서 많은 연구가 진행되고 있다. 특히 전자화폐는 기업 간의 전자상거래가 주류를 이루는 국제대금결제방법인 전자무역에 이용하기에는 불편한 점이 많다. 따라서 별도의 대금결제방법이 필요하게 되는데, 여기에는 국내에서 활발히 전개되고 있는 인터넷 네고, 그리고 최근에 개발되고 있는 전자무역의 결제시스템은 크게 기존의 모든 절차를 유지하면서 종이서류를 인터넷상의 전자서류로 대체하는 실질적인 접근방법으로 볼레로(Bolero: Bill of Lading Electronic Registry Organization) 프로젝트와 컴퓨터의 도입으로 필요 없게 되거나 중복되는 절차를 생략하고 업무의 효율성을 최대한으로 발휘할 수 있는 기능적인 접근방법으로 무역카드(TradeCard)시스템 등을 살펴보자.[6]

2.1 인터넷 네고

2.1.1 인터넷 네고의 의의

전자결제시스템은 무역에서 서류 없는 무역결제시스템으로 전세계적으로 국제전자상거래의 활성화에 따라 국내에서는 소위 인터넷 네고에 대한 논의가 활발하게 일어나고 있다.[7] 이 시스템은 수출대금결제(Nego)에 필요한 각종 서류를 인터넷을 통해 은행에 전송하고 이를 근거로 수출대금을, 결제받을 수 있는 획기적인 방법이다.

이는 서류심사와 결제단계의 축소로 신속한 수출업무가 가능하게 되는 큰 장점을 갖고 있다. 지금까지 무역EDI를 도입하는 경우에도 수출대금의 결제만은 직접 은행에 가서 할 수 있었던 것에 비추어 보면 종이서류 없는 무역에 최종적인 도달점에 와 있다고 해도 과언이 아니다. 그러나 이러한 인터넷 네고의 전자결제방식은 국내은행과 외국은행 사이에 종이서류제시업무는 별개의 문제이므로 은행에서 종이서류를 프린트하여 송부하여야 할 것이다. 즉 국내에서의 전자결제는 가능할지 모르지만 세계적인 수준의 전자결제는 아직 미진한 실정이다.

2.1.2 인터넷 네고의 절차

인터넷상의 수출선적서류 매입절차는 [그림 10-3]과 같다.[8]

① 수출상은 운송회사와 해상운송계약을 체결하며, 이때 선하증권은

6) 박성철·하강헌, 「Core 사이버무역」, 두남, 2002.

7) 삼성전자, 한빛은행, 한국무역정보통신, 삼성SDS가 공동으로 개발한 시스템이 있으며, LG전자와 신한은행도 실시하고 있다.

8) 안병수, 「사이버무역과 전자결제시스템」, 2001.

인터넷을 통해 은행에서 교부받기로 한다.

② 수출상은 보험회사와 해상적하보험계약을 체결하며, 이때 보험증권은 인터넷을 통해 은행에서 교부받기로 한다.

③ 수출상은 은행에 인터넷을 통해 수출선적서류의 매입(네고)을 신청하며, 신청시 선하증권 및 보험증권의 증권번호와 상업송장, 포장명세서, 환어음 등의 서류를 송신한다.

④ 은행은 네고신청을 접수한 후 운송회사와 보험회사의 증권교부 인터넷 사이트에 접속하여 수신한 증권번호에 해당하는 선하증권과 보험증권을 작성한다. 이때 운송회사와 보험회사는 원본증권양식을 미리 은행에 맡겨둔다.

⑤ 은행은 인터넷 네고 신청접수시 수신한 상업송장, 포장명세서, 환어음 등과 선하증권, 보험증권 등이 매입조건에 합당한 경우, 수출상의 지정계좌에 수출대금을 입금한다. 이후 은행은 종이서류로 매입한 것과 동일하게 취급하며, 해외로 서류를 발송한다.

[그림 10-3] 인터넷 네고의 절차

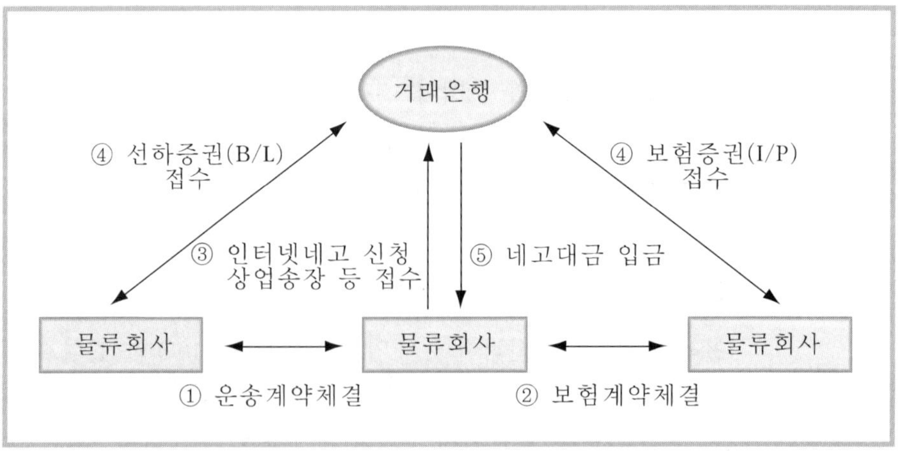

이 방법을 사용하는 수출상이나 운송회사 및 보험회사는 선하증권이나 보험증권을 주고받기 위해 대면하거나 배달서비스를 이용할 필요 없이 서류의 최종 목적지인 은행에서 인터넷을 통해 출력함으로써 시간과 비용

을 줄일 수 있다는 이점을 얻게 된다. 결국 인터넷 네고는 수출선적서류의 국제적 흐름 중에서 국내흐름만을 전자화하는 데 그치지만 무역카드(Tradecard)와 볼레로(Bolero) 프로젝트 등의 전자서류를 통한 무역거래가 본격화되면 국제 간의 완벽한 인터넷결제가 가능하리라 예상된다.

2.2 무역카드(TradeCard) 시스템

2.2.1 무역카드시스템의 개요

무역카드(tradecard)는 무역결제상에서 가장 안전하고 효율적인 수단이 되어야 할 신용장 제도조차도 의외로 적지 않은 결함들을 갖고 있다는 사실에 주목하여 이러한 결함을 제거하고 정보통신기술을 무역거래에 활용하여 종이서류 없이 무역거래를 실현하겠다는 배경에서 출발하였다.

무역카드란 국가 간의 전자상거래에서 기업 간의 무역대금결제를 인터넷상에서 서류의 일치성을 자동으로 점검하면서 이행할 수 있는 기반으로 세계무역센터협회(world trade center association)가 개발한 무역결제카드시스템을 말한다.

기존의 무역관습에서는 신용장방식이든 추심방식이든 은행이 자금결제과정에서 처음부터 끝까지 개입하게 되는 데 반하여 무역카드의 경우에는 그러한 은행의 역할 중에서 대금지급결정을 위한 거래이행에 따른 서류심사의 기능을 무역카드가 수행하는 것이다.

무역카드는 기업 간의 원활한 전자상거래에서 필요한 각종 요구에 대응할 능력을 갖추고 있을 뿐만 아니라 온라인 환경에서 협상이나 새로운 거래처의 발굴 등에 대한 업무도 수행할 수 있도록 해 준다. 또한 무역카드는 기존의 높은 대금결제수수료와 이자를 부담하는 신용장방식과는 달리 저렴한 비용으로 소액이나 거액의 모든 대금결제를 할 수 있도록 해주며, 당해 대금결제에 필요한 서류를 단계별로 추적할 수 있다. 그리고 기존의 무역과정을 단순화, 자동화 및 표준화하여 무역거래에서 발생하는 비용을 절감시켜 준다.

이러한 무역카드는 다음과 같은 특징을 갖고 있다. ① 국제무역거래의 진행과정이 모두 전자적으로 이행된다. ② 무역카드는 수출업자와 수입업자가 수행하는 거래단계별 모든 내용을 온라인상에서 보여주기 때문에 무역거래에 필요한 서류가 무엇인가를 상대방에게 인식시킬 수 있다. ③ 무역거래의 비용을 절감시킬 수 있다. ④ 거래절차가 명확하게 나타나기 때문에 초보자도 쉽게 무역거래를 할 수 있다. ⑤ 무역카드는 네트워크를 통해 필요한 모든 무역서비스를 수집하기 때문에 무역카드 이용자들은 그들이 필요한 서비스(물품의 검사서비스, 물품의 보험서비스)를 쉽게 이용할 수 있다. 결국 무역카드는 기존의 무역거래를 온라인 환경으로 바꾸어 무역거래에서 우려되는 보안과 신뢰를 유지시켜 주며, 저렴한 비용과 사용자의 편리성 등을 제공해 준다.

2.2.2 무역카드 시스템에 의한 결제방법

무역카드 시스템하에서 무역대금의 결제과정은 [그림 10-4]와 같다.[9)]

① 수입업자는 금융기관(국내참여은행: 산업은행)에 신용공여한도를 신청한다.

② 은행은 신용평가과정을 거쳐 신용공여한도를 설정한다.

③ 금융기관으로부터 신용공여한도를 확보라고 있는 수입업자는 수출업자와 상담시 대금지급방법을 무역카드로 할 것을 약정한다.

④ 수입업자는 구매주문서(PO: purchase order)나 견적송장(pro Forna Invoice)을 무역카드 시스템(무역카드사의 한국사업권자는 HRD 코리아이다)으로 송부한다.

⑤ 무역카드 시스템에서는 구매주문서나 견적송장의 기재내용, 신용공여한도를 확인하고 수출업자 앞으로 송부한다.

⑥ 수출업자는 송부되어온 구매주문서에 전자서명을 함으로써 무역계약을 체결한다.

⑦ 수출업자는 물품을 준비하고 난 뒤 무역카드 시스템을 통하여 운

9) 안병수, 「사이버무역과 전자결제시스템」, 2001.

송회사에 선적지시를 송부한다.

⑧ 선적지시를 받은 운송회사는 수출업자로부터 물품을 인수받아 선적을 실시한다.

⑨ 운송회사는 운송서류를 작성하여 무역카드 시스템으로 송부한다.

⑩ 무역카드 시스템에서는 송부되어온 운송서류와 기타 서류를 점검하여 일치하는 경우에 금융기관에 대금지급을 의뢰다.

⑪ 금융기관은 수출업자에게 대금을 지급한다.

⑫ 무역카드 시스템에서는 수입업자 앞으로 선적서류를 송부한다.

⑬ 수입업자는 운송서류를 운송회사에 제시하고 물품을 수령한다.

[그림 10-4] 무역카드에 의한 무역거래절차

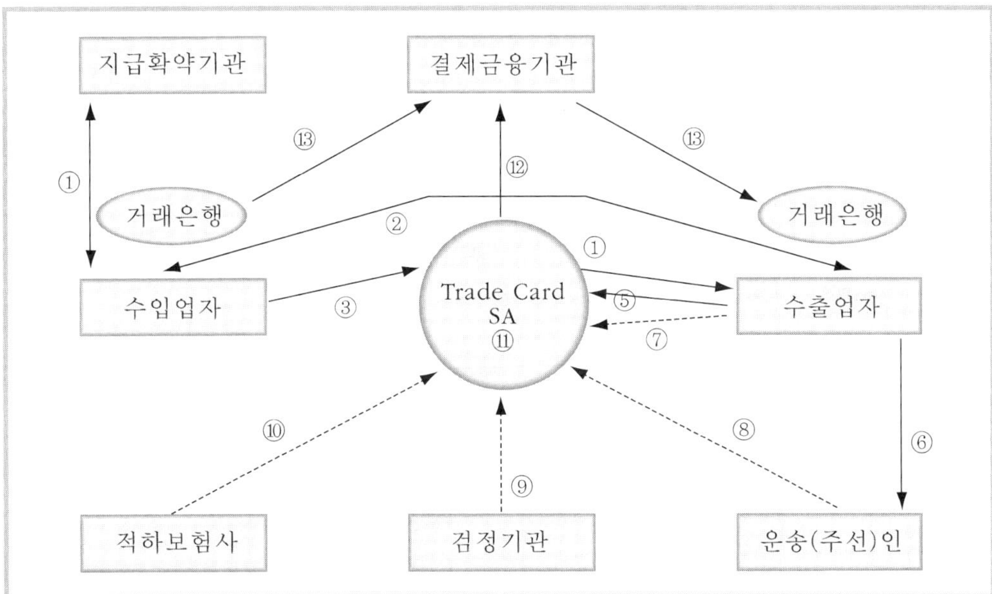

2.3 볼레로(Bolero) 프로젝트

2.3.1 볼레로 프로젝트의 개요

개방형 통신망인 인터넷 사용의 폭발적인 증가로 인하여 국내는 물론 국제간의 전자상거래는 증대되고 있다. 한편 전자문서교환(EDI)방식은 쌍무적 계약에 따라 교환약정이 필요하고 폐쇄적인 시스템이라는 점과 보안 및 안전성 등 기술적인 제약으로 인하여 무역서류의 전자적 교환에 대한 요구를 제대로 충족시키지 못하고 있다.

이러한 문제를 해결하기 위해 1994년 홍콩, 네덜란드, 스웨덴, 영국, 그리고 미국의 해상운송회사, 은행, 통신회사 등이 참여하여 컨소시엄 형태로 볼레로(Bolero: Bill of Lading Electronic Registry Organization) 프로젝트가 시작되었다. 현재 볼레로는 SWIFT(society for worldwide interbank fiancial telecommunication)와 화물배상책임보험조합(TT: through transport club)에 의해 주도되고 있으며, 이들이 합작으로 설립한 회사는 사용자 그룹인 볼레로협회와 함께 범세계적인 무역서류의 전자화를 통하여 상업적 서비스를 제공하는 것을 그 목표로 삼고 있다.

2.3.2 볼레로 프로젝트의 무역거래절차

볼레로 프로젝트에서는 기존의 무역업무절차를 유지하면서 관련서류를 전자화하는 작업을 수행하고 있다. 무역업무의 처리절차는 중앙등록기관과 무역거래자 사이에 정보의 교환을 전자적인 방식에 의한다는 것 이외에는 기존의 무역거래절차와 큰 차이점이 없다.

① 사용자는 사용자 작업환경이 갖추어진 PC나 단말장치를 통해 C/R 앞으로 메시지를 송신한다. 이때 비밀키가 내장된 IC카드를 사용함으로써 자동적으로 전자서명이 작성되어 메시지에 첨부된다.

② C/R은 사용자의 공개키를 S/R상에서 찾아, 이 공개키를 사용하여 전자서명이 첨부된 메시지의 진위 및 사용자의 자격을 확인한다.

③ 전자서명이 일치하고 요구한 내용에 대한 사용자의 자격이 유효한 경우에 메시지 DB의 갱신을 하고, 이를 관련 당사자에게 전송한다. 또 처음 메시지를 송신한 사용자에게도 결과 메시지를 전송한다.

④ 사용자는 C/R로부터 온 결과메시지를 확인한다. 이러한 메시지는 모두 송신자의 전자서명이 첨부되어 있으며, 이를 공개키를 통해 검증하고 메시지를 단말기나 PC에 맞게 변환한다.

[그림 10-5] 볼레로의 무역거래절차

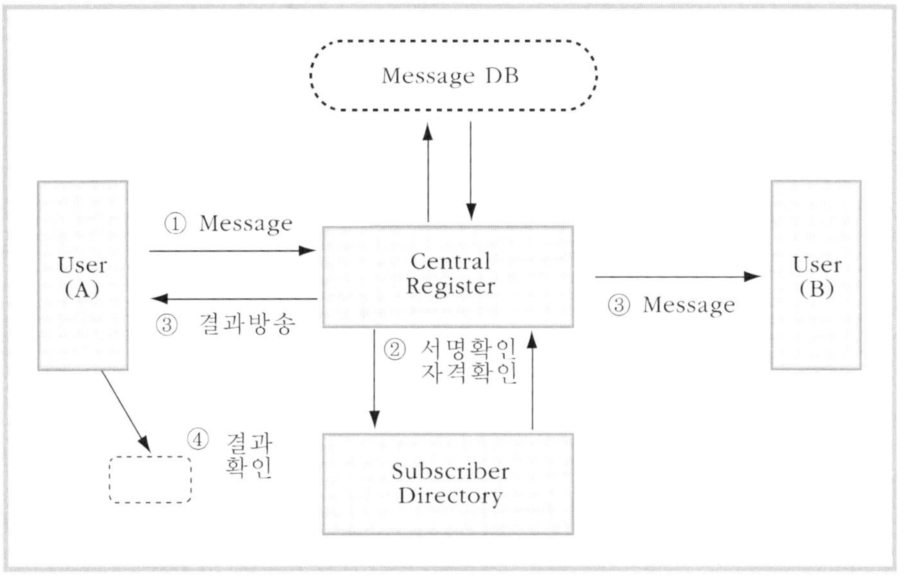

볼레로는 기존의 종이서류를 통해 이루어지던 무역거래를 전자서류를 통해 구현할 수 있다는 장점 때문에 무역거래의 당사자들에게 관심을 모으고 있지만, 메시지 표준의 조속한 개발과 이 표준에 따른 응용프로그램의 개발을 위한 전산비용의 투입 등 많은 과제를 남겨두고 있다.

2.3.3 볼레로 프로젝트의 볼레로넷

볼레로 사업을 범세계적으로 추진하기 위한 볼레로넷(bolero.net)의 서비스 구성도는 [그림 10-6]과 같으며, 그 특징은 다음과 같다.[10)]

첫째, 범세계적인 이용을 전제로 하고 있으며, 한 기관 혹은 회사의 과도한 지분소유를 배제하고 있다. 그리고 산업간, 국가간, 사용자 간의 서비스 형태로 설계되어 있으며, 모든 국가에서 이용할 수 있다. 또한 중립적이고 신뢰성이 있는 제3자가 개입하여 문제를 해결하는 수단을 제공하고 모든 정보의 엄격한 기밀성을 유지하고 있다.

10) 강원진, "전자무역거래를 위한 볼레로 프로젝트의 예비실험 성과와 과제," 『부산상대논문집』, 2001.

둘째, 볼레로가 제공하는 서비스는 규약집(rule book)에 의하여 구속력을 가지도록 하고 있다. 이는 해양관계법과 은행관계법이 서로 상충될 뿐만 아니라 전자상거래환경이 반영되지 않은 상황에서 관계법령을 고치는 것보다 볼레로 규약집을 통하여 구속력을 발휘할 수 있도록 하는 것이 유리하기 때문이다. 아울러 이러한 방식은 기존의 국제 및 국내법규와 상충관계가 아닌 보완관계를 형성하고 법률적 확실성을 보장할 수 있다는 장점도 있다.

셋째, 기존의 제도적 환경과 연계시킨다. 분쟁해결방법은 종이문서 체제상에서의 방법과 유사하도록 하고 가능한 한 현실의 관행을 반영하고 있다.

넷째, 신뢰할 수 있는 제3자, 즉 서비스제공자를 개입시켜 시스템 장애가 발생할 때 볼레로사에 손해배상을 청구할 수 있도록 하고 있다.

다섯째, 현존하는 SWIFT의 금융망 및 EDI와 차별화되어 있다. SWIFT금융망의 이용기관들은 실제로 SWIFT가 제공하는 인터페이스(interface)를 통해 직접 접속을 하여 이용하게 되는 반면, 볼레로 서비스에서는 플랫폼만 제공될 뿐 인터페이스 및 접속경로는 시장에서 제3자가 제공하는 다양한 제품과 서비스 중 이용기관이 선택할 수 있도록 하고 있다. EDI는 통신상에서 단순히 데이터만을 전송하는 기능만 수행하지만 볼레로는 법적으로 구속력이 있는 계약서를 통신상에서 전송하는 기능을 맡고 있다는 점에서 차이가 있다.

볼레로 프로젝트는 전자무역거래의 전자결제에서 가장 큰 장애요인이라고 할 수 있는 전자선하증권의 유통성과 기타 선적서류의 전자화 문제를 해결하기 위한 것이며, 범세계적인 운영능력, 표준, 보안 등에 의한 핵심요소의 구현을 기본으로 삼고 있다.

우리나라의 경우에 한국무역정보통신(KTNET)은 볼레로넷과 전략적 제휴를 맺고 글로벌 전자상거래 서비스를 제공하고 있다. 볼레로넷은 국제무역에 관련된 모든 기업 간에 전자상거래를 할 수 있도록 각종 서비스를 제공해 주는 새로운 무역거래방식이다.

볼레로 프로젝트가 성공하려면 볼레로가 제공하는 시스템의 안정성이

[그림 10-6] 볼레로넷의 서비스 구성도

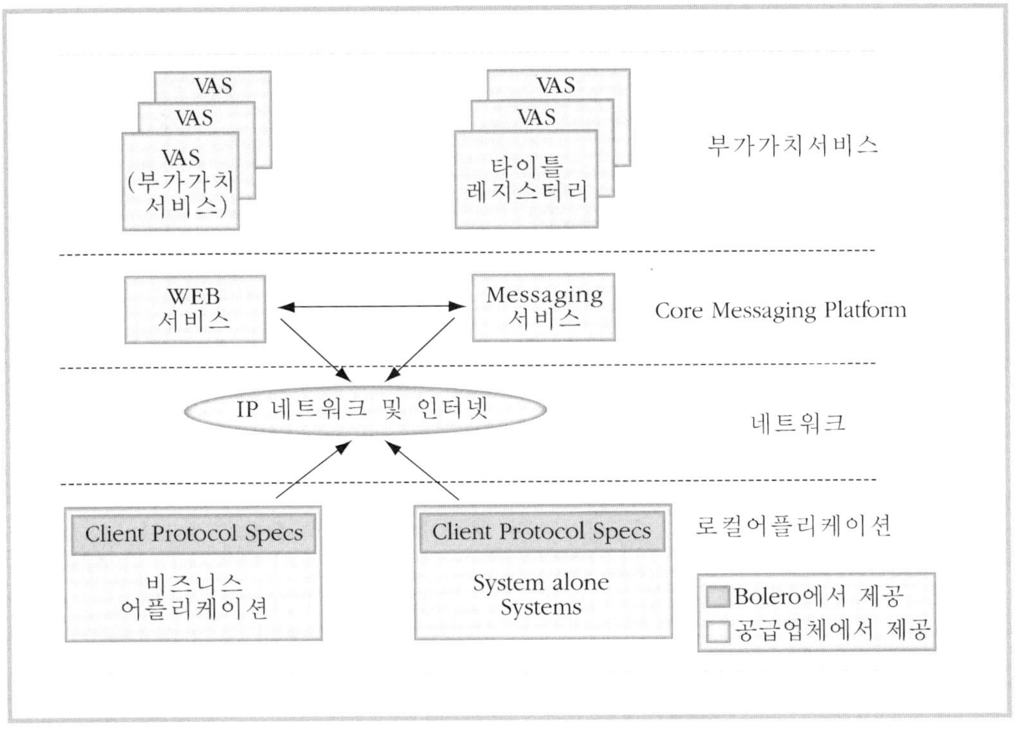

높은 글로벌시스템이어야 하고, 서비스제공자로서 중립적인 입장을 유지하여야 한다. 그리고 정보를 안전하게 전달할 수 있도록 보안성이 강화되어야 한다. 아울러 준거법 등 장애가 되는 국제적인 법적 환경을 정비하고 이용자간 정보교환을 향상시키기 위한 공통의 기술기반을 확충해야 한다. 그리고 다양한 이용자에 대해 부가가치의 증대 기능성과 그 유용성을 인식시키는 것도 중요한 과제이다. [표 10-3]은 앞에서 살펴본 무역카드시스템과 볼레로 프로젝트를 비교한 것이다.

[표 10-3] TradeCard시스템과 Bolero프로젝트의 비교

구 분	TradeCard시스템	Bolero프로젝트
상업화의 목표	신용장방식에서 벗어난 무역결제서류의 전자화	전자식 선하증권의 구현 및 무역서류의 전자화
주요 서비스 대상	중·소무역업자	무역거래의 관련자
역 할	전자적 계약의 확인 계약이행 여부의 확인 대금지급의 결정	전자서명의 인증 무역서류의 관리 통신방법의 제공
주요 추진주체	세계무역센터협회	-
신용장과 일치성 확인방법	TradeCard사에 의해 자동점검	종이로 출력하여 점검
비 용	신용장 관련비용의 절감	선하증권과 관련된 비용절감
특 징	신용장이 없는 무역거래	선하증권의 전자화
우리나라의 참여 여부	HRD Group Korea, LG상사	국내한빛은행

중요개념

· 무역카드	· 전자결제
· 선하증권	· 전자무역
· 소호(SOHO)	· 통관
· 인터넷 네고	· Buying offer
· 적하보험	· Sealing offer

연습문제

1. 전통적인 무역과 전자무역은 어떠한 차이점을 갖고 있는가?
2. 전자상거래와 전자무역은 어떠한 관계를 갖고 있는가?
3. 소호(SOHO)란 무엇을 말하는가?
4. 전자무역의 특징을 설명하라.
5. 전자무역이 활성화되는 경우에는 경제적으로 어떠한 효과를 얻게 되는가?
6. 전자무역이 이루어지기 위한 기본요건과 성공을 위한 전략을 설명하라.
7. 전자무역의 실무절차를 설명하라.
8. 전자무역의 전자결제시스템으로 인터넷 네고를 설명하라.
9. 전자무역의 전자결제시스템으로 볼레로 프로젝트와 무역카드시스템을 설명하라.

제11장

디지털금융과 전자화폐

먼저 디지털금융시대가 도래하게 된 원인과 디지털금융의 발전과정을 살펴보고, 디지털금융시대에서의 지불수단으로 사용하게 될 전자화폐를 구체적으로 살펴본다. 디지털금융시대의 전자화폐란 화폐가치를 디지털화 한 새로운 형태의 화폐라고 할 수 있는데, 현재 세계 주요국은 전자화폐가 현재의 통화를 대체할 미래의 화폐로 인식하고 이에 대한 적극적인 기술개발을 통해 국익을 제고하고자 경쟁적으로 개발에 나서고 있다. 그러면 전자상거래의 확산에 따른 새로운 지급결제수단으로서 사용하게 될 전자화폐란 어떠한 화폐란 말하는가? 이에 대해 전자화폐의 등장배경, 전자화폐의 개념 및 정의, 특성 및 종류, 그리고 전자화폐가 통화정책에 미치는 영향을 살펴보자.

제 1 절 디지털금융

1. 디지털금융시대의 도래

금융업에서는 다른 분야에 비해 일찍부터 디지털기술이 이용되어 왔는데, 이는 금융업이 정보활용산업의 특징을 지니고 있고 금융거래의 상당 부분이 정보의 전달만으로 종결될 수 있기 때문이다. 금융업은 장표정리(정보처리)업무가 많고 신용분석, 가격분석 등 방대한 정보의 수집·분석을 거쳐 금융중개업무를 영위하는 정보활용산업이다. 디지털기술이 금융업의 정보처리에 활용되면서 장표의 처리가 자동화되고 방대한 신용정보를 신속히 처리할 수 있게 됨에 따라 신용평가제에 의한 대출 등 금융기법에 상당한 변화가 나타났다. 또한 최근에는 디지털기술과 통신기술의 결합에 의한 네트워크를 통한 금융기관간, 금융기관과 고객 간의 비대면 금융거래(remote banking)가 실현되고 있다. 이는 대부분의 재화와 서비스는 현물을 주고받음에 의해 거래가 종결되지만 금융거래는 상당 부분이 현물의 이동이 없이 정보의 전달만으로 거래가 종결될 수 있기 때문에 가능한 것이다.

최근 관심을 끌고 있는 금융의 디지털화, 또는 디지털금융(digital banking)이란 컴퓨터 및 정보통신기술을 금융업에 활용하여 주로 자금이체, 송금 등 대금결제업무를 자동화하고 금융서비스의 네트워크화를 구현하는 비대면 금융거래를 의미한다. 즉 넓은 의미로는 정보통신기술을 이용한 금융기관의 기계화 및 컴퓨터화를 뜻하며, 좁게는 고객 자신이 개인의 정보통신기기를 활용함으로써 이루어지는 금융기관과의 거래를 의미한다. 이러한 디지털금융은 기존의 은행개념을 완전히 뒤엎는 것으로 앞으로의 금융업은 전세계 금융시장이 정보통신망을 통하여 첨단금융기법과 정보통신기술을 이용한 디지털금융시대의 돌입을 의미하는 것이다.

디지털금융화를 시대별로 살펴보면, 1960년대 은행업무의 효율화를 목적으로 금융업무가 온라인화 되면서 시작된 금융의 전산화는 1970년대부터 자동입출금기(ATM)를 통한 지급결제서비스가 등장하여 고객은 점포 밖에서, 그리고 영업시간 이외에도 지급결제를 할 수 있게 된 것이다. 1980년대부터는 금융기관간 네트워크가 광범위하게 구축되어 고객이 자동입출금기를 통해 거래 금융기관이 아닌 다른 금융기관을 이용하여 지급결제도 할 수 있게 되었다. 1990년대 초반에는 전화, 개인용 컴퓨터, 등을 이용한 금융거래가 실현되었고, 1990년대 중반 이후에는 새로운 지급수단으로 전자화폐가 등장하였으며 인터넷을 이용한 금융중개가 시작되었다. 2000년대부터는 어디서나 사용할 수 있는 무선(wireless)의 의미와 언제든지 이용할 수 있다는 온라인(on-line)의 의미, 그리고 금융서비스 가운데 뱅킹(banking)의 의미가 결합된 모바일뱅킹(mobile banking)이 보다 구체화되고 있다.

이와 같이 오늘날 금융산업이 통상적인 은행업에서 디지털금융시대로 이전하게 되는 이유는 첫째, 은행의 무인점포와 같은 디지털금융수단이 유인점포에 비해 금융업무처리비용이 1/3에 불과하다는 점에서 비용절감의 효과가 크고, 둘째 고객의 편의성 측면에서도 시간적 및 공간적 제약을 제거하는 수단으로 그 역할이 부각되고 있기 때문이며, 셋째 정보통신기술을 이용하여 금융서비스를 보다 효율적으로 제공할 수 있게 되면서 디지털금융시대의 확산이 가속화되고 있다는 데에서 찾을 수 있다.

한편 디지털경제에서의 비대면 금융거래의 확산은 금융거래의 비용을 감소시켜주는 많은 외부경제를 창출하고 있지만 그 역기능도 적지 않다. 전자상거래는 해킹 등으로부터 안전성과 신뢰성의 확보가 곤란하여 인터넷 중심의 금융시장은 변동성이 높은 투기적 시장이 될 가능성도 있다. 예컨대 채무불이행 정도가 인터넷에 게시될 경우 정보의 전달속도만큼이나 빠르게 투매현상이 나타날 수도 있다. 전자상거래의 확대에 따른 전자결제의 일반화와 사이버공간을 통한 금융서비스의 국경 없는 이동은 현행 화폐와 은행예금중심의 결제제도의 혼란과 통화관리상의 애로를 초래하는 등의 많은 부작용을 일으킬 수 있다. 이 밖에도 정보통신기술의 혁신은 금융결제의 초고속화로 순간적인 시스템의 장애와 컴퓨터해커의 침입 등 보안상의 문제들이 전체 금융시장의 혼란을 야기시킬 수 있다.

2. 디지털금융의 발전과정

금융업은 많은 금융정보를 신속하고 정확하게 처리하여야 하는 정보활용산업이므로 정보처리 및 통신기술의 발전이 그대로 금융업에 적용되어 금융의 디지털화를 진전시켜 왔다. 디지털금융과 관련한 통신기술에는 무선통신, 인터넷, 초고속정보통신망 등이 있으며, 정보처리기술로는 IC칩(integrated circuit chip), 암호기술, 전자상거래, 컴퓨터기능과 관련된 기술 등을 들 수 있다. 이러한 기술의 발전은 디지털금융을 획기적으로 변화시키고 있다. 디지털화된 매체에 의한 금융서비스의 제공과 전자지급결제기능의 수행이라고 할 수 있는 디지털금융은 그 고도화의 정도에 따라 [표 1]과 같이 금융업무의 온라인화 및 업무자동화 단계, 금융네트워크 구축단계, 전자화폐와 인터넷뱅킹(internet banking) 및 모바일뱅킹(mobile banking) 단계로 구분할 수 있다.

2.1 금융업무의 온라인화 및 업무자동화 단계

제1단계는 동일은행내 본·지점 간에 온라인 시스템이 구축되고 현금자동지급기(CD/ATM)의 도입 및 지로(GIRO), 어음, 수표 등 장표처리가 자동화되어 업무능률이 획기적으로 향상되는 단계인데, 우리나라는 1960년대 경제활동의 급격한 확대와 통신·정보처리 분야의 기술진보를 배경으로 은행들이 온라인 시스템을 도입하기 시작한 것이 디지털금융시대의 시작이라고 할 수 있다. ATM는 고객의 직접 조작에 따라 현금인출, 예입, 계좌이체, 잔액조회, 제3자에 대한 지급 등의 업무를 처리해 주는 자동출납기로서, 금전출납원의 업무를 기계가 대신함으로써 은행창구업무를 대폭

[표 11-1] 디지털금융의 발전단계

	구 분	내 용
1단계	자행 On-Line화 및 업무자동화	-단순한 정보통신기술을 이용하여 자행내 점포의 온라인화를 완료 ·CD/ATM기의 도입 및 지로, 어음, 수표 등 장표처리의 자동화를 통해 창구업무 축소
2단계	금융네트워크 구축	-금융기관간 및 금융기관과 고객간에 네트워크를 구축하여 금융공동망서비스 등 새로운 금융서비스를 창출 ·금융공동망서비스: CD, 자동응답서비스(ARS), 타행환, 자금관리서비스(CMS) ·PC·전화기 등을 이용한 새로운 금융서비스: Home/Firm Banking ·카드를 이용한 상거래 대금결제: 신용카드, 직불카드, 선불카드
3단계	화폐의 전자화 및 은행의 무점포화	-전자화폐가 보급되어 지급수단의 획기적 전환 초래 예상 -금융업무가 현실공간을 초월하여 공중통신망 속의 가상공간에서 수행됨으로써 무점포은행 탄생 -인터넷뱅킹 및 모바일뱅킹서비스의 이용

줄이는 데 크게 기여했다.

이 단계에서는 정보통신기술을 활용하여 은행점포들 간의 온라인화를 완료하고 현금자동지급기 및 자동입출금기(CD/ATM)의 도입 및 지로, 어음, 수표 등 장표처리의 자동화를 통하여 창구업무를 축소하며, 지급결제 업무를 서류에 근거한 방식에서 서류가 없는 방식으로 전환하는 단계이다. 우리나라의 금융기관들은 제1단계의 금융고도화를 이미 1980년대 후반에 완료했다고 볼 수 있다.

2.2 금융네트워크 구축 및 서비스의 확대단계

제2단계의 디지털금융화는 은행과 은행간, 은행과 고객 간에 구축된 네트워크를 바탕으로 금융공동망 서비스를 제공하고, PC와 전화기 등을 이용한 홈뱅킹, 펌뱅킹서비스 그리고 신용카드를 이용한 상거래 대금결제 등의 새로운 금융서비스를 창출함으로써 고객의 이용 편의성과 금융업의 생산성이 크게 향상되는 단계다. 이는 금융기관간 및 금융기관과 고객 간에 네트워크를 구축하여 금융공동서비스망 및 PC, 전화기 등을 이용한 펌뱅킹 및 홈뱅킹서비스를 제공하고, 신용카드와 직불카드 및 선불카드 등을 이용한 거래대금결제 등의 새로운 금융서비스를 창출함으로써 금융업의 생산성이 향상되는 단계를 말한다. 우리나라에서는 한국은행의 SWIFT(Society for Worldwide Interbank Financial Telecommunication)를 중심으로 금융기관간 결제네트워크가 구축되어 있으므로 이 단계는 지났다고 볼 수 있다.

2.2.1 고객네트워크 강화

동일은행내 본·지점 간에 온라인시스템이 완료된 다음에는 은행간 온라인 시스템이 구축되어 금융공동망 서비스가 제공되기 시작했다. 1980년대 이후 금융의 자유화·국제화가 급진전되면서 유연성과 확장성 있는 시스템 기반이 구축되고, 수익·리스크 관리 등 전략적 영업활동을 뒷받침하기 위한 정보기능이 강화되어 대 고객 네트워크업무가 크게 확충되었다.

우리나라에서는 1970년대 중반 정보통신기술을 이용하여 은행 본·지점 간에 온라인 시스템을 부분적으로 도입하기 시작하였으나, 동일은행 내의 전 영업점 온라인 구축은 1980년 초에야 가능해졌다. 1987년까지 자행간 온라인시스템 구축이 완료되었으나, 은행과 은행간 온라인 시스템의 도입을 비롯한 대 고객 네트워크 구축 등은 1990년대 들어서면서 본격적으로 추진되었다.

2.2.2 홈뱅킹과 펌뱅킹

1980년대 초 미국에서는 PC보급이 본격화되기 시작하면서 홈뱅킹과 펌뱅킹이라는 신종 금융서비스가 제공되기 시작하여 은행에 가지 않더라도 집이나 사무실에서 PC를 이용해 계좌이체 및 대출 등의 각종 금융서비스를 제공받을 수 있게 되었다. 당시 미국의 시티 뱅크(City Bank), 케미컬 뱅크(Chemical Bank)등 대형은행들은「가정에서도 은행과 거래하는 시대가 도래했다」는 대대적인 홍보와 함께 경쟁적으로 홈뱅킹 서비스를 추진했다. 이러한 유형의 디지털금융은 고객의 유형에 따라 홈뱅킹(개인)과 펌뱅킹(기업)으로 나뉜다.

홈뱅킹(home banking)이란 가정에 설치된 PC, 전화기, 팩시밀리와 은행의 컴퓨터를 연결하여 공중통신망을 통해 예금 및 수표조회, 계좌이체 등의 다양한 금융거래서비스를 가정이나 사무실에서 편리하게 처리할 수 있는 정보통신서비스이다. 과거 고객들의 금융기관의 이용이 영업시간 내에 은행의 점포 내에서만 가능하다는 시간적·공간적 제약이 뒤따랐고 금융기관 또는 인력부족과 업무의 과다로 인하여 어려움을 겪고 있었다. 이러한 불편함을 해소하기 위하여 은행업무의 전반적인 정보화가 활발히 진행되게 되었고, 그 중에서 홈뱅킹은 전통적인 금융의 개념에서 탈피하여 고객 자신이 은행에서 제공되는 각종의 정보 및 시스템을 직접으로 이용·관리할 수 있게 해 줌으로써, 은행은 이제 자금수급을 원활하게 해 주는 중간 결제자의 전통적인 역할과 함께 소프트웨어 컴퓨터회사 등과 제휴, 정보의 집약 및 창출자로서의 기능을 동시에 수행한다. 이러한 홈뱅킹은 전화를 이용하는 폰뱅킹(phone banking)과 PC를 이용하는 PC뱅킹으로 세분되기도 한다. 아직까지는 폰뱅킹이 주류를 이루고 있으나 PC보급의 확대로 앞으로는 쇼핑정보, 각종 예약 등의 서비스까지 제공되는 PC뱅킹이 점차 확산될 전망이다.

펌뱅킹(firm banking)이란 은행과 기업의 컴퓨터를 통신회선으로 연결해 기업의 컴퓨터 터미널 조작을 통해 금융결제, 자금회수, 환, 예금잔고조회 등의 업무를 처리하거나 재무분석, 자금관리 시뮬레이션 등을 행할 수 있는 금융서비스를 말한다. 기업 내에서 그 기업이 보유하고 있는 예금잔고를 조회할 수 있고 자금의 회수, 결제, 환처리 등을 할 수 있으며 자금운용을 비롯한 재무분석의 실시, 자금흐름의 예측에 근거한 자금조달 및 관리분석을 위한 시뮬레이션 등을 행할 수 있으며, 또한 외국환이나 금리 및 환율동향 등의 금융정보를 수집할 수도 있고, 금융기관이 제공하는 경영컨설팅서비스를 이용할 수도 있다.

2.2.3 판매시점 시스템

판매시점(POS: point of sale)시스템이란 판매거래가 이루어지는 장소, 즉 백화점이나 슈퍼마켓의 계산대에 설치된 컴퓨터 터미널을 통해 매매거래와 동시에 구매자의 은행계좌에서 대금이 인출되어 판매자의 계좌로 판매대금이 이체·지불되는 시스템을 말한다.

[그림 11-1] POS서비스의 흐름도

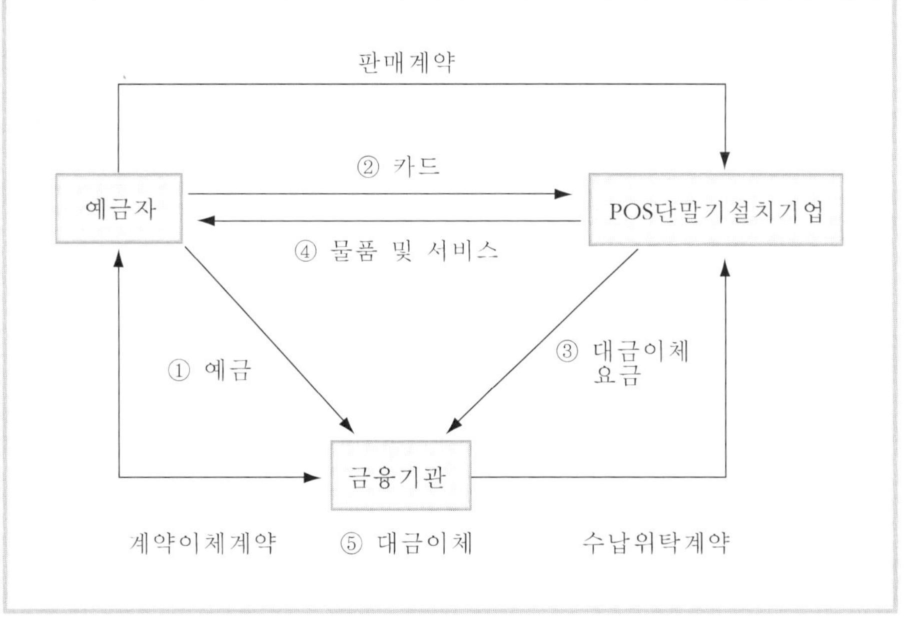

[그림 11-1]에서 보듯이 은행과 예금자 사이에 계좌이체 계약이 성립되어 있고 은행과 판매자 사이에 수납위탁계약이 맺어져 있으면, 소비자가 물품을 구입하는 즉시 네트워크를 통해 대금이 결제된다.

2.3 전자화폐, 인터넷뱅킹 및 모바일뱅킹단계

제3단계의 디지털금융화는 전자화폐의 보급 및 이용 등 지급결제망이 인터넷을 중심으로 통합되는 디지털금융의 단계를 말한다. 즉, 현금대용인 전자화폐(IC칩이 붙은 플라스틱카드에 일정액의 예금을 넣어 사용하는 지불결제수단으로 넓게는 통신망을 이용한 네트워크까지 포함되지만 통상 단말기를 통해 화폐가치를 재저장할 수 있는 전자지갑을 뜻한다)가 보급되어 지불수단의 획기적인 전환이 이루어지는 동시에 업무가 점포를 초월하여 가상공간에서 이루어져 금융기관의 영업형태가 크게 변화하는 단계이다.

최근 들어 안방에서 고객이 멀티미디어 PC화면에 구현되는 가상공간에서 은행업무를 간편하게 처리할 수 있는「안방은행」시대가 도래하고 있다. 즉 버추얼 뱅킹(virtual banking)이 출현하고 있는 것이다. 이에 따라 시간과 공간의 제약을 받지 않고 대부분의 금융업무가 공중통신망의 가상공간에서 이루어지게 되어 전통적인 금융의 개념은 바뀌고, 전자화폐가 현금을 대처하여 널리 보급되면서 지불·결제수단에 획기적인 변화가 일어나고 있다. 버추얼 뱅킹에는 두 가지 형태가 있다. 초보적 형태의 무인점포, 즉 PC에서 구현된 가상점포(virtual branch)가 그 중 하나이고, 다른 한 형태는 인터넷상의 가상적 정보공간에 존재하는 은행인 사이버은행(cyber bank)이 그것이다.

일반적으로 버추얼(virtual)이란 단어는 '뭔가 존재하는 듯하지만 본질적으로는 실체가 없다'는 의미가 내포되어 있다. 따라서 버추얼 뱅킹이란 컴퓨터로 가상은행 또는 점포를 만들어 고객에게 실제로 존재하는 은행이나 점포와 똑같은 금융서비스를 제공하는 은행을 말한다. 즉 은행의 예금·대출·외환 등 각종 서비스를 통합함으로써 실제 은행과 같은 모습의 가상창구를 PC화면에 그래픽으로 구현한 것이다. 은행은 은행이 취급하는 모든 금융상품이나 금융서비스를 은행 자신이 생산해 내지 않고, 외부의 전문용역업자 또는 정보통신회사에게 의뢰하여 서비스를 제공받아 고객에게 다시 제공하게 된다. 고객의 입장에서 보면 은행이 직접 모든 금융서비스를 제공하는 것처럼 보이지만 실제로 은행은 금융상품이나 금융서비스를 제공하는 창구 역할만 담당하게 되는 것이다. 따라서 은행들은 수익관리와 리스크관리, 고객관리 및 은행기법의 고도화 등에만 관심을 기울이게 될 것이다.

이러한 은행경영기법이 대두되고 있는 이유는 고객은 항상 새로운 금융상품과 서비스를 요구해 오지만 은행으로서는 핵심업무 이외의 모든 은행업무를 담당하기에는 한계가 있기 때문이다. 그러므로 버추얼뱅킹 시스템이 도입되어 실용화되면 고객들은 스스로 점포에 찾아가지 않고도 고객이 필요로 하는 곳 어디에서나 고객의 눈앞에 가상의 은행점포가 출연하여 금융서비스가 제공되고, 은행에 도착한 후 순서를 기다릴 필요가 없게 되므로 장소와 시간으로부터 해방되어 은행을 이용할 수 있게 된다. 은행들은 역시 별도의 점포를 개설하지 않고도 컴퓨터상의 가상점포를 만들어 고객을 유도할 수 있으므로 기존의 은행처럼 많은 직원이 필요하지 않게 되어 많은 비용을 절감할 수 있게 된다.

인터넷 뱅킹은 전세계를 연결하는 통신망인 인터넷을 이용하여 혁신적인 금융서비스를 창출하는 것으로서 인터넷상에서 간단한 온라인 송금에서부터 가상은행을 통해 대출 등 모든 은행업까지 제공받을 수 있다. 이러한 인터넷뱅킹은 선진국에서는 이미 실용화단계에 접어들고 있으며, 컴퓨터를 이용한 가상공간(사이버스페이스)이 속속 등장, 기존의 금융시스템을 혁신적으로 변화시키는 것이다.

한편 모바일뱅킹(mobile banking)이 유선 인터넷뱅킹과 함께 공존하면서 성장하고 있는데, 모바일뱅킹이란 어디서든 사용할 수 있다는 무선(wireless)의 의미와 언제든지 이용할 수 있다는 온라인(on-line)의 의미, 그리고 금융서비스 가운데 뱅킹(banking)의 의미 등의 세 가지 의미가 결합된 금융을 말한다.

2.3.1 가상점포의 등장

가상점포는 초보적인 형태의 네트워크를 이용해 온라인 이체, 조회, 상담 등 제한된 범위 내에서 가상은행 서비스를 제공한다. 동화상으로 구현되는 가상점포가 PC화면에 나오면 고객은 안방에서 마우스를 조작하는 것만으로 은행업무를 볼 수 있다. PC화면에 나타난 은행 건물을 마우스로 클릭하면 점포 문이 활짝 열리고 여직원의 상냥한 인사말이 들린다. 객장에 들어서면 객장에는 실제 영업점과 같이 창구가 배치되어 있고, 화면에 구현된 창구로 마우스를 움직여 클릭한 다음 원하는 일을 보면 된다.

우리나라에서는 처음에 국민은행이 1996년 2월 한국통신의 공중기업통신망(CO-LAN)을 이용하여 기업을 상대로 윈도환경의 가상점포를 개설하였고, 현재는 일부 국내시중은행들도 3차원 애니메이션의 기법으로 입체감 있는 가상점포를 개설하여 금융서비스를 제공하고 있는데, 향후 인터넷 보안문제가 해결되면 가상점포의 활용이 더욱 확대될 것이다.

2.3.2 모바일뱅킹서비스의 출현

모바일뱅킹(mobile banking)이란 어디서든 사용할 수 있다는 무선(wireless)의 의미와 언제든지 이용할 수 있다는 온라인(on-line)의 의미, 그리고 금융서비스 가운데 뱅킹(banking)의 의미 등의 세 가지 의미가 결합된 금융을 말한다.[1] 다시 말하면, [표 11-2]에서와 같이 무선이란 개인적, 이동중, 그리고 편리성이란 개념으로 실현되며, 온라인은 네트워크와 자동화란 개념으로 실현된다. 그리고 뱅킹이란 기존의 금융정보 및 금융거래의 제공과 새로운 금융서비스의 제공을 말한다. 새로운 금융서비스는 모바일 지불(mobile payment), 계좌통합(account aggregation), 인터넷 빌링(EBPP), 금융포탈(financial portal) 등의 형태로 나타나고 있다.

1) 정보통신정책연구원, 「정보통신정책」, 제14권 18호 통권 310호.

[표 11-2] 모바일뱅킹의 구성요소

요 소	특 성	실현 개념
무 선	어디서나	개인적, 이동중, 편리성
온 라 인	언제나	네트워크, 자동화
뱅 킹	뱅킹서비스	기존의 금융정보 및 금융거래, 새로운 금융서비스(모바일 지불, 금융포탈, 계좌통합, 인터넷빌링)

인터넷뱅킹은 고객이 컴퓨터나 이동전화의 웹 브라우저를 통해 금융기관의 웹사이트에 접속해 뱅킹서비스를 이용하는 방법으로 인터넷이라는 공공 네트워크(public network)를 통해 은행에 접근한다는 의미에서 무선뱅킹(wireless banking) 또는 모바일뱅킹(mobile banking)도 이 범주에 포함시키고 있다.[2] 우리나라 금융산업의 분야별 모바일뱅킹서비스의 주요 내용을 살펴보면 [표 11-3]과 같다.

[표 11-3] 금융산업의 분야별 모바일뱅킹서비스

구 분	주요 서비스 내용
은 행	- 국내은행과 우체국, 이동전화 사업자들이 휴대폰기반의 모바일뱅킹서비스(조회, 자금이체, 현금서비스, 환율조회, 사고신고접수 서비스 등) 제공
증 권	- 홈트레이딩시스템(HTS)을 대체하는 모바일 트레이딩 시스템(MTS)에 대한 수요 급증 - 주식매매, 증권정보, 매매신호 등을 실시간으로 업데이트하고, 분석차트를 만들어 PDA를 통해 제공
보 험	- 이동성이 높은 보험설계사 위주의 마케팅조직의 운영을 위한 모바일 영업지원 시스템의 구축 - 보험설계사들이 PDA를 통해 가입설계부터 계약조회, 공지사항 정보 제공
카 드	- 휴대전화 서비스와 신용카드, 교통카드, 전자화폐 등의 기능을 결합한 모바일 카드의 활성화

주: 한국전산원, 「국가정보화백서」.

2) IDC 회사의 경우에는 온라인뱅킹을 컴퓨터나 이동전화 등의 디바이스를 통해 금융서비스에 접근하는 방법으로 PC뱅킹, 인터넷뱅킹, 모바일뱅킹, TV뱅킹을 포함하는 개념으로 정의하고 있다.

국내은행과 우체국이 제공하고 있는 모바일뱅킹서비스의 내용은 주로 예금조회, 자금이체, 현금서비스, 환율조회, 사고신고 등이다. 또한 잔액 및 거래명세 조회, 송금 등 은행의 주요 서비스가 이동전화를 통해 이루어지고 있다. 증권사의 경우는 주가변동에 민감한 고객을 대상으로 PDA 등을 이용한 모바일 트레이딩 시스템을 구축하였으며, 증권사의 공동으로 제공하는 '모바일로' 서비스가 있다. 그리고 보험사들은 보험 설계, 계약조회, 공지사항 전달 등 고객과 일대일 상담이 가능하도록 서비스를 구현하고 있다.

최근 들어 대다수의 은행들이 인터넷뱅킹 및 모바일뱅킹의 서비스를 제공하기 위해 시스템 구축 등에 대규모의 투자를 감행하고 있다. 이들 은행이 인터넷과 무선이라는 새로운 전달채널을 통한 모바일뱅킹서비스의 제공을 통해 누릴 수 있는 경제적인 효과에는 어떠한 것들이 있는가를 살펴보자.

첫째, 금융시장에서의 경쟁력을 확보하기 위한 전략이다. 최근의 금융기관은 대규모 M&A를 통해 규모가 확대되고 있고, 금융환경은 금융기관 간의 업무영역에 대한 제한이 폐지되면서 경쟁이 격화되고 있다. 이와 같은 상황에서 은행들은 인터넷 및 모바일뱅킹 서비스의 제공을 통해 기존의 고객 유지 및 신규고객확보를 위한 경쟁력 강화를 꾀하고 있다.

둘째, 은행업무의 자동화를 통한 은행의 비용절감효과를 들 수 있다. 기존의 점포운영을 이용한 은행업무의 처리는 오프라인상의 점포운영으로 많은 경영비용이 소요된다. 반면, 저렴한 서비스 전달매체로서의 인터넷과 모바일 기술의 등장은 은행의 지급결제, 소매예금업무 등의 거래당 비용을 크게 감소시킬 수 있다.

2.3.3 사이버 은행의 출현

1970년대까지만 해도 상상에 그쳤던 사이버(cyber) 시대가 우리들의 일상생활 가까이 다가오고 있으며 사이버 시대에는 사이버스페이스(cyberspace)상에 존재하는 사이버 은행을 이용해 시간과 공간을 초월하여 최첨단 금융서비스를 신속하게 제공받을 수 있다.

사이버스페이스란 인공두뇌학(cybernetics)과 우주공간(space)의 두 단어가 결합된 합성어로서 지구상에 그물처럼 연결된 무수한 컴퓨터 군과 접속된 가상의 정보공간을 말하는데, 여기에서는 문자·음성·동화상 등 다양한 정보가 실시간대(real time)의 형태로 초고속으로 왕래하고 있다. 인터넷상에 개설된 사이버 은행을 이용하면 국경을 초월한 금융거래를 할 수 있으며, 전자화폐나 금융 소프트웨어를 이용해 은행을 거치지 않고도 당사자간 결제가 가능해진다. 장기적으로 볼 때 기존의 은행점포가 사라지고 인터넷을 비롯한 PC 통신망을 이용한 사이버은행에서 모든 은행업무를 처리하는 무은행(non-bank)시대가 도래할 전망이다. 현재는 고객이 현금의 입출금, 신탁, 대출, 무역결재, 외환거래, 증권투자 등을 하려면 여러 금융기관을 거쳐야 하지만 앞으로 하나의 금융기관에서 다양한 금융업무를 처리하는 것이 가능해질 것이다. 따라서 이종(異種) 금융기관간 업무제휴, 복합·인계상품 취급 등이 촉진되어 금융기관간 업무영역의 구분이 무의미해질 수도 있다.

제 2 절 전자화폐

1. 전자화폐의 등장배경

최근의 정보통신기술, 특히 컴퓨터와 인터넷의 발달로 인해 사회경제 전반에 걸쳐 많은 부분이 급속히 변화하고 있다. 그 중에서도 전자상거래와 전자화폐의 등장과 발달은 조만간 일상의 경제행위 양식을 근본적으로 바꾸어 놓을 것으로 예상된다. 이러한 전자상거래와 전자화폐가 등장하게 된 배경은 지불수단의 편리성을 위한 기능적 측면과 지불수단의 보안성을 위한 기술적 측면에서 살펴볼 수 있다.[3)]

1.1 지불수단의 편리성을 위한 기능적 측면

먼저 논의에 앞서 현재 대표적인 지불수단으로 사용되고 있는 화폐에 대해 간단히 살펴보자. 화폐는 사회의 구성원 전체가 서로 간의 경제적인 필요에 의해 만들어낸 사회적제도(social institution)라고 말할 수 있다. 그 경제적인 필요라는 것은 구체적으로 말하자면, 거래비용을 줄이려는 것, 즉 보다 쉽게 서로 경제적 거래를 하려는 것을 말한다. 결국 화폐는 거래비용을 줄이기 위한 수단 내지 사회적제도로서 만들어진 것이다. 일반적으로 거래비용을 줄이기 위한 화폐의 기능은 다음의 세 가지로 요약될 수 있다.

첫째, 화폐는 상품의 교환비율을 효과적으로 비교, 평가할 수 있게끔 가치의 척도(standard of value)로서의 기능을 하고 있다.

---

3) 오성백 외, 「전자화폐의 효과적 도입을 위한 정책방향」, 정보통신정책연구원, 1997.

둘째, 화폐는 실물재화의 흐름에 대한 반대급부로서 거래를 완료시키기 위해 지급결제의 수단(means of payment)으로서의 기능을 하고 있다.

셋째, 화폐는 교환의 시간적 불일치를 극복하기 위해 가치의 저장수단으로 사용되는 것이다.

이 중 첫 번째의 가치척도로서의 기능이 화폐의 가장 본질적인 기능이라 할 수 있으며, 둘째, 기능은 아직까지는 화폐의 중요한 역할로 인정할 수 있으나, 경제가 발전하면서 갖가지 대체적인 신용수단이 등장하여 그 의미가 축소되어져 가는 추세에 있다. 셋째 기능은 앞의 두 기능에 비해 매우 부수적인 것으로, 오늘날 금융의 발달로 인해 그 의의가 매우 약해졌다. 이 중 전자화폐와 관련하여 주목하여 논의할 부분은 화폐의 둘째 기능, 즉 지불수단의 기능이다.

지불수단으로서 화폐를 이용하는 데에도 불편한 점이 있다. 따라서 사회는 그 시대의 경제제도와 기술수준에 맞는 각종 신용거래(credit transaction)를 발달시켜 왔으며, 다양한 지불수단이 등장하였다. 오늘날은 어음이나 수표가 화폐 외의 대표적인 지불수단으로 사용되고 있다. 이러한 맥락에서 전자화폐의 출현도 좀더 편리한 지불수단의 요구에 대한 경제사회의 응답이라고 설명될 수 있을 것이다.

오늘날 전자화폐의 출현을 야기시킨 화폐 및 기존 지불수단의 사용에 있어서의 불편한 점들을 살펴보면 다음과 같다.

첫째, 소액의 빈번한 결제가 필요한 경우 지폐나 수표는 잔돈 지급에 따른 액수 계산에 있어 번거로움이 따른다. 버스나 지하철 등의 대중교통수단을 이용할 때나 신문이나 잡화 등의 소액상품을 구매하는 경우 잔돈을 소지하고 계산하는 등의 불편이 그 예라 할 수 있다. 이에 대해 신속하고 정확한 소액지불(micro payment) 수단의 수요가 있어 온 것이다.

둘째, 분실이나 도난, 훼손 등의 사건이 발생할 경우 소유하던 화폐가치가 완전히 사라질 위험이 있으며, 이에 대응해 수표나 어음 등의 지불수단이 등장하였다. 지불수단의 익명성은 거래의 성격에 따라 사용자의 의도에 따라 적절히 그 정도가 조정될 필요가 있다. 그런데 화폐는 고정된 완전한 익명성을 가지고 있고, 또 수표나 어음은 전혀 익명성을 보장하지 못하므로, 이들은 다른 시스템에 의하지 않고는 그 자체로 익명성의 정도를 전혀 조절할 수가 없다. 따라서 익명성을 조절하고 관리하기 편리한 지불수단의 수요가 상존해 왔다.

셋째, 화폐는 소지가 불편하고 원격지간 결제가 힘들다. 이에 대해 역시 거액의 거래에 대해선 수표나 어음, 그리고 원격지간 지불을 위해서는 우편환 등이 이용되어졌다. 그러나 효율면에서 이러한 지불수단은 불편한 점이 많으며 특히 오늘날 새로이 등장한 인터넷 등을 통한 전자상거래의 지불수단이 필요하다라는 측면에서 새로운 지불수단에 대한 수요는 매우 강렬하였다. 기존에도 금융기관이나 일부 기업체들 간에는 전용망을 통해 전자적으로 원격지 지불거래를 해 왔었다. 그러나 이제는 인터넷이나 전화선 등의 공중망을 통한 일반인들이 포함된 전자상거래가 등장하였고, 이에 대한 효과적인 지불수단의 요구는 날로 증대하고 있다. 따라서 기존 지불수단의 단점을 극복하는 새로운 대안적인 지불수단에 필요한 증대한 것이다. 이러한 필요를 통합적으로, 그리고 효율적으로 채워줄 수 있는 대안으로 전자화폐가 가장 유력한 지불수단으로 등장한 것이다.

1.2 지불수단의 보안성을 위한 기술적 측면

화폐제조기술은 각 시대의 첨단기술을 이용하여 왔다. 그 이유는 주로 화폐위조를 막아 지불거래시스템의 보안성 내지 신뢰성을 확보하기 위한 것이었다.

대개 화폐는(특히 고액권의 경우) 제조원가보다 액면가가 큰 것이 보통이기 때문에 위조의 유인이 있다. 이러한 위조의 유인을 제거하려면 사후적으로 위조의 범죄에 대해 적발확률을 높이고 처벌을 강화하든지, 아니면 사전적으로 화폐를 위조하는 데 많은 어려움이 있도록 해야 한다. 그러나 시간이 흐르면서 기술이 발달하고 위폐제조도 쉬워지고 점점 정교해져서 위폐의 식별 및 적발이 더욱 어렵게 된다. 그리고 사후적으로도 화폐위조의 범죄에 대해 계속적으로 처벌을 강화시킬 수도 없는 노릇이다. 따라서 화폐위조를 사전에 효과적으로 예방하기 위해서는 조폐기관과 일반인

사이에 확실한 조폐기술의 격차가 있어 화폐위조에 많은 비용이 들며 기술적인 문제점들이 해결되기 어렵게 되어 있어야 한다. 그러기 위해 역사적으로 사회는 화폐제조에 첨단기술을 이용하여 왔던 것이다.

역사상 화폐의 형태는 이러한 기술발달의 역사와 궤적을 함께하여 왔음을 알 수 있다. 돌이나 조개에서 동전으로, 다시 지폐로 발달한 화폐의 역사는 석조기술, 금속주조기술과 인쇄기술 발달의 역사와 밀접한 관계를 가지고 있다.

오늘날은 인쇄기술이 충분히 발달되어 이제 위조화폐나 위조수표를 인쇄하거나 복사하기가 매우 쉬워졌다. 그밖에도 신용카드나 직불카드 등으로 널리 사용되는 자기띠카드(magnetic-stripe card, M/S card)의 경우도 위조가 비교적 용이한 편이다. 그리고 실제로 요사이 전세계적으로 위폐나 위조수표 및 신용카드 위조 범죄가 빈번히 발생하여 그 피해액의 규모가 급속히 증가하고 있다.

이러한 위조범죄로 인한 사회적 비용이 일정 정도를 넘어서게 되면, 새로운 기술을 이용하여 위조를 방지할 수 있는 화폐나 교환수단을 만드는 것이 더 경제적일 수 있으며, 바로 그러한 때, 즉 위변조로 인한 사회적 비용이 첨단기술의 이용에 따른 비용을 능가하게 될 때, 첨단기술을 이용한 새로운 형태의 화폐가 등장하는 것이다.

이것은 자연적인 경향인데, 그 이유는 전반적으로 모든 기술은 계속적으로 발전하기 때문이다. 즉 위조기술도 발전하고 새로운 화폐제조기술도 발달하여, 화폐의 위변조가 쉬워지고 그 발생 빈도도 증가하여 사회적 비용은 계속 증가하며, 한편 이를 방지할 첨단기술의 이용에 따른 비용도 계속 감소하여 새로운 대체 화폐 도입이 저렴해지기 때문에 결국은 새로운 형태의 화폐가 등장하게 되는 것이다. 전자화폐는 각종 암호기법과 하드웨어적인 기술로 인해 현재 매우 높은 수준의 보안성(security)을 확보하고 있다.

2. 전자화폐의 개념 및 특성

2.1 전자화폐의 개념 및 정의

1995년 12월 파리에 있는 OECD가 '암호정책전문가 특별회의'라는 국제회의를 개최한 바 있다. OECD는 지금까지 프라이버시의 보호, 데이터의 시큐리티 확보 등에 필수수단으로 암호정책을 다뤄 왔는데, 암호정책 자체를 주제로 한 회의를 가진 것은 처음 있는 일이다. 이는 인터넷 등의 세계적인 정보통신기반이 급속도로 발전함에 따라 암호와 기술의 필요성도 급격히 높아지고 있음을 반증하는 것이다. 또한 그 배경에는 전자상거래(electronic commerce)라는 새로운 국제비즈니스 기반이 실현되고 있음도 알 수 있다.

그러나 네트워크를 통해 상품을 발주하는 것은 가능하지만 은행구좌를 통해 대금을 지불하거나 대리결제, 우편이체, 신용카드결제 등은 기존의 방법을 그대로 이용해야 했다. 그래서 암호화기술을 활용해 상품정보를 검색하거나 발주메시지 등의 정보유통과 함께 상거래결제에 관한 정보유통까지도 디지털화하자는 움직임이 일고 있다. 즉 돈의 가치를 표현하는 디지털정보를 암호화하고 이것을 IC카드 혹은 PC에 내장해서 네트워크상에서 대금을 지불하는 방식을 생각해 내면서 전자화된 화폐, 즉 전자화폐(electronic money)에 대한 개념이 등장한 것이다.

그러면 전자화폐(electronic money)란 어떠한 화폐를 말하는가?

전자화폐란 화폐가치 또는 화폐가치에 대한 정보를 전자부호화하여 전자적 장치에 기록 및 저장한 뒤 지불결제가 필요할 때 거래 상대방에게 화폐가치를 이전시키거나 화폐가치에 대한 정보를 변경할 수 있도록 고안된 전자적 수단이나 시스템을 말한다. 이러한 전자화폐는 일정지역 이상의 지역 또는 영업장에서 사용되고(범용성), 상품의 구매를 위한 구매제한이 없으며(통용성), 현금 또는 예금 등과 교환이 보장되는(환금성) 전자적 화폐를 말한다. 종전의 실물화폐가 운송 및 우송을 통해 결제가 이루어지는

[표 11-4] 우리나라의 화폐발달사

시 대	화폐의 발급	지급결제제도	사회환경
선사 및 고대	· 폐화, 어폐, 경폐 · 포전, 도전 · 칭량화폐 · 금·은 무문전	· 자급자족 · 물물교환	· 고조선시대의 8조 법금 · 농업과 수공업 등장(삼한시대) · 금속공업발달(삼국시대) · 화폐제조의 필요성 대두
고려시대 (996-1392)	· 건원중보 · 해동통보 · 삼한통보, 삼한중보 · 은병, 소은병 · 쇄은	· 물물교환 · 실물화폐	· 국가제도정비에 따른 국가제정의 확보 · 농업과 수공업등 생산의 증대로 상품의 종류 다양 · 대각국사의천의 주화제조건의
조선시대 (1394-1892)	· 저화(지폐) · 조선통보 · 전폐 · 십전통보 · 상평통보 · 어음	· 물물교환 · 실물화폐 · 명목화폐	· 조선왕조의 새로운 통치체제를 정비하여 많은 발전 이룩 · 중앙집권적인 통치제도 확립 · 조선전기시대의 화폐정책실패 · 명목화폐 조선후기부터 시행 · 최초로 어음사용
근대시대 (1893-1944)	· (구)한국은행권 · 일본제일은행권 발행 · 조선은행권발행	· 동전 및 지폐	· 개방 이후 선진 여러 나라와 통상 거래 발생 · 일본의 경제적 침략 · 한일합병 및 일제시대
해방 이후 (1945-1948)	· 조선은행권발행	· 동전 및 지폐 · 자기앞수표 제도 도입	· 미국 군정실시 · 대한민국정부수립 · 급격한 인플레이션 발생
대한민국 (1949-현재)	· 한국은행권 · 어음, 수표 · 신용카드 · 가계수표 · 선불카드 · 직불카드	· 동전 및 지폐 · 어음, 수표 · 신용, 선불, 직불카드	· 6.25 전쟁반발 · 1차 화폐개혁(1950) · 2차 화폐개혁(1953) · 3차 화폐개혁(1962)
미래시대	· 전자화폐	· IC카드	· 정보통신의 발달로 정보화 시대 개막 · 전자상거래 · 인터넷, 비추얼 뱅킹

화폐임에 반하여 전자화폐는 통신회선을 통해 결제가 이루어지는 화폐이다. 고객은 상품이나 서비스 구매시 카드나 PC에 들어있는 화폐가치를 가맹점 단말기나 공중통신망을 이용하여 판매점의 단말기에 이전시켜 결제하며 가치소진시 은행계좌에서 재충전하여 사용할 수 있다. 이와 같은 전자화폐는 다가올 21세기에 우리나라 역시 전자화폐의 통용이 보다 보편화될 것으로 보이는데, 우리나라의 화폐발전사를 살펴보면 [표 11-4]와 같다.

2.2 전자화폐의 특성

2.2.1 기존 지불수단의 특성비교

현재 존재하는 지불수단으로 사용된 대표적인 것은 현금, 전자자금이체(EFT: electronic fund transfer), 직불카드(debit card: 거래와 동시에 지불자의 계좌에서 수취인에게 지급되는 카드), 신용카드(credit card: 거래 후 일정기

[표 11-5] 현존 지불수단들의 특성비교

특 성	현 금	EFT	직불카드	신용카드	수 표	어 음
만 기 일	지불과 동시	지불과 동시	익일	카드회사 요구일	수금자의 제시일	지불자의 지정일
익 명 성	O	×	×	×	×	×
발행권자	중앙은행	은행	은행	은행	은행	은행
배서자수	O	O	O	지불자	지불자와 수금자	발행자와 복수인
지 불 자 확 인		은행계좌의 확인	은행계좌의 확인	신용	은행계좌를 갖고 있음	은행계좌를 갖고 있음
지불보장	정부	은행	은행	카드회사	법적절차	법적 절차
위험부담	없음	없음	없음	없음	있음	있음
통용가능	O	×	×	×	×	O

주: 만기일: 지불자가 지불한 뒤 , 수금자와 지불자의 계정을 갱신하는 시점/익명성: 지불자, 수금자의 익명성/ 발행권자: 누가 발행하는가/배서자의 수: 여러 명의 배서(이서)가 가능한가/지불자의 확인: 무엇으로 지불자가 문제없는 정당한 사람이라는 것을 증명하는가/지불의 보장: 누가 지불을 보장하는가/위험의 부담: 수금자가 지불받지 못할 위험이 있는가/통용가능성: 지불수단이 통용될 수 있는가 등을 의미함.

간 후에 지불자가 수취인 혹은 카드회사에 지불하도록 되어 있는 카드), 수표, 어음 등인데, 이들 지불수단들의 특성을 비교하면 [표 11-5]와 같다.

2.2.2 전자화폐와 기존 지불수단의 비교

전자화폐는 기존의 모든 지불수단을 대체하는 차세대 지급결제수단이라는 점에서 그 기능이 다양할 뿐만 아니라 여러 가지 장점을 지니고 있다. 먼저 일정한 금액의 가치를 현금과 동일하게 사용할 수 있는 '현금지갑카드'의 기능이 있다. 기존의 선불카드와는 달리 자신의 은행계좌에 현금을 재입금함으로써 반복사용할 수가 있으며, 백화점등에서 일시에 거액을 지출할 수도 있다. 또한 사용자의 선택에 따라 현금·신용·직불카드로 사용될 수 있으며, 하나의 카드에 여러 나라의 화폐를 동시에 입금시킬 수 있기 때문에 이를 이용한 외환거래도 가능하다. 한편 화폐로서의 기능뿐만 아니라 카드 내에 많은 정보를 저장할 수 있어 여러 가지 통장을 한꺼번에 수용할 수 있으며, 통장과 도장을 소유하지 않고도 입출금거래가 가능한 전자종합통장의 역할도 부수적으로 포함시킬 수가 있다.

그리고 전자화폐로 고액을 사용할 때 반드시 자신만이 알고 있는 비밀번호를 직접 입력하게 됨에 따라 분실·도난시 부정사용을 줄일 수 있는 한편, 익명성을 완비하고 있어 거래정보 노출을 방지할 수 있다. 특히 IC카드형 전자화폐는 자체에 마이크로프로세스를 내장하고 있어서 위·변조 및 정보해독을 통한 부정사용 등이 거의 불가능하다는 장점을 지니고 있을 뿐만 아니라, 고도의 발달된 암호기술로 인해 현재의 지폐 또는 마크네틱 선불카드 등과는 비교가 안 될 정도로 위조하기가 어려운 특성을 지니고 있다.

한편 앞으로 전자화폐가 컴퓨터 통신망을 통해 IC카드에 화폐가치를 재충전할 수 있게 되면, 우리의 일상생활에 또 다른 차원의 변화가 예견된다. 즉 사용자 입장에서는 부피가 있는 현금을 휴대하지 않아도 되는 편익이 있으며, 물품구입시 거스름돈을 주고받는 번거로움도 전혀 없어지게 된다. 또한 지갑 속에 여러 가지 카드를 소지할 필요가 없게 되며, 은행거래시 수반되는 여러 종류의 통장, 인감 등을 보관해야 하는 불편도 해소될 수가 있다. 특히 네트워크형 전자화폐는 금융거래에 있어서 시간적·지역적 제약을 완화시켜 먼 곳에 살고 있는 사람에게 송금할 때도 굳이 은행까지 갈 필요가 없이 자택에서 전용전화기 또는 PC를 사용하여 언제라도 송금이 가능하게 된다. 뿐만 아니라 향후 소비자들은 자신의 집에서 인터넷상의 가상상점(virtual mall)을 통해 물품을 구입한 후, 자신의 전자화폐를 컴퓨터 단말기에 입력하여 결제할 수 있게 된다.[4]

그밖에도 전자화폐는 현금이 갖고 있지 못한 특성들을 가지고 있다. 무엇보다도 내구성에 있어서 전자화폐는 현금보다는 상대적으로 뛰어나다고 볼 수 있으며, 현금의 강탈위험 및 보관비용 등에서 이점을 갖고 있다. 또한 지금과 같이 고도의 복사기술의 발달은 위조화폐의 출현을 쉽게 하고, 이러한 위험의 방지는 현금의 생산 및 관리비용이 매우 비싸게 됨을 의미하는데 전자화폐는 이러한 측면에서 나은 면을 보이고 있다.

한편 비용측면에서 전자화폐와 기존 지불수단을 비교하면 다음과 같다. 첫째, 거래 한 건당 기존의 지불수단을 사용했을 때 드는 비용으로 비교해 볼 수 있다. [그림 11-2]는 전자화폐를 이용했을 때의 비용이 상당히 저렴하다는 것을 보여 주고 있다. 둘째, 개발비용에 있어서는 전자화폐를 처리할 정보시스템의 구축비용이 상당하기 때문에 기존의 지불수단에 대한 이점이 크기 않다. 그러나, 인터넷이라는 정보통신기반이 구축되어 있고, 이를 이용할 수 있으므로 기술력 있는 중소 벤처기업도 전자화폐와 전자지불시스템의 개발에 적극 뛰어들 수 있다. 셋째, 일단 시스템이 구현된 이후에도 기존의 지불수단은 물리적인 발행과 관리가 계속 요구되는 반면, 전자화폐는 물리적 발행비용과 관리비용이 크게 들지 않는다.

4) 문종진, "전자화폐시대의 도래에 따른 영향과 대응," 한국은행, 1996; 박덕배, "전자화폐의 도입과 금융시장," 제일금융연구원, 1996; 한국은행 금융결제부, "우리나라 전자금융의 현황과 전망," 1996. 8.

[그림 11-2] 거래당 지불수단별 처리비용

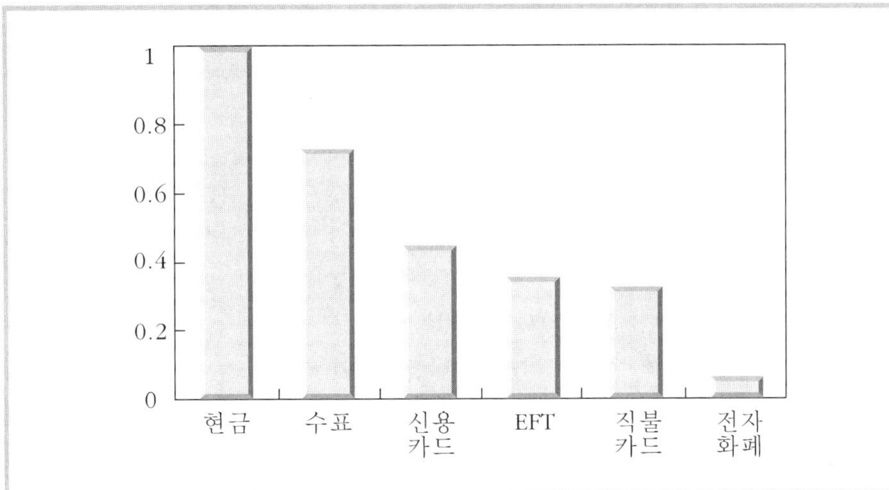

3. 전자화폐의 유형

3.1 IC카드형과 네트워크형

전자화폐란 이용자가 미리 발행자에게 대가를 지급하고 화폐가치의 정보저장에 이용되는 매체에 전자신호 형태로 가치를 저장하였다가 상품 등의 구입에 사용하는 전자지불수단을 말한다. 일반적으로 전자화폐는 ① 은행 등 발행자가 IC칩이 내장된 카드(IC카드형 또는 전자지갑형)나 ② 공중정보통신망과 연결된 PC(네트워크형) 등에 일정한 화폐가치를 전자기호로 저장하고 이의 지급을 보장함으로써 통신회선을 통해 자금결제가 이루어지도록 한 화폐로 구분된다.

IC카드형 전자화폐는 휴대가 간편하다는 점에서 일반상점에서 쇼핑을 즐기기에 편리하다는 장점이 있다. 이에 반해 네트워크형 전자화폐는 컴퓨터를 통해 원거리에 있는 사람에게 이전시키는 것이 편리하다는 장점을 지니고 있지만, IC카드형 전자화폐와 같이 휴대하고 다니는 것이 불가능하다는 단점을 갖고 있다.

네트워크형과 IC카드형은 휴대성측면에서 엄밀히 구분되지만 현재 IC카드형 전자화폐발행자는 네트워크형으로의 겸용을, 네트워크형 전자화폐발행자는 IC카드형으로의 겸용을 추진하고 있다. 그런 의미에서 몬덱스를 IC카드형 전자화폐의 대명사로, E캐시를 네트워크형 전자화폐의 대명사로 분류하는 것은 멀지 않아 그 의미가 없어질 가능성이 크다.

3.1.1 IC카드형 전자화폐: Mondex

IC카드형 전자화폐의 경우 외형은 기존의 플라스틱카드와 거의 비슷하다고 할 수 있다. 기존의 현금카드 및 신용카드는 플라스틱카드에 판독만 가능한 마그네틱테이프가 부착되었지만, IC카드는 집적회로(integrated circuit)를 사용하여 자체에 기억장치와 처리장치가 내장 되어 있다. 따라서 기억용량이 크고 정보기록이 가능하여 개인의 신상, 금융거래, 신용 등에 관한 다양한 정보를 동시에 수록할 수 있다. 현재 대표적인 IC카드형 전자화폐로는 영국의 "몬덱스(Mondex)"를 들 수 있다[5].

런던 근교의 스윈던에서 몬덱스사가 전자화폐에 대한 실험을 진행하고 있다. 17만명의 인구 중 약 4만여 명이 실험에 차가하고 있으며, 이들은 스윈던 시내 약 1,000개의 몬덱스 가맹점에서 전자화폐를 사용할 수 있다. 몬덱스사는 실험참가자에게 몬덱스카드라고 불리는 은행 현금카드 크기의 IC카드를 무료로 배포하였는데, 이 카드에 내장된 IC칩 속에는 전자화폐에 해당되는 전자정보가 저장되어 있다.

몬덱스카드를 이용하는 사람들은 스윈던 시내 여러 상점에서 전자화폐로 쇼핑을 즐길 수 있고 스윈던역의 매표소, 시내 곳곳에 있는 주차장과 자동판매기, 그리고 심지어는 버스와 택시를 탈 때에도 IC카드로 대금을 지불할 수 있다. 몬덱스가맹점을 이용하여 물건 판매대금을 받기 위해서 고객의 IC카드를 상점에 비치된 전자화폐단말기에 넣고 판매가격을 입력시키기만 하면 모든 결제수속이 완료된다. 만약 고객의 몬덱스카드에 잔고가 부족하다면 고객은 상점에 비치되어 있는 몬덱스용 전화기를 통해, 또

5) 우리나라에서 2006년 2월 현재 IC카드형 전자화폐로 볼 수 있는 것은 K-CASH, MYbi, A-CASH, VisaCash 등이 있다.

는 가까운 은행의 ATM을 통해 자신의 예금계좌에 필요한 금액을 전자화폐로 인출할 수 있다.

몬덱스카드는 상점 등에서 물건을 구입할 때 뿐만 아니라, 개인 간의 자금이체도 손쉽게 사용될 수 있다. 그리고 전자화폐를 이용하여 자녀들에게 용돈을 주고 싶은 아버지는 자신과 아이들의 IC카드를 전자지갑이라고 불리는 몬덱스전용기기에 접속시키고 용돈의 액수를 입력시키기만 하면 된다. 그러면 자동적으로 아버지의 카드에서 아이들의 카드로 전자화폐가 이전된다. 또한 먼거리에 있는 사람에게 돈을 부치고자 하면 자신이 집에 있으면서도 몬덱스형 전화기를 사용하여 자신의 카드 내에 있는 몬덱스화폐를 상대방에게 간단히 보낼 수 있다.

다시 말하면 몬덱스카드의 구조는 [그림 11-3]과 같이 개방형 시스템 방식이기 때문에 은행의 중앙시스템을 거치지 않고 카드간이나 개인간에 화폐를 교환할 수 있다. 개인간 자금이체 기능은 기존에 사용하고 있는 현금과 동일한 방법으로 IC카드 메모리에 디지털 데이터 형태로 보유하고 있는 화폐가치를 결제할 상대방이나 손쉽게 주고받을 수 있도록 지원하는 것이다.

따라서 통신망 등을 통해 은행의 중앙시스템을 거치지 않고 오프라인 상태에서 화폐의 가치이전 처리가 가능하다는 특징을 가진다. 이렇게 되면 화폐발행은행은 전산시스템 구축비용을 줄일 수 있다. 그리고 온라인 거래에 따른 시스템 과부하나 사용자의 과다한 통신비용에 대한 걱정을 덜 수 있다는 장점이 있다.

영국 이외에도 몬덱스에 참여하고 있는 국가들이 점차 늘어나고 있는데, 미국에서는 1995년부터 웰스 파고은행이 종업원들을 대상으로 몬덱스화폐를 발행해 실험하고 있으며 캐나다에서도 1996년 구엘프에서 몬덱스화폐의 실험을 시작하였으며, 홍콩 상하이은행도 홍콩지역을 대상으로 몬덱스화폐를 발행하기 시작했다.

[그림 11-3] Mondex의 구조

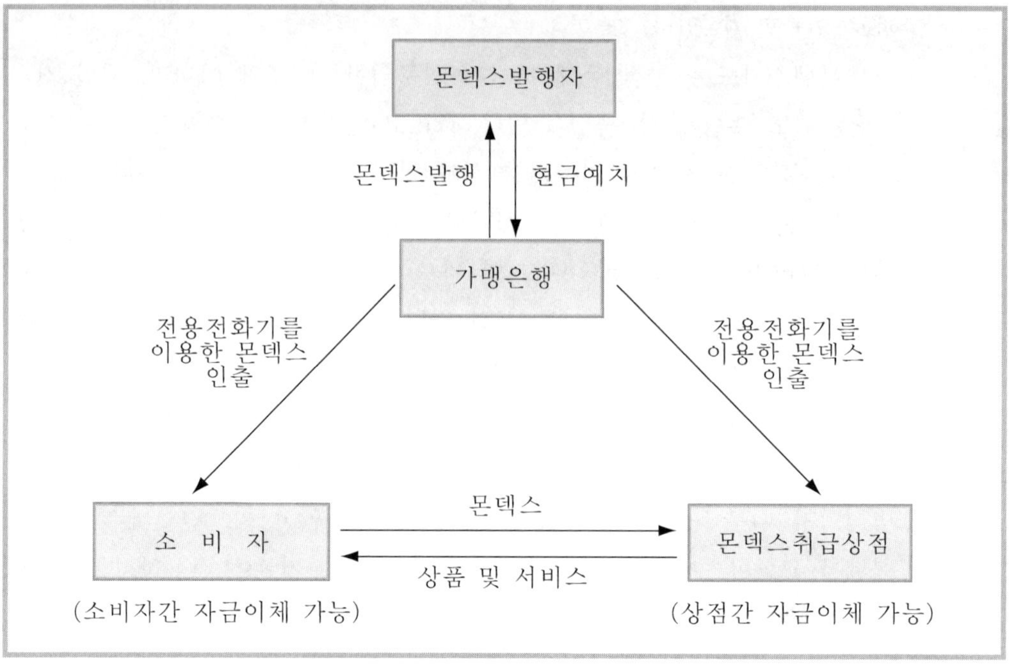

3.1.2 네트워크형 전자화폐

네트워크형 전자화폐는 컴퓨터 통신망상에서의 각종 결제행위에 사용되는 전자화폐를 말한다. 네트워크형 전자화폐는 기존의 결제수단을 대체하는 형태에 따라 현금형 전자화폐(전자현금), 신용카드형 전자화폐, 그리고 수표형 전자화폐 등으로 분류된다.

1) 현금형 전자화폐(전자현금): ECash, NetCash

현실세계의 현금은 적정 규모의 거래에서는 유용하게 사용되고 있다. 한 사람의 지갑에서 다른 사람의 지갑으로 돈이 이동하는 데에는 비용이 들지 않는다. 그러나 화폐의 물리적인 특성으로 인해서 발행, 취급, 분배, 저장, 폐기에 드는 비용이 크다. 또한 오늘날 위조화폐의 방지를 위해서 화폐제작에 따른 비용이 커지고 있다. 화폐는 물리적인 공간을 필요로 하므로 보관이 용이치 않고 큰 액수의 거래에서는 지급수단으로 적절치 못하다. 현금의 이러한 약점을 보완하기 위해 현금을 기반으로 한 전자화폐를 개발하고 있다.

ECash는 인터넷상에서 현금처럼 통용되는 전자화폐로 전세계 약 3만 명이 이용하고 있으며, 수백 개의 상점에서 ECash를 이용해서 상품을 구입할 수 있다. ECash의 이용방법을 간단히 설명하면 다음과 같다. 먼저 사용자는 ECash를 발행하는 현실세계의 은행에 구좌를 개설하고 돈(현실세계의 화폐)을 입금한다. 그리고 [그림 11-4]와 같이 입금한 금액 한도 내에서 원하는 금액만큼 전자화폐의 형태로 전환하여 인터넷을 통해 자신의 PC 하드디스크로 가져온다. ECash를 취급하는 인터넷 쇼핑몰이나 상점에서 ECash를 사용하여 지불한다.

[그림 11-4] ECash를 이용한 상품구매

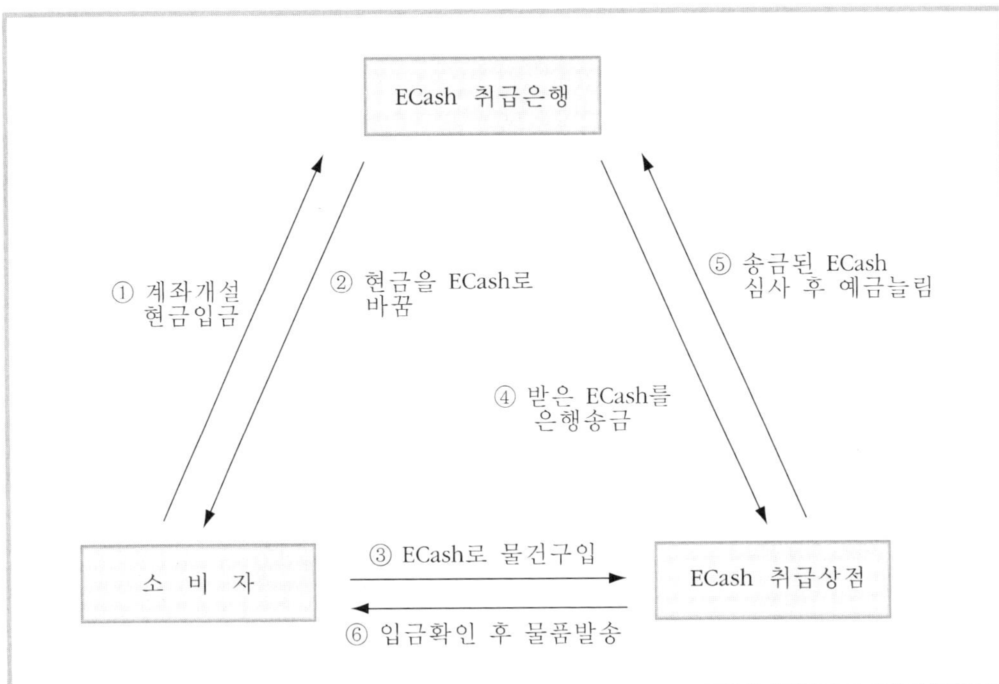

네트워크형 전자화폐 중 현금과 가장 유사한 형태로 유통되는 것이 ECash인데, 이는 우리가 가지고 다니는 현금가치를 전자정보로 바꾸어 컴퓨터 하드디스크에 저장시키고, 이것을 각종 거래에서 사용할 수 있도록

한 것이다. 이는 일상생활에서 사용되는 현금과 그 성격이 매우 비슷하다는 측면에서 현금형 전자화폐로 분류된다.

그러나 현금형 전자화폐라 할지라도 현금 그 자체를 완전히 대체하는 것은 아니다. 즉 현금처럼 자유롭게 유통될 수 있으며 자신의 컴퓨터에 보관시킬 수도 있는 전자화폐라 할지라도, 기본적으로는 은행에 현금을 예치한 후 계좌를 개설하고 그에 상응한 전자화폐를 지불받는 형태로 되어 있는 것이다.

그럼에도 불구하고 ECash와 같은 전자화폐가 현금과 거의 유사한 기능을 가지고 있다고 보는 이유는, 그것이 개인 간에 자유롭게 유통되고 또한 장래의 소비를 위해 보관이 가능할 뿐만 아니라 결제에서의 익명성도 보장되기 때문이다.

미국의 마크 트웨인 은행은 1995년 10월 네덜란드의 디지캐시(Digicash)사와 제휴해 인터넷에서 사용하는 ECash라는 전자화폐를 발행했다. 이로 인해 미국의 일개 지방은행에 불과했던 마크 트웨인 은행은 세계 최초로 ECash를 발행하면서 일약 주목받는 은행으로 부상한 것이다.

2) 신용카드형 전자화폐: CyberCash, First virtual

현재 지불수단으로 사용되는 신용카드는 적은 액수나 신용 이상의 큰 액수는 사용할 수 없는 제한이 있다. 적은 액수의 사용에 제한을 두는 이유는 신용카드를 이용한 거래처리비용이 크기 때문에 이 비용을 감당할 만한 규모의 거래액수가 요구되기 때문이다. 그리고 개인의 신용에 바탕을 둔 거래이기 때문에 신용카드사가 감당할 수 있는 신용의 범위를 초과하는 큰 액수의 거래를 제한한다. 신용카드를 이용한 지불의 가장 큰 문제점은 부정사용에 취약하다는 것이다. 신용카드를 이용한 거래에서 사용되는 정보는 신용카드에 돌출로 찍혀 있는 카드번호, 유효기간 그리고 서명이다. 정당한 사용자임을 증명할 수 있는 유일한 것은 서명뿐이다. 그나마, 전화나 우편으로 직접 상품구입시에는 증명할 방법이 없다. 신용카드의 이러한 약점을 보완하는 방법으로 신용카드를 기반으로 한 전자화폐를 개발하고 있다.

CyberCash의 이용방법을 간단히 설명하면 [그림 11-5]와 같은데, 소비자가 상품을 구입할 때는 인터넷의 쇼핑몰에 가서 웹브라우저상에서 원하는 물건을 선택한다. 그러면 판매자 소프트웨어가 구매자에게 판매자의 사인, 선택한 상품에 대한 정보, 그리고 지불 가능한 신용카드가 쓰여진 지불요구서가 발송된다. 구매자는 전자지갑을 열어 어떤 신용카드를 사용할 것인지를 선택하고 신용카드 지불한다. 이 신용카드 지불 메시지는 디지털서명(digital signature)과 구매자의 신용카드 번호가 암호화되어 판매자에게로 다시 보내진다. 이 메시지는 판매자의 서명, 상품설명과 함께 CyberCash사로 보내져서 구매자가 정당한 사람인가의 인증을 요구한다. CyberCash사는 이 메시지를 해독해서 두 개의 메시지를 비교, 일치하는 가를 판단하여 일치하면 현실세계의 신용카드 사용허가절차를 수행해서 사용허가 응답을 받으면 이를 판매자에게 인증답변 메시지로 보내고, 판매자 소프트웨어는 다시 구매자에게 구매확인 메시지를 보낸다.

[그림 11-5] CyberCash를 이용한 상품구매

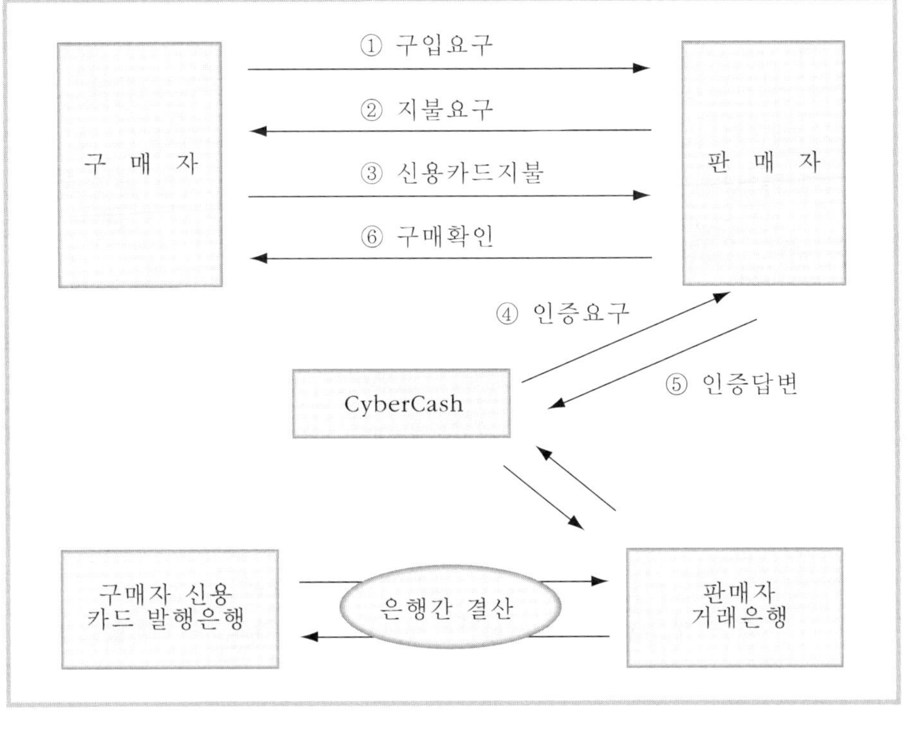

인터넷에서의 결제방법으로서 신용카드형 전자화폐의 이용이 주목을 받고 있는 이유는 첫째, 신용카드회사의 신용보증이 인터넷 가상상점에서의 쇼핑을 용이하게 하며, 둘째 신용카드가맹점 및 그 사용자가 이미 전세계적으로 퍼져 있으며, 셋째 신용카드를 이용하는 데에는 법적·제도적인 문제가 거의 없기 때문이다.

3) 수표형 전자화폐: NetBill, Netcheck

수표의 사용에 있어서 수표를 받은 사람은 돈을 떼일 위험성이 크다. 그렇기 때문에 이를 막기 위한 관련 법규와 제도가 복잡하며 일반인이 사용하기에 간편하지 않다. 그리고 수표를 사용한 지불은 비용이 많이 드는 결제방식이다. 왜냐하면 사용절차가 복잡할 뿐만 아니라 사후적인 은행간의 교환을 통한 결산이 필요하기 때문이다. 그러므로 수표를 사용하고자 하는 사람은 다른 지불수단에 비해서 높은 비용을 물어야 한다. 수표의 이러한 약점을 보완하기 위해 수표를 기반으로 한 전자화폐를 개발하고 있다.

수표형 전자화폐는 전자적 형태의 당좌수표를 발행하여 전자상거래의 결제수단으로 사용하는 것을 말한다. 결제대금으로서 당좌수표를 발행한다는 의미는, 결국 대금을 지불해야만 하는 상대방에게 '나의 계좌에서 얼마를 당신의 계좌로 입금시켜도 됩니다'라는 승인서를 제공하는 것과 같다. 즉 당좌수표를 통한 결제는 자신의 예금을 결제수단으로 사용하는 것과 마찬가지다. 지금까지 수표를 이용한 결제는 상대방에게 직접 전달하거나 아니면 우편을 이용하는 방법밖에 없어서 실시간대의 전자상거래 결제수단으로서는 적당하지 않았다. 이러한 문제를 해결하기 위해 자신의 컴퓨터에서 당좌수표를 발행하여 결제 상대방에게 송신하는 것이 수표형 전자화폐다.

카네기멜론 대학에서 개발하고 있는 NetBill은 아직 상용화 단계에까지는 이르지 못하고 있다. NetBill에서는 고객과 상점이 먼저 NetBill사에 계좌를 개설하는데, 이 계좌는 은행의 예금계좌와 자동으로 연결시키는 것도 가능하기 때문에 실질적으로는 고객과 상점의 은행 예금계좌간 결제가 이루어지는 시스템이다.

예를 들어 인터넷을 통해 경제정보 데이터베이스를 구입할 경우에는 먼저 고객은 사고 싶은 정보의 구매신청서를 판매회사에 보내면 회사측에서는 암호화된 경제정보를 구매자에게 송신한다. 그 대가로 구매자는 전자지불지시서를 회사로 보내고 회사에서는 이것을 다시 NetBill사에 보내 고객계좌에서 자신의 계좌로 대금을 이체시키도록 요구한다. 일단 NetBill사 내에서 대금결제가 이루지면 NetBill사는 정보판매 회사측에 그 결과를 통지한다.

이러한 결제과정을 거친 후에 정보판매회사에서는 정보구매자에게 정보를 해독할 수 있는 암호키를 보내는데, 정보구매자는 그 암호키를 사용해야만 구입한 정보를 읽어들일 수 있다. 이상과 같은 복잡한 형태로 거래가 이루어지는 이유는 전자수표의 부도를 막기 위해서 NetBill사 내에서 고객과 정보판매회사 간에 결제가 이루어지지 않으면 상품을 이전시킬 수 없는 구조로 만들고 있기 때문이다.

[그림 11-6] NetBill의 구조

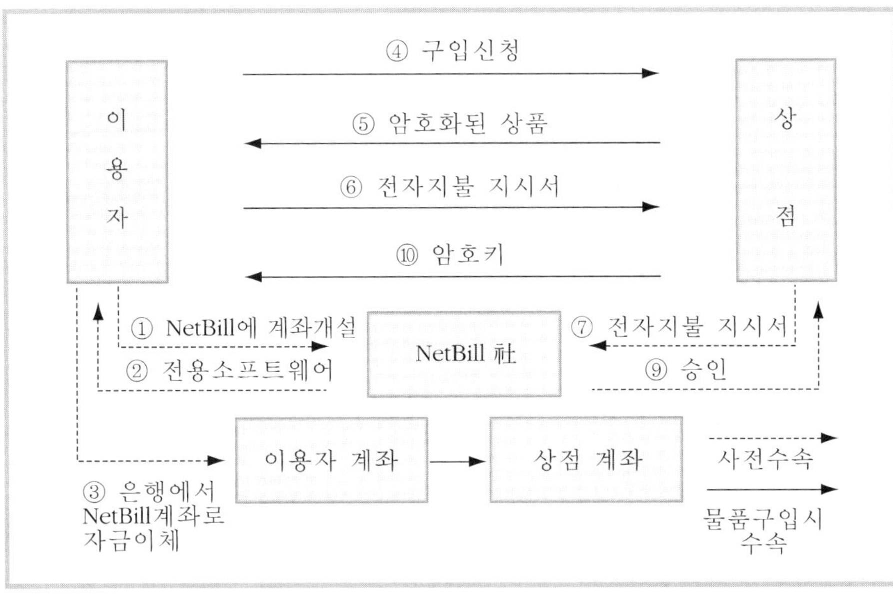

현금형 전자화폐인 ECash의 경우에 현금가치를 자신의 PC에 직접 이전받아 사용하기 때문에 PC가 고장을 일으키면 저장한 화폐가치가 모두 사라질 수도 있다. 그러나 수표형 전자화폐에서는 현금가치를 은행에 저장시키고, 거래당사자 간에는 은행계좌간 자금이동을 위한 지불지시서(전자수표)만이 유통되므로 자금보관의 안전성이 확보될 수 있다. 따라서 거액의 자금결제에도 안심하고 사용할 수 있다는 것이 장점이다.

한편 우리나라도 은행 공동의 IC카드형 전자화폐시스템을 구축함으로써 중복이나 과잉투자를 방지하고, 국민에게 효율적인 지급수단을 제공하기 위해 1996년 3월에 은행, 업계 및 관련기관의 전문가들로 실무작업반을 구성해 은행 공동의 표준을 개발(1997년 2월 표준안을 확정)하고 전자화폐에 사용될 IC카드의 개발을 의뢰하는 등 시스템 구축에 본격 착수했으며, 현재 개발이 순조롭게 진행되고 있다. 은행들은 IC카드형 전자화폐공동이용시스템을 구축하는 데 있어 전자화폐의 범용성과 금융기관간 차액결제의 효율성 및 안전성을 확보하기 위해 ATM기 등을 매개로 가치의 저장·재저장이 가능하며, 오프라인(off-line) 단말기를 이용해 일반적 지급이 가능한 범용으로 개발하도록 노력하고 있다. 그리고 카드 간의 직접적 가치 이전은 제한하는 한편 안전성을 높이기 위해 카드, ATM, 단말기간 상호 정당성 확인 기능 및 암호화 기법 등을 사용하며, 분실이나 도난시의 피해를 최소화하기 위해 저장한도를 설정하여 운영하고, 장기적으로는 전화기, PC 및 단말기 등을 이용한 대금지급 및 자금이체(은행 경유)가 가능하도록 원격지 금융수단으로 개발할 예정이다.

3.2 개방형과 폐쇄형

전자화폐에서 개방형(open-loop)이란 개인 사용자 간의 자금이체를 허용하는 방식을 말하며, 폐쇄형(closed-loop)이란 이를 불허하여 허가된 가맹점포와 관리은행, 그리고 중앙 호스트컴퓨터와만 자금이체가 가능한 방식을 말한다. 현재까지 등장한 전자화폐 시스템들은 폐쇄형이 대부분이다. 그것은 개방형의 경우 돈세탁 등 범죄에 이용될 위험과 통화관리의 어려움 등으로 인해 규제당국에서 꺼리는 면이 있기 때문이다. 개방형의 대표적인 사례로는 몬덱스카드와 e-cash 정도가 있다.

간혹 개방형과 폐쇄형 분류기준을 화폐가치 이전에 사용되는 네트워크의 성격에 따라 사용하는 경우도 있다. 즉, 네트워크가 공중망(open network)인지 아니면 전용망(closed network or dedicated network)인지에 따라 전자를 개방형으로, 후자를 폐쇄형으로 부르는 경우도 있다.

3.3 온라인형 및 오프라인형

온라인(on-line)형은 지불결제거래 때 중앙집중방식의 통제를 통해 거래가 이루어지는 것이다. 즉 전자화폐 사용자가 가맹점 점포에서 지불을 할 때, 은행 등의 중앙기관의 인증을 통해 거래가 이루어지는 것이다. 카드사의 승낙을 받은 후 지불이 이루어지는 신용카드가 대표적인 온라인형 지불수단이다.

오프라인(off-line)형은 중앙기관의 통제 없이 지불결제거래 당사자간에 거래가 완료되는 것이다. 현재 유통되고 있는 화폐가 대표적인 오프라인형 지불수단이며, 전자화폐로는 몬덱스 등이 이에 해당한다.

오프라인형은 중앙의 호스트 컴퓨터 거래시 접속할 필요가 없음으로 인해 많은 장점이 있다. 관리자 측면에서 호스트 컴퓨터의 부담이 적기 때문에 작은 용량의 컴퓨터를 이용할 수 있고, 거래기록의 유지관리가 용이하여 비용이 절약된다. 사용자 측면에서도 병목현상이 없으므로 거래처리 시간이 단축되어 신속한 거래가 가능하다.

4. 전자화폐와 통화정책

먼저 전자화폐의 등장에 따른 전자화폐의 통제와 관리적인 측면을 살펴보자. 어떠한 형태의 전자화폐가 미래의 화폐공간을 지배할지 판단하기는 어렵지만 분명한 점은 전자화폐가 현금이나 크레딧카드에 버금가는 규모로 성장할 것이며, 이는 기존의 금융질서를 뒤흔들어 놓을 것이라는 점이다. 전자화폐의 통용에 있어서 가장 큰 장애는 전자화폐의 위조이다. 전자화폐의 위조는 기존화폐의 위조와 상이한 특성을 지닌다. 첫째, 기존화폐의 위조는 진짜화폐를 정교하게 물리적으로 모방하여 사용하는 것을 의미하지만, 전자화폐의 위조는 전자화폐의 보호 알고리즘을 해석한다는 점을 의미한다. 둘째, 기존의 화폐를 위조했을 때에는 위조화폐라는 것이 존재하지만, 전자화폐를 위조했을 때에는 진짜화폐가 되는 것이다. 역설적으로 들리겠지만, 전자화폐의 세계에서는 위조화폐란 존재하지 않는다. 위조된 전자화폐는 진짜화폐로 사용할 수밖에 없다. 이는 전자화폐의 세계에서는 위조의 파급효과가 방대하다는 점을 의미한다.

전자화폐는 정부나 중앙은행에서 발행되기 보다는 민간사업자들에 의해 발행되고 유통되며 또한 결제될 것으로 예상하고 있다(Tucker, 1996). 이러한 특성으로 인하여 전자화폐는 기존의 금융질서를 상당 부분 붕괴시킬 것이며, 전혀 새로운 금융질서를 창조할 가능성을 지니고 있다. 전자화폐가 민간기관에 의해 발행·유통·결제된다면, 정부의 전자화폐에 대한 통제는 화폐로서의 기능에 근거를 두기 보다는 정보통신기술 및 소비자 보호라는 견지에서 이루어지는 것이 바람직할 수도 있다. 우리나라의 경우, 과연 전자화폐의 규제와 관리를 그 화폐적 특수성을 고려하여 재정경제원에서 관리할 것인가 아니면 그 기술적 특수성을 고려하여 정보통신부에서 관리할 것인가하는 점은 앞으로도 논란의 여지가 있는 부분이다.

이제 전자화폐의 활용에 따른 통화정책에 미치는 영향을 살펴보자. 전자화폐의 등장은 각 경제주체들의 금융거래관습 및 지급결제행태에 영향을 미침으로써 본원통화와 거시적 변수들 간의 관계가 불안정하게 되고 따라서 중앙은행의 통화신용정책에도 영향을 줄 수 있다. 전자화폐가 통화정책에 미치는 영향 중에서 가장 많이 논의되고 있는 것은 중앙은행의 화폐공급량 조절의 어려움이다. 과연 전자화폐의 출현으로 화폐공급량의 조절이 어렵게 되는 것일까?

고전학파의 화폐수량설에 의하면 일정기간 동안에 경제 내에서 유통된 화폐의 평균액수(MV)는 해당 기간 동안에 경제 내에서 이루어진 거래액의 총량(PT)과 일치한다는 것이다.

$$MV = PT \quad \cdots\cdots\cdots \ (1)$$

(M은 화폐공급량, V은 거래유통속도, P는 거래의 평균가격, T는 거래량)

거래량(T)과 실질소득(Y) 간에 일정한 비례관계를 갖고 있다는 가정하에서, 식(1)는 거래량을 소득으로 대체한 식(2)로 나타낼 수 있다.

$$MV = PY \quad \cdots\cdots\cdots \ (2)$$

(V는 소득유통속도, P는 물가수준, Y는 실질국민소득)

전자화폐는 소액결제시장에서 기존의 화폐를 대체할 것으로 예상되기 때문에 전자화폐를 고려하지 않은 기존의 화폐공급량의 정의에 기초하여 나타난 식(2)의 관계는 더 이상 안정적이지 않을 수 있다. 전자화폐는 결제기능에 있어서 현금을 대신하기 때문에 화폐공급량에 전자화폐의 발행액을 포함시켜야만 하며, 이 경우에 전자화폐의 포함이 화폐공급량에 영향을 미치는지의 여부는 전자화폐가 대체하는 것이 현금통화인지 아니면 예금통화인지에 밀접하게 관련되어 있다.

통화량의 공급은 시중에 유통되는 현금과 은행제도안에 머무르고 있는 지급준비금으로 구성된 중앙은행이 발행한 현금화폐의 총량인 본원통화의 승수배만큼 증가하게 되는데, 이때 통화량과 본원통화는 다음과 같은 관계가 성립한다.

$$\begin{aligned} M &= [1/\{c+r(1-c)\}] \cdot RB \\ &= m \cdot RB \quad \cdots\cdots\cdots \ (3) \end{aligned}$$

여기서 M은 통화량, RB은 본원통화, c는 현금통화비율(c = C/M: C는 현금), r은 지급준비율, m은 통화승수를 나타내는데, 전자화폐의 사용이 확대될수록 그에 따른 거래의 편리성, 현금보유에 따른 위험 및 기회비용의 감소, 거래비용의 절감, 자금관리의 효율성 등으로 사람들은 현금을 소지하는 것보다는 은행예금의 형태로 보유하고자 할 것이며 시중현금보유의 감소가 예금증대로 바뀌면서 본원통화의 규모는 변하지 않고 민간보유의 현금이 은행의 지급준비금으로 전환되는 본원통화구성의 변화가 일어나게 된다. 하지만 현금보유의 감소와 예금의 증대는 현금통화비율의 하락을 가져오면서 증가된 예금을 토대로 한 파생통화가 창출되면서 통화공급량이 늘게 된다.

전자화폐의 발행을 예금통화를 대상으로 할 것인지 아니면 현금통화를 대상으로 할 것인지에 따른 통화공급량의 변화를 살펴보자. 예금통화를 대상으로 전자화폐가 발행되었을 경우 예금계좌를 통한 은행의 지급결제서비스제공기능은 전자화폐에 의한 지급결제가 보편화됨에 따라 상당한 부분 위축될 것으로 전망되며 따라서 은행의 역할도 줄어들게 된다. 하지만 은행예금을 기초로 한 전자화폐의 발행은 전자화폐 발행분만큼의 민간예금이 발행자예금으로 바뀜으로써 통화공급량은 변화하지 않는다. 하지만 현금통화와 교환하여 전자화폐를 발행하는 경우 또는 예금 이외의 다른 자산을 기반으로 하여 전자화폐를 발행하는 경우에는 통화승수가 증대하여 화폐공급량은 증대한다.

또한 전자화폐사용의 확산은 예금계정 및 지급준비금의 계좌이체를 통한 회전율이 증가되기 때문에 이로 인한 지급결제시스템의 리스크도 증대되게 된다. 따라서 이러한 리스크 증대를 고려한, 원할한 지급결제제도의 운영을 위해서 초과지급준비금이 증가될 가능성이 높다.

결론적으로 전자화폐의 발행시 대체되는 통화의 종류, 초과지급금의 증가가능에 따른 지급준비율의 변화 등으로 통화승수 및 통화량이 변화하지만, 통화공급량의 조절이 지금보다 훨씬 더 어렵다고 생각되지는 않는다. 다만 전자화폐는 거래의 편의성을 높이고 지급결제의 시간적·공간적 비용을 줄임으로써 통화유통속도를 증가시킬 것으로 전망되고, 전자화폐가 도입되는 초기에는 거래관습의 변화로 말미암아 유통속도의 불안정이 단기적으로 나타날 수 있다. 따라서 화폐공급량의 변화가 물가 및 소득에 미치는 영향이 지금보다는 달라지며, 도입과정에서 통화정책의 운용이 어렵게 될 것이 확실하며, 더욱이 결제를 위한 화폐수요의 감소는 중앙은행채

무인 은행권의 비중이 축소되는 것을 의미하므로 이럴 경우 중앙은행의 통화정책수단의 하나인 공개시장조작을 통해 통화공급량을 조절하려는 시도는 더 이상 유효한 통화정책수단이 되지 못할 수 있다.

지금까지 고려되지 않았던 대외거래를 고려하면, 전자화폐를 이용한 대외거래의 결제는 현재의 외환결제 거래비용과 비교하여 상대적으로 낮은 비용이 요구되므로 많은 이용이 있을 것으로 전망된다. 국제통화시스템에서 전세계적으로 통용되는 단일통화가 존재하지 않듯이 전자화폐시스템에서도 그러한 것을 상상하기는 힘들며, 단일기관이 세계적으로 공통된 전자화폐를 공급한다는 것은 전자화폐 공급주체가 환어음리스크를 전적으로 짊어지는 것과 같기 때문에 어느 단일기관도 국제공용의 전자화폐를 대대적으로 발행할 수 없을 것이다. 따라서 각국에서 발행되는 전자화폐들 간의 교환에서도 실질환율에 기초한 가상환율이 적용될 것이다. 국제지급결제에 네트워크를 통한 전자화폐의 이용이 확산된 경우 지금보다는 더 많은 사람들이 신속하게 환거래에 참여할 수 있게 되며, 투자가들의 신속한 국제간 자금이동은 환투기위험을 더욱 증가시킬 수 있다. 실질환율과 가상의 전자화폐환율 간의 재정거래조건(arbitrage condition)에 의해서 외국전자화폐에 대한 환투기는 실질환율의 불안정으로 이어지게 될 것이기 때문에 국내통화정책의 유효성은 크게 도전 받을 수 있다.

중요개념

- 가상점포
- 네트워크형 전자화폐
- 디지털금융
- 모바일뱅킹
- 사이버은행
- 수표형 전자화폐
- 신용카드형 전자화폐
- 인터넷뱅킹
- 전자화폐
- 판매시점시스템
- 펌뱅킹
- 폰뱅킹
- 현금형 전자화폐
- 홈뱅킹
- IC카드형 전자화폐
- PC뱅킹

연습문제

1. 오늘날 금융산업이 통상 은행업에서 디지털금융으로 변화하게 된 이유는 무엇 때문인가?
2. 디지털금융에 의해 일어날 수 있는 역기능은 무엇인가?
3. 디지털금융의 발전과정을 개략적으로 설명하라.
4. 모바일뱅킹(mobile banking)이란 구체적으로 어떤 의미들이 결합되어 만들어진 금융용어인가?
5. 대다수의 은행들이 모바일뱅킹을 통해 누릴 수 있는 경제적인 효과로는 어떤 것들이 있는가?
6. 전자화폐가 등장하게 된 배경을 설명하라.
7. 전자화폐란 과연 어떤 화폐를 말하는가?
8. 전자화폐는 기존의 지불수단과 비교할 때 어떠한 점에서 장점을 갖고 있는가?
9. 전자화폐는 어떤 유형들이 있는가?
10. 전자화폐가 통화정책에 미치는 영향에 대해 설명하라.

제12장

디지털경제의 쟁점사항 및 문제점

디지털경제이기 때문에 야기되는 비효율적인 측면과 디지털경제의 확산을 저해하는 요인들은 무엇들이 있는가? 여기에서는 정보과잉, 국내정보격차, 국제적 정보격차, 정보화에 따른 빈부격차, 사생활침해와 사이버범죄 등을 살펴본다.

제 1 절 정보과잉

정보공급량이 정보이용량보다 많아서 야기되는 정보과잉으로 야기되는 경제적인 문제는 무엇인가?

1. 정보과잉의 개념 및 정의

컴퓨터기술의 급격한 발전과 각종 첨단통신기술의 발전에 힘입어 각종 멀티미디어[1]들은 기존의 제한된 무선 및 유선미디어의 한계를 무너뜨리고 거의 무한대에 가까운 정보와 오락채널을 제공할 수 있다. 그 한 예로, 우리가 TV를 켤 때, 이전에는 4~5개를 넘지 못하는 방송채널 중에서 어느 하나를 선택해야만 했다. 하지만 이제는 기존의 공중파방송 뿐만 아니라 케이블 TV를 통해 적게는 10여 개에서 많게는 100여 개에 이르는 다양한 채널을 제공받을 수 있다. 뿐만 아니라 전파방송에서 조차도 직접위성방송, 가입자 TV(STV), 다채널 마이크로 웨이브TV(MMDS) 등 다양한 형태의 방송을 제공받을 수 있다. 보고 싶은 영화프로그램이 있을 경우에는 영화관을 찾거나 TV에서 방영되기만을 기다렸던 이전과 달리, 이제는 비디오카세트나 비디오디스크를 이용, 프로그램을 대여하여 볼 수 있고 주문형비디오(VOD: video-on-demmand)를 이용하여 프로그램을 신청해서 볼 수

1) 1990년대 이후에 등장한 멀티미디어란 "영상, 음성, 데이터 등 이질적인 형태의 정보를 디지털신호라고 하는 단일한 신호처리방식에 따라 통합적으로 처리하고 전송하고 표시하는 미디어"라고 할 수 있다. 예를 들면, 지금까지 음악을 듣기 위해서는 오디오 디스크를, 영화를 보기 위해서는 비디오 테이프를, 자료를 찾기 위해서는 CD-ROM을 이용해야 했지만 새로운 멀티미디어 환경에서는 영상과 음성, 문자데이터의 저장이 동시에 가능한 디지털 비디오 디스크(DVD) 하나로 모든 정보를 얻을 수 있다.

도 있다. 뿐만 아니라 문자미디어의 경우에도 기존에는 신문이나 잡지, 책 등을 통해 주로 얻을 수 있었으나, 이제는 비디오텍스, 텔레텍스트, CD-ROM 등 다양한 형태로 제공되는 정보를 신속하게 받아 볼 수가 있다.

이처럼 멀티미디어는 이전과는 비교할 수도 없을 정도로 풍부한 정보채널을 통해 다양한 분야의 정보를 손쉽게 이용할 수 있도록 해 준다. 그 결과 이용자 측면에서는 그만큼 자신의 미디어 이용여건에 따라 적절한 정보채널을 다양하게 선택할 수 있게 되고, 자신의 취향이나 관심, 혹은 전문분야에 따라 이전보다 훨씬 전문적이고 풍부한 정보를 얻을 수 있게 되었다. 이러한 정보채널의 풍요화와 그에 따른 채널선택의 다양화는 멀티미디어가 우리에게 제공해 주는 가장 큰 혜택의 하나로 인식되었을 뿐만 아니라, 새롭게 멀티미디어산업에 진출하려는 기업들로 하여금 멀티미디어산업의 성장가능성에 대해 큰 기대를 가지게 되는 근거가 되었다.

하지만 현실적으로 멀티미디어가 제공하는 기술적인 가능성과 실제 수용자들의 수용능력 간에는 상당한 격차가 있는 것이 사실이다. 그 대표적인 경우가 미국의 케이블 TV산업에서 나타난 바 있다. 칸(Kahn, 1983)[2]이 조사한 미국의 케이블 TV 수용실태 결과에 따르면, 미국 최초의 쌍방향 케이블 TV사인 QUBE사의 경우 1975년부터 30개의 채널을 제공하였으나, 실제로 이들 채널을 모두 시청한 가구는 전체 가입가구의 2.5%이고, 전체 가구의 90%는 한 개에서 다섯 개 정도의 채널만을 주로 시청하는 것으로 나타났다. 이러한 결과는 많은 채널이 반드시 좋은 것이 아니라는 교훈을 남겼다. 뿐만 아니라 케이블 TV의 도입으로 인해 채널의 다양화는 이루어졌음에도 불구하고, 그것을 뒷받침할 만한 내용의 다양화를 이루지 못하는 현상도 나타났다. 한 예로, 미국의 전체 유료케이블 TV 가입자의 80%가 2~3개의 오락채널에 집중되어 있는 것으로 나타났다.

이처럼 채널의 다양화와 미디어의 수적인 증가가 정보공급량을 증가시켜 주었지만, 그것이 곧바로 이용자들의 정보이용량 증대로 이어지지 않는 현상을 이른바 정보과잉(information overflow)이라고 부른다.[3]

---

2) H, Kahn, "The Cable Subscriber Speaks: Channels, Choice or Chaos?" Paper Presented at Advertising Research Foundation, 1983.

3) 정보과잉이란 말은 원래 개인이나 시스템이 지나치게 많이 들어오는 정보를 처리하지 못해서 발

정보공급량의 증가에도 불구하고 실제로 사람들의 정보소비량은 이를 따라가지 못하는 정보과잉현상이 발생하는 이유에 대해 여러 측면에서 학술적인 논의가 이루어졌다. 밀러(Miler, 1965)는 [그림 12-1]에서와 같이 정보부하량(information lode)에 대한 '∩곡선 가설'을 제시한 바 있다.[4] 그는 정보투하량과 그에 대한 행동 사이에는 ∩곡선의 관계가 있다고 설명하였다. 즉, 정보투입량이 증가하게 되면 그에 따라 수용자(개인이나 조직)의 정보처리능력도 함께 증가하지만, 정보투입량이 일정 수준의 한계지점을 넘어서면 오히려 정보수용능력이나 이해력이 감소되고, 심지어는 예상치 못한 행동을 낳기도 한다는 것이다.

[그림 12-1] Miler의 정보부하량에 관한 '∩' 곡선 가설

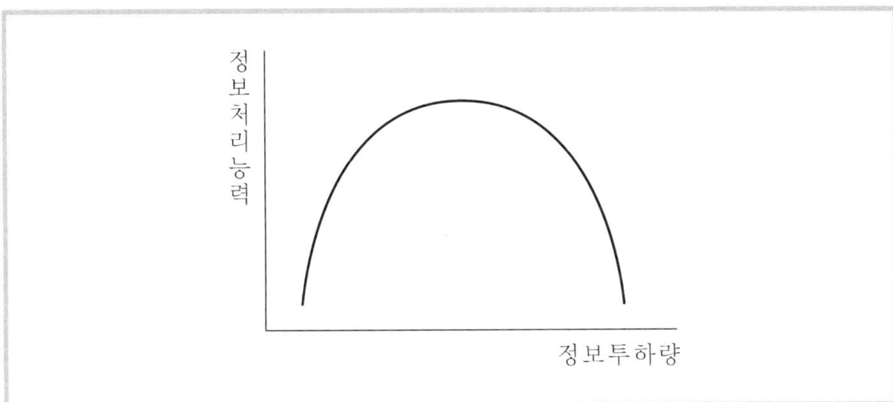

2. 정보과잉에 따른 경제적인 문제

멀티미디어의 양적인 팽창과 그에 따른 정보공급량의 기하급수적인 증가에도 불구하고 실제로 수용자의 미디어 이용에 따른 정보소비량은 상대적으로 한정되어 있다고 할 때 그에 따른 정보공급량과 정보소비량 간의 불균형이 가져다 주는 정보과잉현상은 다음과 같은 경제적인 문제로

생하는 정보처리의 장애현상을 의미한다.

4) J. G. Miler, "Living System," Behavioral Science 10. 1985, pp. 3371~3412.

연결될 수 있다.

첫째, 산업적 측면에서 정보과잉현상은 미디어산업 간의 무한경쟁을 유발한다. 다시 말하면 수용자들이 전체 미디어를 이용할 수 있는 시간적, 경제적 여건이 어느 정도 한정되어 있다고 할 때, 미디어들 간에는 제한된 시장을 두고 치열한 경쟁을 하지 않으면 안 된다. 이러한 경쟁은 기존 미디어와 새로운 미디어 간에도 나타나고 새로운 미디어들 간에도 나타날 수밖에 없다. 이와 같은 미디어 간의 치열한 경쟁상황 속에서 기존의 미디어는 새로운 정보통신기술을 도입함으로써 보다 양질의 정보통신서비스를 수용자들에게 제공하려 하기도 하고, 직접 멀티미디어산업에 발을 들여놓기도 한다. 예를 들면 고화질TV나 음성다중방송, 텔레텍스트, AM-스트레오방송, STV 등은 기존의 TV방송이 새로운 정보통신기술을 도입하여 정보통신서비스의 질을 개선하려는 대표적인 경우이다. 또한 신문기업이 전산조판시스템(computerized typesetting system)을 도입하여 신문제작의 전산화를 이루고 전국 동시 인쇄체제를 구축하여 신문의 속보성을 증대시키거나, 팩스신문을 별도로 제작하여 전문화된 독자의 기호에 부응하려는 시도들도 유사한 예이다.

둘째, 정보과잉현상은 사회 전체적으로 볼 때 자원의 낭비를 발생할 가능성이 있다. 정보는 비록 누적가치성을 지닌다고는 하지만 일정한 생명주기를 가지고 있다. 적시성이 없는 정보는 가치가 떨어지게 되고 결국에는 무가치하게 된다. 과잉생산되어 이용되지 않는 정보가 누적적으로 늘어나면 이는 결국 환경오염뿐만 아니라 사회 전체적인 측면에서 자원낭비가 발생할 수 있다.

제 2 절 정보격차

산업사회에서 야기되었던 문제점들의 하나는 부익부 빈익빈현상을 초래했듯이 디지털정보사회에서는 끊임없이 등장하는 멀티미디어의 환경이 오히려 정보부자와 정보빈자 간의 정보격차를 심화시키지는 않는가?

1. 정보격차의 개념 및 정의

정보격차(digital divide)란 정보통신기술에의 접근성과 정보통신기기(인터넷)의 이용과 관련하여 서로 다른 사회·경제적 수준에 있는 개인(가정)간, 기업(산업)간 그리고 지역(국가) 간의 격차를 말한다. 한 사회의 개인적인 측면에서 볼 때 정보통신(정보통신기술과 정보통신기기)에의 접근성과 이용이 용이한 사람을 정보부자(the information rich)라고 하고, 반대의 경우를 정보빈자(the information poor)라고 할 때, 한 사회의 정보화과정에서 나타나는 정보부자(the information rich)와 정보빈자(the information poor) 간의 정보의 불평등현상은 자본주의의 산업화과정에서 나타난 경제적 부를 갖는 자와 경제적 부를 갖지 못한 자 간의 경제적인 불평등현상으로 지적되고 있다.

멀티미디어가 제공하는 정보내용은 기존의 매스미디어보다 더욱 세분화, 전문화되고 고도정보통신과 컴퓨터를 이용한 전송방식이 응용되어 정보교환의 신속성, 편의성 및 상호작용성이 가능해진다. 즉 멀티미디어의 기술적 진보로 인해 양적으로는 정보유통량의 증가와 질적으로는 정보의 다양성이 가능해진다. 이에 따라 수용자의 입장에서는 멀티미디어로 인해 정보선택과 정보활용의 폭이 확대된다. 그리고 시간과 장소의 구애를 받지 않고 필요한 정보를 쉽고 빠르게 접할 수 있게 된다.

이러한 멀티미디어기술의 변화에 따라 정보격차가 감소될 수 있다는 견해와 더욱 확대된다는 견해가 상존하고 있다. 먼저 멀티미디어기술의 변화에 따라 정보격차가 감소될 수 있다는 비교적 낙관적인 시각을 갖고 있는 견해에 따르면 초기단계에서는 멀티미디어의 채택이 경제적 이점을 누리고 있는 소수의 수용자들에 의해서 시작되지만 멀티미디어의 기술적 속성상 그 확산이 점차 증가됨에 따라 빠른 속도로 가격하락현상이 뒤따르기 때문에 후기 채택자와의 정보격차는 크게 우려되지 않는다고 예상한다. 그러나 대부분의 논의는 멀티미디어의 확산에 따라 정보격차가 감소되는 것이 아니라 확대되는 점에 초점을 맞추고 있다. 무엇보다도 멀티미디어의 소유와 이용에 요구되는 비용과 멀티미디어를 이용하는 데는 기본적인 지식이 필요하다는 조건이 뒤따르기 때문이다.

일반적으로 멀티미디어의 채택과정을 살펴보면 기존의 미디어들이 보편적으로 확산되는 단계에 도달할 즈음 더욱 진보된 새로운 미디어가 다시 등장하기 때문에 소유의 격차는 지속적으로 존재하게 된다. 이 때 새롭게 등장하는 멀티미디어의 시간 간격이 좁혀지고 있다는 점을 감안한다면 소유의 격차는 계속되는 과정이라고 간주할 수 있다. 따라서 반복적인 미디어의 채택과정에서 발생하는 소유의 격차로 인한 정보격차는 지속적으로 심화될 수밖에 없다.

이와 같이 멀티미디어가 사회에 보급됨에 따라 정보격차가 확대될 것인가 아니면 축소될 것인가에 대해서는 의견의 일치가 이루어지지 않고 있는데, 먼저 보급이론에서는 멀티미디어의 가격하락에 의해 정보격차가 줄어들 것으로 예측한다.[5] 즉 [그림 12-2]와 같이 현재 시점에서는 정보격차가 존재하지만, 시간이 경과함에 따라 멀티미디어의 가격이 저렴해지고 사회·경제적으로 불리한 입장에 있는 사람들도 어렵지 않게 이용할 수 있게 되어 최종적으로는 정보격차가 소멸되는 방향으로 나아가고 있다는 것이다. 이에 반해 지식격차가설(knowledge gap hypothesis)[6]에 근거한 정보격

5) Roger, E. M.(1986), *Communication Technology: The New Media in Society*, New York: Free Press.

차가설(information gap hypothesis)에 의하면 [그림 12-3]과 같이 시간이 경과할수록 획득하는 지식과 정보량의 차이가 더욱 벌어져 정보격차가 확대될 것으로 보는데,7) 그 이유는 다음과 같다.

[그림 12-2] 보급이론에 기초한 예측

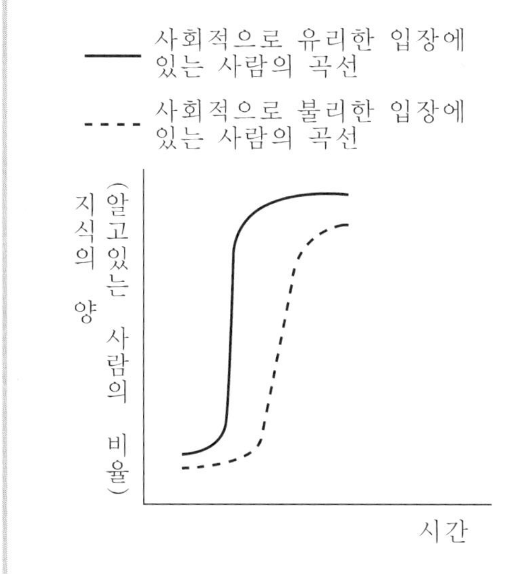

[그림 12-3] 보급이론에 기초한 예측

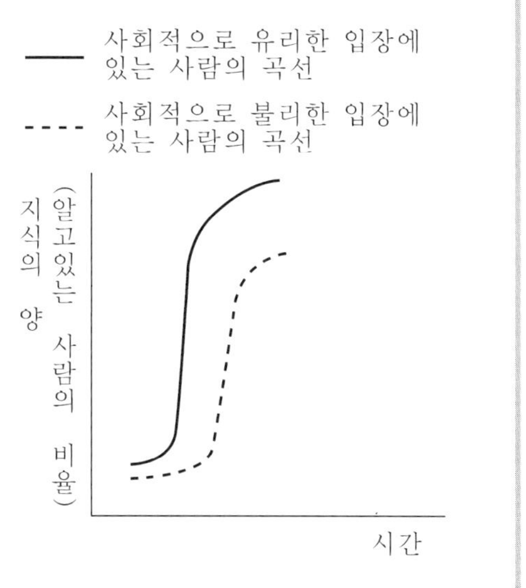

첫째, 모든 수용자 개인에게 전달되는 정보의 양은 증가할 것이다.

둘째, 많은 정보를 가진 사람의 정보량이 별로 가지지 못한 사람의 정보량보다 더 많이 증가할 것이다. 따라서 기존의 정보량이 많은 층과 적은 층간의 정보격차는 더 심화될 것이다.

셋째, 정보과잉현상으로 인해 모든 수용자들은 엄청난 양의 정보를 취사선택해야 하는 문제에 직면할 것이다. 이 경우 컴퓨터를 이용한 정보검색이 정보과잉문제를 해결하는 수단으로 이용될 것이다. 그 결과 정보를

6) 지식격차가설(knowledge gap hypothesis)에 따르면 사회체계 내에서 매스미디어의 확산과 정보유통량이 증가될 때 사회경제적으로 높은 계층이 낮은 계층보다 정보매체의 이용과 정보의 획득이 더 많이 이루어지는데, 그 결과 계층 간의 지식격차가 나타나며 이러한 계층간의 지식격차는 감소하기 보다는 심화되는 경향이 보인다는 내용

7) Tichenor, P. J., Donohue, G. A. & Olien, C. N.(1970), *Mass Media and the Differential Grownth in Knowledge*. Public Opinion Quarterly, 34, pp. 150~170.

더 많이 가진 사람들이 이를 해결하기 위해 컴퓨터와 같은 새로운 정보통신기술을 이용할 기회를 보다 많이 가질 것이다.

넷째, 기존의 정보격차가 해소되기 이전에 새로운 커뮤니케이션 기술이 개발됨으로써 새로운 정보격차를 야기시킬 것이다.

정보격차가설에서도 나타난 바와 같이 하나의 새로운 커뮤니케이션 기술의 영향은 초기에는 정보격차를 확대시키는 방향으로 작용하지만, 그 기술이 광범위하게 채택되게 되면 정보격차를 감소시키는 방향으로 바뀌게 된다. 그러나 하나의 새로운 기술이 광범위하게 채택되는 단계에 이르면 또 다른 새로운 기술이 등장하여 새로운 형태의 정보격차를 유발한다. 이러한 정보격차는 새로운 기술을 채택하거나 그것을 이용하는 데 비용이 많이 들수록, 그리고 사용방법이 복잡하거나 어려울수록 더욱 두드러지며, 아울러 이러한 장애를 억제하기 위한 전략이 확실히 수반되지 않을 경우에 더욱 강하게 나타난다. 따라서 비디오텍스나 텔레텍스트, VCR, 전자사서함(E-Mail), 전자게시판(BBS), 전자문서교환시스템(EDI) 등과 같이 가격이 비싸고 사용방법이 어려운 쌍방향 첨단미디어가 유발하는 정보격차는 기존의 TV나 라디오가 유발하는 정보격차에 비해 훨씬 심할 것으로 예상된다.

정보격차가설은 정보사회를 이해하는 좋은 도구가 될 수 있다. 우선, 정보사회에서 각종 정보통신기기가 일반인들에게 널리 보급됨에 따라 이전에 비해 정보를 보다 쉽게 획득·이용할 수 있게 된다. 하지만 정보통신기기의 구입에 드는 비용이나 활용의 어려움은 여전히 존재하기 때문에 정보부자와 정보빈자 간의 정보격차는 존재하게 된다. 물론 개별 미디어별로 본다면 시간이 지나감에 따라 점차 이용자층의 확대로 계층 간의 정보격차가 줄어든다도 볼 수도 있으나, 끊임없이 개발되고 보급되는 새로운 정보미디어의 등장은 이전의 미디어가 가져다준 정보격차를 채 해소하기도 전에 새로운 정보격차를 유발하기 때문에 궁극적으로 정보부자와 정보빈자 간의 정보격차는 끊임없이 존재할 수 있다.

이와 같이 정보격차는 지속적으로 발생하는 정보사회를 일각에서는 산업사회와는 근본적으로 다른 새로운 사회라기보다는 궁극적으로는 가진

자와 못가진 자라는 계급적 토대를 둔 자본주의 경제체제의 연속선상에서 파악하기도 한다. 과거에 비해 정보이용자층이 보다 광범위해지고 일반화되어 갈 것이라는 낙관주의적 전망을 부정할 수는 없다. 그러나 결국에는 보다 높은 교육수준과 경제적 수준, 그리고 사회적 지위를 가진 사회구조의 상위계층이 그렇지 못한 계층에 비해 정보와 정보미디어를 활용할 수 있는 기회를 더 많이 보유하고 있다. 따라서 산업사회에서 정보사회로의 이전이라는 외적인 변화에도 불구하고, 실제로 그러한 변화는 자본주의적 계급구조를 그대로 계승하며, 오히려 그러한 두 계급 간의 차별성을 뚜렷하게 부각시키는 형태가 될 가능성이 많다는 우려를 가지게 되는 것이다. 바로 이러한 우려 자체가 정보사회의 노동환경이 사회계층구조에 미치는 영향과 아울러 정보사회의 정보접근기회의 불평등구조가 사회계층구조에 미치는 영향이라고 볼 수도 있다.

2. 정보격차의 발생원인

정보격차의 발생원인은 대체로 개인별 사회경제적인 차이, 성별·연령별 차이, 커뮤니케이션 능력과 컴퓨터 해독력의 차이에서 찾아볼 수 있다.

2.1 개인별 사회경제적인 차이

정보사회에서 정보를 이용하기 위해서는 그에 상응하는 금전적 혹은 비금전적인 비용을 지불해야 한다. 즉, 멀티미디어가 제공하는 정보통신서비스는 대부분 이용자 부담원칙(payment-for-use principle)에 의해서 운용되기 때문에 정보통신기기와 같은 하드웨어와 정보활용을 위한 소프트웨어의 구입에 적지 않은 비용을 필요로 한다. 그러나 이러한 멀티미디어의 소유와 유지에 요구되는 비용은 일반 다수의 대중에게는 높은 부담을 주기 때문에 상대적으로 소득이 높은 집단에 한정되어 우선적으로 채택될 수밖에 없다.

정보격차는 특히 개인소득의 차이에서 비롯되기 때문에 상징적으로 정보부자(the information rich)와 정보빈자(the information poor)로 분류된다.

한편 정보격차현상은 정보통신기술의 출현 이전에 사회생활 속에서 개인적인 태도관이나 가치관에 따라서도 다르게 작용할 수 있다. 미첼(Michael)은 사회의 정보화가 진척됨에 따라 보다 적극적인 참여집단과 자신의 의지 또는 무능력으로 인한 소극적인 비참여집단이 존재할 것으로 상정하고 정보집단을 포용자집단(the embracer), 거부자집단(the rejectors), 무관자집단(the indifferent) 그리고 무기력집단(the inadequate)으로 분류하였다.[8)]

포용자집단은 정보통신기술을 적극적으로 수용하는 집단인데 이들은 경제적으로 풍요하고 교육수준이 높으며 사회적으로 안정된 지위를 차지하고 있다. 포용자집단은 미래지향적인 세계관과 개방적인 태도관을 견지하면서도 자기보호적인 보수적인 성향을 갖고 있다. 사실상 이들 집단이 정보통신기술의 발전에 선도적인 역할을 수행하고 있다.

거부자집단은 포용자집단과 달리 정보통신기술의 발전을 부정적으로 사회적 침투로 간주하고 정보화에 대해서 냉소적인 태도를 취하고 있다. 거부자집단은 교육수준이 높고 소득수준도 높아 포용자집단과 사회경제적으로 크게 차이가 없다. 다만 기술혁신에 대해서 기본적으로 비판적 시각을 갖고 있는 만큼 자의적 또는 타의적으로 타인과의 교제나 집단적 참여가 낮은 집단이다.

무관자집단은 사회경제적으로 중간계층에 속해 있으면서 정보통신기술의 출현에 대해 특별한 관심이나 이념적 시각을 별로 갖고 있지 않다. 이들은 자신의 직업상 또는 주위환경상 반드시 필요성을 느낄 때만 수동적으로 정보통신기술을 받아들인다. 따라서 정보통신기술의 득과 실에 대한 사회적 영향력을 실감하지 못하는 집단이다.

무기력집단은 사회경제적으로나 문화적으로 정보환경에 적응하기에 능력이 결여된 개인들을 지칭한다. 사회인구학적으로 교육수준과 소득수준이 낮고 직업이나 지위도 낮은 수준에 머물러 있기 때문에 정보통신기술

8) Michael, D. "Enriched or Impoverished? Master or Servant?" in Information Technology: Some Critical Implication for Decision Makers(New York: The Conference Board, 1972), pp. 41-44.

에 대한 이해가 낮을 수밖에 없다. 이러한 무능력은 사회적으로 적절한 교육기회가 없었거나 교육시설이 박탈된 환경에서 비롯된다.

2.2 성별·연령별 차이

남성과 여성간의 성별에 따라 볼 때 멀티미디어의 채택 여부 그리고 채택한 경우의 이용방식에 있어 남녀 간의 차이가 있음을 많은 연구들이 지적하고 있는데, 일반적으로 남성이 여성에 비해 멀티미디어를 수용하기 쉽다는 결론이다. 멀티미디어의 이용 여부뿐만 아니라 이용방식과 내용에 있어 성별에 따라 차이가 있는 원인으로서는 ① 전자미디어 이용능력에 대한 불안감, ②「전자미디어는 남성에게 적합한 것」이라는 고정관념, ③ 선호하는 커뮤니케이션의 유형, ④ 전자미디어를 보는 관점, ⑤ 정보에 대한 경제적 관념 등을 들 수 있다. 또한 이러한 남녀 간의 정보격차를 발생시키는 사회적인 요인에는 ① 가정, 학교, 매스미디어를 통한 사회화, ② 전자미디어의 정보내용 편중현상, ③ 전자미디어 문화 등이 있다. 이러한 제반요인을 검토하고 문제점을 개선해 나감으로써 남녀 간의 정보격차를 해소할 수 있을 것이다.

한편 연령별에 따라 볼 때 일반적으로 젊은이들이 중장년층에 비해 멀티미디어를 더 잘 수용하는 것은 물론 사용방법도 쉽게 학습하는 경향이 있다.

2.3 커뮤니케이션의 능력과 컴퓨터 해득력의 차이

첨단정보통신기술의 보급이 점차 확산됨에 따라 최근에는 이러한 정보통신기술을 사용하는 데 필요한 커뮤니케이션 능력(communication competence)의 필요성이 강조되고 있다. 커뮤니케이션 능력이란 정보통신기술의 선택과 이용을 수용자의 의도에 따라 능동적으로 실천할 수 있는 포괄적이고 심리적인 동기와 기초지식을 의미한다. 그리고 이러한 능력은 앞으로 정보화 진전이 가속화됨에 따라 반드시 필요한 사회적 적응력으로 간주될 것이다. 이러한 적응력은 타고난 개인적인 능력보다는 새로운 멀티미디어 환경이 요구하고 조정하는 가운데 조성되는 커뮤니케이션 적응력이다.[9]

일반대중의 커뮤니케이션 능력은 인위적으로 정보의 상업화 추진의 강도와 방향에 따라 결정될 수 있다. 정보통신기술의 이용능력은 기술판매를 확대시키는 방향으로 유도되기 때문이다. 새로운 미디어 기술분야의 개발추진은 융합과 통합의 특성을 지닌다. 직접위성방송, 고선명 TV, 홈비디오, 그리고 최근에 멀티미디어(multimedia)를 포함하는 모든 멀티미디어가 텔레비젼의 오락적 영상물을 중심으로 수용자의 확대를 목적으로 개발되고 있다. 이러한 상황에서 커뮤니케이션 능력은 멀티미디어기술에 대한 의존과 수용을 강화시키는 방향으로 유도될 것이다.

커뮤니케이션 능력과 유사한 맥락에서 컴퓨터 해득력(commputer literacy)이란 용어가 강조되고 있다. 컴퓨터를 실제로 사용하기 위해서는 기본적인 지적능력이 필요하다. 컴퓨터뿐만 아니라 멀티미디어 가운데는 컴퓨터를 이용한 다기능성이 내재돼 있으므로 이용자의 인지적 처리능력이 요구되는 경우가 많다. 컴퓨터 해득력과 관련된 정보격차의 문제는 최근에 성별에 따른 컴퓨터 사용의 차이에서 지적된 바 있다. 특히 성장의 초기과정에서 남녀 어린이들 간의 컴퓨터 학습에 대한 인식과 동기가 다르게 나타나고 컴퓨터 이용의 행동패턴과 효과의 차이도 관찰되고 있다.

3. 우리나라의 정보격차 현황

우리나라의 인터넷 이용률에 따른 소득별, 성별, 연령별, 학력별, 지역별, 직업별 정보격차현상을 살펴보면 [표 12-1]과 같다. 전체적으로 우리나라는 범정부적 정책추진으로 전체 국민의 인터넷 이용률은 매년 증가하고 있으나, 인터넷 이용률이 가장 높은 집단(선도집단)과 가장 낮은 집단(취

9) Gandy, O. H. "Inequality: You Don't Even Notice It After a While" in J Miler J.(ed), Telecommunications and Equity: Policy Research Issues(Amsterdam: North-Holland, 1986), pp. 12-14.

악집단) 간의 정보격차는 여전히 지속되고 있다. 특히 인터넷 이용률을 기준으로 한 정보격차는 연령간, 학력 간의 경우가 가장 심각한 것으로 나타났다.

· 소득별로 볼 때 일반적으로 소득이 높은 고소득층이 정보통신기술과 인터넷에 더 쉽게 접근 및 이용이 쉽기 때문에 고소득층과 저소득층 간의 정보격차는 상당히 크게 나타나고 있다.
· 과거에는 남성과 여성간의 정보격차가 존재하였으나 현재는 성별에 따른 정보격차가 감소하는 추세를 보이고 있다.
· 연령별 정보격차를 보면 다른 영역별 정보격차 보다 심각하지만, 최근 50대 이후의 계층에서도 인터넷에 대한 접근과 활용이 크게 증가함에 따라 연령별 정보격차가 크게 줄어들고 있다.
· 학력별 정보격차는 심각한 상태이지만, 학력별 정보격차 역시 감소하고 있는 추세에 있다.
· 대도시의 사람들이 소도시 및 군지역의 사람들보다 상대적으로 인터넷에 대한 접근과 활용이 용이하여 정보격차가 발생한다.
· 중소기업보다는 대기업, 굴뚝산업보다는 첨단산업, 노동집약적인 산업보다는 자본 및 기술집약적인 산업에서 정보통신기술과 인터넷을 더 많이 활용하고 있다는 점에서 정보격차가 발생하고 있다.

이상의 내용을 요약하면 소득별, 성별, 연령별, 학력별, 지역별, 직업별로 다양한 정보통신기기의 구매력, 정보접촉 기회, 정보보유량 및 정보접근의 용이성, 정보이용교육수준 등의 격차가 발생함으로써 정보활동능력 또는 의사소통능력의 차이로 인하여 정보격차가 발생한다. 현재 우리나라의 경우에도 가정주부, 장노년층, 빈민층, 농촌지역 거주자 등은 도시의 청소년층에 비해 이러한 능력이 현저하게 떨어짐에 따라 정보격차가 발생하고 있다.

이러한 정보격차를 해소하기 위한 노력으로는 정보취약계층이 경제·신체·지역적인 조건에 제약받지 않고 더 많은 정보에 쉽게 접근할 수 있는 환경을 조성하기 위한 정보접근기회의 확대(PC보급의 확산 및 가격인하, 정보통신요금의 인하, 정보이용시설의 확충, 농어촌지역의 정보통신망 구축), 지식정보사회에 필수적인 정보활용능력을 높이기 위한 계층별 특성에 맞는 정보화교육지원 등이 필요하다.

[표 12-1] 우리나라의 계층별 정보격차

구 분	2001	2002	2003	2004
소득별(고소득층/저소득층)	47.6	50.5	48.2	46.1
성별(남성/여성)	12.8	11.6	12.5	11.3
연령별(10대/50대 이상)	80.3	82.1	81.8	76.9
학력별(대졸이상/중졸 이하)	76.7	74.9	81.6	75.9
지역별(대도시/군지역)	16.6	16.5	22.9	21.8
직업별(사무직/생산직)	58.0	49.7	57.4	56.6

주: 인터넷 이용률을 기준으로 한 정보격차수준임.
자료: 한국전산원, 「국가정보화백서, 2005」.

제 3 절 국제적 정보격차

앞 절에서의 정보격차의 논의는 주로 개별국가 내에서의 정보격차에 관심을 집중시킨 것이지만 국가와 국가 간에 존재하는 정보격차를 국제적 정보격차하고 한다. 국제적 정보격차(international digital divide)란 정보통신기술에의 접근성과 정보통신기기(인터넷)의 이용과 관련하여 서로 다른 사회·경제적 수준에 있는 국가 간의 격차를 말한다. 이러한 국제적 정보격차는 국가 간에 단순히 정보통신과 인터넷에 대한 접근과 활용의 차이에 그치는 것이 아니라, 정보 후진국의 경제성장과 산업의 생산성 향상에 큰 영향을 미치고, 나아가 현존하는 경제적 격차를 더 확대할 가능성이 있기 때문에 매우 중요하다.

오늘날 멀티미디어의 확산은 한 국가내에서 미디어환경이나 생활환경에 미치는 영향에 못지않게 국제환경에도 상당히 광범위한 영향을 미친다. 멀티미디어를 바탕으로 형성될 새로운 국제환경은 통신위성을 포함하는 정보통신기술을 바탕으로 한 이른바 '커뮤니케이션의 지구촌시대'와 '다국적 미디어'라는 말로 일반화시킬 수 있다. 다시 말해 이제 더 이상 인간의 커뮤니케이션 활동이 특정 지역, 특정 국가에 한정되어 이루어지는 것이 아니라 전세계를 토대로 이루어지며, 따라서 방송과 신문, 혹은 통신 등과 같은 미디어의 활동영역이 한 국가영토 내부만이 아닌 세계 각국으로 넓혀지게 되었다는 것이다[10]. 이처럼 공간적·시간적 한계를 뛰어넘는 인간

10) 통신위성을 이용하여 지구의 반대편에서 벌어지는 스포츠행사를 생생하게 생중계해 주는 것은 이미 오래 전부터의 일이다. 하지만 이제는 일시적인 위성중계방송의 차원이 아니라 한 국가에서 보내는 방송이 전세계의 수용자들에게 동시에 도달 가능한 시대가 되었다. 미국의 주요 케이블 네트워크사가 위성을 통해 보내는 방송은 미국 내부뿐만 아니라 유럽과 아시아에서까지 수신할 수가 있다. 신문도 마찬가지다. 이전까지 신문의 영역은 지방지와 전국지로 구분되었으나, 이제는 인공위성을 이용하여 세계 각국이 인쇄를 동시에 할 수 있는 시대로 접어들었다. 따라서 이제 신

의 커뮤니케이션에 대한 지구촌화 경향은 긍정적인 면을 지니고 있다. 우선, 국가 간의 정보유통이 원활해짐에 따라 세계 각지에서 벌어지는 상황을 시시각각으로 확인할 수 있게 된다. 또한 서로 다른 문화와 가치관을 손쉽게 접할 수 있기 때문에 문화적 편견을 극복할 수 있는 가능성을 제공한다. 뿐만 아니라 기업활동이나 국제교류가 그만큼 원활하게 이루어질 수 있다.

그러나 이러한 긍정적인 측면에도 불구하고 다른 한편에서는 서로 이해관계를 달리하는 국가들 간에 첨예한 갈등요인을 안고 있는 중요한 국제적 쟁점뿐만 아니라 국가 간의 경제적 종속 현상을 야기시킬 수 있음에도 결코 간과할 수 없다. 국제적 정보격차로 야기될 수 있는 국제적 쟁점사항으로 문화적 제국주의 문제, 원격관측문제, 전파월경의 문제 등이 한 국가의 경제에 미치는 영향을 살펴보자.

한편 한 국가의 정보화수준을 총체적으로 파악하고 변화추이를 예측함으로써 올바른 정보화 정책수립의 방향을 제시하기 위해 필요한 지수가 국가정보화지수는 인데, [표 12-2]는 각국의 연도별 국가정보화수준을 나타내고 있다.

1. 문화적 제국주의 문제

후진국들은 서구산업국가들의 지원으로 어느 정도 경제발전을 이룩하는 데는 성공했으나, 그 대가로 자국의 문화와 관습, 그리고 제도가 파괴되는 것을 피할 수 없었다. 이처럼 선진국에 의한 미디어 종속과 그에 따른 외국문화의 자국문화 침식현상을 국제적 문제점으로 제기된 것이 다름 아닌 문화적 제국주의(cultural imperialism) 논쟁이라 할수 있다.

후진국에서 제기한 문화적인 제국주의 현상에 대한 논쟁의 핵심은 두 가지 측면에서 살펴볼 수 있다. 첫째, 국제정보질서의 서구중심적 편향성

문도 미주판, 아시아판, 유럽판 등으로 분류되는 날이 결코 멀지 않았다.

을 들 수 있다. 전세계의 주요 정보유통체계는 서구의 관심과 이익을 중심으로 이루어졌고, 상대적으로 후진국들과 관련된 정보는 빈약할 뿐만 아니라 정보내용 또한 후진국의 경제적 이익과 관련되기 보다는 실상이 왜곡되거나 부정적인 면이 과장되는 경우가 많았다.

둘째, 정보통신산업에서의 후진국들은 자체적인 미디어 운영능력의 취약성에 따라 정보통신산업에서의 선진국 프로그램에 종속될 수 있다. 정보통신산업의 후진국들은 미디어의 기술적 운영뿐만 아니라 프로그램 제작능력에서도 취약하기 때문에 불가피하게 미국을 비롯한 외국으로부터 방대한 양의 프로그램을 수입할 수밖에 없었다. 그 결과 자국의 실정과는 무관한 서방의 상업주의·소비지향적 프로그램으로 인해 자국의 문화나 관습, 그리고 가치관은 파괴되고 서구중심적 가치관이 광범위하게 확산되는 결과를 빚게 된 것이다.

2. 원격탐사의 문제

오늘날 인공위성이 가장 많이 이용되고 있는 분야 중의 하나가 다름아닌 기상관측, 지질탐사, 해양관측 등과 같은 원격탐사용이다. 기상관측은 인공위성을 이용하여 지구상공의 대류나 구름의 움직임, 온도측정 등과 같은 기상정보를 수집해 지상에 제공하는 것을 말한다. 우리가 뉴스를 통해 얻게 되는 기상정보의 대부분은 이들 인공위성이 전하는 자료를 토대로 이루어지고 있다. 마찬가지로 지질탐사는 지구상 각 지역의 지질변화에 관한 자료와 아울러 지하에 매장된 광물에 관한 정보를 제공하며, 해양관측은 바다 속의 상태변화나 조류, 물고기의 이동상황 등에 대한 자료를 제공한다. 이러한 원격탐사는 원칙적으로 순수한 과학적인 용도뿐만 아니라 실용적인 목적으로 이용되기 때문에 국가 간에 국제적으로 자료를 제공하거나 요청할 수 있다. 하지만 다른 한편에서는 이러한 정보들이 중요한 경제적인 이익과 관련하여 이용되고 있음을 간과하지 않으면 안 된다.

미국이 보유한 한 위성관측용 통신위성은 러시아의 농작물 현황이나 일본의 원양실적, 혹은 아프리카 지역의 광물매장 현황을 측정할 수 있다. 그리고 이러한 정보는 널리 공유되기보다는 미국내 해당 분야의 수출 예측자료로 활용될 가능성이 높다. 한 예로 미국이 인공위성을 통해 러시아의 기상현황과 작황을 분석한 결과 그해 곡물수확량이 추산되면, 가을 추수기에 예상되는 수확량과 곡물가격을 러시아 자신보다도 훨씬 일찍 파악할 수 있으며, 그 결과는 미국의 곡물 판매상들이 러시아에 수출할 곡물의 판매가격이나 수출물량을 조정하는 데 이용될 수도 있다. 이처럼 한 국가가 첨단위성관측 자료를 이용할 경우 세계 각 지역으로부터 필요한 자료를 수시로 수집할 수 있기 때문에 이러한 정보를 갖지 못하는 국가들에 비해 훨씬 많은 경제적 이익을 확보할 수 있게 되는 것이다. 아마도 우리는 매일 밤 뉴스에서 보는 한반도의 기상관측사진을 보면서 다른 한편에서는 이러한 사진을 찍는 국가에서는 비슷한 방법으로 올해 우리나라의 농산물 작황에 관한 자료까지도 수집하고 있을지도 모른다.

3. 전파월경의 문제

전파월경(spillover)이란 한 국가영토 내에서 자국민을 대상으로 한 방송전파가 국경을 넘어서 인접한 다른 국가영토까지 가청권이 미치게 되는 것을 말한다. 이러한 전파월경 현상은 비록 의도적인 것은 아니라 하더라도 결과적으로 인접국가에 대해 정치적·문화적인 침해를 줄 가능성을 내포하고 있기 때문에 직접위성방송의 등장과 함께 전파 월경의 문제는 국제적인 쟁점으로 부각되고 있다.

직접위성방송은 방송위성을 이용하여 특별한 중계소나 방송국의 중개과정 없이 위성수신안테나를 보유한 개별가구나 직접방송을 수신할 수 있으며, 특히 지리적인 장애요인과 상관없이 광범위한 영역을 대상으로 방송이 가능하다. 따라서 본래 국가의 영토가 커서 지상파를 이용한 방송신호

전송에 비용이 많이 들거나 혹은 지리적으로 난시청 지역이 많은 국가에서 유용한 미디어로 인식되고 있다. 하지만 방송위성의 가청권을 해당국가에 한정하는 것이 기술적으로 어렵고 위성수신안테나만 있으면 누구나 방송수신이 가능하기 때문에 국가적으로 개개인의 수신행위를 통제하는 데도 어려움이 따른다. 따라서 자국 내의 방송에 대한 통제권을 행사할 수 없는 인접국가들로서는 직접 위성방송에 의한 전파월경문제를 일종의 주권침해로 인식할 수가 있다. 이러한 이유로 인해 전파월경문제는 미국과 쿠바, 서유럽과 동유럽 및 아프리카 국가, 한국과 일본 등과 같이 지리적으로 인접한 국가들 사이에서 잠재적인 갈등의 소지로 남아 있다.

전파월경문제는 경제적인 측면에서도 중요한 의미를 가진다. 직접 위성방송은 단순히 전파월경의 측면만 가지고 있는 것이 아니라, 비디오 및 음반산업과 밀접한 관련을 맺고 있다. 따라서 미디어산업의 세계시장을 확장하려는 목적의 상업주의적 방송이 확산될 경우 잠재적으로는 국내 방송프로그램의 경쟁력이 약화되고, 나아가서는 국내미디어산업 전반이 외국미디어에 의해 잠식될 가능성도 안고 있다.

[표 12-2] 연도별 국가정보화지수

구 분	2000	2001	2002	2003	2004	2005	2006
스웨덴	94	91	94	93	96	96	97
미 국	99	99	99	98	95	93	92
한 국	70	78	79	80	89	91	91
스위스	89	90	89	99	94	90	90
홍 콩	79	80	80	83	83	89	90
덴마크	94	92	92	91	96	91	90
네덜란드	92	93	93	89	86	85	89
영 국	79	81	80	78	85	86	88
캐나다	92	91	88	79	89	85	87
대 만	82	84	85	84	790	89	86

자료: 한국전산원, 「국가정보화백서, 2006」.

제 4 절 정보화에 따른 빈부격차

유엔개발계획(UNDP)은 최근 '인간개발보고서' 에서 지식과 정보가 곧 돈이 되는 시대에 일부 계층에 집중된 지식과 정보의 불균형이 부의 불균형으로 직결돼 빈익빈 부익부 현상을 심화시키고 있다고 지적하고 있다. 인터넷의 등장으로 인한 정보혁명은 '양날의 칼'과 같아서 인간의 삶을 향상시킨 반면 전세계적 관점에서 빈부격차를 더욱 벌렸다는 것이다. 단적인 예로 영어권 인구는 전세계 인구 중 10%에 지나지 않지만 세계 웹사이트 중 80%가 영어로 돼 있다. 영어를 사용하지 않는 나라는 그만큼 정보에 접근하기가 어렵다는 말이다. 특히 전세계 인구 가운데 5%도 안 되는 미국은 그 외의 국가들보다 많은 컴퓨터를 가지고 있으며 경제협력개발기구(OECD) 29개 회원국은 세계 인구에서 19%밖에 차지하지 않지만 전체 인터넷 사용자 중 91%를 점유하고 있다.

세계 3대 갑부인 빌 게이츠 마이크로소프트(MS) 회장과 워렌 버핏, 폴 앨런 MS 사장의 재산은 1,560억 달러 규모로 사하라사막 이남의 아프리카 국가들의 국민총생산(GNP) 규모를 초과한다. 지난 1960년대에는 세계인구 중 소득수준 상위 20%에 속하는 사람이 하위 20%에 속하는 사람보다 30배의 재산을 보유하고 있었으나 현재는 74배로 크게 늘어났다.

인터넷이란 단어조차 낯선 후진국에선 정보사회가 가져다 주는 급격한 부의 확산이 그림의 떡으로만 존재한다. 정보사회의 도래와 함께 선진국들이 흡사 골드러시를 연상시키는 맹렬한 기세로 사이버 세계에서 '노다지'를 캐는 모습을 이들은 묵묵히 지켜볼 수밖에 없는 것이다. 이에 따라 최근에는 선진국과 후진국간 정보불균형에 따른 빈부격차의 심화를 막기 위한 국제사회 차원에서의 대책을 시급히 강구해야 한다는 목소리가 높아지고 있다.

정보를 가진 자가 세계를 지배하는 추세 속에 이들 국가의 낙후된 환경은 더욱 심각한 부익부 빈익빈 현상을 초래할 수 있다는 것이다. 특히 지식과 정보가 곧 부를 의미하는 시대에 지식산업과 정보산업에서 소외되면 영원히 후진국을 면치 못한다는 것이 이들의 주장이다. 이러한 불균형 해소에 가장 적극적인 나라는 미국인데, 미국무부는 산하에 '글로벌 테크놀로지 지원단'을 창설해 후진국에 자원봉사요원을 파견하고 있으며 정보화사업을 지원하고 있다. 이들은 낙후된 시설과 정보부족으로 인터넷의 혜택을 누리지 못하는 지역을 누비고 다니며 정보문화의 전파에 앞장서고 있다.

유엔도 관련기관과 연계해 아프리카 등지에서 인터넷 인프라스트럭처 구축사업을 지원하며 정보화의 확산에 적극적으로 노력하고 있다. 이들 국가를 정보화 물결에 동참시킴으로써 '암흑세계'에서 해방시키자는 것이 유엔의 목적인 것이다.

제 5 절 사생활침해와 사이버범죄

디지털경제의 확산을 저해하는 요인으로 사생활침해와 사이버범죄를 살펴보자. 일상생활의 편익을 증대시켜 주는 방대한 양의 데이터베이스는 사실상 일반 사람들에 관한 정보로 이루어져 있으며, 이들 중 상당부분은 극히 개인적인 사생활과 관련된 것들로 이루어져 있다. 금융기관의 데이터베이스에서는 고객의 모든 금융거래실적이 관리되며, 신용카드를 이용하는 고객들의 구매실적과 구매내용까지도 관리된다. 국세청에서는 국민들의 소득뿐만 아니라 부동산 거래나 부동산 보유에 관한 정보를 관리한다. 일선 행정기관의 행정전산망에서는 주민들의 가족관계, 주거이동, 병적관계, 전과기록 등이 상세히 기록되어 있다. 의료전산망에는 환자 개개인의 건강상태와 질병관계가 관리된다. 뿐만 아니라 쌍방향 케이블 TV, 비디오텍스 등과 같이 수용자와 미디어 간의 상호작용적 관계가 형성되어 있는 미디어의 경우 수용자의 미디어 이용행위가 미디어 운영업체의 컴퓨터에 일일이 기록된다.

이러한 모든 데이터베이스들은 한편으로는 국가의 보다 효율적인 정책수행과 국민 개개인의 복리증진, 혹은 기업이나 조직의 효율적인 업무를 수행하기 위해서 .사용된다는 긍정적인 면을 가지고 있다. 하지만 이러한 목적의 순수성에도 불구하고 궁극적으로는 지금까지 전적으로 개인적인 영역으로 남아있던 거의 모든 개인적 특성과 사회적 활동들이 타인에 의해서 관리되고 노출된다는 점에서 사생활 침해의 가능성은 상존해 있는 것이다.[11)]

11) 선진국들은 사생활 보호의 문제가 현대사회의 중요한 사회적 문제로 등장하게 됨에 따라 이를 법적으로 보호하려는 노력도 활발한데, 미국은 1974년의 프라이버시법, 1986년의 전자통신프라이버시법, 1988년 컴퓨터자료의 상호비교 및 프라이버시보호법, 1980년 의회가 제정한 문서작업감축

사이버범죄는 사이버공간상에서 일어나는 일체의 범죄를 말한다. 사이버공간은 흔히 컴퓨터 네트워크를 통해 접할 수 있는 공간으로 시간적·공간적 제약이 없기 때문에 접속의 기회가 무한하다. 경계도 없이 어떠한 정보에 접근할 수 있는 이 자유로운 공간을 가상공간 또는 가상세계라고 한다. 이처럼 사이버공간은 우리가 살아가고 있는 현실과는 구별이 되는 상상의 공간을 말한다. 이 공간에 접속해 있는 상황에서, 또는 접속상황에 획득한 정보의 이용과정에서, 발생하는 범죄를 사이버범죄라고 정의한다. 사이버범죄는 [표 12-3]에서와 같이 단순해킹, 해킹과 결합된 범죄로 금융범죄, 자료의 변조 및 유출, 개인정보 도용 등 물리적이고 경제적인 피해, 컴퓨터 바이러스 및 악성프로그램 유포 등에 따른 개인에 대한 물리적 그리고 정신적 피해를 가져오는 비윤리적 행위 등으로 구분하고 있다.

오늘날 컴퓨터시스템의 보급과 정보통신기술의 비약적인 발전에 따라 기업 등의 급여계산이나 은행의 온-라인시스템은 물론, 교통·통신·제조·유통·의료·국가 또는 지방자치단체의 업무 등 우리 생활의 모든 면에 영향을 미치고 있다. 이와 같이 컴퓨터의 급격한 보급에 따라 컴퓨터에 사용되는 전자기록이 문서를 대신하여 자료의 기록·보존에 널리 사용되고, 금융기관의 업무처리시스템에서 볼 수 있는 것과 같이 자료의 자동적·기계적 처리만으로 완결되는 거래형태가 출현하며, 컴퓨터통신을 이용하여 정보가 유통되는 등 사람이 스스로 행하는 것을 전제로 하는 종래의 작업방식이나 사무처리형태가 혁명적으로 변화하고 있다. 뿐만 아니라 대량의 자료를 신속·정확하게 처리하는 능력을 가진 컴퓨터가 사람을 대신하여 각종 사무를 처리하는 상황이 증가하고 있다.

법, 1996년 연방통신법에 따라 개인정보를 보호하고 있다. 일본은 1988년 행정기관이 보유하는 전자계산기기처리에 따른 개인정보의 보호에 관한 법률을 제정하여 시행하고 있으며 지방자치단체에서 전자계산처리에 관한 조례를 제정하여 개인정보를 보호하고 있다. 우리나라는 1995년 1월부터 공공기관의 개인정보보호에 관한 법률을 시행하고 있으며, 통신비밀보호법, 전산망보급 확장과 이용촉진에 관한 법률, 형법상의 비밀침해죄, 신용정보의 이용 및 보호에 관한 법률, 금융실명거래 및 비밀보장에 관한 긴급재정경제명령 등이 개인정보보호와 관련된 규정을 두고 있다.

[표 12-3] 사이버범죄의 유형

유 형		내 용
단순해킹		▷개인 컴퓨터 해킹 ▷홈페이지, 카페, 도메인, 서버해킹
해 킹 과 결합된 범죄	금융범죄	▷개인정보 또는 개인계좌 유출 ▷계좌해킹을 통한 금융범죄 ▷신용카드 및 계좌 도용 ▷주식매도조작을 통한 범죄 ▷인터넷 대출사기 ▷사이버머니 도용
	자료 및 정보 관련 범죄	▷개인정보, 신분장의 유출 및 도용 ▷각종 프로그램(소프트웨어, 게임)의 도용 및 유포 ▷각종 자료 및 문서의 도용 및 유포 ▷각종 정보의 변조 및 삭제
컴퓨터 바이러스 및 악성프로그램 유포		▷컴퓨터 바이러스 및 악성프로그램 제작 및 유포 ▷해킹 프로그램 제작 및 유포
기타 비윤리적 행위		▷명예훼손 ▷스토킹 ▷음란물 유포 및 관련 범죄 ▷사기 및 도박 ▷범죄유도사이트개설 ▷e-mail 불법 확인

자료: 정보통신정책연구원, 「정보통신정책」, 제18권 7호 통권 391호.

컴퓨터가 생활의 거의 모든 영역에서 필수불가결하게 되고 정보통신기술이 비약적으로 발전함에 따라, 예컨대 은행의 컴퓨터시스템을 악용한 은행원 등에 의한 허위예금자료의 입력, 금융전산망을 악용한 홈(폰)뱅킹 사기, 주민등록파일 등 공무소에서 처리·보관되는 자료 또는 사회생활상의 증명을 위해 만들어진 자료의 무단변경, 신용카드·현금카드나 전화카드의 자기띠부분의 부정작성, 해커에 의한 컴퓨터파괴, 컴퓨터통신망에 무단으로 침입하여 자료·정보를 부정취득하거나 컴퓨터통신망을 통하여 음란물 등 불건전정보를 대량으로 유통시키는 행위 등이 빈번하게 발생하며 그로 인한 피해가 매우 심각하다. 이러한 부정행위는 컴퓨터와 정보통신기술의 결합 및 발전과 이에 대한 사회의 의존도가 높아짐에 따라 급격하게 증가할 것이다.

중요개념

- 거부자집단
- 국가정보화수준
- 국제적 정보격차
- 무관자집단
- 무기력집단
- 문화적 제국주의
- 보급이론
- 사이버범죄
- 원격탐사
- 전파월경
- 정보격차
- 정보과잉
- 정보부자
- 정보빈자
- 지식격차가설
- 포용자집단

연습문제

1. 정보과잉이란 무엇을 의미하며, 한 국가의 경제문제에 어떠한 영향을 미치는가?
2. 정보격차란 무엇이며, 시간이 지남에 따라 해소되는가 아니면 악화되는가?
3. 정보격차의 발생원인을 설명하시오
4. 국가간 정보격차로 인해 야기될 수 있는 경제적 문제를 설명하시오
5. 디지털경제의 확산을 저해하는 요인으로 사이버범죄는 어떤 범죄인가?
6. 다음을 논평하시오

"산업사회에서의 가진 자와 못 가진 자와의 관계는 정보사회에서의 정보부자와 정보빈자와의 관계와 같다."

참고문헌

강홍렬 외 3인(2002), 『정보격차에 대한 사회경제적 함의』, 정보통신정책연구원.

강석훈·홍동표(2003), "한국 IT산업의 성장요인 및 생산성 분석," 『경제연구』, 제51집 4호

권혁기·홍정기·조준일(2000), "디지털화에 따른 산업구조 변화와 유망산업," LG경제연구원.

김범열(2000), "디지털 환경과 e-SCM," LG경제연구원.

김기홍 외 4인 (2000), 『디지털경제와 인터넷 혁명』, 산업연구원.

김영덕(2002), "기업 정보화, '과제'는 경영전략과의 연계," KRG.

김기태·배규한·안현호(2000), 『디지털경제, 디지털경영』, 시사평론.

노나카 니쿠지로(김형동 감수/1995), 『지식창조의 경영』, 21세기 북스.

레스터 C. 서로우(한기찬 옮김/1999), 『지식의 지배』, 생각의 나무.

미상무성 전자상거래국(신동기 옮김/2000), 『Digital Economy』, 씨앗을 뿌리는 사람.

매일경제신문사, 『디지털지식혁명(2000)』, 지식혁명보고서(1998)』, 『두뇌강국보고서(1999)』.

손상영·홍동표·박명호(2000), 『인터넷 경제에 대한 이론적 분석』, 정보통신정책연구원.

손용엽·이상호(2001), 『사이버시장의 경쟁원리』, 시그마인사이트컴.

성낙일(2003), "우리나라 정보화정책의 성과와 과제," 『정보통신정책연구』, 제10권 제2호.

산업연구원(2000), 『디지털경제에 대응한 산업정책 방향』, 산업자원부 용역 보고서.

산업자원부(2000), "전통산업의 e-비즈니스 확산대책," e-CEO협의회.

산업자원부(2001c), " e-비즈니스 확산 국가 전략."

산업자원부(2001d), " 전통산업과 IT산업의 접목방안," 정책전문가 간담회 자료.

산업자원부(2002a), "제2단계 중소기업IT화 추진계획(2003~2005)."

산업자원부(2002b), "2003년도 전자상거래정책 추진계획수립."

산업자원부(2002), "한국의 전자상거래 현황과 전망."

오상봉 · 김인중 와 공저(1999), 『지식기반산업의 발전전략』, 산업연구원.

오광석(2001), "국내 전통기업의 e-transformation 추진 현황 및 성공전략," Accenture, mimeo.

이선 외 4인(1999), 『창조적 지식국가론』, 산업연구원.

한국전자통신연구원(1997), 『정보통신기술개론』.

최정표(2003), 『산업조직경제학』, 형설출판사.

홍동표 · 이원준 · 이재성(2000), 『디지털경제에서의 기업 및 산업구조와 정책연구』, 정보통신연구원.

홍동표 외 2인 (2004), "IT투자와 한국산업의 고용구조 변화," 정보통신정책연구원 이슈리포트.

정보통신연구원(2004), 『IT의 사회 문화적 영향연구』.

정보통신정책연구원(1999), 『지식기반경제를 위한 정보통신산업정책』.

정보통신정책연구원(2004), 『한국의 디지털 경제』.

재정경제부 외(2001), "e-비즈니스 확산 국가전략," 제6차 정보화전략회의.

최두진(2003), "우리나라의 정보격차 어디까지 왔나?," 한국정보문화진흥원.

한국전산원(2003), 『국가정보화백서 2002~2005』.

한국전산원(2005), "유비쿼터스사회의 5대 위협과 대응과제," 유비쿼터스사회 연구 연구시리즈.

Ayres, Robert U. & Eric Williams(2004), "The Digital economy: Where do we stand?," *Technological Forecasting & Social Change*, No. 71, pp. 315-339.

Baily, Martin Neil and Robert Z. Lawrence(2001), "Do we have a new economy?," *National Bureau of Economic Research Working Paper*, No. 8243.

Baliamoune, Mina N.(2002), "The New Economy and Developing Countries," *UNU WIDER, DISCUSSION Paper*, NO. 2002/77.

Borenstein, Severin and Garth Saloner(2001), "Economics and Electronic Commerce," *Journal of Economic Perspectives*, Vol. 15, No. 1, Winter 2001, pp. 3-12.

Brynjolfsson, Erik & Brain Kahin(2000), *Understanding the Digital Economy*, MIT Press, Cambridge, Massachusetts: London, England.

Compaine, Benjamin(2001), "Re-Examing the Digital Divide," Based on research for the forthcoming book: *the Digital Divide: Facing a Crisis or Creating a Myth*, MIT press.

Dasgupta, Susmita, Somik Lall, and David Wheeler(2001), "Policy Reform, Economic Growth, and the Digital Divide," *Policy Research Working Paper* 2567, The World Bank.

Ernst, Dieter(2001), "The Evolution of a 'Digital Economy' : Research Issues and Policy Challenges," *EAST-WEST WORKING PAPERS Economics Series*, No. 28.

Gartner Group(2001), *The changing shape of E-Business Services: Worldwide Market Trends 2000.*

Goldman Sachs(1999), *E-Commerce/Internet*, Goldman Sachs Investment Research.

Kaplan, Steven and Mohanbir Sawhney(2000), *E-Hubs: The New B2B Marketplaces*, Harvard Business Review.

Kogut, Bruce(2003), *The Global Internet economy*, The MIT Press, Cambridge, Massachusetts: London, England.

Mann, Catherine L.(2000), *Global Electronic Commerce: A Policy Primer*, Institute for International Economics, July 2000.

Morgan Stanley Dean Witter(2000), *The B2B Internet Report, Collaborative Commerce.*

OECD(2002), *Measuring the Information Economy.*

OECD(2000), *A New Economy?*

OECD(2001), *Understanding the Digital Divide.*

OECD(2003), *ICT and Economic Growth: evidence from OECD countries, Industries and Firms.*

OECD(2004), *The Economic Impact of ICT: measurement, evidence and implications.*

Tapscott, Don(1996), *Digital Economy*, McGraw-Hill Companies.

Quah, Dannyy(2003), "Digital Goods and the new Economy," *The center for economic performance.*

US Department of Commerce(2000), *The Digital Economy 2000.*

US Department of Commerce(2002), *The Digital Economy 2002.*

US Department of Commerce(2003), *The Digital Economy 2003.*

Spulber, Daniel F. and David Lucking-Reiley(2000), "Business-to-Business Electronic Commerce," *Journal of Economic Perspectives*, Vol. 12, NO. 1, pp. 55-68.

WIPO(2000), *Primer on Electronic Commerce and Intellectual Property Issues.*

WTO(1998), *Electronic Commerce and the role of the WTO.*

찾아보기

ㄱ

가격순응자 160
가격차별화 165
가상기업 100
가상점포 446
가상커뮤니티 385
가치 없는 정보 24
가치사슬서비스 제공 386
가치사슬 통합서비스 385
가치의 다양성 17
가치의 저장수단 451
가치의 척도 450
가치 있는 정보 24
감추어진 특성 335
감추어진 행동 335
개방형 468
개별정보통신망 102
개인의 정보화 100
개인적 가치 19
개인적 불확실성 333
개인통신망 357
거래기반관계 153
거래비용 88, 157
거래의 디지털화 118
거부자집단 488
결과지향성 18
결합생산 144
결합성 17
경로의존성 149
경영혁명 7
경제성장 131, 206
경제성장모형 196
경제엔진 135
경제의 서비스화 123
경제재 18
경제적 규제 283
경합가능시장 99
경험재 142
계층의 사회 43
계층적 구조 113
고객네트워크 441
고객화 147
고부가가치산업 280
고용감소효과 305
고용의 안정 328

고용증가효과 305
고임금근로자 307
공공재 19, 145
공급자위주의 시장 251
공동플랫폼 386
공식정보 28
공적정보 27
과거정보 23
관계의 사회 43
관광업의 정보화 258
관료제적 위계구조 237
광고 175
광속상거래 351, 355
교육·훈련 32
구인구직정보 329
국내정보정책 287, 289
국민경제의 안정화 287
국제적 정보격차 493
국제전자상거래 400, 406
국제정보정책 287, 292
규모의 경제 143
규모효과 314
규제 339
근무제 304
금융네트워크 441
금융의 국제화 127
기본통신협상그룹 296
기술적 프론티어 127
기술주도 284
기업 227
기업 내의 전자상거래 365
기업간 정보화 228
기업과 기업 간의 전자상거래 365
기업과 소비자 간의 전자상거래 364
기업내 정보화 228
기업의 경쟁우위 115
기업의 정보화 229, 235

ㄴ

내면화 12
내부정보 23
내생적 불확실성 333
트워크경제 82
네트워크망 53
네트워크 외부성 150
네트워크형 459
네트워크형 전자화폐 462
노나카 이쿠지로 8
노동시장 303, 316
노동유동 318
노동의 수요탄력성 313
노동정책 329
노사관계 325
노조 325
누적가치성 17
뉴미디어시대 58

ㄷ

다자적인 관계 232
다품종소량생산 109
단순컴퓨터 정보화단계 65
단시간근로자 304
대규모소매점 251
대리관계 341
대리인 341
대역 57

대체효과 211, 313
WTO 체제 286
데이터베이스 358
도덕적 해이 321, 323, 340
독점성 16
독점유지정책 283
동료의견 178
동시적 엔지니어링 129
드러커 44
디슈머 109
디지털 41, 71
디지털경제 1, 89, 110
디지털경제시대 7
디지털금융 437
디지털기술 41, 81
디지털무늬 177
디지털뱅킹 265
디지털상품 363
디지털서비스상품 363
디지털시장 152
디지털신호 73
디지털의 네트워크화 48, 85
디지털재화 141
디지털정보 47, 72
디지털제품 154, 408
디지털컨텐츠상품 363
디지털혁명 42, 45

ㄹ

라인 238
루빈 188

ㅁ

마샬 8
마케팅비용 107
맛보기 178
매도계약서 420
매몰비용 129
매스컴 정보 28
매체의존성 17
매클럽 187
멀티미디어시대 58
멀티미디어통신 275
멜칼프 150
멜칼프(Mctcalfe)의 법칙 180
명성 143
모바일 전자상거래 387
모바일뱅킹 438, 439, 446
모바일뱅킹서비스 448
몬덱스카드 460
무관자집단 488
무기력집단 488
무어의 법칙 52
무역업의 정보화 257
무역카드시스템 425
무형성 16
묶음판매 171
문화적 제국주의 494
물가 214
물류이동 401
물리적 제품 154, 362
미래정보 23

ㅂ

바코드 253, 358
방법지 10
방화벽 390
버전닝 171
버추얼 444
버추얼뱅킹 444
범위의 경제 144
변형근로제 319
보완효과 211
보험 421
볼레로 422, 427
볼레로넷 429
부가가치통신망 357
불완전정보 27
불확실성 332
브랜드화 179
비가격경쟁 170
비경합성 145
비공식정보 28
비대면 거래 108
비대면 금융거래 437
비대칭성 321
비대칭적 정보 335
비매스컴 정보 28
비배제성 145
비분할성 17
비소모성 16
비용이 소요되는 정보 25
비용이 소요되지 않는 정보 25
비이전성 16
비즈니스모델 378
비트 52

ㅅ

사물지 9
사생활침해 500
사실지 10
사유재 19
사이버마켓 54
사이버무역 400
사이버범죄 500
사이버스페이스 449
사이버은행 444, 448
사적정보 27
사전적 정보 26
사회적 불확실성 334
사회적 추천제도 18
사회화 11
사후적 정보 26
산업 227
산업경제 81, 110
산업구조 218
산업별 정보화 242
산업의 정보화 62, 229, 273
산업혁명 6
산출량효과 313
상업적 가치 18
상충관계 113
상품보충발주(EOS)시스템 255
상품화 147
생산성 206
생산성 역설 305
생산성의 역설 209
생산성혁명 6
생산요소 28
생산의 디지털화 120

서류이동 401
선별 339
선적 421
선하증권 421
세계전기통신연합 295
세계화 264
셀방식 110
소비의 디지털화 117
소비의 비배제성 20
소비자주권 119
소품종대량생산 109
소호 405
송금(remittance)방식 422
수출보험공사 419
수퍼마켓 251
수표형 전자화폐 466
수확체증의 법칙 105
수확체증현상 159
스태그플레이션 127
시간제고용 319
시간제근로자 304
시너지효과 101
시분할다중화 75
시스템의 실패 162
시장 불확실성 333
시장실패 162
시장주도 284
시장진화 156
신경제 83
신뢰재 142
신사회자본 277
신용보증기금 419
신용서비스 386
신용장 420
신용장방식 422
신용카드 결제시스템 371
신용카드형 전자화폐 464
신지식인 12
신호 334
신호발송 339
실물거래의 정보화 127
쌍무적인 관계 231
쌍방향성 58

ㅇ

아날로그 46, 71
아날로그신호 72
아날로그정보 71
IC카드형 459
암묵지 8
암호화 14
업그레이드 172
업무수행채권 321
ENIAC 52
SCM 366
SSL 390
SET 391
NII 277
MRP 231
m-commerce 387
여성근로자 304
역경매 109
역선택 321, 337
영상미디어시대 58
오락산업 143
오프라인형 469
온라인형 469
완전경쟁 134

완전경쟁시장 158
완전정보 27
외부경제 150
외부비경제 150
외부정보 23
외부화 11
외부효과 150
우회생산기술 196
원격탐사 495
웹경제 82
유연제조 129
유인설계 342
유통비용 107, 156
유통업의 정보화 251
유통업의 IT화 253
유통VAN 256
의미정보 24
EDI 231
e-Manufacturing 247
e-비즈니스 96, 228, 347
ERP 231, 365
이연지불 321
이중적 도덕적 해이 342
인물지 10
인적자본 306
인적자원관리 327
인터넷 48, 347, 358
인터넷경제 82
인터넷네고 423
인터넷무역 400
인터넷뱅킹 439
인터넷부가서비스 410
인터넷사용자 간의 전자상거래 367
인터넷사회 361
인터넷팩스 410
인터넷폰 410
인트라넷 347, 414
임시정보 24

ㅈ

자기띠카드 453
자료 34
자본재 308
자본주의 경제 81
자본축적 207
자연독점 143
자연독점산업 283
자유방임주의 162
잠금현상 148, 149
잠금효과 147, 161
재고비용 157
재택근무 110
저임금근로자 307
적시생산방식 249
적시성 16
적하보험 421
전기통신 275, 290
전산화 59, 235
전송 70
전자거래 99
전자게시판 358
전자결제시스템 370
전자경매 384
전자구매 384
전자무역 399, 413
전자문서교환 339, 351, 352, 358
전자상거래 99, 348, 356
전자상점 383

전자서명 392
전자쇼핑몰 384
전자수표 결제시스템 372
전자양식(f-forms) 358
전자우편 358
전자인증 393
전자자금이체 352
전자자금이체 결제시스템 373
전자장터 385
전자지불 358
전자화폐 119, 439, 450, 454, 469
전자화폐결제시스템 371
전통경제 81
전통경제학 306
전파미디어시대 58
전파월경 496
정량정보 23
정보 14, 15, 34, 70, 290, 334
정보격차 483
정보격차가설 486
정보경제 82, 192, 195, 203
정보과잉 479
정보기반제품 141
정보노동 199
정보부자 483
정보빈자 483
정보산업 187, 201
정보의 디지털화 46, 58, 75, 85
정보의 산업화 62, 274
정보의 수집·축적·제공 30
정보의 전달 32
정보의 창조·생산 31
정보의 처리·가공 32
정보인력 187
정보재 19
정보정책 288, 289
정보중개 386
정보통신 275, 290
정보통신기기산업 276
정보통신기기의 활용 33
정보통신기반 127
정보통신기술 81
정보통신기술 사용산업부문 217
정보통신기술 생산산업 217
정보통신망 95
정보통신산업 273, 274
정보통신서비스산업 276
정보통신활동 275
정보화 43, 59, 60, 195, 290
정보화격차 241
정보화성숙모형 239
정보활동 29
정부와 기업 간의 전자상거래 366
정부와 소비자 간의 전자상거래 366
정성정보 23
제3급 가격차별화 169
제약정책 283
제2급 가격차별화 168
제1급 가격차별화 167
제조업 248
제조업의 디지털화 120
제품차별화판매방식 170
존셔 195
종합정보통신망 94, 127
종합화 12
주인 341
주파수 73
주파수분할다중화 75
중간부문의 축소 307
중개기능소멸 211

지급결제의 수단 451
지능 정보화단계 68
지식 5, 8, 34
지식격차가설 484
지식경제 84
지식기반경제 83
지식노동 191
지식산업 187, 189
지식생산자 191
지식생산함수 115
지적재산권제도 174
직접위성방송 496

ㅊ

채용비용 315
청산결제방식 422
초계층적 구조 113
초고속정보통신망 94, 284
총체적 불확실성 334
추심(collection)방식 422

ㅋ

캐드 120
캐츠 199
캠 120
커뮤니케이션 능력 489
컴퓨터 해득력 490
컴퓨터통신 정보화단계 66
콘텐츠산업 276

ㅌ

탈기능화 66
탈기술화 69
탐색비용 88, 107, 156
탐색재 142
테스트베드 348
테일러 6
텔레비전 전자상거래 388
통관 421
통신망 네트워크 48
통신채널 14
통신혁명 56
통화정책 469
TEN 277
팀제 110

ㅍ

파레토우월 338
파생수요 318
파트너기반관계 153
판매시점 443
판매시점관리 131, 254
패킷교환기술 57
팩스 358
펌뱅킹 442
페티 클라크 191
페티 클라크법칙 191
편의점 251
평판 179, 339
폐쇄형 468
포맷 192

포용자집단 488
프로비스 108
프로슈머 109
PEM 392
PGP 392

ㅎ

학습효과 64, 324
한계비용 152
한계수입 152
항상정보 24
해상보험 421
헤더 57
헷징 26
현금자동입출금기 265
현금자동지급기 265
현금형 전자화폐 462
현대경제 81
현재정보 23
형식정보 24
형식지 8
홈뱅킹 442
화폐수량설 470
화폐의 정보화 127
활자미디어시대 58
회선교환 57
효율적 자원배분 159
희소성의 문제 104

저자 소개

호원대학교 사회과학대학 경제학전공 교수
choi@howon.ac.kr

[주요 저서 및 연구실적]
"An Empirical Study on Determinating Exchange Rates under the Purchasing Power Parity Approach"로 1991년에 경제학 박사학위를 취득하였으며, 저서로는 1997년에 『경제학원론』(3인 공저/박영사) 초판을 출간하고, 제 2 판(1999년), 제 3 판(2004년)을 출간하였다. 그 이후 정보와 지식에 대한 사회과학적 및 경제적 분석을 위해 연구한 결과 『정보사회의 이해』(법문사)의 초판을 출간하게 되었으며, 제 2 판(1999년), 제 3 판(2002년), 제 4 판(2007년)을 출간하였다. 또한 경제의 모든 분야에 정보통신기술과 인터넷의 도입 및 활용을 통해 경제의 효율성 및 생산성의 향상과 경제성장을 야기시키는 경제학의 분야로 파악되는 『디지털경제』(박영사)는 2007년에 출간하게 되었다. 주요 연구실적으로는 총 34편 중에서 정보통신연구원의 정보통신학술 연구과제로 "우리나라의 주요 지역별 정보화지수의 측정에 관한 연구" 등이 있다.

정보화시대를 위한 **디지털경제**

2007年 6月 5日 初版印刷
2007年 6月 10日 初版發行

著 者 최 동 수
發行人 安 鍾 萬
發行處 博 英 社
서울特別市 鍾路區 平洞 13-31番地
電話 (733) 6771 FAX (736) 4818
登錄 1952. 11. 18. 제1-171호(倫)

www.pakyoungsa.co.kr e-mail: pys@pakyoungsa.co.kr

定 價 **30,000원** ISBN 978-89-10-20494-7